Cut & Paste-Management und 99 andere
Neuronenstürme aus Daily Dueck

Gunter Dueck

Cut & Paste-Management und 99 andere Neuronenstürme aus Daily Dueck

Gunter Dueck
Neckargemünd
Deutschland

ISBN 978-3-662-43389-8   ISBN 978-3-662-43390-4 (eBook)
DOI 10.1007/978-3-662-43390-4

Die Deutsche Nationalbibliothek verzeichnet diese Publikation in der Deutschen Nationalbibliografie; detaillierte bibliografische Daten sind im Internet über http://dnb.d-nb.de abrufbar.

Springer Vieweg

Springer Vieweg ist eine Marke von Springer DE. Springer DE ist Teil der Fachverlagsgruppe Springer Science+Business Media
www.springer-vieweg.de

Seit 2005 alle vierzehn Tage ein Daily Dueck – und deshalb alle vier Jahre die letzten 100 als Buchdokument!

Seit vielen Jahren äußere ich mich auf meiner Homepage zu ewigen Fragen der Menschheitsphilosophie, zu Themen, gerade in Mode sind, weil sie im Argen liegen – oder auch einmal direkt zu einem Problem von heute, das einen paradigmatisch-zeitlosen Charakter hat. Im Ganzen bin ich wohl im Laufe der Jahre „politischer" geworden…

Denn seit 2009 ist mein Leben in eine etwas andere Bahn geraten. Irgendwie ist die Entwicklung des Internets entscheidend gewesen. Damals kam nämlich ganz langsam der Brauch auf, Videos von Konferenzreden aufzunehmen und bei YouTube hochzuladen.

Ich weiß es noch ganz genau: Ich bekam es etwas mit der Angst zu tun. Bald würde – so dachte ich – alles, was ich jemals gesagt hätte, im Internet als Video zu sehen sein. Dann würde jeder, der eine Rede von mir live erleben würde, alle meine Pointen und Kalauer bereits kennen und womöglich laut gähnen oder mit „kenn ich alles schon" protestieren.

Es begann ganz sichtbar im Mai 2010. Damals hielt ich eine Rede auf der großen re:publica Konferenz in Berlin, die sich Jahr für Jahr stärker zum Mekka der Blogger entwickelt hat. Meine dortige Rede über „Das Internet als Gesellschaftsbetriebssystem" erschien am Tag drauf im Internet als nichtoffizielle Kopie (die offizielle kam Wochen später) und wurde von zehntausenden Leuten angeschaut. Man titulierte mich plötzlich als „neuen Star" – na gut. Seitdem wurde ich zu so vielen Reden eingeladen, dass ich meinen Job bei IBM zeitmäßig in Gefahr fand und für meine Reden Rechnungen der IBM als „Schutzgebühr" schicken ließ – ohne jeden Effekt auf die Nachfrage.

Im Jahre 2011 wurde ich dann wie vorherzusehen sechzig Jahre alt und konnte von meinem Arbeitsvertrag her im Prinzip in Pension gehen – dazu entschloss ich mich dann doch relativ spontan und redete eben freiberuflich weiter. Ich fühlte mich als Schriftsteller jetzt in der Themenwahl freier und konnte mich intensiver den Bereichen der Bildung und der Zukunft der Arbeit zuwenden.

Heute finden Sie schon bestimmt mehr als fünfzig Stunden Videos von meinen Reden und Beiträgen im Netz, ich habe für Sie ein paar „bessere" auf meiner Homepage gesammelt – überhaupt alle finden Sie im Youtube-Channel „Wilddueck". Sie sehen dort, wie rasant sich die Zeiten ändern und unser Zeitalter „visueller" wird. Viele schauen nur noch die Videos an und lesen nicht mehr.

Und ich? Ich schreibe weiter, werde aber zunehmend multimedialer. Da will gerade jemand ein Buch von mir in Comic-Form herausgeben, und woanders scribbeln Künstler Visualisierungen meiner Argumente. Gibt es bald nur noch Bilderbücher? Dann nur noch als eBook, weil bei diesem Medium Farbabbildungen und Mini-Videos keine sündhaften Druckkosten erzeugen bzw. keine Beilagen von DVDs nötig machen?

Dieses Buch ist noch ganz klassisch entstanden. Alle vierzehn Tage habe ich aufgeschrieben, wenn mir etwas „aufgestoßen" ist, wo ich auf täglichen Wahnsinn hinweisen möchte oder mit einem satirisch erhobenen Zeigefinger drohe. Hier finden Sie hundert solcher kleinen Einwürfe und Proteste. Ich habe sie alle nochmals durchgesehen und bei einigen als kleinen Vorspann ein paar Zeilen hinzugefügt (in eckigen Klammern [...]), wo ich eine Erklärung oder eine Einbettung in den damaligen Zusammenhang nötig fand. Die Titelabkürzung DD steht für Daily Dueck, ich habe immer den Erscheinungsmonat hinzugefügt, damit Sie den zeitlichen Kontext kennen.

Hier kommt also die zweite Staffel meiner Kolumnen, die dritte begann schon im Netz auf meiner neu gestalteten Homepage www.omnisophie.com. Falls Sie dann gleich dort weiter mitlesen wollen, wenn Sie mit diesem Buch durch sind: Willkommen im Sinnraum!

Inhaltsverzeichnis

Kapitel 1
Abschreckende Wirkung von Kursen – und von Logik erster Ordnung (DD100, Oktober 2009)

[Die Fehlinterpretation von Studien regt mich immer wieder auf, beinahe täglich. Da werden jahrelang Daten erhoben – und dann folgen falsche Gedanken.]

Fast jeden Tag lese ich Artikel, in denen nur „Wenn-Dann-Logik-erster-Ordnung" vorkommt und in denen – tja, nehmen Sie es einmal so hin – letztlich blanker Unsinn propagiert wird.

„Abschreckende Wirkung", so betitelt das Handelsblatt am 9.9.2009 einen Artikel aus der Serie Wissenschaft & Debatte, Untertitel: „Entrepreneurship-Kurse sollen Lust auf Selbstständigkeit machen. Doch sie bewirken womöglich das Gegenteil."

Was ist passiert?

Es wird viel Geld ausgegeben, Entrepreneurship an Hochschulen und anderswo zu lehren. Wir wollen ja viele Jungunternehmer für das neue Land. Zig Millionen fließen in Kurse und in über zwei Dutzend neue Lehrstühle. So weit so gut, aber jetzt kommt wieder so eine Studie mit einem „spektakulären Ergebnis": Die Teilnahme an Kursen SENKT die Lust, sich selbstständig zu machen. Über dieses Ergebnis sind die niederländischen Autoren der Studie selbst überrascht – sie wollten ja herausfinden, wie sehr die Lust steigt, nicht sinkt. Das niederländische Ministerium zeigte sich „geschockt" angesichts der beträchtlichen staatlichen Förderung. Und das Handelsblatt traut dieser Studie das Potenzial zu, die gesamte „Entrepreneurship-Education" in ihren Grundfesten zu erschüttern. Und dann werden etliche Fachleute mit Vorschlägen zitiert, solche Lehrgänge vielleicht erst für die Zeit nach der Uni anzubieten. Andere Experten versuchen die Ergebnisse zu relativieren, weil ja nur die Gründungsabsicht vor und nach dem Kurs abgefragt wurde – und man weiß ja nie, was später passiert, wofür man aber keine Daten hat! Noch andere finden, dass so etwas wie Bilanzanalysen sowieso verschrecken und wieder andere, der Unterricht müsste verbessert werden – dann werde alles gut. Zudem gibt es auch die Meinung, dass die Fragen zum falschen Zeitpunkt gestellt wurden.

Nur die Wuppertaler Professorin Christine Volkmann vermutet, dass die Studenten einfach durch die Kurse realistischer werden und Risiken besser verstehen.

Ich habe das zuhause vorgelesen – dass die Kurse vermeintlich schaden. Antwort: „Na, klar! Sie merken, dass es mit dem Reichwerden nicht so einfach ist und lassen es lieber!" Ich erinnerte mich, dass ich selbst vorab bei der IBM Entrepreneurschulung gefragt wurde: „Sind Sie bereit, alles Herzblut, alle Energie, all Ihr Geld und alle Zeit zu opfern und Klagen der Familie auszuhalten? Sind Sie wirklich bereit?"

Noch ist nichts verloren, dachte ich, wenn man das auch ohne Studie sieht. In vielen Studiengängen, etwa bei Mathematik, Informatik, Ingenieurwissenschaften etc. ändern

G. Dueck, *Cut & Paste-Management und 99 andere Neuronenstürme aus Daily Dueck,*
DOI 10.1007/978-3-662-43390-4_1, © Springer-Verlag Berlin Heidelberg 2014

um die HÄLFTE der Studenten nach einem Semester ihre Lebenspläne. Sie schaffen es nicht, oder sie sehen, dass dieses Studium doch nicht ihr ersehntes Zwischenziel ist oder finden ein besseres Studienfach.

Ich warte jetzt auf eine Studie, die die schädliche Auswirkung des ersten Studiensemesters an Universitäten in so gut wie allen Fächern feststellt und empfiehlt, alle Studiengänge konsequent mit dem zweiten Semester zu beginnen, weil dieser Schadenseffekt dort nicht mehr eintritt.

Ich sehe auch im Fernsehen, dass sich dort so etwa 10.000 lausige Möchtegernstars bei Dieter Bohlen in endlos qualvollen Vorrunden filmreif lächerlich machen. Ich warte auf eine Studie, die belegt, dass Leute, die sich von einer Jury haben begutachten lassen, hinterher viel weniger Lust haben, ein Star zu werden.

Sarkasmus beiseite: Warum sind so viele Stellen über solch eine Studie „geschockt" und sehen diesen einfachen Punkt nicht? Warum nur Prof. Volkmann? Warum sind die Initiatoren der Studie überrascht? Hat noch nie jemand „drum prüfe, wer sich ewig bindet" vernommen? Stellen Sie sich einmal vor, dass alle, die bei Dieter Bohlen vorsingen, dann auch Verträge bekommen und im Radio singen! Stellen Sie sich vor, alle würden ein Unternehmen gründen, die einen Kurs hinter sich haben. Damals, als jeder, der etwas auf sich hielt, im Internetboom schnell eine dot.com Firma gründete, war das wohl so. Da hatten die Kurse wohl keine abschreckende Wirkung, weil die Kurse ja am Anfang so stark stiegen – DAS hätte abschreckende Wirkung haben können! Ist aber vergessen. Und was wir am Handelsblatt-Artikel vielleicht nicht vergessen, ist der Titel: „Abschreckende Wirkung". Das ist nicht OK! Das muss ich wohl noch sehr oft sagen: Die Leser schauen kurz drüber und merken sich Unsinn.

Und ich spekuliere, dass jemand, der die Lehrgänge bezahlt, gerne wissen will, dass sein Geld gut angelegt sehen will. Naiv fragt er, ob die Kurse wohl massenhaft Unternehmer hervorbringen. Das kann er leider erst viel später wissen. Er will es aber sofort und wissen und fragt sich: „Ist der Unternehmergeist nach dem Lehrgang gestiegen?" und gibt eine Umfrage in Auftrag. Und dann kommt das schockierende Ergebnis, dass bis hierher kaum nachgedacht worden ist?!

Kapitel 2
Was zuerst reizt, reizt später sehr (DD101, Oktober 2009)

Ein ruhiger Mann heiratet eine Frau, die ihn durch ihre Lebensfreude und Energie anzieht. Sie berauscht ihn, er aber ist für sie der ruhende Pol. Die Jahre vergehen, da findet er sie hektisch und sie ihn lahm. Nun bahnt sich eine Katastrophe an. Was wir im Leben zu Hause sehen, kehrt als allgemeines Motiv überall wieder. Der falsche Umgang miteinander in solchen Situationen zerstört einen großen Teil unser aller Leben.

Der ruhige Mann liebt seine Frau, weil sie Dinge in Schwung bringt, die er nicht von selbst anfangen würde. Er bewundert sie rückhaltlos, wie sie mit Problemen und Widerständen fertig wird. Sie dagegen fängt eigentlich immer viel zu viel auf einmal an und erwartet zu viel. Sie ist dankbar, wenn ihr Mann sie etwas dämpft und sie auf den realen Teppich zurückholt. Denn wenn sie eigentlich fliegen will, sieht er sie eigentlich eher schwimmen.

Die Jahre vergehen, da werden Sie ihrer Rollenverteilung überdrüssig. Die Frau findet, ihr Mann hemmt sie zu sehr. Er könnte doch auch einmal etwas von selbst beginnen! Warum schlägt nur sie regelmäßig vor, wo sie den Urlaub verbringen? Warum stößt ausgerechnet sie den Kauf eines neuen Autos an? Immer öfter kommt ihr der Gedanke, dass sie selbst alle Arbeit macht. Sie kritisiert ihren Mann jetzt öfter, er sei energielos und solle selbst etwas tun. Er hat in den Jahren gelernt, das abzuarbeiten, was sie angefangen hat. Er kauft das Auto zwar nicht, aber er wäscht es ja, wenn sie will, und er bringt es zur Inspektion, wenn sie es anmahnt. Er findet, dass er – bei Lichte besehen – fast alle Arbeit selbst klaglos wie ein Pflugochse verrichtet. Er hat ihr die Freude gelassen, neue Vorhaben anzustoßen. Dann hat er alles Nötige im Hintergrund für sie getan. Die Kritik sieht er nicht ein und sie kränkt ihn tief. Angesichts seiner ruhigen, nachhaltigen Arbeit, die durch die Kritik indirekt herabgewürdigt wird, wird ihm subjektiv langsam klar, dass er ohne Ehe und Liebe besehen eigentlich ihr Diener oder gar Sklave geworden ist – und zwar einer mit einer undankbaren Herrin. Er versucht, aus der Rolle zu entkommen und beginnt nun selbst, etwas Neues vorzuschlagen, damit sie die Energie in ihm würdigt. Er sagt nun, er will in einem neulich entdeckten Restaurant mit ihr essen gehen. Das sticht sie leider sehr, denn sie ist es nicht gewohnt, auf seine Vorschläge einzugehen. Übernimmt er jetzt die Kontrolle? Sie hasst es, dass sie plötzlich nicht selbst bestimmen soll – sie schimpft also mit ihm und lehnt alles ab, was er von sich aus will.

Das geht eine Weile. Seine Versuche werden abgeschmettert. Sie freut sich gar nicht, wenn er Energie entwickelt, sie behandelt es wie Auflehnung, fährt aber fort, ihn wegen Energielosigkeit anzuklagen. Sie bezeichnet ihn jetzt als faul und lahm und hält sich für den einzigen verbliebenen Eckpfeiler der Ehe. Er findet sie herrisch und überkritisch –

G. Dueck, *Cut & Paste-Management und 99 andere Neuronenstürme aus Daily Dueck,*
DOI 10.1007/978-3-662-43390-4_2, © Springer-Verlag Berlin Heidelberg 2014

ihm gegenüber als treuer, liebender Partner. Er murrt und träumt von anderen Frauen. Sie giftet und träumt von anderen Männern. Er wollte doch eine starke Frau! Sie wollte doch einen ruhigen Mann! Jetzt träumen sie vom Gegenteil, aber sie wollen eigentlich nur, dass es wie früher ist – als das Verschiedene noch einen Wert für sie hatte. Jetzt aber führt es zur Scheidung.

Sehen wir uns diese Abwärtskatastrophe woanders an.

Nach welchen Kriterien werden Manager eingestellt? Sie sollen voller Energie sein – die ist ziemlich rar, denn nur wenige haben viel davon. Manager sollen sich durchsetzen können, leiten und Menschen führen. Sie sollen Biss haben und das Ziel erreichen. Die Mitarbeiter helfen dabei als treue Diener.

Verstehen Sie, was ich sagen will? Graut es Sie schon vor dem, was Sie jetzt lesen müssen? Muss ich weiter schreiben, bis Ihnen schlecht wird?

Der Manager ist stolz auf seine Energie. Er bekommt dafür ein besseres Gehalt als die ruhigen Mitarbeiter. Es gibt Zeiten, da geht es der Wirtschaft schlecht. Da geht er an die Grenze seiner Möglichkeiten. In seiner beginnenden Verzweiflung, die Ziele nicht zu erreichen, schaut er immer öfter um Hilfe suchend auf seine Mitarbeiter, die ruhig wie immer treu und ergeben für ihn schuften. Er findet nun, sie könnten mehr tun! Sie könnten neue Projekte vorschlagen und übernehmen, neue Kunden bringen und alten nebenbei etwas verkaufen. Das muss doch gehen! Warum ist er eigentlich allein für alles verantwortlich? Warum er allein?

Darauf war er am Anfang stolz – allein verantwortlich zu sein und treue Mitarbeiter zu haben. Nun macht es ihn böse und er findet in dieser Stimmung die Mitarbeiter schlapp und lahm, ja sogar faul. Das sagt er ihnen gerade heraus oder „ehrlich", wie er es nennt und auch empfindet. Die Mitarbeiter aber, die alle Tage für ihn schuften, werden nun böse und weisen ihn darauf hin, dass er aus Ungeduld zu viele Projekte beginnt und nicht alle durchziehen kann. Sie schimpfen direkt und noch mehr allein in der Kaffeepause unter sich, dass der Chef böse, überkritisch und überfordernd geworden ist. Und das, obwohl sie treu wie immer arbeiten. Um nicht im Hagel von Beschimpfungen unterzugehen, machen die Arbeiter ab und zu etwas von selbst oder schlagen neue Projekte vor. Der Manager ist Kritik nicht gewohnt. Tief im Unterbewusstsein weiß er, dass nur Manager „brutal ehrlich" sein sollten, keinesfalls Mitarbeiter, die ihn ja dann durch ihre Ehrlichkeit kritisieren. Im Unterbewusstsein will er ja ehrliche Mitarbeiter, aber sie dürfen nicht wirklich ehrlich ihm gegenüber sein! Wenn also die Mitarbeiter nun selbst Projektvorschläge machen, sieht er es als verkappte Kritik oder am Stuhl sägende Ehrlichkeit. Er drischt nun härter auf alle ein, sie sollten nicht denken, sondern arbeiten – ja und eigentlich müssten sie verantwortlicher sein.

Das zerreißt die Mitarbeiter, sie arbeiten nun verbissen stur, wie ihnen gesagt wird und denken nur noch leise für sich. Der Manager sieht nun, dass er als einziger wirklich arbeitet und wütet noch stärker.

Am Anfang wollten die Mitarbeiter einen energiereichen Chef, der sie führt. Am Anfang wollte der Chef treue Mitarbeiter, die brav schuften. Jetzt träumt der Chef, dass er sie feuert. Jetzt suchen die Mitarbeiter in innerer Kündigung eine neue Stelle …

Das, was gut ist, darf nicht zu viel werden. Was zu viel werden will, fordert immer von anderen, dass das, was zu viel werden soll, auch in andern viel wird … Aber das, was zu viel werden will, will dies auch aus Machtgier und aus Eitelkeit. Deshalb will es eigentlich nicht, dass das, was zu viel werden soll, auch in anderen viel wird.

Sehen Sie sich um! Ist jemand bei Ihnen zu Hause gar zu reinlich? Der möchte zu viel Sauberkeit und fordert mehr Penibilität auch in den anderen. Die machen erst gutwillig mit, werden weiterhin getadelt und leisten passiven Widerstand. Ein Wortkrieg bricht aus, der die Welt sauber in „Drecksäue" und „Putzteufel" trennt.

Sehen Sie sich um! Ist da einer, der gescheiter ist als alle anderen und irgendwann will, dass alle gescheit wären, nicht nur er allein? Sie machen ein bisschen mit, werden aber weiter für dumm gehalten. Da trennt sich die Welt in Halbidioten und Klugscheißer…

Das, was zu viel werden will, will eigentlich nicht zu viel werden. Es will von den anderen auf einen immer höheren Thron gehoben werden. Das wird nicht verstanden. Nirgendwo!

Der Mann rettet die Ehe, wenn er die Frau immer mehr wegen ihrer Energie lobt. Die Mitarbeiter retten sich, wenn sie den Chef immerfort anbeten und Gehaltserhöhungen für ihn fordern. Die Bewohner müssen die Sauberkeit jeden Tag laut als angenehm hervorheben und die Dummen den Gescheiten immer um Rat fragen und bewundern. Dadurch bleibt das, was zu viel werden will, immer gleich – aber es wird auf einer immer höheren Thron gehoben. Damit ist es zufrieden und gibt Ruhe.

Ja, aber wollen wir Ruhepole, Mitarbeiter, Schmutzfinken und Dummköpfe das so machen? Ach, es müsste immer so bleiben, wie es in einer halb verliebten Stimmung begann. Wir müssten verstehen, dass die Wertschätzung bestehen bleiben muss.

Und jetzt denken Sie noch kurz an den berühmten Sketch von Loriot, wo die nervös hin und her werkelnde Frau in der Küche immer wieder den im Wohnzimmer sitzenden Gatten auffordert, doch etwas zu unternehmen. „Hermann, was machst du da?" – „Nichts." – „Nichts?" – „Nein, nichts, ich sitze hier!" und beteuert ohne Erfolg viele Male: „Ich möchte hier sitzen!" – „Tu doch, was dir Spaß macht! Hol doch eine Illustrierte!" – „Ich will hier einfach nur sitzen." Das ist die amüsanteste Version der selbstironischen endgültigen Resignation. Ich habe bei Google „Youtube Frau sitzen" eingegeben und das Wort „Loriot" vergessen – und trotzdem war der gesuchte Link auf Platz eins. Schauen Sie einmal? Drei Minuten, 24 s. Ist das bei Ihnen zu Hause auch so? Oder bei Ihnen im Büro?

Kapitel 3
Wanted – Prozessergonomie! (DD102, November 2009)

Menschen sind anders als Maschinen. Diese Verschiedenheit erzeugt naheliegende Probleme, die nach einfach gestricktem Denken auf zwei Arten lösbar sind: Die Maschinen werden an den Menschen angepasst. Mit dieser herausfordernden Möglichkeit befasst sich die so genannte Ergonomie, eine Art melancholisch-resignierte Wissenschaft. Oder man überantwortet den Menschen vollständig der Maschine, so dass dieser sich der Maschine anpasst. Da das der Mensch von selbst tut, gibt es keine Wissenschaft dafür, nur die Praxis. (In Wirklichkeit ist diese Praxis ein schon laufender Ausleseprozess Darwinscher Evolution, wenn man Maschinen als Lebewesen akzeptiert und damit das Problem erstmals erkennt.) Das Maschinenproblem tritt aber auch woanders auf, nämlich bei Geschäftsprozessen.

Ich glaube kaum, dass es viele Menschen gibt, die nicht über die Unverständlichkeit und Schwerfälligkeit von Geschäftsprozessen klagen. Seit Jahrhunderten schon schimpft man auf die endlose Bürokratie, die die meiste Zeit noch gar nichts mit Computern oder Maschinen zu tun hatte. Daher liegt das Schreckliche der Geschäftsprozesse auch nicht in den vermeintlich dafür verantwortlichen Maschinen, sondern im Menschen selbst. Wenn neue Geschäftsprozesse eingeführt werden, hadern wir oft und seufzen: „Wer zum Teufel hat sich das ausgedacht?" Es war aber kein Teufel.

Die Konstrukteure der Maschinen haben ihre liebe Mühe damit, dass die Maschinen überhaupt funktionieren und dann billig herstellbar sind. Warum noch auf Bedienbarkeit achten? Hinweise, dass Ausnahmen wie iPhones nicht technologisch überzüchtet und auch nicht billig sind – sondern vor allem bedienbar, werden allgemein verdrängt. Ergonomen werden sich daher wie Prediger in der Wüste fühlen, oder sie sind Professor, bilden ein paar mehr Ergonomen aus und halten das für einen Erfolg.

Verglichen mit der Situation bei der Maschinenkonstruktion ist es bei Geschäftsprozessen viel schwieriger. Sie müssen ebenfalls überhaupt einmal funktionieren und effizient sein. Aber sie sind dafür gedacht, dass man sich genau an sie hält, dass man also das, was durch die Geschäftsprozesse im Ergebnis herauskommen soll, keinesfalls auf eine andere Art erzielen DARF. Damit das erreicht wird, müssen die Prozesse hoheitlich und heilig wie Rituale wirken, die man ja fast gar nicht verstehen soll – haben Sie genug schwarzen Humor, hier ein bisschen ÜBER DAS Religiöse der Menschenmaschinisierung nachzudenken? Da man die Ergebnisse nur in der befohlenen Art entlang des Prozesses erzielen darf, wird allgemein eine Kontrolle als notwendig gesehen, die darauf achtet, dass niemand die Ergebnisse „am Prozess vorbei" erzielt. Da die Prozessdesigner meist auch die

G. Dueck, *Cut & Paste-Management und 99 andere Neuronenstürme aus Daily Dueck,*
DOI 10.1007/978-3-662-43390-4_3, © Springer-Verlag Berlin Heidelberg 2014

Kontrolleure sind, versuchen sie in erster Linie, das Kontrollieren einfach zu gestalten, nicht so sehr die Erzielung von Ergebnissen. Dadurch wird der Prozess für die Benutzer meist ineffizient. Das hat zur Folge, dass nicht nur Kriminelle, sondern auch diejenigen Leute die Prozesse umgehen, die nur gut arbeiten wollen. Die werden beim Design der Prozesse leider nicht genügend in Betracht gezogen – man fürchtet nur Kriminelle. Weil nun zusätzlich diese Gruppe der brav Arbeitenden, auch wenn sie noch so klein ist, die Prozesse umgeht, werden die Kontrollen wiederum schärfer, was den Prozess noch ineffizienter macht, die Braven vollends verärgert und insgesamt die Zahl der Übeltäter anhebt. Deshalb werden die Prozesse wieder und wieder „verbessert" und dadurch ständig schlechter. Alle, Übeltäter oder nicht, müssen nun unterschreiben, sich an die ineffizienten Prozesse zu halten und Kurse mitzumachen, die der Ritualisierung und Verheiligung dienen ...

Ein Beispiel: Denken wir uns an die Front in Afghanistan. Ein Attentäter hat eine Bombe in der Hand und sucht in der Hosentasche nach einem Streichholz. Ein Soldat bemerkt den Terroristen. Den muss er jetzt über Funk in einem System anmelden, damit ein neuer Geschäftsvorgang in der Datenbank angelegt wird. Dieser Vorgang bekommt eine 20-stellige Ordnungsnummer, die sich der Soldat für Rückfragen notiert. Jetzt wird er über Funk per Cross-check gefragt, woran er denn sicher Terroristen erkennt. Es müssen mindestens acht von zehn Kriterien positiv identifiziert werden, sonst darf er nicht schießen ...

Haben Sie ein bisschen Phantasie für mögliche weitere Verläufe? Was passiert, wenn dieser Prozess zu einem unbefriedigenden Ergebnis führt? „Sie haben auf eine Bombenattrappe geschossen und den Tod Unschuldiger in Kauf genommen. Eine der Fragen vom Terror-Detect-Sys lautete: Ist die Bombe echt? Da haben Sie mit ja geantwortet. Sie müssen doch die Wahrheit sagen." Oder: „Sie wollten unbedingt aus Angst schnell schießen, also haben sie in Hektik einfach zehnmal ohne Nachdenken mit ja geantwortet." Oder: „Wir ehren diesen tapferen Mann als einen, der sich standhaft an alle Vorschriften gehalten hat."

So ein Beispiel ist grenzwertig, ich weiß, aber Sie sehen daran, wie schwer es ist, durch Geschäftsprozesse den einzigen möglichen Weg zu definieren, der dann immer zu einem guten Resultat führen muss. Geschäftsprozesse hassen die Vorstellung, dass viele Wege nach Rom führen.

Es geht aber nicht an, dass allein aus zwanghafter Prozessoritis dem Menschen (das ginge noch hin?!) und vor allem den Arbeitsergebnissen der Prozess gemacht wird!

Ich fordere, so hoffnungslos es sein mag, eine neue Bewegung der Prozessergonomie für uns „Bediener" der Prozesse! Beim Design muss die mühelose Ergebniserzielung im Vordergrund stehen, nicht die leichte Kontrollierbarkeit! Ist das nicht klar? Das ist doch sonnenklar, vor allem deshalb, weil die Bediener der Prozesse gegenüber den Kontrolleuren in der Mehrzahl sind! Ja, deswegen!

Klar ... Oder täusche ich mich?

Kapitel 4
Rituelles Management (DD103, November 2009)

Rituale kennen wir bewusst vor allem aus dem geistlichen Bereich. In weihevollen Zeremonien werden Menschlichkeit, Frieden und Entsagung beschworen. Die Anwesenden bekennen sich feierlich zu hehren Werten und verpflichten sich zur vorbildhaften Weitergabe und zur Umerziehung aller noch Ungläubigen. Diese Events erbauen die Seelen aller Teilnehmer, aber am nächsten Tage geschieht nichts unter den Ungläubigen, die deshalb höhnen: „Nach jedem Bußgang immer sofort wieder grauer Alltag? Gibt es denn prinzipiell überhaupt Glauben – wenigstens irgendwo unter euch?" Im Management registrieren wir so etwas gleichermaßen, ohne dass uns das Rituelle bewusst ist: Man beschwört Vertrauen, Kundenbefriedigung oder Mitarbeiter-Wellness – ohne dass viel geschieht. Darüber entrüsten sich viele. Aber! Rituale verändern nicht, sie lindern doch nur den chronischen Schmerz.

Im wirklichen Leben herrscht Leiden und Schmerz. Die meisten halten das Leiden einfach aus und jammern die ganze Zeit. Nur wenige wollen es ernsthaft beenden. Andere versuchen wenigstens, es zu beenden, und wieder andere tun so, als wollten sie es beenden, damit die Kritik an ihrem leidenden Zustand endet. Wir sehen folgende verschiedene Herangehensweisen:

- Die Leidenden schaffen sich Erleichterung durch Klagen über das Problem ohne wirkliche Hoffnung oder Willen, es lösen zu können oder zu wollen – wenigstens ausweinen muss man sich doch! Sie fühlen sich dem Leiden gegenüber ohnmächtig, eine Lösung steht außerhalb ihrer Macht oder subjektiven Kraft.
- Die Leidenden sind für sich dazu bereit oder sie bringen die Gesamtheit dazu, das Problem mit einigem guten Willen angehen zu wollen. Sie wollen mit einem ersten Schritt in die richtige Richtung demonstrieren, dass etwas getan wird. Als Auftakt wird feierlich ein Grundstein gelegt.
- Die Leidenden werden wegen ihres Leidens oder wegen ihres Jammerns über ihr Leiden so stark kritisiert, dass sie einen guten Willen demonstrieren müssen, ihr Problem zu lösen.
- Die Leidenden lösen das Problem grundlegend.

Diese Erscheinungsformen des Umgangs mit dem Leiden sehen wir überall. „Ich bin übergewichtig, ach je! Ich esse so wenig, ach je!" (Jammern in gefühlter Ohnmacht) – „Ich will es doch wieder einmal mit einer Diät versuchen, ich habe eine gefunden, bei der man so viel essen kann, wie man möchte. Ich freue mich schon, wie attraktiv ich aussehen

G. Dueck, *Cut & Paste-Management und 99 andere Neuronenstürme aus Daily Dueck,*
DOI 10.1007/978-3-662-43390-4_4, © Springer-Verlag Berlin Heidelberg 2014

werde." (Guter Wille) – „Ich habe ihr versprochen, weniger zu essen – das tue ich auch in ihrer Gegenwart, sonst will sie noch, dass ich beim Fernsehen kein Bier mehr trinke." Und wie löst man das Problem? Man verändert seine Ernährung von Grund auf – man isst zum Beispiel die Hälfte so lange, bis man nur noch die Hälfte wiegt und dann wieder mit der Hälfte des Essens satt wird.

Noch ein Durchgang zur Erhellung? „Ich schaffe die Schule nicht, ich bin wohl zu dumm – aber doch ein Mensch! Sie dürfen mich nicht so behandeln, als wäre ich faul. Ich kann nichts dafür!" – „Ich versuche Nachhilfestunden, da komme ich bestimmt auf eine Vier und habe nicht so viel Stress. Wenn ich Glück habe, erklärt es mir einer so gut, dass ich gleich auf eine Zwei komme, dann muss ich gar nicht mehr so viel arbeiten." – „Ich gehe jetzt zu den Nachhilfestunden. Das hilft eh nichts, weil ich keinen Bock habe, aber meine Eltern haben das Gefühl, dass alles getan wird, was getan werden kann."

Leidende Menschen dürfen jammern, aber Manager nicht. Manager sollen handeln und nicht klagen. Der Starke setzt um, er löst die Probleme. Für Manager ist das Jammern eine Schande. Da sie sich für die eigentlich wertvollen Menschen halten, hassen sie das Jammern der Mitarbeiter als Schwäche oder Zeichen untätiger Minderleistung. Sie verbieten das Jammern und belegen es mit Bannflüchen. Sie halten das Jammern auch für eine Kritik an den beklagenswerten Zuständen und damit für eine Kritik am Management selbst. Die nehmen sie nicht hin. Darüber hinaus beobachten sie genau, wie das Jammern die Menschen erleichtert. Diese Erleichterung versperrt den Willen, die Ursachen des Leidens zu beseitigen. Das aber fordern sie von den Mitarbeitern. Die Mitarbeiter dagegen klagen die Manager wegen der Missstände an. Die aber fühlen sich ohnmächtig gegenüber der schlechten Wirtschaftslage oder der mangelnden Fortune. Darüber dürfen sie nicht jammern, weil sie Manager sind. Im Endeffekt darf niemand jammern.

Deshalb muss etwas getan werden. Die Mitarbeiter und Manager beginnen, guten Willen zu bekommen, oder sie entschließen sich, guten Willen zu zeigen, obwohl sie eigentlich keinen haben. Manche preschen vor, guten Willen sehr deutlich zu demonstrieren, damit sie als Vorbild befördert werden; viele aber sind wirklich gutwillig, an den Problemen zu arbeiten. Eine winzige Minderheit nur versteht das Problem in voller Tiefe und versucht, die Gesamtheit zur wirklichen Lösung zu führen.

Sie starten mit Meetings zur Bildung von Gemeinsamkeit. Externe Moderatoren öffnen den Moderatorenkoffer mit seinem Arsenal von Ritualen für guten Willen. Brainstorming, Diskussionen, Flipcharts, farbige Aufkleber und fröhlich-erstaunliche Übungen wecken das Gute in den Menschen. Sie suchen nach einer Grundsteinlegung für ein besseres Leben. Viele blühen unter dem guten Willen auf – wie kurz in der Kirche beim Appell des Predigers an das Bessere im Menschen. Andere sind widerwillig, fühlen sich aber in der Atmosphäre geröteter Wangen gezwungen, ihren guten Willen zu zeigen. Es sind die, die schon den morgigen Tag des grauen Alltags kennen, meist die Älteren, die schon so oft guten Willen gezeigt haben. In den Meetings beschließen sie Aktionen und verpflichten sich. Sie committen sich und schwören sich auf das Ende des Leidens ein. Sie wollen sofort beginnen, das Leiden einzudämmen. Einige, die wissen, dass das Leiden nur unter einer langen, nachhaltigen Radikalkur beendet werden kann, werden als griesgrämig und skeptisch in die Ecke gestellt. „Wir wollen schnelle Erfolge sehen! Wir wollen den Schwung des heutigen Tages mitnehmen!"

Was kommt heraus? Ein Grundstein. Eine Diät. Eine Nachhilfestunde. Guter Wille, wieder einmal wenigstens etwas Sichtbares zu tun. Ein Pflaster draufkleben. Frauen sind benachteiligt – man setzt eine Beauftragte ein. Das Unternehmen deckt Korruption auf. Man ernennt einen Ehrlichkeitskommissar. Die Buchführung hat Lücken. Man setzt einen Auditor ein. Das Unternehmen zeigt sich rau gegenüber Menschen. Ein Manager für Corporate Social Responsibility erscheint. Diese eine oder dieser eine ist der Grundstein! Dieser Grundstein wird sogleich als Richtfest gefeiert, als wäre ein Grundstein schon drei Viertel des Ganzen. Alle jubeln über den Grundstein, den sie mit dem Richtfest verwechseln. Sie sind heilfroh, dass das gigantische Problem in einem einzigen Handstreich gelöst ist, ohne dass sie selbst etwas dazu tun müssen. „Der Beauftragte macht es. Der schafft das allein." Er wird es richten. Er wird uns Gewicht abnehmen lassen oder Nachhilfe geben. Alles wird gut. Im Buch *DirektKarriere* habe ich dieses Vorgehen „Vipisierung" genannt, wie VP = Vice President. Man setzt einen Vice President ein, der das Problem löst. Alle freuen sich. Der gute Wille ist in eine Person, eine Task Force oder eine Institution gegossen. Die, die guten Willens sind, freuen sich. Die, die guten Willen zeigen wollten oder mussten, freuen sich – die Kritik, dass nichts getan wird, ist vom Tisch. Jetzt geschieht etwas! Der VP wird es richten.

Die Falltür öffnet sich. Alles geht den Bach hinunter. Das ist nicht bekannt.

Der VP weiß es jedenfalls nicht, er ist stolz, dass er das allgemeine Problem lösen soll und versucht es ehrlich damit. Er kommt schnell darauf, dass er das allein nicht kann, er braucht die Mitwirkung aller. Die bekommt er nicht, denn er wird fürstlich bezahlt, dass er „hinweg nimmt die Sünde der Welt und gibt ihr ihren Frieden". Als einzelner kann er Sünden aufzeigen und brandmarken – zum Beispiel die Frauenbeauftragte ein männliches Unrecht oder der Compliance Officer unerlaubte Abweichungen. Mehr kann er nicht! Und er erkennt langsam, dass er eigentlich die Kultur grundlegend verändern müsste – das Verhalten aller! Haben nicht viele Weise immer ungehört gesagt: „Innovation, Gerechtigkeit, Gleichheit, Ehrlichkeit, Qualitätsbewusstsein, Kundenservice (etc. etc.) ist eine Kultur, keine Abteilung." Das sagten schon immer die, die das Problem ganz lösen wollten. Der VP merkt, dass es stimmt. Er ist allein. Er verzweifelt, weil er nichts bewegt. Er jammert verzweifelt, dass nichts geschieht, und wird wie ein Pfarrer in Sodom – so leidenschaftlich appellativ und doch so ohnmächtig. Da sagen ihm alle, dass sie ihn extra dafür befördert haben, damit er das Problem lösen sollte! Es ist sein Job! Und sie fragen ihn immer bohrender, was er „konkret" erreicht hat. Er beginnt inhaltlose Phrasen zu dreschen, wie alle seine Vorgänger. „Wir haben sehr konkrete Aktionen aufgesetzt. Wir wissen jetzt, was zu tun ist. Die Richtung stimmt. Ich brauche nur noch das Commitment aller, vor allem des Topmanagements. Das Denken muss sich ändern, das Verhalten natürlich auch. Es winkt eine rosige Zukunft. Der Weg ist nicht leicht, wir sind noch lange nicht da, wir sind aber unterwegs, das ist die Hauptsache. Wir schaffen es nur gemeinsam. Jeder ist aufgerufen …"

Und da sehen alle, auch er selbst, dass er das Problem selbst geworden ist. „Der Nachhilfelehrer erklärt nicht gut. Weg mit ihm!" – „Die Diät macht eher dicker! Betrug!" – „Der Sheriff hat unsere Verbrechen nicht verhindert! Ein neuer muss her!" Die Falltür öffnet sich, der VP versinkt. Ein paar Monate vergehen, da denkt man über Meetings nach, wie man diesmal doch Besserung erzielen könnte – denn viele jammern wieder. Das ist eine Schande. Und sie werden das Problem endlos mit dem Moderatorenkoffer und den Brainstorminglisten einsalben und dann vipisieren – bis dereinst (das kommt alle Jahrhunderte vor) einmal ein Einzelmensch wie ein Kennedy oder ein Gandhi wirklich die Kultur verändern kann.

Diese Ausnahmen sind der Grund, dass es immer wieder millionenfach mit dieser Art rituellem Management versucht wird – ohne einen Gandhi, aber immer mit einem VP oder einer Beauftragten.

Es wird nicht verstanden, dass es meist nicht reicht, guten Willen zu zeigen. Guter Wille hilft sehr gut bei normalen Problemen, aber sicher nicht bei solchen, über die schon lange gejammert wurde. Die hat man ja doch so lange schwer ertragen! Glaubt jemand, man könnte sie so einfach lösen – sogar noch mit Freude und ohne Blut und Schweiß?

Ja, doch, das glauben so viele, weil es einfacher ist – und weil der VP oder der Moderator vielleicht doch ein Gandhi ist.

Ach, und stellen Sie sich vor, es wäre Frieden! Dann würden die Soldaten den Arbeitsplatz verlieren. Stellen Sie sich vor, alle würden gut und ehrlich arbeiten! Ganze Zweige der Besserungsindustrie fielen weg! Keine Nachhilfe-Consultants, keine Vitaminpillen, keine Diäten, keine Sünder – ja, was bliebe dann noch übrig?

Kapitel 5
Volkskrankheit Rückgratbruch (DD104, Dezember 2009)

Ab und zu wettere ich gegen den psychischen Druck bei der Arbeit, der von oben bewusst gewollt wird und von uns unten akzeptiert wird – die autoritäre Behandlung, die wir bei der Erziehung schon als schlecht erkannt haben und verwerfen, nehmen wir bei der Arbeit als natürlich hin. Ab und zu stirbt einer von uns, so wie sich ein Torhüter umbrachte, der seelisch nicht mehr standhielt. Kennen Sie den Fall heute noch? Wahrscheinlich nicht. Eben das will ich sagen: Wir schauen gleich wieder weg und beugen uns weiterhin selbst.]

Der Tod eines Torhüters hat uns für Momente wachgerüttelt und berührt. Wir informierten uns einige Tage lang über Depressionen und Selbstmordgedanken. Wir verfolgten die schnell vorgeführten realen Fälle in schnell ausgestrahlten Fernsehsendungen. Danach gingen wir zur Tagesordnung über: Wir beugen uns dem Druck, dem manche von uns leider wohl nicht standhalten. Warum reden wir nicht einmal über den Druck an sich, der unser Rückgrat bricht?

Die Einschläge kommen doch näher – für jeden von uns. Der Druck frisst uns. Bei jedem Selbstmord heißt es hinterher: „Der Druck lastete zu stark." Nach jedem Burnout wird diagnostiziert: „Ich versuchte mit aller Kraft, unter übermenschlichen Belastung doch meine Leistung zu bringen. Irgendwann zerbrach etwas in mir, ich konnte nicht mehr." Besonders im Management ist es ein wichtiges Thema, wie jeder selbst für sich mit dem Druck umgehen kann und klarkommt. Die meisten geben den Leistungsdruck einfach eine Ebene nach unten weiter. Er kommt heute in vielen Firmen ganz unten an. Ganz unten, meine ich! Nicht nur die rund um die Uhr schuftenden Berater und Manager stehen unter Druck, die das alles noch bewusst für den Hauptgewinn einer Karriere in Kauf nehmen – auch die Reinigungskräfte, Call-Center-Mitarbeiter und Leiharbeiter stöhnen unter der Fron. Der Hauptgewinn ist für sie, die Arbeit behalten zu dürfen. Der Druck ist immer derselbe, ob er nun um des Geldes oder des Lebens willen ausgehalten wird oder werden muss.

Es ist weithin bekannt, dass der Druck zu Depressionen und zu Ausbrennungserscheinungen führt. Das liegt daran, dass Depressionen und Burnouts irgendwann in der Klinik behandelt werden müssen, sehr teuer sind und zu langen Fehlzeiten bei der Arbeit führen, die den Kranken fast aus dem System werfen. Weil ein Betroffener davor Angst hat, geht er aus Angst mit Sicherheit erst dann zum Arzt, wenn der nichts mehr tun kann. Und dann werfen sie ihm alle vor: „Warum hast du so lange nichts gesagt?"

Es ist weithin nicht bekannt, dass der Druck auch anders krank machen kann, nicht nur in der Form der Depression und des Burnouts. Viele Menschen flippen bei der Arbeit

G. Dueck, *Cut & Paste-Management und 99 andere Neuronenstürme aus Daily Dueck,* DOI 10.1007/978-3-662-43390-4_5, © Springer-Verlag Berlin Heidelberg 2014

aggressiv und teamunfähig aus. Andere haben dauerhaft Angst und trauen sich nicht, Entscheidungen zu treffen oder auch nur halbwegs selbstständig zu arbeiten. Viele werden unterwürfig und fragen den Chef bei jedem Handgriff: „Richtig so, Mama?" Mindestens demonstrieren sie vollständige Bravheit („Compliance"). Eine andere Variante macht streng Dienst nach Vorschrift und zeigt sich beliebig stur und unflexibel. Insbesondere Techniker igeln sich in der Fachwelt mit ihrem Herrschaftswissen ein und schützen sich mit Unentbehrlichkeit. Im Management zeigen sich zunehmende Sozialphobien und wegen eigener Erfolglosigkeit Tendenzen zu Rücksichtslosigkeit gegenüber den Mitarbeitern („Ich leide unsäglich und soll zusehen, wie ihr Spaß bei der Arbeit habt? Warum arbeitet ihr nicht auch an der Leidensgrenze und erzielt dadurch bessere Ergebnisse, mit denen ich Karriere machen könnte?"). Die Kosten dieser anderen Rückgratbrüche sind doch viel, viel höher für die Unternehmen als die der Burnouts und der Depressionen, die ja der Krankenkasse übergeben werden! Was sind die Kosten von Angst, Misstrauen, Vermeidungsstrategien, Sadismus, Unterwürfigkeit oder passiven Widerstandes? Die sind so sehr viel dauerhaft größer als alles, was wir denken, dass wir in einem ungeheuren ökonomischen Suboptimum leben, da bin ich sicher.

Es gibt viele Ratschläge, wie mit dem Druck umgegangen werden soll. „Man muss ein dickes Fell bekommen." – „Du darfst es nicht an dich selbst herankommen lassen." – „Du darfst als persönliche Erniedrigung wahrgenommene Quälerei nicht persönlich nehmen, es ist nur eine bewährte Management-Technik, die dir widerfährt, mehr nicht." – „Der Druck ist der Preis für deine große Chance, den muss jeder willig bezahlen." – „Ohne Druck geschieht nun mal nichts."

Geht ohne Druck nichts? Gab es den beim Aufbau des Wirtschaftswunders Deutschland? Der Druck ist eine Spätfolge übertriebenen Behaviorismus. Die Behavioristen glauben, den Menschen über Anreize beliebig steuern zu können – also ausschließlich über extrinsische Motivation. Lob und Tadel müssen nach ihren Lehren so gesetzt werden, dass der Mensch tut, was er soll. Diese Ansätze haben eine Zeit lang ganz gut funktioniert, bis man mehr und mehr Lob und Belohnung weggelassen hat und fast ausschließlich mit Tadel, Druck und Drohung arbeitet. Man fordert einfach mehr, als der Mensch leisten kann und tadelt ihn nun immerfort. Denn auch die Anreizsetzer stehen ja als Menschen selbst unter dem übergroßen Druck. Deshalb setzen sie die Anreize nicht mehr nach der reinen Lehre der Wissenschaft, sondern sie setzen sie schon als selbst Rückgratgebrochene!

Die Behavioristen schenken uns also dieses Leiden:

- Sie stellen Instrumente zur Druckerzeugung bereit, die man Management-Technik nennt.
- Sie geben Kurse für Mitarbeiter und Manager, wie man mit dem Druck fertig wird, indem man ihn besser nicht so ernst nimmt und ihn dadurch neutralisiert.
- Sie gehen davon aus, dass die Anreize nach zielrichtiger Vernunft gesetzt werden, nicht aber von selbst Leidenden.

Wir sollen also leiden, damit wir gut arbeiten. Aber wir sollen nicht leiden, weil das das Arbeitsergebnis verschlechtert. Gradlinig gebrochen?

Wieso reden wir so selbstverständlich über den „unmenschlichen Druck"? Wer kann das denn so selbstverständlich? Jeder, in dem schon etwas brach?

Ein Ruck müsste zu Weihnachten durch uns gehen – und wir sollten einfach nur noch gut arbeiten wollen, einfach so. Denken Sie dabei noch an das vorige DD? An das rituelle Management? Bitte fangen Sie nicht an, dieses Problem des Drucks mit dem Vorgehen des rituellen Managements anzugehen. Das Rituelle, auch das zu Weihnachten, lindert nur das chronische Leiden. Das sollte uns nicht genügen.

Kapitel 6
Immunität durch rituelle Strategienfindung und die Vorsatzanwendung zu Neujahr (DD105, Dezember 2009)

Haben Sie schon Vorsätze für das neue Jahr? Wollen Sie sich denn gar nichts vornehmen, so wie die Unternehmen es tun, die sich Wachstum und Profit auf die Fahnen schreiben? Viele von Ihnen nehmen sich persönlich deshalb nichts vor, weil sie wissen, dass sie es nicht tun werden. Das ist bei Unternehmen auch so, aber sie nehmen sich trotzdem etwas vor. Sich etwas vorzunehmen ist nämlich strategisch. Und eine Strategie muss man haben, sonst kann einem jedermann Vorwürfe machen, nicht zu wissen, was man tut. Wer aber eine Strategie hat, ist erst einmal immun gegen Vorwürfe. Die Festlegung einer langfristigen Strategie ist die kurzfristigste und leichteste aller Unternehmensproblemlösungen.

Warum schwören die Unternehmen auf das Festlegen von Strategien und warum sind Privatpersonen in Bezug auf Silvestervorsätze geradezu zynisch? Fast jedes heutige moderne Unternehmen hat sich sehr lange wohlüberlegt, strategisch der Marktführer zu werden und dafür Begeisterung unter den Mitarbeitern zu mobilisieren. Warum legen Sie selbst nichts fest und begeistern sich? Sind Sie denn nicht begeistert, endlich Ihre Finanzen zu ordnen, abzunehmen, mit den Kindern zu spielen, Ihre Ehe glücklicher zu gestalten oder Verwandte auch einmal zwischen den Beerdigungen zu sehen? Bitte sagen Sie doch nicht wie alle andern: „Ich schäme mich, wenn ich meine Vorsätze nicht umsetze. Das ist mir so oft, ja sogar immer passiert. Deshalb nehme ich mir nichts mehr vor." Aber dann bekommen Sie doch dauernd Vorwürfe, die Familie zu vernachlässigen oder ungesund zu leben! Wollen Sie das?

Schauen Sie sich Unternehmen an, die schämen sich ja auch nicht. Das Geheimnis ist es, dass Unternehmen oder Staaten sich zwar immer etwas vornehmen, was sie dann auch nicht tun – dass sie aber die Prozedur des Vornehmens schön lange hinziehen, sodass die Zeit für die Umsetzung ausgeht und zu diesem späten Zeitpunkt auch kein Geld mehr da ist. Ich will sagen: Privatpersonen machen etwas falsch, ganz grundsätzlich. Ein Beispiel: Sie schauen Silvester in den Spiegel und sehen, dass Sie Übergewicht haben. Dann nehmen Sie sich vor, Ihr Idealgewicht zu erreichen, obwohl die Welt sehr voller sehr komplexer Wechselwirkungen und Abhängigkeiten ist und das Leben in Kürze das Verdrücken eines sechsgängigen Menüs vorsieht. Hier ist also die Zeitspanne zwischen dem Vorsatz und dem Scheitern so kurz, dass Sie um das Schämen nicht wirklich herumkommen. Sie müssen deshalb wie die Unternehmen das Vorsatzfassen sehr in die Länge ziehen, so dass sie es in vollen Zügen genießen können! Zum Beispiel können Sie sich doch nicht ernsthaft zum Abnehmen verpflichten, nur weil Sie mal schwabbelig im Spiegel aussahen! Sie müssen sich doch erst auf Mikrogramm genau wiegen, danach sollten Sie den Body Mass Index berechnen, und zwar mit einer neuen sehr genauen Formel, für die Sie erst einmal

G. Dueck, *Cut & Paste-Management und 99 andere Neuronenstürme aus Daily Dueck,*
DOI 10.1007/978-3-662-43390-4_6, © Springer-Verlag Berlin Heidelberg 2014

einen Volkshochschulkurs belegen. Oder? Sie fassen doch sicher auch schon seit zwanzig Jahren den Vorsatz, eine Fremdsprache zu erlernen, wozu sie heute noch Tonbandkassetten im Hause haben, obwohl auch im Auto keine Abspielgeräte mehr vorhanden sind. Kaufen Sie einen Sprachkurs auf einer Blu Ray Disc! Dafür haben Sie noch keinen Abspieler, Sie müssen sicher erst sparen …

Im Ernst: Schauen Sie erst einmal, wie sich Unternehmen etwas vornehmen. Angenommen, in der Zeitung wird in höhnischer Weise über die Mistprodukte einer Firma geschrieben und dabei der lausige und grottenunfreundliche Service beklagt. Was soll das arme Unternehmen jetzt tun? Es kann jetzt nicht einfach sagen: „Aha, das muss abgestellt werden. Morgen fangen wir an." Womit fangen wir denn an? Wer ist dafür zuständig? Wer entscheidet, womit wir anfangen? Wer gibt denn Geld, damit die Mitarbeiter freundlicher werden – es muss doch investiert werden! (Der Staat hat auch immer kein Geld, damit die Lehrer gut lehren, auch da fehlen die hohen Investitionen – ebenso wie auf der Uni, wo die Lehre mit Geldern genauso schlecht bleibt, wie sie ist. Die Studiengebühren waren viel zu wenig an Geld, das hat man ja gesehen!) Und vor allem: Wo kommt die nötige Begeisterung her?

Sie sehen, Sie fallen sofort in ein schwarzes Loch voller „Herausforderungen", wie man heutzutage verzweifelte Lagen bezeichnet.

Liebe Leute, es gibt doch Beratungsmethoden! Berater nehmen zum Beispiel an, dass man nur abnehmen kann, wenn man weiß, wie viel man quantitativ konkret genau abnehmen will. Das Abnehmen kann doch nicht plan- und ziellos angefangen werden! Ebenso kann nicht jeder Mitarbeiter plötzlich auf eigene Faust mit Freundlichkeit im Service beginnen, das muss mit System geschehen und einheitlich ablaufen. Lehrer oder Professoren können auch nicht selbstständig gut lehren, weil sie dann gegen den Lehrplan verstoßen oder unmodular daherreden. Die Beratungsmethoden verlangen kategorisch ein Ziel für jede Aktivität! Ohne Ziel wird nichts angefasst! Das ist das eigentliche Geheimnis, warum Privatpersonen mit Vorsätzen viel zu schnell scheitern. Beratungsmethoden fragen beharrlich: Was soll am Ende dabei herauskommen? Das ist eigentlich klar: Wenn Sie schon abnehmen, dann doch gleich auf das Idealgewicht, oder? Wollen Sie sich im Ernst für weniger begeistern? Das Ziel muss das Ideal sein. Das Ideal ist fast immer im Prinzip bekannt – aber nur den Beratern, weil die Berater dafür Tabellen haben. Sie wissen, wer „Best Practice" bieten kann, sie wissen, wer durchschnittlich ist und wer nachhinkt. Wenn Sie Ihren Berater gut bezahlen, berechnet er anhand seiner Tabellen Ihren Idealzustand. Dieser Idealzustand, für den Sie sich begeistern, muss nun mit dem Ist-Zustand verglichen werden. Wie freundlich sind die Mitarbeiter genau? Wie schlecht sind denn die Produkte des Unternehmens wirklich? Die Berater sagen, dass man erst mit dem Verbessern anfangen kann, wenn man weiß, wo man steht und wohin man will.

Deshalb werden Assessments durchgeführt, die alles genau untersuchen. Das dauert schön lange. Am Ende kommt der Ist-Zustand heraus, der vereinzelt noch innerhalb des Unternehmens bestritten wird. Die Produktionsleute wissen natürlich von dem schlechten Service, finden die Produkte aber gut. Der Service dagegen fühlt sich gegen berechtigte Produktbeschwerden der Kunden machtlos. Jetzt muss über den Ist-Zustand noch Einigkeit erzielt werden, das nennt man ein Kulturproblem … Irgendwann wird ein Ist-Zustand befohlen, damit man einen hat. Dieser Ist-Zustand wird nun mit dem Soll- oder Idealzustand verglichen. Die Differenz heißt immer englisch „Gap" wie Lücke. Diese Lücke muss nun geschlossen werden.

Man klassifiziert die Lücke in ihrer Größe. Stufe 1 zum Beispiel bedeutet: „Ist stark übergewichtig, hat aber das Problem und das Gesundheitsrisiko noch gar nicht erkannt." Stufe 2: „Weiß im Prinzip, dass es Diäten gibt und dass es Methoden gibt, die Herausforderung anzugehen." Stufe 3: „Kennt ausgewählte Diäten und ist mit Problemlösungsmethoden vertraut, hat schon Versuche gemacht." Stufe 4: „Wendet die Methoden fachgerecht mit einigem Erfolg an." Stufe 5: „Beschäftigt sich so vorbildlich mit Diäten, dass das Idealgewicht nachhaltig gehalten werden kann."

Stufe 1 kommt nie vor, weil ja Berater erst kommen, wenn man das Problem sieht. Oder Berater kommen, weil ein neuer Chef alles als einziger sieht, dann aber lernen die Mitarbeiter das Problem beim Beantworten von Fragen zum Ist-Zustand ja kennen. Stufe 5 kommt auch nie vor, da braucht man keine Beratung. Stufe 5 ist auch logisch falsch beschrieben – Leute mit Idealgewicht auf Stufe 5 wenden gar keine Diäten an, sie sind einfach schlank. Und freundliche Leute haben keine Ahnung von Freundlichkeitsprogrammen, sie sind nur freundlich (Das ist aber unsystematisch, deshalb zieht man das logisch falsch Formulierte vor). Am Ende kommt fast immer heraus, dass das Untersuchte, was immer es ist, in den einzelnen Punkten auf Stufe 2 oder 3 ist, ganz selten auf 4.

Jetzt wird ein Plan angefertigt, wie man den Idealzustand erreichen kann. Der sieht so aus: Man versucht, in jedem Einzelpunkt eine Stufe höher zu kommen. Das wird in vielen Teilplänen ausgearbeitet, die anschließend harmonisiert werden müssen, wobei es wieder zu Kulturproblemen kommt.

Hoffentlich kommt Ihnen das Ganze viel zu kompliziert vor, obwohl es das nicht ist. Es wird ja nur kompliziert gemacht. Und man darf vor dem Komplizierten auf keinen Fall schon plan- und ziellos mit dem Verbessern anfangen! Ganz sicher nicht gleich am Neujahrstag! Deshalb wird das Schämen auf etliche Monate so stark verteilt, dass es nie über die fühlbare Schämschwelle gelangt.

Und Sie werden sich jetzt am Kopf kratzen und fragen: Wozu das Ganze um die Abnehmerei und die Diäten, wenn alle Aktivitäten in Messungen von Zuständen und Streit über die Stufen versanden? Haha, Sie merken es immer noch nicht? Niemand kann Ihnen mehr Vorwürfe machen! Wenn Sie jemand auf Ihr Übergewicht anspricht, antworten Sie nun mit wichtiger Miene: „Ich habe zu Silvester den Vorsatz gefasst, eine grundlegende Strategie ausarbeiten zu lassen, wie ich meiner Herausforderung strukturiert begegne. Ich lasse gerade systematisch alle Daten erfassen, die zur Beurteilung meiner Lage erforderlich sind, ich habe Analysten engagiert, die mir optimierte Pläne ausarbeiten. Ich werde nicht auf den üblichen Fehler verfallen, einfach ohne Plan weniger zu essen, das sehen Sie doch überall scheitern. So viele Leute werden durch Fasten dicker und ruinieren die Gesundheit! Ich gehe die Herausforderung jetzt erfolgssicher strategisch an. Ich beharre auf einer nachhaltigen Lösung. Ich will konkrete Zielsysteme und verlange, dass meine ganze Umgebung in meinen tiefgreifenden Wandel integriert ist und meine Begeisterung teilt. Die Analysen zeigen, dass es einfacher ist, wenn meine ganze Umgebung in mein System eingebunden ist und ebenfalls mit mir gesund wird. Ich zähle auf alle, die ab jetzt nicht mitessen. Ich will überall systemische Begeisterung sehen – in allen Augen muss der pure Wille zum Sieg blitzen …"

Verstehen Sie? Wer eine Strategie hat, ist stark. Vorwürfe prallen ab. Bewunderung für die Stärke kommt auf. Ihre Kraft wird bestaunt. Wenn Sie je noch übergewichtig sind, dann sind Sie es jetzt heroisch, nicht aus Schwäche, Gleichgültigkeit oder Ignoranz. Sie kämpfen wie ein König der Löwen, so wie Staatsoberhäupter auf Weltklimagipfeln der Stufe 1 bis 2. Die Welt mag sterben, aber heroisch und strukturiert strategisch – und keiner von uns muss sich schämen.

Kapitel 7
Yips – Vor dem Höllentor der Entscheidung
(DD106, Januar 2010)

Machen Sie eigentlich traumhaft sicher die Big Points, wenn es wirklich darauf ankommt? Oder sind Sie Trainingsweltmeister aller Klassen? Gerade ist Phil Taylor, den sie „The Power" nennen, wieder einmal Dart-Weltmeister geworden. Er spielt vollkommen seelenruhig und scheint absolut ausgeglichen. Der Dart fließt nur so von seiner Hand ins Bull's Eye, aber sehr viele andere Spieler leiden unter der so genannten Dartitis. Sie können nicht loslassen.

Ja genau, sie können den Pfeil nicht loslassen! Oder sie lassen ihn nur quasi ungern los, sodass er zu tief auf der Scheibe ankommt – das Ergebnis ist eine Punktekatastrophe. Im Hirn eines Dartitis-Kranken versagt etwas. Der Wille verliert gegen die Angst. Die Angst blockiert die Hand.

Seit der damalige fünfmalige Dart-Weltmeister Eric Bristow von seiner Loslassschwäche berichtete und sich nach einem Leistungseinbruch unter höchster Selbstdisziplin wieder bis zur Nummer 1 hochkämpfte, ist das Phänomen weithin bekannt geworden.

Es scheint viele Spieler zu befallen, aber meist erst dann, wenn sie es zu einiger Meisterschaft gebracht haben. Fürchten sie sich vor der Entscheidung? Verkrampfen sie in Höllenqualen vor der Schwelle, die Triumph oder Versagen bedeutet?

Es gibt viele Ratschläge im Internet, wie man die Dartitis wieder loswird. Am besten ohne Druck und ohne Publikum spielen! Keine internen Leistungserwartungen mitbringen! Viel Geduld – am besten eine Meisterschaftssaison aussetzen! Wer die Dartitis besiegt, berichtet oft, dass der Sport nie wieder so schön wie früher geworden ist.

Weil mich das Thema interessiert hat, während Phil The Power Taylor gerade im Finale überlegen Weltmeister wurde, stieß ich beim Googlen auf eine andere Krankheit: sie heißt Yips und tritt beim Golfen fast nur beim Einlochen auf und soll bis zu einem Drittel der Spieler in der einen oder anderen Stärke befallen. Bernd Langer wird als berühmtes Beispiel angeführt, der 1988 am vorletzten Loch der British Open fünf Schläge für den letzten Meter zum Loch benötigte. Ratgeber über Ratgeber raten zu Entspannungsübungen, damit sich der Schläger ruhig zum Putt schwingt.

Gibt es noch mehrere solcher Verkrampfungen, die durch eine große Angst vor dem schlechten Ausgang und der Häme der Zuschauer verursacht werden? Ich schaue… Goldfieber befällt die Bogenschützen! Sie haben Schusshitze. Sie können das Ziel nicht richtig anvisieren und halten den Bogen gespannt – unter größter innerlicher Anspannung und Seelenzittern. Es ist wohl wie Lampenfieber der Schauspieler, wie die Angst vieler Manager, auf die große Bühne zu einer Rede zu gehen, wie die Angst von Politikern, im TV etwas anderes als druckreif Korrektes zu sagen.

G. Dueck, *Cut & Paste-Management und 99 andere Neuronenstürme aus Daily Dueck,*
DOI 10.1007/978-3-662-43390-4_7, © Springer-Verlag Berlin Heidelberg 2014

Es gibt bei den Verkäufern die Abschlussangst – die Angst vor dem eisigen Nein des Kunden. Wir alle kennen das Gefühl vor dem Heiratsantrag, wir fragen lieber erst, wenn die Zustimmung sicher ist. Viele Verkäufer müssen unbedingt vor Jahresende noch die Unterschrift des Kunden holen und trauen sich nicht, die Gretchenfrage zu stellen. Sie eiern herum, weil ein Nein das endgültige Aus für die dicke Provision bedeuten würde (welche ja eigentlich ein Anreiz sein sollte). Dadurch machen sie den Kunden unsicher in seiner Entscheidung und verlieren den Deal.

Viele Manager können sich nicht zu einer Entscheidung durchringen, besonders nicht zu einer Innovation. Es ist nicht die „Angst, Fehler zu machen", wie überall in geredet wird, es ist wie Yips oder „Decisionitis"!

Kleinanleger wie Investoren starren oft auf die Kurse und können sich nicht entschließen, zu kaufen oder zu verkaufen. Sie starren auf diese eine Aktie, die sie schon lange kaufen oder verkaufen wollen und tun dann täglich nichts – das ist „Stockitis".

Kinder leiden unter Prüfungsangst bis hin zu totalen Leistungsblockaden, später haben sie Berufswahl- oder Bewerbungsangst, beim Sport gibt es Torblockaden.

Für alle Probleme gibt es Heilungschancen – über Atmungsübungen, Entspannung und Ruhe. Im Grunde aber steckt der Teufel in den zu hohen Erwartungen an uns selbst, mögen sie von den Eltern, den Chefs, der Gesellschaft, unserer Familie oder von uns höchstpersönlich stammen. Der Teufel steckt in der Kulmination. Ein einziger kurzer Moment scheint über Leben und Tod zu entscheiden. Unser Leben erscheint vor dem Elfmeter, dem Matchdart, der Investition, dem Heiratsantrag wie ein russisches Roulette.

Wenn wir jung sind, ist alles wie eine Hürde, die wir meistern werden. Später erst fühlen wir, dass wir womöglich über beängstigend weite Abgründe springen. Und da reagieren wir wie Pferde: die bocken, steigen hoch, scheuen oder gehen durch. Ich glaube, man muss ewig jung bleiben und die ganze Zeit vor Freude springen, oder? Ich will lebenslang auf hohen Mauern laufen können und nicht beim Anblick der eigenen Enkel dabei Angstkribbeln im Körper bekommen. Ich will unbekümmert siegen wollen!

Wie ich schon früher geschrieben habe: Bayern München wird immer Meister, wenn sie Spielfreude auf den Rasen mitbringen, und Schalke litt bis heute immer unter Yips. Nie wird Schalke Meister, schrieb ich, denn Schalke zerbricht regelmäßig unter den Erwartungen viel zu glühender Fans. Für dieses eine Jahr 2010 bin ich nicht mehr so sicher. Ihr Trainer Felix Magath hat absolut kein „…itis". Schau'n mer mal, München? Und Real Madrids Mannschaft ist jetzt so irre teuer, dass sie ganz bestimmt so etwas wie Yips bekommen muss.

Auch wenn wir uns selbst und alle anderen uns mit Erwartungen belasten: Geben wir einfach unser Bestes und vergessen wir alle Erwartungen in der Aktion. Oder versuchen wir, uns an dem Gesichtsausdruck bei der Wendung „freudige Erwartung" zu orientieren. Es ist unser Baby, das da entsteht, unser normales Baby, und das ist vollkommen gut so.

Kapitel 8
Flachbildschirmrückseitenberatung als Internet-Ersatz (DD107, Januar 2010)

[Das schöne, leider nicht so sehr für Twitter geeignete Wort „Flachbildschirmrückseitenberatung" habe ich in meiner „berühmten" re:publica Rede im Mai 2010 verwendet, von da aus ist es bekannt geworden. Ich bekomme noch heute Mails, in denen von besonders krassen Fällen berichtet wird. Zum Beispiel: „Was ist denn Vollkasko genau?" Antwort des Versicherungsagenten: „Moment, da surfen wir doch gleich einmal." Oder ein Arzt schrieb, dass er manchmal ratlos sei. Dann bitte er den Patienten in sein Ledersesselbüro und wünsche sich vom ihm ein paar Zusatzdaten, die er scheinbar auf den Bildschirm übertrage – in Wirklichkeit surfe er aber …]

Kennen Sie dieses Gefühl des defätistischen Verlorenseins, wenn Sie beraten werden? Wir gehen irgendwo hin und da sitzt eine/einer vor einem Bildschirm. Wir dürfen Platz nehmen, manchmal gibt es sogar Kaffee. Wir schauen auf die Rückseite des Bildschirms. Lange Zeit. Was geschieht hier eigentlich?

Das Ganze wird Beratung genannt, glaube ich. Gehen Sie irgendwohin. Fragen Sie nach Personalausweisen, einem neuen Auto, einer risikolosen Geldanlage oder nach einer Reise. Sofort geht es los: „Wie ist Ihr Name? Immer noch derselbe? Ich schaue kurz drüber, ob die Daten noch stimmen. Bitte geben Sie mir Ihren Fahrzeugbrief, damit wir alle Daten eingeben." – „Wollen Sie mein Gebrauchtauto nicht einmal anschauen? Ich hab es extra gewaschen und innen das erste Mal gesaugt, es sind auch keine Tannennadeln mehr im Kofferraum. Tiptop, außer der Beule hinten." – „Bitte, alles nach der Reihe. Ich muss erst zehn Minuten lang alles vom Fahrzeugbrief abtippen." – „Aber wenn hinterher kein Deal zustande kommt, brauchen Sie doch das alles nicht? Meine Adresse und so." – „Doch, doch, diese Prozedur ist so langweilig für Sie, dass Sie keine Zeit haben, sie woanders zu wiederholen. Außerdem verkaufen wir Ihre Daten, damit machen wir schon Gewinn, auch wenn Sie nichts kaufen. Sprechen Sie mich bitte ein paar Minuten nicht an, damit ich mich voll auf den Bildschirm konzentrieren kann."

Ich schaue dann eben auch auf den Bildschirm. Der Berater tippt. Ab und zu runzelt er die Stirn. Er schimpft leise und flüstert, etwas funktioniere nicht. Er beginnt offensichtlich, alles neu einzutippen, weil sein Zeigefinger auf dem Fahrzeugbrief wieder hoch wandert. Ich werde nervös. Er will darauf nicht eingehen und demonstriert Konzentration. Ich fürchte, er wechselt jetzt das Betriebssystem oder bootet neu. Ich bin sicher, dass ich es besser eintragen könnte. Ich starre auf die Rückseite des Bildschirms und versuche, Gelassenheit zu bewahren. Er schüttelt nun öfter den Kopf. Ich weiß jetzt, dass etwas nicht geht. Ich weiß, dass es jetzt noch zehn Minuten dauert, bis er jemand anderen um

G. Dueck, *Cut & Paste-Management und 99 andere Neuronenstürme aus Daily Dueck,*
DOI 10.1007/978-3-662-43390-4_8, © Springer-Verlag Berlin Heidelberg 2014

Hilfe bittet. Endlich, schon nach acht Minuten: „Waltraud, schau mal." Sie kommt nach wenigen Minuten und drückt zweimal Enter. Es geht wieder weiter. Der Berater tippt, sie schüttelt den Kopf und gibt immer wieder kleine Hinweise.

Kennen Sie das? Beim Autokauf kommt nach langen Wehen der Wert der Schwacke-Liste aus dem Computer, den wir uns schon woanders besorgt hatten. In dem Büchlein (der „Printversion") könnte der Berater auch nachschauen, aber das soll er nicht, weil wir dann bestimmt verhandeln werden. Mit dem Computer geht das nicht richtig. Der sagt Nein.

Das war jetzt ein harmloser Fall. Aber wenn Ihnen das in Zeitnot beim Hotelauschecken/Taxihupen oder am Flughafen passiert? Am besten nicht Ihnen selbst, sondern dem letzten Möchtegernpassagier vor Ihnen? Da schauen Sie noch viel konzentrierter auf den Flachbildschirm und bald in die Röhre! Letzteres haben Sie bestimmt schon bei einer Bank getan. Wieder Daten und Daten, solange Daten, bis der Computer von allein weiß, was Ihnen verkauft werden muss. Der Computer schätzt Ihre Risikobereitschaft, Ihren Kenntnisstand, den Grad Ihrer Introversion und den Peinlichkeitsgrad bei wortringenden Feilschversuchen – am Ende berechnet er genau, welches der drei Produkte Sie kaufen, die jetzt gerade forciert werden. Immer starren Sie auf die Bildschirmrückseite.

Beratung ist doch etwas, wobei man sich in die Augen schaut und Vertrauen gewinnt? Ich will doch mehr, als von einer den Computer fütternden Stirnrunzelmarionette die Auskünfte des Rechners verraten zu bekommen?

Mir hat neulich ein genervter Computernutzer den Stoff zu diesem Rückseitenanstarrthema geschickt. Er rief bei einer Helpline an, weil sein Computer streikte. Er musste wie immer erst seine Personalnummer, die Rechnungsadresse und sein sonstiges Familienleben eingeben, dann sagte eine Computerstimme: „Dieser Service wird nun nicht mehr von Menschen für Sie erbracht. Wir haben eine Frage-Antwort-Software erstellt, nach der allmählich Call-Center-Mitarbeiter auch dann Ihren Computer wieder durch Ratschläge reparieren konnten, wenn sie selbst noch nie einen Computer gesehen hatten. Call-Center-Mitarbeiter fragen einfach der Reihe nach, ob Sie sicher sind, dass Sie wirklich einen Computer vor sich haben, ob die Stecker festsitzen und ob Strom kommt usw. Diese Art von persönlicher, individueller Beratung ging mit der Zeit so gut, dass wir nun Ihnen selbst zutrauen, den Service eigenständig durchzugehen. Klicken Sie also auf die Website, die den Service neuerdings für Sie übernimmt. Geben Sie wie gewohnt alle Daten über Ihr Leben ein und die Rechnungsadresse. Sie bezahlen denselben Betrag wie früher, aber nun als Lizenzgebühr. Sie werden feststellen, dass Sie mit dem Programm besser zurechtkommen als die früheren Servicemitarbeiter. Damit bieten wir Ihnen ja auch einen besseren Service – ganz ohne Mehrkosten."

Und das Witzige ist: Es stimmt, es geht viel schneller, wenn man es selbst macht.

Aber beim Arzt? „Haben Sie den Krankenschein? Die Praxisgebühr? Woran glauben Sie zu kranken? Ich gebe alles in den Computer ein, damit der ausrechnet, wie viele Sekunden Ihre Behandlung voraussichtlich dauert. Danach rechnet er aus, wie lange sie dauern darf, damit die Praxis nicht schließen muss …" Oder beim Rechtsanwalt? Alle starren auf Bildschirme, die Versicherungsagenten, die Reiseberater – alle – bald sogar Finanzbeamte.

Es wird immer schlimmer. Ich trage Trauer. Erinnern Sie sich noch an Daily Dueck 2? Darin schrieb ich das erste Mal vom Intelligenzsparen. Daraus entstand noch im selben

Jahr 2005 das Buch Lean Brain Management, das eigentlich als Satire gedacht war, aber jetzt wie früh visionär erscheint. Im neuen Buch AUFBRECHEN! erkläre ich das Ende der Dienstleistungsgesellschaft. Die Dienstleistenden verschanzen sich erst hinter Flachbildschirmen und dann verschwinden sie selbst darin. „Die Welt im Netz." Ist das wirklich vorbei, anderen in die Augen zu schauen? Wird nicht das Verschwinden der Augen durch das neue deutsche Wort „Face-to-face" signalisiert, das die Seitenbedeutung einer eigentlich zu kostspieligen Ausnahme hat? „Augen nur ausnahmsweise, sonst Flachbildschirmrückseite."

Kapitel 9
Fragebogengeometrie und das Template-Problem (DD108, Februar 2010)

[Dauerbrenner! Ohne Worte!]

Immer wieder dieses alltägliche Ärgernis mit den Fragebögen! Ich schlage einen neuen Bachelor-Studiengang in Fragebogengeometrie vor oder das Anlegen einer großen Musterbibliothek an brauchbaren Fragebögen im Internet. „Fragebogen-Gestaltung for Dummies", ja, das brauchen wir.

Ich reise ja viel und in jedem Hotel bekomme ich einen Fragbogen, der gefühlte 100 Felder für alles Mögliche enthält, aber sie wollen aber immer nur „Name, Adresse, Unterschrift". Die Felder dafür sind nicht etwa oben auf dem Bogen, sondern so verstreuselt, dass man extra das ganze Empfangspersonal braucht, damit sie uns durch Kreuzchen auf dem Fragebogen den Weg weisen.

Ich weiß ja nicht, ob die Felder für die 100 Einträge gut designt sind, die Namensfelder sind es meist nicht. Da muss es doch möglich sein, so etwas wie Annemarie-Florence Leuthäuser-Schnarrenberger einzugeben? Passt aber nicht hin.

Die DHL hat in der letzten Zeit mal wieder die Paket-/Päckchen-Aufkleber geändert, da sind also wieder Felder für Name, Adresse, PLZ + Ort. Leider sind Postleitzahl und Ort auf einer Zeile, so dass für den Ort nur wenig Platz ist. Ich wohne in Neckargemünd-Waldhilsbach. Und nun?

Wenn Sie in die USA fliegen, müssen Sie ein grünes Formular ausfüllen. Touristen dürfen nicht einfach die Adresse eintragen, sondern sie müssen auch das Hotel nennen, in dem sie untergebracht sind. Das heißt dann „Intercontinental-South-Westchester" und hat eine ebenso lange Adresse, die nie und nimmer in die Raster passt. Es gibt genaue Vorschriften, wo man die ganze Adresse dazwischenklemmen muss, damit es ordnungsgemäß daneben steht.

Bitte – das sind nicht irgendwelche Fragebögen, sondern die meistgebrauchten in der Welt. Wer verzapft die denn? Ist es unklar, wie lang ein Geburtsname oder ein Wohnort ist? Das schrecklichste Desaster erlebte ich bei meiner Hausbank, die im Internet das Feld für die immer achtstellige Bankleitzahl auf nur sechs Stellen auslegte, so dass beim Eintippen der siebten und achten Ziffer die erste und zweite hinter der Eingabemaske verschwanden. Ich erwähnte das bei Vorträgen vor dem höheren Management dieser Bank, aber dieser Designfehler blieb noch über ein Jahr im Netz.

Haben auch Sie so genannte „Templates" oder Mustervorlagen für Ihre professionellen Präsentationen? Die Gleichheit der Präsentationen auf ermüdend langen Tagungen gibt das Gefühl eines einheitlichen Designs. Es ist wichtig, dass alle professionellen Vorträge gleich aussehen, damit sie lebendig rübergebracht werden können. Jeder Veranstalter

G. Dueck, *Cut & Paste-Management und 99 andere Neuronenstürme aus Daily Dueck*,
DOI 10.1007/978-3-662-43390-4_9, © Springer-Verlag Berlin Heidelberg 2014

denkt sich deshalb ein so sehr strotzendes Template aus, dass die Präsentation auch schon ohne Inhalt tiptop ausschaut. Ich stöhne immer, weil ich schöne Fotos auf Folien habe, die dann in ein befohlendes Grundorange oder Giftgrün eingefügt werden müssen. Aus ästhetischen Gründen muss ich wohl jede Präsentation in allen Farben erstellen?

Noch schlimmer sind Excel-Vorlagen, in denen die Zahlen in jedem Meeting anders dargestellt werden sollen … Überall rennen Menschen durch die Gänge, weil jetzt für jeden Bankkunden auch die aktuelle Nagellackfarbe erfasst werden muss, die nach neuen Beratererkenntnissen mit dem Rohgewinn korreliert …

Wollen wir uns nicht einmal über die Grundzwecke klar werden? Oder gesunden Menschenverstand einklagbar machen? Auf Erfahrung und Kontinuität setzen? Oder wollen wir weiterhin das Design unseres Lebens von erstkreativen Anfängerwerkstudenten und topehrgeizigen Präsentationsdesignfirmen diktieren lassen?

Heute spricht man über das Problem der Leiharbeiter, die stundenweise kommen und gehen und als Ausgleich weniger verdienen als Festangestellte. Sie dienen uns als Puffer, wie Ersatzteile im Lager.

Kapitel 10
Menschenpuffer (DD109, Februar 2010)

Wieder einmal diskutieren wir öffentlich gelb ärgerlich über Leistungsverweigerer oder platt beim süddeutschen Stammtischbier über „faules Pack", das nicht zu fünf Euro die Stunde bei täglicher Kündigungsfrist arbeiten will. Zeitungen und Fernsehen zeigen uns vermasselte Lebensläufe und zerrüttete Verhältnisse. Ehen von Einzelverdienern werden geschieden, damit der andere arm im Sinne des Gesetzes ist und Staatsgeld abzocken kann. Wie kommt es dazu? Es ist die unsichtbare Hand von Adam Smith, die immer dann regiert, wenn keiner etwas tut.

Wirtschaft vollzieht sich in Wellenlinien. Es geht auf und ab. In guten Zeiten gedeihen die Unternehmen prächtig, in schlechten haben sie zu kämpfen. Vernünftige Unternehmen kennen das und sorgen vor, indem sie in guten Zeiten einiges Fett ansetzen, was sie unter Druck wieder ausschwitzen können. Sie gehen sorgsam mit dem um, was wir Unternehmerrisiko nennen. Dafür sei es ihnen von Herzen gegönnt, mehr Gewinn auf ihr Eigenkapital zu scheffeln als durch risikolose Anlage in Staatsanleihen.

Die Rücklagen und Rückstellungen (etwa für Betriebsrenten) eines Unternehmens bilden das nötige Fettpolster, um Rückschläge beim ewigen Hin und Her zu verkraften.

Nun haben sich aber die Unternehmen in den letzten Jahrzehnten überlegt, den Risikopuffer nicht mehr nur in Form von Kapital anzulegen, sondern die Risiken auf die Arbeitnehmer abzuwälzen. Sprich: Das Unternehmen zehrt bei schwacher Wirtschaft nicht von den Rücklagen, sondern entlässt so viele Mitarbeiter wie nötig. Leistungsschwächere Mitarbeiter werden zu einem Menschenpuffer. Durch den Einsatz von Leiharbeitern als atmende Menschenreserve werden lange nicht mehr so viele Kapitalreserven in Form von Rücklagen benötigt. Der Aktienbesitzer muss nicht mehr so viel vorsorgen. Er kann das Unternehmen „schlank finanzieren", also mit weniger Einsatz als früher mehr Gewinn erzielen.

Damit organisieren wir die Wirtschaft in der Reinform von einst. Einer Oberschicht geht es gleichmäßig gut und das Risiko wird durch die Masse der Arbeiter getragen. Dieses Hin und Her im Elend der Arbeiter ist die „unsichtbare Hand", die über der Wirtschaft wacht und alles im Gleichgewicht hält.

Im seinem berühmten Hauptwerk *Der Wohlstand der Nationen* (*1776*) geht Smith näher auf dieses Gleichgewicht ein:

Der Wohlstand eines Staates steigt also mit der (arbeitsfähigen) Einwohnerzahl. Um den Faktor Arbeit zu vermehren, muss die Nachfrage nach Arbeit (und damit die Lohnhöhe) so weit steigen, dass die unteren Schichten mehr Kinder aufziehen können. Steigt der Lohn über die zur Aufzucht ausreichender Arbeitskräfte nötige Höhe, so wird ihn die übermäßige Vermehrung bald wieder

G. Dueck, *Cut & Paste-Management und 99 andere Neuronenstürme aus Daily Dueck*,
DOI 10.1007/978-3-662-43390-4_10, © Springer-Verlag Berlin Heidelberg 2014

auf die nötige Höhe herabdrücken. Dies funktioniert auch umgekehrt: Vermehrt sich die „Spezies Mensch" zu stark, so wird ihr durch Nahrungsmittelknappheit eine Grenze gesetzt. Dies geschieht dadurch, dass die meisten der in den fruchtbaren Familien der unteren Schichten geborenen Kinder sterben.

Diese Theorie beten wir heute an.

Heute steigt der Wohlstand eines Staates mit dem Bruttosozialprodukt. Wenn es steigt, verbessert sich das Leben der Schwachen. Wenn es fällt, landen Schwache und Arbeitslose in vergleichsweisem Elend, eben weil wir die Schwankungen nicht mehr durch Kapitalrücklagen ausgleichen wollen.

Wollen wir das wirklich nicht? Gestehen wir den Unternehmen die hohen Gewinne auch dann noch zu, wenn sie die Unternehmensrisiken auf Schwache abwälzen? Die bekommen dann Hartz IV, aber diese Gelder sind doch Kapitalrücklagen oder Schulden wiederum der Schwachen, die sich gegenseitig helfen?

Wir organisieren Wirtschaft bewusst so, dass die Menschenpuffer das Gleichgewicht erhalten. Die Kinder der unteren Schichten lassen wir nicht sterben wie im 18. Jahrhundert, aber sie werden nicht entfernt artgerecht aufgezogen, nicht wahr?

Voller Kummer verfolge ich die derzeitige Debatte, dass sich nun die Millionen Angehörigen des Menschenpuffers noch Vorwürfe der prinzipiellen Faulheit anhören müssen. Diese Vorwürfe werden durch genüssliche Reality-Shows mit Gestrandeten untermauert – wie die zusehen, wie sie ohne Leistungen an Geld kommen – ganz furchtbar ungeschickt mit denen verglichen, die uns zur Finanzkrise beutelten. Wollen wir nicht lieber zu einer Unternehmensverantwortung zurück, die Rücklagen für Rückschläge bildet?

Und ich hörte Menschen aus dem Puffer verzweifelt schreien: „Ihr Arbeitsplatzbesitzer verachtet uns und haltet uns für Loser und behandelt uns wie Aussätzige! Auch euch selbst kann es treffen! Jederzeit und ganz unschuldig bei voller Leistungsbereitschaft!"

Da dachte ich an die vielen Leserbriefe aus allen möglichen Unternehmen und Institutionen, die vom unsäglichen Leiden unter Leistungsstress berichten und von Versagensvorwürfen im Angesicht hochgesteckter Ziele. Es könnte sogar sein, dass es uns vor dem Stranden schlechter geht als nachher – es ist die Angst, selbst irgendwann im Menschenpuffer aufzugehen.

Kapitel 11
Leased Brain (DD110, März 2010)

Wichtige Entscheidungen brauchen tiefe Versenkung auch in Details und vor allem Zeit. Die aber haben die Entscheidungsträger meist nicht. Sie sind – so sagen sie fast alle – im Tagesgeschäft versunken und gelähmt. Sie lassen also Berater, Assistenten oder zusammen gewürfelte Arbeitsgruppen schnell abnickbare Entscheidungsvorlagen erarbeiten. Leased Brain.

Früher unterschied man zwischen Kernkompetenzen und den sonstigen. Im Kern agiert und entscheidet ein Unternehmen selbst, den Rest kann es outsourcen. Dahinter steht der Gedanke, nur all das selbst zu machen, was man gut kann. Das, was andere besser können, sollen auch diese andere tun.

Ich habe mich oft gefragt, was Unternehmen tun sollen, die gar nichts gut können. Diese Frage ist von den Unternehmen insgesamt gar nicht gestellt worden und wurde folglich kaum richtig von Wissenschaftlern erforscht – die scheinen auf so etwas auch nicht von selbst zu kommen. Unternehmen, die durchgängig schlecht in allen Aspekten sind, agieren natürlich wie Schüler, deren Versetzung dauerhaft gefährdet ist und die sich in jedes neue Quartal ohne rechtes Ergebnis hineinschleppen. Sie kämpfen immer um das bisschen Überleben, das die fünf plus von der vier minus trennt. Für etwas anderes haben sie absolut keine Zeit, und sie haben ganz bestimmt keine Zeit, gravierende Entschlüsse zu fassen. Die werden einfach durch Wunschträume ersetzt: „Ich will Nummer 1 werden. Mama [‚Aufsichtsrat'] sagt auch, dass ich das schaffen kann, wenn ich nur will und einmal Zeit habe." In der Schule sieht ausnahmslos jeder, dass viele versetzt werden, die eigentlich nichts gut können, aber bei Unternehmen wird angenommen, dass sie zwangsläufig etwas gut können müssen, weil sie ja noch nicht Pleite gegangen sind.

Das muss alles ein schwerer Irrtum sein, so sehr unterscheidet sich Wirtschaft vom Schulleben nicht. Es muss nach gesundem Menschenverstand sehr viele Unternehmen geben, bei denen nach den normalen Grundsätzen überhaupt alles outgesourct werden kann.

Das alles fiel mir ein, als Helmuth Justin mir in einem Leserbrief mit seiner Formulierung „Leased Brain" einen Lichtblitz schenkte. Wir sehen doch überall, wie sogar die allerwichtigsten Tätigkeiten in Unternehmen von Leihkräften ausgeübt werden! Unsere Ministerien bestellen sich Gesetzesformulierungen bei Spezialkanzleien, die das deutlich besser können – auf diese Weise können die Ministerien ihre vielen Mitarbeiter für Wichtigeres einsetzen als für neue Bestimmungen und Gesetze. Maschinenbau- und Automobilkonzerne lassen Spezialfirmen neue Produkte erfinden und entwickeln. Sie stecken dann nur noch die per Leased Brain erfundenen Produkte an Fließbändern zusammen, die vielleicht auch schon outgesourct sind. Das Verkaufen übernehmen oft Agenturen, Händ-

G. Dueck, *Cut & Paste-Management und 99 andere Neuronenstürme aus Daily Dueck,*
DOI 10.1007/978-3-662-43390-4_11, © Springer-Verlag Berlin Heidelberg 2014

lernetze und Bonuspartner. Ich sehe fast nie, dass sich ein Unternehmen zusammenreißt und echt darangeht, etwas so gut zu lernen, dass es etwas am besten kann. Es wird immer nur festgestellt, dass „wir etwas nicht gut machen und eigentlich noch nie gut konnten" und folglich auf Leased Brains zurückgegriffen werden muss.

Wenn man denn wenigstens geniale Brains mieten würde! Aber die fehlende Kompetenz wird um die Ecke bei Werkstudenten, Zeitberatern, Assistenten oder Taskforces gesucht, die nun wirklich das erste Mal vor solchen Aufgaben sitzen. Da verstehe ich es noch, wenn eine exzellente englische Kanzlei die Gesetze aller EU-Staaten gleichzeitig formuliert, da werden die Gesetze bald alle gleich. Die Firma verdient sich von Herzen gegönnt golden, eben weil sie abschreiben und getrennt berechnen kann – und wir gewinnen noch mehr, weil wir die europäische Einheit bekommen! Aber wenn die Unternehmen sich alle auf die gleiche Art am Markt differenzieren?

In der Schule geht das so: „Ich kann eigentlich nichts gut, ich habe alles abgewählt, wo es zu schmerzen beginnt. Nun kann ich fast nichts mehr studieren, ohne dass es sofort wieder zu schmerzen beginnt, deshalb studiere ich etwas, wovon in der Schule nie die Rede war – wo ich also noch gar nicht schlecht bin. Es könnte sein, dass ich genau darin gut bin. Gibt es so ein Fach, wo ich später gleichzeitig noch das meiste Geld verdiene?" (Antwort gegen Geld bei Beratern.)

Und der Unternehmensstab geht auch oft wie eine Hähnchengyrosbude vor: „Immer, wenn wir uns beim Gegrilltwerden das Außenfell verbrennen, schneiden wir das Angebrannte ab und verkaufen es schnell, dadurch wird alles immer schlanker und leaner. Am Ende bleibt nur noch der Stab übrig, unsere Kernkompetenz."

Hilfe! Wir müssen wieder selbst denken, selbst lernen und Kompetenzen erwerben! Nicht wegleasen! ERWERBEN! Wo kam denn sonst die Kompetenz von Apple, Google etc her?

Auf allen Konferenzen wird täglich zigmal angedeutet, dass „wir um vieles besser wären, wenn wir immer unsere Hausaufgaben gemacht hätten (‚gemacht hätten', sagen sie alle, nicht ‚machen würden')". Das sagte uns Mama schon immer. Hören wir doch einmal auf sie, die so oft seufzte. THINK! ACT! YOURSELF.

Damals gab es wieder einmal einen kirchlichen Sünder, der natürlich als bedauerlicher Einzelfall dastand. Man darf natürlich nichts gegen die Institution Kirche sagen, weil die mit diesem Einzelfall ja eigentlich nichts oder fast nichts damit zu tun hat.

Kapitel 12
Selbstvertuschungkraft bei Systemsünden
(DD111, März 2010)

Alle schwören rückhaltlose Aufklärung bei Sünden, aber es verschwinden meist nur ganz demonstrativ ein paar Sünder. Damit ist hart durchgegriffen worden, aber im Grunde bleibt das System dasselbe. Warum? Die Systeme behaupten, es handele sich um beklagenswerten Einzelfälle, also um schwarze Schafe. Die würden mit Stumpf und Stiel ausgerottet. Die Ausgemerzten schweigen, weil sie ohne Anklage und mit Abfindung davon kamen. Sie haben Glück, weil das Ausbreiten ihrer Schuld zu viel Systemschaden verursacht. Sie kommen deshalb davon.

Der Vergewaltiger kommt davon, weil die Vergewaltigte durch die Ausbreitung ihres Seelenschadens noch einen zusätzlich größeren einer gewissen Schande erleidet. Der Ehebrecher kommt davon, weil die betrogene Ehefrau zum Beispiel den Zusammenbruch der Freundeskreise fürchten muss. Der übergriffige Priester bleibt relativ unbehelligt, weil ein öffentlicher Prozess gegen einen Priester seiner Kirche einen „Kommunikations-Supergau" beschert und zu einer Diskussion ihrer Grundsätze durch Laien führt – zu einem Kontrollverlust.

In einer Privatschule, so hat sich kürzlich herausgestellt – haben sich vor Jahrzehnten Rektor und Lehrer an Kindern schuldig gemacht. Alle schwiegen. Hätten sie nicht weggeschaut und den Fall dem Staatsanwalt übergeben, wäre die Schule zusammengebrochen. Die teuer Schuldgeld zahlenden Eltern wären plötzlich ausgeblieben, die Schule könnte dichtmachen, viele Lehrer verlören die Stelle. Wer wirft da einen Stein?

Wird etwas in einem großen Unternehmen bekannt, so kann das Öffentlichmachen den Aktienkurs abstürzen lassen, es gibt einen gigantischen Schaden bis zum Konkurs, der dann auf Banken und Kleinanleger ausstrahlt. Alle sind bei einem allgemeinen Schweigen besser gestellt.

Der Sünder ist nur ein einzelner Mensch, der bei Entdeckung in vielen Fällen einen substantiellen Schaden in „seinem System" erzeugt und andere mit hineinzieht. Die Ehe, die Schule, die Partei, das Unternehmen, die Kirche, der Glaube, das Vertrauen, das Ansehen nehmen Schaden. Davor fürchten sich alle und schauen weg – immer dann, wenn das Hinschauen sehr viel teurer wird als das Wegschauen.

Normale Sünden dagegen werden hart bestraft. Ein Griff in die Kasse – weg mit dem Sünder! Eine unterschlagene Toilettenrolle oder ein aufgehobener Pfandbon, weg mit dem Sünder! Zuwenig geleistet – weg, weg, weg. Wenn das Aufdecken dem System nichts antut, wird sofort durchgegriffen. Wer sich scheiden lässt, wird sofort nach der Vorschrift exkommuniziert und zahlt natürlich die Kirchensteuer weiter wie bisher. Wenn ein Außen-

G. Dueck, *Cut & Paste-Management und 99 andere Neuronenstürme aus Daily Dueck,*
DOI 10.1007/978-3-662-43390-4_12, © Springer-Verlag Berlin Heidelberg 2014

minister in den Geruch von Vorteilnahme kommt, muss er vielleicht weg. Aber wenn er die Angriffe gegen sich als „Sabotage an der demokratischen Grundordnung" hinstellen kann, bleibt er. Das Heilige des Systems hat Vorrang. Es muss unbefleckt bleiben.

Das System hat enorme innere Selbstvertuschungskräfte. Weil das System hehr bleiben muss, bleibt alles unter der Decke. Wenn eine Sündenblase platzt, werden immer nur ein paar Bauernopfer gebracht – seufzend, das Unrecht klarsichtig vor Augen, aber entschlossen, das System zu retten.

Also: Wenn Sie unbedingt sündigen wollen, steigen Sie groß ein und drehen Sie es so hin, dass das System angeklagt wird, wenn Sie angeklagt werden. Am besten stellen Sie sich die ganze Zeit wie ein Gralshüter vor das System und huldigen ihm öffentlich in tiefster Ergebenheit. Machen Sie sich zum obersten edlen Ritter der Bewegung. Dann dürfen Sie sündigen, wie Sie wollen, weil das System Schaden nimmt, wenn sie entlarvt werden. Niemand darf Sie als Person aufdecken, weil er durch das Schädigen des Systems ein größerer Sünder ist als Sie selbst, man tötet ihn gewöhnlich als Überbringer der schlechten Nachricht.

Und weil viele Sünder das wissen, huldigen sie dem System, in welchem sie insgeheim sündigen. Je mehr Menschen im System sündigen, umso mehr huldigen ihm in übertriebener Weise. Deshalb wird das System durch die großen Sünden in ihm immer stärker, unverletzlich, monolithisch, hart, unnahbar. Wer in ihm keine Ahnung hat oder das System nur von außen sieht, wird es erhaben und ehrbar finden können. Sünden aber helfen, es zusammenzuschweißen.

Jetzt stocke ich. Was wollte ich sagen? Die letzte Schlussfolgerung erschreckt mich, weil sie korrekt erscheint. Ist das so? Ich lasse sie so stehen.

Kapitel 13
Mitarbeiter(selbst)missbrauch und Schweigen (DD112, April 2010)

Missbrauchsfälle erschüttern in diesen Tagen unsere Weltbilder. Die Opfer schwiegen in Ohnmacht und fürchteten die Folgen. Wir schämen uns tief für die, die viele Jahre wegsahen und gar vertuschten. Um die Opfer kümmerte sich niemand, sie taten nicht leid. Ein Glück, dass wir heute nichts mehr tun müssen, denn es ist alles verjährt. Wir können ohne Folgen weltanschaulich und frei diskutieren, wie damals jeder hätte reagieren sollen. Das wissen wir heute nämlich ganz genau.

Die meisten Kindesmissbrauchsfälle sind Jahrzehnte her. Können Sie sich vorstellen, was die Eltern damals zu einem Chorknaben gesagt hätten, der zu Hause geklagt hätte, wegen mangelhaften Übens vom Lehrer geschlagen worden zu sein? DAMALS? Die Eltern (meine eigenen ganz bestimmt) hätten Rechenschaft verlangt, warum der Knabe denn nicht geübt hätte. Und geschlagen? „Warum übst Du nicht?" Weil das früher so war, hat kaum ein Chorknabe damals zu Hause auch nur erwähnt, dass man ihn geschlagen hat.

Ich selbst bin einmal vom Klassenlehrer des Gymnasiums hart geohrfeigt worden. Es war ein pures Versehen, er hatte eine Situation katastrophal missdeutet und mich für schuldig gehalten – bumm-bumm. Auch das habe ich nie meinen Eltern gebeichtet. Wir hatten damals so große Angst vor der Autorität, dass ich nicht einmal versuchte, die Situation mit dem Lehrer zu klären. Ich habe angstvoll alles geschluckt.

Wir sind heute anders. Eine Ohrfeige eines Lehrers geht durchs Dorf und vor den Richter. Wenn ein Schüler von Schlägen berichtet, weil er nicht übte, bekommt er erst einmal Recht und nicht noch Prügel wegen Nichtübens dazu. Eltern sind heute nicht mehr nur mit den Lehrern solidarisch, sondern auch mit ihren Kindern. Die Eltern haben oft schon selbst studiert und lassen sich von Lehrern per se nicht beeindrucken.

Gerade heute werden Vorwürfe gegen einen Bischof laut, vor Jahren Kinder geschlagen zu haben. Er reagiert mit der Androhung aller denkbaren und möglichen juristischen Schritte. Genauso war es damals auch. Aber da haben wir unter der bloßen Aussicht auf eine solch starke Ansage lieber tief geschwiegen. Spätestens der aufnehmende Polizeibeamte hat uns gefragt, wie wir mit einer solchen juristischen Zornreaktion umgehen würden.

Heute ist das Nichtwegsehen um Größenordungen einfacher! Heute helfen wir alle gemeinsam den Opfern beim einfachen Verdacht und sympathisieren mit ihnen. Wir schweigen schon längere Zeit nicht mehr. Und das scheint gewirkt zu haben, denn das Schlagen und das Missbrauchen der Kinder scheint irgendwann aufgehört zu haben – es kommen ja nur „verjährte Fälle" ans Licht.

G. Dueck, *Cut & Paste-Management und 99 andere Neuronenstürme aus Daily Dueck*,
DOI 10.1007/978-3-662-43390-4_13, © Springer-Verlag Berlin Heidelberg 2014

Jede Zeit hat aber andere Übel. Wir lesen jeden Tag von der steil ansteigenden Kurve von Depressionen, von Burnouts und gar von Selbstmorden, die Überforderungen und Überlastungen bei der Arbeit zur Ursache haben. Die Arbeitsdichte nimmt grausam zu und macht uns krank. Ab und zu hört man aus dem Bekanntenkreis, dass jemand eine längere Kur macht, eine Auszeit nimmt oder ein paar Wochen kaum gesehen wird. Es gibt Gerüchte um ihn, dass es Ausgebranntheit oder Versagensangst war. Das ist uns sehr peinlich, nicht wahr? Man darf darüber nicht sprechen, weil wir den Bekannten ja traurig machen könnten, wenn wir ihn auf seine Versagenserlebnisse ansprächen. Wir wissen ja, wie sehr wir uns in seiner Situation schämen würden. Wir sehen weg. Der Überforderte und nun Schwerkranke schämt sich wirklich. Seine Karriere ist wohl hin, erkennt sein Arzt sofort und rät ihm von neuen Heldentatversuchen dringend ab: „Du hast versucht, in der Champions League zu spielen, nun bist du vom Burnout gezeichnet und musst mit der 2. Landesliga zufrieden sein." Der später wieder einigermaßen Gesunde arbeitet traurig weiter in der Hoffnung, dass alle wegsehen und ihn gütig am Maßstab seiner früheren Träume ehrend messen, was sie ja manchmal auch mitleidig tun.

Wenn die Arbeitsdichte unendlich steigt, ist es dann nicht allgemeiner Mitarbeitermissbrauch? Ist das, was wir tun, nicht Mitarbeiterselbstmissbrauch? Sind wir hier nicht Täter und Opfer zugleich? Der Chef schindet uns, wir schinden uns, wir schinden andere, das System überfordert uns. Manche fallen in depressive Starre oder ins hyperaktive kurzatmige Zittern, wir selbst aber hoffen, dass es uns nicht trifft. Wir denken unter der zweckoptimistischen Arbeitshypothese, wir seien unverletzlich. Wer ist daran schuld? Wir selbst? Unsere Arbeit? Die Krise? Der Chef? Der Ehrgeiz? Die Zeit?

Wir schweigen und stellen keine Fragen. Wir stehen unter Stress. Wir schaffen unsere Arbeit nicht mehr, nicht gut jedenfalls. Wir leiden unter Versagensangst. Weil wir die schreckliche Furcht haben, Low Perfomer zu sein, nehmen wir an, dass alle, die ausbrennen, wohl Versager sein müssen!

Hilfe, zu Hilfe! Das ist ein Irrtum unserer eigenen Angst, die unser Denken verzerrt!

Denn der Burnout trifft doch meistens die Guten und sehr oft die Besten! Man brennt nicht aus, weil man nichts leistet und faul ist, sondern meist, weil man zu viel leisten will („Champions League") und sich übernimmt!

Aber wir denken in Angst, die Ausgebrannten seien „überfordert" im Sinne normaler Maßstäbe, sie seien also nicht gut oder faul. Deshalb machen wir die Ausgebrannten zum abermaligen Opfer. Dieses Opfer aber, der Ausgebrannte oder Depressive, muss nun logischerweise die offene Aufklärung seiner Krankheit fürchten, weil er sich nach dem gemeinsam gemeinen Vorurteil als leistungsschwach outet. Er ist stigmatisiert. Unter der Hand tuscheln sie in der Umgebung des Opfers, wie es wohl „zum Leistungsabfall kam" und schweigen offiziell. Das Opfer schweigt, die Mitwisser tuscheln nur und schweigen auch. Wer aber offen von generellen Missständen in der Firma spricht, wird sofort zum Schweigen gebracht. „Hey, wir alle arbeiten hier wie die Tiere und du forderst leichtere Arbeit für dich selbst? Bist du auch einer der Faulen, für wir die Arbeit mitmachen und den Rücken hinhalten?" Da schweigen auch die Unbeteiligten und selbst die Ethiker.

In vielen Jahren, wenn wir wieder in einem Wirtschaftsaufschwung ganz, ganz anders denken als heute, wenn es wieder eine 35-Stunden-Woche gibt und wenn alles von heute verjährt sein wird, werden die Ausgebrannten von heute in den Zeitungen von morgen berichten, wie sie einstmals seelisch im Arbeitsleben bis zu ihrem Dauerschaden gequält worden sind. Sie werden Schuldige beim Namen nennen, die sie gequält haben. Diese aber werden sagen, dass niemand je gezwungen war, so irre hart zu arbeiten! Jeder habe seine Tarifarbeitszeit gehabt und jederzeit die Freiheit besessen, die Firma zu verlassen. Die jetzt zu Unrecht Klagenden hätten sich jederzeit beim Management und beim Betriebsrat beschweren können. Das aber wäre nie geschehen. „Wollen Sie heute nach vielen Jahren Schuldige für Ihre Nicht-Karriere suchen, weil Sie Ihr Ehrgeiz noch immer nicht in Ruhe schlafen lässt?" Aber man wird in dem Geiste der neuen Zeit den Klagenden Gehör schenken und die Schuldigen für schuldig halten. Wir werden uns für die vielen Opfer schämen und das Schweigen über die Vergangenheit und ihr Vertuschen brandmarken. Das geht in der Zukunft, weil gerade keine Krise ist, weil Mitarbeiter(selbst)missbrauch jetzt als schändlich oder unverantwortlich gilt und weil ja alles verjährt ist. So wird es enden.

„Warum habt ihr damals geschwiegen?", fragen wir in der jeweiligen Gegenwart irritiert und unverständig die Missbrauchten von damals. Und ich frage in der jetzigen Gegenwart: „Warum schweigen wir heute?"

Kapitel 14
Ich – bleib bei mir! (DD113, April 2010)

Ein kleines Mädchen mit einem Zettel in der Hand ist endlich beim Bäcker an der Reihe. „Sechs Bärlauchbrötchen, bitte." Es sind aber keine da. Das Mädchen schaut ratlos, alle lesen den Befehl auf dem Zettel nach und machen Alternativvorschläge. Es schaut immer ängstlicher und geht mit „so ähnlichen Brötchen" schluchzend heim. Mama wird schimpfen, weil sie ganz enttäuscht ist. „Bring ganz genau diese Brötchen mit, andere schmecken von da nicht, hörst du? Wirst du das können? Bist du schon groß? Wir wollen sehen, ich vertraue auf dich."

Freud hat uns die Vorstellung vom Über-Ich gegeben. Etwas in uns sagt, dass wir nicht richtig handeln. Das Gewissen plagt uns, das Gefühl des Versagens nagt an uns. Die Mutter, der Vater, der Chef reden zu uns, wenn wir handeln oder auch sonst. Was werden oder würden sie zu unseren Entscheidungen sagen? Beim Bäcker geht es los… Auch heute Morgen hat der Bäcker für mich selbst nicht die gewünschten Brötchen gehabt, es war schon halb zehn. Auf dem Rückweg zwitscherten sogleich die Stimmen in mir. Ich erklärte den Stimmen, warum ich genau diese anderen „so ähnlichen Brötchen" mit Liebe gewählt hatte. Sie erkannten diese Liebe nicht an, weil ihnen die ungewollten Brötchen deutlich schlechter schmecken würden – so behaupteten sie. Ich schlug den Stimmen vor, doch selbst einmal zum Bäcker zu gehen. Das lehnten sie ab. Sie bemängelten, dass ich ja für mich selbst Brötchen gekauft hätte, die mir am besten schmeckten – so nahmen sie an. Ich erklärte, dass es auch keine Käsebrötchen gegeben hätte – und ich gab zu, dass ich mir mein zweitbestes Brötchen besser aussuchen hätte können als für sie, weil ich mich besser kennen würde.

Als ich nach Hause zurückkam, wurden die Stimmen ganz real und waren mit den von mir gewählten Brötchen nicht glücklich, die Szene spielte sich aber viel schneller ab als auf dem Heimweg, wo die Stimmen länger mit mir geschimpft hatten und ich härtere und bessere Argumente hatte als real zu Hause. Die inneren Stimmen sind zwar viel exzessiver als die echten, aber sie stecken meine Kritik auch besser weg, so dass ich mich innerlich traue, furchtbar wütend gegen sie zu werden, was real nie vorkommt.

Der Kaffee war noch nicht ganz durchgelaufen, da schaute ich noch kurz in die Rhein-Neckar-Zeitung. Dort wurde der Heidelberger Psychologe Roland Kopp-Wichmann zu seinem neuen Buch „Ich kann auch anders" interviewt. Der empfiehlt doch tatsächlich Leuten, in der Heidelberger Fußgängerzone mit erhobenen Händen bummeln zu gehen! Dann passiert nämlich folgendes: Wer das tut, weckt sofort in seinem Inneren diese Stimmen auf, die mit ihm sein eigenes seltsames Verhalten diskutieren. Die Stimmen tun so, als wären sie Passanten, die sich über die erhobenen Hände wundern. „Spinnt der? Warum

G. Dueck, *Cut & Paste-Management und 99 andere Neuronenstürme aus Daily Dueck,*
DOI 10.1007/978-3-662-43390-4_14, © Springer-Verlag Berlin Heidelberg 2014

macht er das?" Durch diese heftigen inneren Streitgespräche kommt man gar nicht mehr zum Bummeln. Man passt nur auf die Passanten und die Hände auf und diskutiert im Innern. Im Klartext: Man ruht nicht mehr in sich selbst. Man ist nicht mehr man selbst. Das Ich hält nicht mehr die Mitte, es zetert mit anderen Kräften herum, es ist angespannt und gestresst.

Das kleine Mädchen leidet wirklich, wenn es den Auftrag nicht erfüllt – so wie ich auch, wenn ich die in mich gesetzten Erwartungen an die mitgebrachten Brötchen nicht erfülle. Aber, liebe Leute, das sind nur kleine Brötchen! Kein Vergleich damit, wenn ich nicht den Erwartungen irgendeines Chefs oder Kunden entspreche! Oft soll ich – bildlich gesprochen – irgendwelche Dinge besorgen, aber ich stelle vermehrt fest, dass man mir zu wenig Geld mitgegeben hat, was ich aber nicht als Grund angeben darf, wenn ich mit leeren Händen zurückkommen sollte. Dann brodelt es in mir! Die Kunden oder die Autoritäten erscheinen in mir und helfen mir, sie motivieren mich, machen mir Angst und fordern, dass ich mich beeilen soll. Sigmund Freud hat behauptet, dass da ein Über-Ich anstelle meiner Eltern in mir tobt, aber es sind ganz bestimmt nicht meine Eltern, es sind wahnsinnig viele andere, die von mir etwas wollen – hauptsächlich, dass ich mich zerreiße oder etwas ganz anderes in meinen Büchern schreibe, nämlich ihre Meinung. Und dann diskutiere ich innerlich mit ihnen. Das kostet viel Zeit, in der ich lieber arbeiten sollte. Das sagen sie mir allerdings auch: Ich sollte nicht mit ihnen, den Stimmen, reden, sondern zügig handeln! Sie wollen, dass ich auf sie höre, aber keine Zeit damit vertrödele, ihnen zuzuhören. In der Zeit, wo ich mit den Stimmen Ausreden über die falschen Brötchen verhandele, könnte ich mir doch auch den Stoff zum Beispiel für ein neues Daily Dueck ausdenken.

Aber ich kann nur gut arbeiten, wenn keine Stimmen da sind. Wenn ich ich bin, wenn ich bei mir bin, wenn ich mich auf die Arbeit konzentriere. Oft sage ich: „Lasst mich in Ruhe!" Das gilt nicht nur physisch etwa in dem Sinne, dass ich in einem ruhigen Zimmer sitzen möchte. Nein, die Stimmen sollen wegbleiben. Sie sollen nicht über Bonuszahlungen diskutieren, nicht über Deadlines und über meine bestmöglichen Entscheidungen in Situationen, wo das, was ich besorgen soll, „beim Bäcker nicht mehr da ist". Sie sollen nicht warnen, dass die Bahn nicht kommt oder die Familie bei lauwarmem Essen wartet. Viele Vorträge auf Tagungen berichten von einer Art Tinnitusepedemie. Vielleicht haben manche Leute noch viel mehr Stimmen als ich im Ohr, so dass alles irgendwann zu einem Dauerton verschmilzt und dann als Tinnitus behandelt wird? Oder es gibt einen Hörsturz mit sofortiger Ruhe?

Ich meine jetzt nicht, dass die Stimmen ganz wegbleiben sollten, eine von ihnen heißt ja Gewissen, eine andere Verantwortungsbewusstsein, eine dritte Zivilcourage und so weiter. Aber wenn es zu viele Stimmen sind, endet es in Kakophonie. Sie müssten sich besser einigen und gemeinsam sprechen. Mit einer Stimme. Und dann müssten sie derart gemeinsam sprechen, dass sie sich nicht gegen das Gewissen und das Verantwortungsbewusstsein stellen, auch nicht gegen die Zivilcourage, den Respekt vor anderen und die Liebe zur Menschheit. Da aber diese paar eigentlich schon genug sagen – brauchen wir die anderen dann noch?

Beim Durchsehen fallen mir gerade die großen Puppen ein, die jetzt in Japan als Pflegeroboter für alte Menschen eingesetzt werden. Sie fragen in therapeutisch richtigen Abständen „hast Du genug getrunken"? Wenn man den Raum verlässt, bitte sie: „Drück mich noch einmal!" – Und beim Wiederkommen: „Oh, du bist zurück! Ich freue mich so."

Kapitel 15
Cyber-Nanni, Cyber-Manni (DD114, Mai 2010)

Mein Schachcomputer spricht mit mir, er heißt wohl Fritz (der Achte, wenn Ihnen das etwas sagt). „Turmtausch nach Schablone!", mault er enttäuscht oder, vom Warten auf mich nervös geworden: „Soll ich dir mal einen guten Zug vorschlagen?" Da kam mir eine geniale Idee! Die Schachstimme oder die abgehackt sprechende Frau in meinem Navi sind so etwas wie ein anders gepoltes Tamagotchi, oder? Eine Cyber-Nanni passt auf mich auf!

Das ist die Idee! Tamagotchis sind Kunstwesen, die wir wie Haustiere halten und bemuttern können. Sie waren Ende der 90er Jahre groß in Mode und kamen in neuerer Zeit nochmals auf. Wenn man sie nicht genug küsst oder füttert, können sie glatt sterben, es gibt im Internet virtuelle Friedhöfe für Tamagotchis. Bei meinem Navi ist es anders herum. Die künstliche Frau da drin sagt immer Achtung, wenn ich zu schnell fahre. Allerdings habe ich das im Navi selbst eingestellt. Sie soll das tun. Ich kenne das Gleiche von Beifahrerinnen, die mir aber zu unzuverlässig reagieren und oft einen kränkenden oder sogar verzweifelten Unterton in der Stimme haben, als würde ich sie umbringen wollen. Meist ärgern sie sich aber, dass ich zu langsam fahre, denn es ist oft von angeblich unnötigen 137 PS die Rede, die mein kleiner Volvo hat.

Es fasziniert mich, dass ein normaler Schachcomputer, der mich nur über meine paar Züge und die verbrauchte Bedenkzeit kennt, der also über sehr wenige Daten über mich verfügt, zu so sehr treffenden Bemerkungen über meine Spielweise imstande ist, dass er so etwas wie ein ätzender Freund wurde. Auch die Frau im Navi kennt mich kaum, sie hat nur geringe Kenntnisse von mir. Sie weiß, wohin ich normalerweise will, und sie weiß um meine gewöhnlichen Reaktionen auf ängstliche Routenänderungsvorschläge, um einen befürchteten Stau zu umfahren. Ich finde sie im Großen und Ganzen zu synthetisch, ich möchte eine neue Navi-Frau. Allenfalls ihre Aufforderung „Jetzt bitte wenden!" klingt ein bisschen emotionaler, so wie bei Fritz.

Mit ein wenig Liebe zum Detail könnte sie sich doch ordentlich aufregen, wenn ich im Auto ans Handy gehe oder Apfelschorle am Steuer trinke. Sie könnte sich der Situation anpassen und auch mal fröhlicher sprechen. „Du fährst aber schwungvoll, wie viel hast du getrunken?" Dann sage ich es ihr und sie erzählt Witze, damit ich wach bleibe.

Das brachte mich auf den Gedanken, eine Cyber-Nanni zu erfinden, die alle Daten über mich aus dem Netz, aus dem Navi oder von mir selbst über Sensoren kennt und mir dann dabei hilft, ein ganz normales Leben zu führen. Viele Erziehungsberechtigte schaffen es ja auch mit einem relativ eingeschränkten Idiomsatz, ihre Kinder oder Schüler zielgenau zu steuern. „Pass auf. Was habe ich gesagt! Du hörst nicht zu. Das darf man nicht. Nicht denken, machen. Man kann sich auf dich nicht verlassen. Andere sind besser. Das kannst

G. Dueck, *Cut & Paste-Management und 99 andere Neuronenstürme aus Daily Dueck,*
DOI 10.1007/978-3-662-43390-4_15, © Springer-Verlag Berlin Heidelberg 2014

du nicht. Okay, ich versuche es einmal anders herum: Danke! Aber du musst es jetzt sofort honorieren, wenn ich ausnahmsweise relaxed mit dir umgehe." Damit kamen wir auf dem Bauernhof auch bei Hunden und Pferden aus.

Wir erfinde ich eine Cyber-Nanni? Ich könnte doch ein wahnsinnig gutes Business daraus machen. Die normale schlechte Erziehung von Kindern ist defizitorientiert, sagt man. Sie schimpft über abweichendes Verhalten. Das ist ja im Navi schon drin! Loben dagegen muss einen Sinn für das Gute, das Wesentliche oder Eigentliche haben, das ist schwer zu programmieren. Natürlich kann ich künstliches Loben einbauen, also die Cyber-Nanni immerfort brabbelnd dann loben lassen, wenn keine Abweichungen zu bemeckern sind, wenn also, wie es im ernsten Leben hieße, „die Zahlen stimmen".

Ich beschloss, meine Idee nicht geheim zu halten und mich einem Freund anzuvertrauen, der alle paar Jahre ein neues Unternehmen gründet, weil er reich werden will. Dabei ist er wahrscheinlich für wirkliches Arbeiten nur zu verspielt. Ich erzählte ihm von meiner Idee – und er reagierte wechselnd errötend, peinlich berührt und auch jauchzend begeistert. Er wusste nicht, ob und was er sagen sollte, dann gestand er mir schließlich, dass er streng geheim an eben einem solchen Weltunternehmen arbeiten würde. Er konstruiert nämlich seit einiger Zeit einen Cyber-Manni, einen automatischen Manager. Er hatte den Gedanken an eine automatische Erziehung verworfen, weil die Erziehung zwar allgemein defizitorientiert ist, aber als absichtliches Produkt wahrscheinlich auf die Kritik der Verbraucherverbände und möglicherweise auch der Kirchen stoßen würde.

Dagegen ergaben seine Marktuntersuchungen, dass praktisch alle Beratungsmethoden im Management nach so genannten „Pain Points" beim zu Beratenden suchen und ihm diese gegen einen hohen Preis unter die Nase reiben. Auch das gängige Verfahren des „Management by Review" sei fast punktgenau defizitorientiert. Diese schon vollkommen eingeübten und erprobten Methodologien könnten relativ leicht in einen Cyber-Manni einprogrammiert werden. Normalerweise seien die verfügbaren Leistungsparameter über einen Mitarbeiter nicht viel informativer als die Kenntnisse von Fritz über mich beim Spielen.

Mein Freund grübelte noch über einem Business-Modell. Wie käme er an eben diese ganz wenigen Unternehmensdaten heran, damit der Cyber-Manni defizitorientiert agieren könnte? Er befürchtete, dass er für jedes Unternehmen eigene Schnittstellen zu Daten einrichten müsste. Ich riet ihm, diesen Gedanken fallen zu lassen. Er könne den Cyber-Manni doch so einstellen, dass er den Mitarbeiter einfach selbst fragt, ob er Defizite habe – so wie mein Navi erst mich selbst nach meinen Promille fragen könnte. Und wenn der Mitarbeiter sich selbst schlecht finde, werde er automatisch beschimpft! Und Manager, die schlechte Zahlen hätten, kämen automatisch von der Karriereleiter für ein Jahr auf die Stille Treppe. Wir redeten hin und her, tranken Rotwein und wurden immer optimistischer. Wir würden den Cyber-Manni entlang simplifizierender Minimalerziehung konzipieren.

Im Grunde brauchen wir ein defizitorientiertes „Schlechtes Gewissen", oder? Es fiel mir wie Schuppen von den Augen. Man muss Cyber-Skinner-Boxen erfinden! Mit Pavlovian Yield-Award-Optimization! „Weißt Du was", fiel mir ein – und ich starrte an die Decke und verstummte. Auch der Religion und dem Menschsein an sich würden sich ganz neue Wege eröffnen …

Kapitel 16
Als das Kind schrie, er sei nackt, fror der Kaiser (DD115, Mai 2010)

Die Spekulanten, die sich gegen das hoch verschuldete Griechenland verbünden, bereinigen angeblich den Markt. Dafür – so sagen viele – müssten wir ihnen dankbar sein. Denn nun kann Griechenland wieder zur Ordnung zurückkehren. Diese neu entstehende Ordnung sei am Ende die Folge der Spekulation. Das Problem ist, dass auch nur naiv aufgedeckte Wahrheit das, was wieder in Ordnung kommen soll, oft in großen Wirren verwickelt. Das geschieht besonders dann, wenn mit der Wahrheit nicht ordentlich umgegangen wird, sondern aus ihrer Aufdeckung ein Problem höherer Ordnung entsteht.

Version 1: Eine Mutter hat Zwillingssöhne in der Schule, der eine lernt mit Fleiß und Mühe und gilt als ganz befriedigend, der andere schreibt gerissen alles ab und schlängelt sich so durch. Das fliegt eines Tages auf. Die Familie berät sich, auch mit den Erziehern. Sie zeigen sich gemeinsam mit dem schwarzen Schaf geduldig, geben ihm Nachhilfe, zwingen ihn durch zeitweilige Strafen, ermutigen ihn und fordern ihn heraus. Trotzdem bleibt er einmal sitzen. Seine erste Freundin rümpft später nur einmal die Nase über seine Noten und leitet eine gewisse Wandlung ein, die immerhin einen passablen Schulabschluss ermöglicht. Alles wird brauchbar gut.

Version 2: Eine Mutter hat Zwillingssöhne, einer fleißig, einer lebenslustig gerissen. Das erkennen einige Spekulanten beim analysierenden Durchforsten der Klassenarbeitsbilanzen und Punktelisten. Da verhandeln sie mit einigen Bankkunden im Ort, die keine Ahnung von den schlechten Zahlen haben und große Stücke auf die Familie halten, eine Wette. Sie wetten darum, dass beide Söhne gleichzeitig den Schulabschluss ohne Sitzenbleiben schaffen. Beide Seiten setzen eine Million Euro ein. Topp, die Wette gilt!

Sofort stürmen die Spekulanten los und decken die kleinen Betrügereien des einen Jungen auf. Sie interviewen alle Klassenkameraden und finden viele neue Anhaltspunkte für Unsauberkeiten. Manche ahnen noch Dunkleres, was sich später nicht bewahrheitet, aber gut genug zum Niederziehen ist. Die Spekulanten setzen die Vermutung in den Raum, dass auch der fleißige Junge wohl etwas zu verbergen hätte.

Darüber ist die Familie sehr erschrocken. Noch schlimmer, sie bekommt jetzt Vorwürfe von ihren Freunden, die eine Million Euro auf den Erfolg der Zwillinge gesetzt haben. Die dringen auf sofortige Mobilmachung aller Kräfte. Die Zwillinge werden zum Tagesgespräch. Der gerissene Junge zieht sich zurück, der fleißige leidet unter Stress und Scham und empört sich über den anderen. Die Zwillinge entzweien sich, der Fleißige will, dass sofort alles in Ordnung kommt. „Was macht es schon, wenn ich einmal sitzen bleibe?", streikt nun trotzig das schwarze Schaf und findet, dass noch gar nichts verloren ist. Die

G. Dueck, *Cut & Paste-Management und 99 andere Neuronenstürme aus Daily Dueck,*
DOI 10.1007/978-3-662-43390-4_16, © Springer-Verlag Berlin Heidelberg 2014

Familie kocht, die Freunde werden ungeduldig. Das Sitzenbleiben ist zwar keine Katastrophe, aber angesichts der eingegangenen Wette ist sie nun sehr wohl eine für die Freunde. „Sitzenbleiben ist keine Option mehr!" Die wohl gesonnenen Wettfreunde schimpfen. Das kommt den Spekulanten zu Ohren. Sie jubeln diese Nachricht überall hinaus – nämlich, dass die Gegenwetter offenkundig nun ganz und gar nicht mehr hinter ihrer Wette stünden und sich auf hohe Verluste einrichten müssten.

Nun überstürzen sich die Ereignisse. Die Mutter macht der Schule Vorwürfe, die Lehrer bloggen Gegendarstellungen im Internet. Wettbüros eröffnen Schalter im Dorf und nehmen weitere Wetten an. Durch den Widerhall im Internet beginnen sich auch Einwohner aus den umliegenden Dörfern an den Wetten zu interessieren. Kinder, die die Zwillinge als Insider kennen, werden bestochen, etwas über die Zwillinge zu verraten.

Die Freunde der Familie fürchten nun ernsthaft um ihr Geld und leiten Hilfsprogramme ein. Die Kinder werden Tag und Nacht gedrillt, sind aber psychisch völlig überfordert. Der fleißige Junge verstockt, er findet, er habe gar nichts damit zu tun. Er werde ja immer normal versetzt, und nun solle er zur Sicherheit mehr lernen und ebenfalls gedrillt werden, damit er seinem Bruder helfe? Der andere kommt irgendwann auf die Idee, sich selbst am Gewinn der Parteien beteiligen zu lassen. „Bekomme ich eine halbe Million, wenn ich einfach nichts mehr tue und sitzen bleibe?" Dieser feine Gedanke setzt weitere Wellen in Gang. Der Arbeitgeber der Mutter sieht sie völlig überlastet und droht mit Entlassung. Die Bank fürchtet jetzt um das Hausdarlehen und fragt unruhig nach. Die Wellen schlagen immer höher, weil die Wetten Schwindel erregende Summen angenommen haben. Das Fernsehen untersucht, ob es ein Verbrechen wäre, wenn einer der Söhne absichtlich sitzen bleiben würde. Es häufen sich Meldungen, dass etwas mit der Schule nicht stimmt und wahrscheinlich auch nicht mit dem Ort, der von Journalisten wimmelt. Imbissbuden sprießen an Straßenrändern. Sie hoffen darauf, dass es zum Sitzenbleiben kommt und danach ein weiteres Jahr hindurch zu neuen Wetten, anschließend zu einer Börsennotierung der Zwillinge. Eine Immobilienspekulation beginnt. Makler reden Alteinsässigen den Niedergang des Ortes ein und reichen die verkauften Häuser gleich an Spekulanten weiter, die ihre Wetten ausweiten …

Und irgendwann stand da ein großäugiges kleines Mädchen, hatte den Daumen im Mund und fragte alle treu und unschuldig: „Was ist eigentlich das Problem?" Und sie schrieen durcheinander, dass das ganze System und die weltweite Ordnung gefährdet seien. Da fragte das Mädchen: „Welche Ordnung?"

Mit dem Bild von Hund und Katze erkläre ich schon seit Jahren die Unterschiede zwischen „BWL-Artigen" und „Techies". Die Argumentation habe ich hier einmal aufgeschrieben. Das war absolut überfällig. Ich kritisiere damit beide! Katzen sind ja Einzelkämpfer und daher nicht teamfähig oder „ungehorsam", Hunde „brauchen" einen Rudelführer… Nach meinen Vorträgen sind Hunde eher betrübt-beleidigt (weil sie doch Recht haben und man darüber nicht lachen soll) und Katzen stolz. Am nächsten Tag ist dann wieder Arbeitsleben, da kommandieren die Hunde und die Katzen müssen gegen ihre Natur gehorchen und wie Herdentiere in Meetings sitzen.

Kapitel 17
Business und Technik wie Hund und Katze (DD116, Mai 2010)

Die Manager und die „Techies" verstehen sich nie so wirklich gut. Die einen halten nur Zahlen für das einzig „Konkrete", weshalb sie das Wort konkret inflatorisch benutzen. Für die anderen „zählen" nur die Produkte, die Qualitäten, die technischen Funktionen – die Technologie eben. Form steht gegen Inhalt, nicht wahr? Gegen! „Es muss letztlich funktionieren!", entsetzen sich die Techies, wenn sie einfach nur Zahlen liefern sollen. Und es kommt zurück: „Es zählt nur, was unter dem Strich steht oder was der Chef heute Morgen gerade so will! Keine technischen Komplexitäten!" Manager sind wie Hunde, Techies wie Katzen! Wirklich! Schauen wir uns diese Tiere einmal genauer an.

Hunde sind nämlich Rudeltiere und benehmen sich anständig gegenüber Vorgesetzten, den so genannten „Herrchen". Sie fügen sich sehr gut in Hierarchien ein. Es gibt einige Ausnahmen wie die Dackel, mit denen man nichts anfangen kann. Das gewisse dackelartig Unhundige des Dackels bezeichnet man als „Charakter". Im Grunde werden Dackel einfach nur nicht erwachsen und behalten ihr Kind-Ich, solange sie nicht fett werden. Dackel werden einfach so geliebt und gefüttert.

Gute Hunde sind auf Lob und Anerkennung aus. Sie sind aktiv tätig, sich Streicheleinheiten beim Chef zu verdienen. Wenn sie glauben, sich Verdienste erworben zu haben, wedeln sie vorfreudig mit dem Schwanz. Wenn sie etwas verbrochen haben, schämen sie sich und ziehen den Schwanz ein. Mit einem Wort: Hunde haben ein planbar hineinziehbares Gewissen und können deshalb mit Pflichten umgehen. Sie arbeiten gerne für ihr Frauchen oder Herrchen. „Such!", und sie suchen. „Hol das Stöckchen!", und sie rennen vergnügt los. „Hol das Stöckchen schneller", und sie sind schneller. „Bring es doppelt so schnell!", das machen sie. Oft kommen sie vollkommen verdreckt wieder, dann müssen sie mit Kindershampoo gewaschen werden, was sie nicht gerne dulden. Man zwingt sie eben. Das geht, sie fügen sich unter ärgerlichem Schimpfen.

Haben Sie schon einmal eine Katze mit Shampoo gewaschen? Haben Sie es einmal erwogen? Nein, natürlich nicht, weil Katzen immer sauber sind. Aber angenommen, eine wäre nun ganz ausnahmsweise einmal dreckig, würden Sie es versuchen? Katzen sind anders, das merken Sie bestimmt schon, ohne dass ich es beschreiben müsste. Sie sitzen dösend herum, lassen sich streicheln, wenn sie es gerade mögen, lehnen es mit drohendem Blick ab, wenn sie nicht in Stimmung sind. Wenn es sie hungert, gehen sie jagen. Sie sitzen gespannt vor dem Mausloch, regungslos bis zum entscheidenden Schlag. Sie sind stolz, wenn sie einen Vogel oder eine Maus erbeuteten. Sie strahlen Meisterehre aus. Katzen sind stolz, Hunde sind gut. Katzen sind ihrem „Herrchen" durchaus verbunden, sie

G. Dueck, *Cut & Paste-Management und 99 andere Neuronenstürme aus Daily Dueck*,
DOI 10.1007/978-3-662-43390-4_17, © Springer-Verlag Berlin Heidelberg 2014

zeigen ihre Zuneigung durch Heimbringen einer Maus, die sie für ihren Besitzer vor die Haustür legen. Sie kommen zum Besitzer und streichen ihm schnurrend und wohlgefällig durch die Beine. Aber sie sind nicht Untertan, sie sind einfach Katze. Sie buhlen nicht um Lob, sind für weitergehende Arbeitsaufträge einfach taub. Erfolgreich Katze zu sein ist für sie vollkommen genug. Sie sind individualistische Künstler.

Wenn sich Hunde und Katzen zusammentun – wer ist dann der Chef? Katzen finden, man braucht keinen Chef. Wozu? (Dekan sein müssen ist bei Professoren eine Strafe!) Katzen sitzen wohl einmal zusammen, aber sonst? Hunde meinen, alles müssen geregelt werden. „Wann wollen wir regelmäßig zusammen fressen?" Die Katzen fressen die frische Beute – warum Zeitfestlegungen? Die Hunde sind von den aktiven Beiträgen der Katzen zur Regelfestlegung frustriert und bestimmen nun ganz unter sich die Vorschriften, nach denen die Hunde zusammenleben wollen. Diese Regeln werden überall kommuniziert. Da die Katzen in den Meetings nervös und unkonzentriert waren, werden sie von den Hunden verpflichtet, auch die Regeln der Hunde einzuhalten. Das tun sie nicht, deshalb werden die Regeln strenger gefasst. Man führt Reporting ein …

Stellen Sie sich vor, ein Hund ist Herr von einem anderen Hund. Er bestellt ihn ins Büro. Im Büro des Chefs ist devote Haltung vereinbart, in solcher erscheint der Niedrighund. „Hund, ich habe beschlossen, dass Sie ab heute doppelt so viel leisten!" Da erschrickt der Angebellte zutiefst, aber es ist ihm, als wenn er mit so etwas gerechnet hätte. „Das schaffe ich nicht!" – „Wollen Sie sich denn gar nichts Sportliches vornehmen, also schon Loser nach Ansage sein?" – „Ich schaffe es nicht." – „Ich befehle es!" – „Chef, ich muss schon dies und das tun, hören Sie einmal zu …" – „Okay, ich gebe Ihnen zehn Minuten, ich beantworte während Ihrer Begründung meine Mails. Zuhören beim Mailchecken ist meine Stärke." Nach zwanzig Minuten unterbricht er den Niedrighund, der selbst nun schon vor eigener Rührung weint, wie viel er selbst den ganzen Tag leistet – Beweis genug, dass ihm nicht noch mehr aufzubürden ist. „Erstaunlich, wie viel Sie leisten. Ich frage mich aber, wie Sie ohne erkennbare Nervosität zwanzig volle Minuten mit Eigenlob verschwenden können. Sie hätten wenigstens selbst auch gleichzeitig Ihre Mails beantworten können. Ich sehe, da ist noch freies Potential. Ich befehle Ihnen, doppelt so viel zu leisten." – „Aber Chef, ich kann es nicht!" – „Also nur mal mit der Ruhe. Sie sind jetzt ein bisschen überrumpelt, aber Sie wissen insgeheim genau, dass Sie mehr tun können. Deshalb sind Sie doch schon so hereingeschlichen." – „Ach, Chef!" – „Kommen Sie, mein Lieber [Niedrighund wedelt ansatzweise mit dem vorher eingezogenen Schwanz], seien Sie teamfähig. Alle anderen haben es auch akzeptiert. Wenn Sie nur achtzig Prozent mehr schaffen, ist es auch okay, dann fällt nur Ihre Leistungszulage weg. Es wird Ihnen doch nicht gleich der Kopf abgerissen, oder?" – „Danke, Herr."

Stellen Sie sich nun vor, der Hund ist Herr der Katze. Er beantwortet gerade seine Mails und lässt die Katze noch kurz vor seinem Büro warten. Die kommt aber einfach ohne Aufforderung herein. „Katze, einen Augenblick noch." – „Hund, unser Termin ist jetzt, ich habe selbst auch meine Termine im Kalender." Sie starren sich an. Dann sagt der Hund: „Katze, arbeiten Sie ab heute doppelt so viel." Die Katze ist nun ganz böse, und sie wusste schon beim Kommen, dass sie sehr böse werden würde: „Das geht logisch nicht. Ich bin Meister meines Fachs. Was denken Sie denn? Haben Sie mal vor diesem Ansinnen meine Beutezahlen angeschaut?" – „Die Zahlen sind Historie, wir müssen uns wandeln. Der Wandel ist das einzig Beständige. Sie sollen doppelt so viel leisten, basta." – „Sie sind zwar Herr, aber nicht über die Naturgesetze und die Logik. Es geht physikalisch gesehen gar nicht, doppelt so viel zu leisten." – „Katze, man muss nur wollen." – „Nein, Hund, man muss können." – „Katze, mit Willen geht alles." – „Hund, es gibt technische Grundbedingungen wie die schlechten Arbeitsverhältnisse und Prozesse hier. Daran scheitert alles, nicht am Willen." Nach einer halben Stunde endet die Auseinandersetzung ergebnislos. Der Hund raucht vor Ärger. Er wusste vorher, dass er vor Ärger platzen würde. Er ist mehr denn je entschlossen, es der Katze heimzuzahlen. Leider erbeutet die Katze so viel. Leider, leider! Die Katze hatte vor dem Termin geduldig vor einem Mauseloch gesessen und schon die Beute raschelnd kommen hören. Da hatte sie abbrechen müssen – zum Chef! Sie wusste vorher, dass dieser Tag nichts bringen würde. Jetzt nach dem Streit regt sie sich auf: Doppelt so viel? WENIGER! WENIGER! Sie ist so aufgebracht, das nun an streng ruhiges Lauern für heute nicht mehr zu denken ist. Sie zwingt sich streng zu dösen, um wieder ruhig lauern zu können. Das sieht der Hund von seinem Fenster aus …

Es ist tiefe, schwarze Nacht. Ein Star-Programmierer sitzt gebannt vor dem Bildschirm, ganz allein auf der Bürofläche. Morgen früh würde sein Programm beim Kunden live gehen müssen. Bis dahin müsste er den schweren Fehler behoben haben, der jetzt immer noch Abstürze verursachte. Der Programmierer ist totenstill und bleich vor Anspannung. Er hat das Gefühl, in seinem Kopf sammelt sich die Erkenntnis. Gleich wird er den Fehler wissen. Die Ahnung verdichtet sich. Die Nebel sammeln sich zu einer Erkenntnis.

Da stampft hinter ihm sein Chef herein, die Neonlichter blenden wie ein Gewitter über dem Schreibtischmeer auf. Er fragt drohend: „Bitte geben Sie mir eine konkrete Zeit, wann Sie den Fehler weg haben. Kein ungefähr, kein vages Wischiwaschi. Der Oberchef will eine Zahl. Er muss den Fehler schließlich verantworten."

Da steigt im Programmierer der Zorn wie eine Stichflamme hoch. Er weiß, dass er den Fehler nun heute nie mehr finden kann. Es ist ihm nach Amok zumute.

Die Katze hörte schon die Maus im Loch rascheln, da kam der Hund und bellte, wann die Katze denn endlich fertig wär': „Schau, Katze, mach zu, es ist Essenszeit und du klüngelst wieder." Das größte Missverständnis zwischen Hunden und Katzen ist, dass sie bei Höchstleistungen in so etwas wie einem anderen Aggregatzustand arbeiten müssen. Hunde arbeiten so: „Lass uns mal zusammensitzen." Katzen: „Es braucht tiefe innere Ruhe." Deshalb hassen Katzen Meetings. Und Hunde hassen Katzen, weil sie immer nur aus Katzen dies heraushören: „Ich brauche meine Ruhe." Das meinen Katzen doch nicht so! Aber viele sagen es so. Genau so. Ach Katzen, als ob man euch verstünde!

Ich kann ein ganzes Buch über Hunde und Katzen schreiben! Die Analogie ist absolut schlagend. Bis hin zum Shampoo! Versuchen Sie einmal, einen Ingenieur oder einen Programmierer vor dem Kundenbesuch wenigstens ansatzweise das Haar zu gelen! Es sind ganz sicher andere Tierarten! Ich bekomme öfter Ärger zu Hause, wenn ich wie befohlen noch schnell einen störenden Ast im Garten bei einbrechender Dunkelheit absäge – aber immer noch im schwarzen Kundenanzug mit Krawatte! „Zieh dir was anderes an, MANN!" Katzen müssen das nicht, sie sind doch sauber?! Ich verstehe selbst nie, warum Johannes nach dem nicht ganz freiwilligen Rasenmähen vollkommen grün besprenkelt reinkommt. Das ist wieder eine andere Art. Als Hund hätte er den Rasen ohne Aufforderung gemäht, als Katze wäre er nicht grün. Er wird bestimmt Unternehmer.

Kapitel 18
Hirn verpflichtet (DD117, Juni 2010)

Normalerweise kennen wir nur die Formel „Eigentum verpflichtet", womit wohl gemeint sein könnte, dass Menschen, die ziemlich viel von etwas besitzen – also mehr, als sie persönlich brauchen –, ein gediegenes Maß von dem Überschüssigen anderen zur Verfügung stellen oder dem Gemeinwohl widmen. Aber schauen wir uns einen großen Bauernhof an, den der Besitzer einfach brach liegen und verkommen lässt. Disteln sprießen, überall blüht Löwenzahn. Solch ein Niedergang würde uns verstören. Ist man nicht auch verpflichtet, sein Eigentum gedeihen zu lassen? Wie aber steht es dann mit unseren Talenten, Fähigkeiten und Begabungen?

Es gibt sehr wenige, die ein großes Mietshaus besitzen und daran nichts mehr tun, bis es verrottet, nicht mehr bewohnbar ist und verfällt. Manchmal ist das zu Spekulationszwecken, aus Rache an Miterben oder bei versicherungstechnischen Überlegungen „sinnvoll". Wenn aber einfach so ein Verfall sehenden Auges hingenommen wird, empört sich etwas in uns. Es ist unerträglich, wenn etwas durch überdrüssiges Nichstun ruiniert wird, was ohne großen Aufwand blühen und Früchte tragen könnte.

Ich reise derzeit im Lande herum und verlange „Abitur für alle" oder noch konsequenter „Alle sollen studieren", damit Deutschland einen Platz in der kommenden Wissensgesellschaft einnehmen kann. Fast alle (weit über 80 %) aller Kinder, deren Eltern Abitur haben, schaffen selbst das Abitur. Natürlich gibt es Eltern mit Abitur, die in Familienhöllen leben, die sich scheiden lassen, Familienunglücke hinnehmen müssen, an Sucht leiden oder kranke Kinder betreuen. Wenn wir alle diese statistisch berücksichtigen und von den idealistischen 100 % abziehen, dann würde ich aus der Statistik dieses schließen: Wenn sich jemand liebevoll und mit dem nötigen Sachverstand und guter Bildung um ein halbwegs gesundes Kind kümmert, dann schafft es das Abitur und kann dann per definitionem (!) auch studieren.

Warum kümmern wir uns also nicht? Warum werden Kinder, deren Eltern sehr viel Zeit zu Hause haben, eher schlechter gefördert? Warum lernen die Eltern nicht gleich mit den Kindern mit und finden wieder Arbeit? Wozu bekommt man erst Kinder, wenn man sie nicht fördern will oder nicht fördern zu können glaubt? Und warum presst man Leistungsträger in unserer Gesellschaft so sehr aus, dass sie, die nur Kinder bekommen würden, die sie wirklich fördern können, aus genau diesem Grunde keine mehr wollen können?

Neben der Arm-Reich-Schere haben wir jetzt auch die, dass sich die Leistungsträger bis zum Burnout ruinieren und die anderen eine Supernanny bestellen müssen. Deutschland ist doch das Volk der Dichter und Denker! Und nun bricht das Zeitalter des Wissens

G. Dueck, *Cut & Paste-Management und 99 andere Neuronenstürme aus Daily Dueck,*
DOI 10.1007/978-3-662-43390-4_18, © Springer-Verlag Berlin Heidelberg 2014

an, in dem die „studierten Völker" den meisten Wohlstand erwerben können. Wie also würde ein Top-Manager vor diesem desolaten Gewirr stehen? „Wir sind von unserer langen Unternehmenstradition her optimal aufgestellt, um an den herausragenden Zuwachsraten der kommenden rosigen Zukunft überproportional zu partizipieren. Wir werden in diesen unzweifelhaft kommenden Goldrausch tatkräftig investieren. Das tun wir dadurch, dass wir uns in der Führung sehr viel Zeit nehmen, schon jetzt an unsere Mitarbeiter dringlich zu appellieren, sich individuell bestmöglich für die kommende Wissensgesellschaft aufzustellen. Wir werden uns konsequent von Mitarbeitern trennen, die sich weigern, notwendige Voraussetzungen nicht zur Verfügung zu stellen." Im Klartext: Alle kennen die Richtung, aber sie möchten durch die Selbstheilungskräfte der Märkte, die gerade die Finanzkrise erzeugt haben, nun wieder einmal ohne eigenes Zutun in die Wissensgesellschaft gespült werden.

Einen Ruck brauchen wir!

Hirn verpflichtet!

Warum sehen wir der Misere zu und lassen „unser Haus unter langsamem Mietverlust verfallen"?

Wer genug Hirn hat, muss selbst die Verantwortung in sich spüren, daraus etwas zu machen. Wir müssen die Ressourcen, besonders die, auf die es jeweils ankommt, unbedingt gedeihen lassen. „Hirn verpflichtet" sollte neben „Eigentum verpflichtet" ins Grundgesetz (habe ich in AUFBRECHEN geschrieben und den Ruf unverbesserlicher Naivität kassiert).

Tja, aber ich sehe naiv, dass unsere ErzieherInnen leider nicht studiert haben und unterbezahlt werden, ebenso wie die Bankberater, die sich um unser Allerheiligstes kümmern. Die Pfarrer wechseln schnell wie Zeitkräfte ohne Zeit zur Vertrauensbildung und verlieren sich faktisch in Mega-Seelsorgeeinheiten durch Verdünnung. Viele Lehrer fordern die Anlieferung von abiturwilligen, an jedem vorgeschriebenen Lehrstoff hoch interessierten Schülern als Arbeitsvoraussetzung. Wir selbst raffen uns nicht genug auf. Sind wir müde?

Uns geht es so gut wie nie zuvor. Aber wir arbeiten unter Stress an Effizienz, wir verarzten schon lange betagte Plattenbauten und schrumpelnde alte Obstbäume, die noch länger Früchte alter Sorten tragen sollen, die die Käufer nicht mehr recht mögen (weshalb für vieles ein Mindestlohn oder –preis eingeführt werden muss). Wir gewinnen derzeit noch viel, aber wir gedeihen nicht mehr. Wir müssen uns um neue Saat und zarte Pflänzchen kümmern, die wieder ohne effiziente Künstlichkeiten schwere Frucht tragen. Bitte verstehen Sie das, das bitte ich Sie – ich als Teil der Gesellschaft, der Ihnen demnächst das Überalterungsproblem beschert.

Kapitel 19
Mit Reethisierung und Wertediät aus dem Effizienzsumpf (DD118, Juni 2010)

Weisheit rät, in der Mitte des Weges zu gehen. Tao. Effizienz aber optimiert die Ressourcen so stark, wie es nicht weiter geht – also bis an eine Grenze. Effizient ist etwas dann, wenn mindestens eine der Ressourcen komplett aufgebraucht ist. Dann kann der Gewinn zum Beispiel nicht mehr gesteigert werden, weil Leute fehlen oder kein Kredit mehr aufgenommen werden kann. Im Zustand der Effizienz ist irgendwo kein Spielraum mehr. Das Maß ist verloren, die Mitte verlassen. Der Zustand der Effizienz ist einer voller Risiken. Oder einer kurz vor dem Sumpf.

Wenn Kredite fehlen, werden neue aufgenommen. Wenn Menschen gebraucht werden, stellt man sie ein. Schlauer oder gerissener erscheint es, zur Steigerung des Gewinns die Rechnungen absichtlich später zu bezahlen, Lieferanten hängen zu lassen und die Mitarbeiter zu unbezahlten Überstunden zu überreden. Wenn Bleistifte fehlen, kauft sie schon einer privat. Wir sehen, dass die Gewinnmaximierung nicht einfach nur ein rein mathematisches Problem ist. Ein Computer, der den Aktienkurs optimieren müsste, würde Leute einstellen, wenn welche gebraucht würden, weil er darauf programmiert ist, die Arbeitszeiten und Tarife zu beachten. Er ist leider nicht kreativ! Er steuert alles nach den Bedingungen, die wir ihm eingeben. Computer überwachen zum Beispiel die Sicherheit von Bohrlöchern oder Tankschiffen. Diese Sicherheitsspielräume müssten Menschen gegen den Willen des Computers kreativ abschalten, sonst halten sich Computer an Regeln. In der Praxis lässt man Computer deshalb weiterhin optimieren, aber so, dass immer ein paar rote Lampen in der Alarmanlage blinken („Ist noch nie etwas passiert. Alle überkandidelte Warnlampen.").

Diese Aufweichung akzeptieren wir zu Gunsten einer ausgeweiteten „Effizienz". Wir behandeln die Grenzen, die wir eigentlich haben, als sich immer weiter ausdehnende Grauzonen. In diesen Grauzonen liegt das Erlaubte schon lange hinter uns. Der eigentliche Spielraum ist hier schon negativ, aber wir erlauben uns immer mehr „Interpretationsspielraum". Wie lange kann man Kunden verärgern? (Es gibt gerade sehr eindrucksvolle Werbung mit einer Hotline für Kundenbeschwerden. Man wirbt damit, Kundenbeschwerden sofort anzuhören! „Kann schon sein, dass mal das Internet einen Monat nicht funktioniert, aber bei Ärger darf man mit einem bildschönen Avatar telefonieren!") Wann laufen die Mitarbeiter davon? Wie erkenne ich, dass jemand einen Burnout bekommt, damit schon vorher Ersatz besorgt werden kann? Fangen Mitarbeiter unter Stress an, schlecht zu arbeiten? Wie lange bleiben Lieferanten bei der Stange? Wie lange liefern sie akzeptable Qualität? Werden Termine wenigstens ungefähr eingehalten? Zusagen? Versprechen? Neulich

G. Dueck, *Cut & Paste-Management und 99 andere Neuronenstürme aus Daily Dueck,*
DOI 10.1007/978-3-662-43390-4_19, © Springer-Verlag Berlin Heidelberg 2014

erfreute mich ein Mitarbeiter der Bahn mit der denkwürdigen und vollkommen gutgelaunten Ansage: „Wir verabschieden uns von unseren Fahrgästen, die in Mannheim aussteigen, sagen Auf Wiedersehen – und wie immer entschuldigen wir uns für die entstandene Verspätung!" WIE IMMER! Nach den Grenzen sind auch die Schamgrenzen gefallen. Ist der Ruf erst ruiniert, entschuldigt es sich ungeniert.

An jeder Stelle sind die Spielräume erschöpft. Jede Regierung klagt, sie habe „keinen Handlungsspielraum" mehr. Nicht mal ein Wahlversprechen ist mehr drin, weil der Glaubwürdigkeitskredit längst im schwarzen Loch verschwand – die Grauzone ist irgendwann verlassen worden. Es gibt keinen Spielraum für Löhne, für Betriebsfeiern, für Zeit zum Reden, für Beratung beim Arzt. Wir sind schon weit weg von der geraden Mitte des Weges.

Nun häufen sich die Grauzonenunglücke.

Konsumenten steigen die Kredite über die Ohren, Öl quillt aus der ungesicherten Erde. Unterfinanzierte fettfreie Unternehmen klagen laut über die Kreditklemme. Straßen sind löchrig wie am Ende der 40er Jahre. U-Bahnen werden weitgehend stützungsfrei gebaut. Menschen haben kein scharfes Gewissen mehr, es ist eine graue Zone wie alles geworden. Nicht einmal die richtige Richtung zum Guten ist mehr klar, weil wir im Grauen das Helle nicht mehr orten (Die Liberalen zum Beispiel versprechen den Wählern im schnellen Wechsel Steuerentlastungen und -erhöhungen, wahrscheinlich um damit erstmals wirklich allen Wählern attraktiv zu erscheinen).

Nun wachen wir langsam auf und merken, dass sich unsere Existenz grenzwertig verschlechtert. Wir stellen fest, dass es keine Grenzen und Regeln mehr gibt, sondern nur noch stark interpretierte „Praxis". Wir sehen, dass wir wieder Regeln brauchen, die aber Momos grauen Herren sofort als „Regulierungen" erscheinen und heftig abgelehnt werden.

Wer jetzt „wieder Regeln einführen will", stellt fest, dass das in den meisten Fällen kompletter Unsinn ist. Denn die Regeln gibt es ja. Man hat sich eben nicht daran gehalten. „Die geltenden Bestimmungen reichen vollkommen aus, es muss nur deren Einhaltung kontrolliert werden." Mitarbeiter dürfen zum Beispiel nur 10 h am Tag arbeiten und höchstens 48 h die Woche – und die Ruhepausen müssen in aller Regel im Voraus feststehen. Es geht nicht beliebig: „Bleiben Sie heute mal länger da."

Stellen Sie sich vor, es würde ein Ruck durch uns gehen und wir würden ALLE Regeln wieder ab jetzt sofort gewissenhaft einhalten. Was passiert dann?

In Amerika dürfen die Banken ihre faulen Kredite länger abschreiben als es normale Regeln erlauben würden. Sonst wären die Banken nämlich ganz offiziell pleite und nicht nur de facto. Daran sehen wir, dass wir uns soweit in die Grauzonen der Effizienz verloren haben, dass wir nicht plötzlich auf einmal wieder brav sein können. Denn dann bräche das System zusammen.

Der Staat muss weiter Schulden machen, sonst bricht er zusammen. Die Ölbohrungen müssen riskant weitergehen, weil sonst das Öl zu teuer wird. Die Banken dürfen (sie sind ja das Vertrauenswürdigste überhaupt, sie sind eine sichere Bank!) die Bilanzen weiter grau halten, weil der Weg zur weißen Weste zu weit ist.

Wir stellen fest: Ein Wandel zum Guten ist in einem einzigen Sprung nicht möglich.

Wir müssen eine Reethisierungphase von vielen Jahren planen und eisern durchhalten. Wir sitzen nämlich zu tief im Morast. In Griechenland ist man von der Vorstellung einer sofortigen Herstellung des Normalen absolut schockiert gewesen! Das langsame Versinken ist nämlich angenehmer als das haarschmerzende Herausziehen.

Können wir eine so lange Reethisierung durchhalten? So etwas wie eiserne Wertediät halten und langsam über die Jahre ehrlicher und ethischer werden? Müssen wir nicht unsere Wertegewohnheiten grundlegend umstellen, bis wir nach und nach wieder zu einem vollwertigen Leben zurückkehren?

Oder sind wir auch schon zu weit gesunken? Dann würden wir uns vor dem Guten schrecklich fürchten, wie Trinker vor der Trockenheit oder Kokainsüchtige vor der Realität.

Kapitel 20
Polemik gegen den Hass auf „Jeder kann und soll studieren!" (DD119, Juli 2010)

Neulich habe ich unter dem Titel „Hirn verpflichtet" einen neuen Aufbruch in eine Wissensgesellschaft gefordert. Das gab ein vollkommen gewohntes Echo, das ich bei meinen Reden auf Bildungskongressen schon hinlänglich gewohnt bin. „Wer soll dann noch arbeiten, wenn alle ein Diplom haben?" heißt es ebenso oft wie „Sind nicht ziemlich viele einfach zu blöd dafür?" oder „Was wollen Sie denn mit dem ganzen Sozialsumpf machen?" oder „Es gibt eine statische Glockenkurve über Intelligenz, wissen Sie das nicht?" Mir bleibt bei realen Konfrontationen oft die Entgegnung im Hals stecken. Ich versuche es einmal hier in Ruhe. Ein Ruf an die, die gegen Hirnverpflichtungen sind:

Jeder KANN studieren Laut Statistik bestehen fast alle Kinder das Abitur, deren Eltern eines haben. Wenn man sich also um ein Kind kümmert, wird was draus. Heute aber finden Eltern, die Schule soll sich kümmern, nicht sie. Die Schule aber geht bei der Gestaltung des Lehrplanes davon aus, dass die Persönlichkeitsentwicklung Sache der Eltern ist und nimmt implizit an, dass die Schüler als brennend interessierte fertige Persönlichkeiten angeliefert werden, die nach jedem gebotenen Wissen lechzen. Der Schulstoff dient dabei nicht dem Leben, sondern der Vorbereitung auf ein Studium, was ihn in der Tendenz uninteressant und trocken macht. Es ist z. B. ein Unterschied, ob man als Zwölfjähriger Anglistik studieren will oder nur Amerikanisch reden möchte. Oder: Mathematik hilft zu analysieren, zu urteilen und zu entscheiden. Aber dieser Aspekt kommt in der Schule nicht vor. Das Leben an sich und das Interesse der Schüler sind unwichtig wie es heute die Kunden sind. „Kunden verstehen die Produkte nicht und sind deshalb nicht ernst zu nehmen."

Digital Natives lernen anders als Opa DN's gehen nie mehr in die Bibliothek, warum auch? Sie lernen Erdkunde über Google Earth und spielen Geo Challenge bei Facebook. Neue Sprachkurse von Rosetta Stone brechen mit allen Schultraditionen und haben sagenhaften Erfolg. Auf Computern kann man komponieren und dazu singen, Musik ist dann nicht mehr nur Reproduktion und Verstehen, sondern eigenes Werk. Langweilige Lehrfilme? YouTube hat alles. Ich behaupte: Bildung per iPad wird begeistern und bringt locker das bisschen Abitur in den Kopf. Das Problem ist: Wenn ich das Problem der optimalen Wissensvermittlung gelöst hätte – wie verändere ich dann das Bildungssystem? Das braucht schon immer Jahrzehnte, etwa um Mengenlehre einzuführen und wieder abzuschaffen – sogar ohne Anhörung von Betroffenen.

Normale Intelligenz reicht Wenn zum Kümmern noch das Interesse der Digital Natives hinzukäme, was die Lehrer und Eltern ja nur voraussetzen, schlicht befehlen, mindestens

G. Dueck, *Cut & Paste-Management und 99 andere Neuronenstürme aus Daily Dueck,*
DOI 10.1007/978-3-662-43390-4_20, © Springer-Verlag Berlin Heidelberg 2014

aber unentwegt als Notwendigkeit appellativ beschwören, dann muss es doch für jeden reichen! Lehrer interessierten sich z. B. lange kaum für das Internet! Dieselben also, die Offenheit und Interesse für alle voraussetzen, die später einen guten Beruf ausüben wollen. Die Armen klagen, ohne Hilfe zu sein. Die Besseren finden, die da unten hätten nicht genug Intelligenz oder zu kaputte Lebensläufe. Ich höre oft: „Die haben nicht genug im Kopf. Nicht jeder kann Abitur machen." Dieselben, die das sagen, fördern ganz sicher ihre eigenen Kinder zum Abitur, für die reicht es sowieso – ohne jedes Überlegen. Ist die Haltung, an der Intelligenz anderer zu zweifeln, etwa freudiges Elitebewusstsein, im Vorteil zu sein? „Meine Kinder? Ja, klar! Alle anderen auch? Geht doch nicht."

Seelische Gesundheit lässt alles gelingen Im Beruf scheitern die, die man erniedrigte, oder die, die trotz ehrgeizigster Bemühungen frustriert sehen, dass sie ihre eigenen zu hohen Erwartungen nicht erfüllen. Sehen Sie sich doch um! Bei der Arbeit! Warum scheitern viele? Das, was Sie teuflischen Stress nennen und was Ihnen selbst den Tag versauert und das Leben versaut, das haben Ihre Kinder doch auch. Und sie scheitern wegen öffentlicher Bloßstellung oder weil sie den häuslichen Erwartungen nicht entsprechen. „Note?" – „Zwei minus." – „Wie war der Durchschnitt?" – „Zwei." – „Dann bist du schlecht." Hey, Zwei minus bedeutet unrelativiert absolut, dass man es ganz gut verstanden hat. Punkt. Ist nicht schlecht. Wie reagieren Sie denn, wenn heute Ihr Chef sagt: „Sie sind okay, aber die meisten waren im letzten Monat einen Wimpernschlag besser. Das wollte ich nur kurz sagen. Nehmen Sie sich das zu Herzen." Bei fast allen, die ich kenne, ist die Woche gelaufen. Bei Schülern ist es aber normal, dauernd bewertet zu werden. Das Übel liegt nicht im Bewerten an sich – jeder möchte ja ein faires Urteil über die eigene Arbeit. Nur verglichen werden wollen die meisten nicht, weil sich das reine Urteil mit Wertung vermischt. Vergleichen, natürlich um positiv verglichen zu werden, wollen nur die Besten – und die sind die späteren Burnout Kandidaten, die nach dem Peter-Prinzip Liga für Liga aufsteigen, bis sie lebenslang im Abstiegskampf festsitzen. Ich wiederhole also immer wieder: Unter negativ empfundenen Stress verdirbt alles. Anstatt das zu ändern, predigen Manager und Lehrer, dass es jeder selbst in der Hand habe, jeden Stress positiv als Challenge zu sehen. Man muss, so höre ich oft, nicht die Realität ändern, sondern nur die Einstellung zu ihr positiv ändern. „Wir sind Note Vier?" – „Das lässt mich verzweifeln!" – „Aber die meisten anderen Firmen sind Vier minus! Dann sind wir doch gut!" – „Aber es gibt welche, die Zwei sind." – „Das sind einzelne schwarze Schafe, die kein Maßstab für uns sind. Vier ist Stress pur, aber freuen Sie sich, dass wir nicht Vier minus sind."

Ich bitte Sie: Im Kern geht es darum, dass wir und unsere Kinder (was fast dasselbe ist) seelisch gesund sind.

Bildung ist Vorfreude auf sich selbst (Sloterdijk) Warum haben denn alle Angst vor der Aussicht, gebildet zu sein? Ist das nicht schön? War es nicht früher eine Auszeichnung, als begabter Bauernbub aus fürstlicher Gnade doch auf die Klosterschule zu dürfen? Wovor haben Sie Angst? Ich komme immer wieder mit diesem Beispiel: Wenn Sie heute im Urwald ein unentdecktes Urvolk finden und sagen: „In zehn Jahren muss hier jeder das Rechnen, Lesen und Schreiben beherrschen." Dann werden die Urindianer alle erwidern: „Erstens müssen wir alle jagen und haben keine Zeit. Zweitens sind wir nicht klug genug dafür, der IQ reicht nicht. Drittens braucht das beim Jagen keiner."

Schauen Sie einmal in den Artikel „Schulpflicht" bei Wikipedia. Ich zitiere:

„In den katholisch gebliebenen Landesteilen Deutschlands verlief die Durchsetzung dieser Forderungen äußerst zäh. So wurde in Bayern erst 1802 (sechsjährige Unterrichtspflicht) ein entsprechendes Gesetz erlassen. Aber auch im evangelischen Sachsen begann erst 1835 mit dem Volksschulgesetz die achtjährige Schulpflicht. Besonders in der Landbevölkerung stieß die Schulpflicht zunächst auf Widerstand. Die in kleinbäuerlichen Betrieben notwendige Arbeitskraft der Kinder wurde erheblich wichtiger als deren Schulbildung angesehen. So kam es z. B. in der Eifel, nachdem diese 1815 preußisch wurde, in den beiden folgenden Jahrzehnten mehrmals zu heftigen Protesten der Landbevölkerung gegen den Schulbesuch der Kinder.“

Was also haben Bauern gesagt? „Erstens müssen wir alle ackern. Zweitens sind wir nicht klug genug. Drittens braucht es keiner zum Ackern.“

Jetzt gehen wir in die Wissensgesellschaft. Ich will, dass Sie mitkommen. Und Sie sagen: „Erstens haben wir alle Büroüberstunden. Zweitens können wir mit Computern nicht umgehen. Drittens braucht man das in unserem Job auch nicht.“

Sie denken bei Zukunftsmethoden an die Welt von heute Die Urwaldindianer hatten Recht, Rechnen hilft nicht beim Jagen. Die Bauern hatten Recht, Lateinschule hilft nicht beim Ackern. Sie haben heute Recht, das Studium hilft nicht beim Taxifahren. Aber wir alle, die wir Bildung erwarben, bekommen wieder gebildete Kinder – und die Prosperität der Gesellschaft steigt. Sie denken leider kein bisschen an Ihre Kinder, nur an „Was wird aus mir? Nützt es mir jetzt?“

Nach dem urzeitlichen Jagen, nach dem einstmaligen Ackern, nach dem heutigen Bürositzen kommt eine neue Zeit! Wollen wir immer wieder dieses alte Spiel spielen? „Keine Zeit, kein Können, keinen Nutzen!“ Und gleichzeitig den Kindern sagen: „Aus dir soll mal was Besseres werden. Tu mit Interesse, worauf ich nie Bock hatte.“

AUFBRECHEN!

Kapitel 21
Die Besichtigung der Melone (DD120, Juli 2010)

[Dieses kleine Stück ist ein literarischer Versuch aus dem Urlaub. Unser Reiseführer schwallte Phrasen dreschend unerträglich. Ich habe es auch einmal versucht. Diese Kolumne ist laut Messung meines Internetproviders die mit den wenigsten Lesern – aber ich habe sie mit größter Freude geschrieben!]

Neulich mussten wir wieder vor der Besichtigung einer kleineren Ein-Minuten-Sehenswürdigkeit eine gute halbe Stunde räumlich vor ihr in der stechenden Sonne eine trockene Erklärung eines verfalteten Reiseführers aushalten. Der zählte unglaublich schnell Fakten in feinster Sprache auf und blickte dabei die ganze Zeit nach unten. Daraus kann man schließen, dass er sicher ein früherer Professor war! Bestimmt hatte der nach der Emeritierung den Job angenommen, über sein Gebiet sprechen zu dürfen, diesmal gegen Vorauszahlung. Er hatte die komplette Sehenswürdigkeit, die wir eigentlich sehen wollten, ganz im Kopf – er gab uns nur den Rest.

„Hier in diesem Landstrich werden die allergrößten Melonen gezüchtet. Es freut mich sehr, dass Sie sich alle für dieses Wissensgebiet interessieren und sich extra für diese Führung entschieden haben. Es ist nicht leicht, sich auf Melonen zu konzentrieren, wenn man am Tag vorher einen Dom besichtigen musste. Alle Achtung, was Sie in diesen Tagen auf sich nehmen!

Wir stehen hier vor dem kleinen Museum. Leider passt diese Gruppe gerade noch so hinein, so dass wir uns wegen der vielen anderen Gruppen, die die Riesenmelone ebenfalls sehen möchten, nur eine kleine Zeitscheibe sichern konnten, für die Sie diese horrende Eintrittssumme zahlen mussten. Ich habe gute Beziehungen zum Museum, so dass wir wahrscheinlich kurz nach Mittag hineinkönnen, vielleicht schon um zwei Uhr. Es war deshalb gut, dass wir um vier Uhr morgens aufgestanden sind und fast als erste hier waren. Melonen wachsen auf Feldern und brauchen viel Wasser und Sonne. Deshalb stehen wir hier ganz ohne Schatten und erleben hautnah die natürlichen Lebensbedingungen der Melone. Das Wasser können Sie gegen Vorlage von Kreditkarten erwerben, außer Visa, Amex und Master, die zu hohe Gebühren nehmen. Heute ist es sehr, sehr heiß. Ich bin froh, dass ich Ihnen unser Land unter vollkommen echten Bedingungen zeigen kann. Sie werden sehr schwitzen, weil Sie das nicht gewohnt sind. Ich finde es heute ganz normal. Sehen Sie? Mir geht es gut. Sie sollten es ebenso machen. Wir haben noch einige Stunden Zeit. Ich bin bereit, Ihnen solange etwas über die Melone zu erzählen. Die Melone ist eine Pflanze. Sie gehört zu den Kürbisgewächsen. Das ist eigentlich nicht schwer zu begreifen, weil Kürbisse ebenfalls sehr groß sind.

G. Dueck, *Cut & Paste-Management und 99 andere Neuronenstürme aus Daily Dueck,*
DOI 10.1007/978-3-662-43390-4_21, © Springer-Verlag Berlin Heidelberg 2014

Es gibt aber einen Unterschied. Kürbisse sind ganz sicher ein Gemüse und bestimmt kein Obst. Melonen sind aber für die meisten Menschen kein Gemüse, sondern Obst. Genau genommen sind Melonen auch nicht wirklich Obst, sondern etwas anderes, etwas Drittes. Wissenschaftler haben schon hunderte Studien darüber verfasst, was Melonen nun eigentlich sind. Biologisch sind sie Gemüse, dann aber dürfte man sie nicht zum Nachtisch essen. Was ist richtig? Ich will Ihnen die ganze verzwickte Geschichte heute erzählen. Sie werden mich danach fragen, auf welche Seite ich mich selbst stelle. Ist sie Obst oder Gemüse? Ich meine: Eine Melone ist eine Melone. Sie ist die einzige Pflanze, die nur sie selbst ist. Deshalb habe ich mich ganz den Melonen verschrieben.

Ich lebe ja von Ihnen, ich meine von ihnen! Kehren wir zu den Melonen zurück. Sie denken wahrscheinlich bei Melonen immer an die dicken grünen. Aber es gibt eine unabsehbare Artenvielfalt unter den Melonen. Ich selbst kenne über 300 verschiedene Arten. Es gibt wasserreiche und auch süße, zum Beispiel die Zuckermelone. Die ist aber eigentlich schon nicht mehr ein Kürbis, sondern eher eine Gurke. Sie sehen, die Forschung ist noch nicht sehr weit gekommen. Gurken sind auch ein Gemüse, Zuckermelonen aber ganz sicher nicht. Sie sehen, es ist ganz verwickelt.

Die Melone wurde vor einigen Jahrhunderten aus Afrika eingeführt, über die Jahreszahl wird noch gestritten. Die damaligen Früchte waren noch beerenmäßig klein und können aus heutiger Sicht gar nicht als Melonen gelten. Der berühmte Wissenschaftler Waxby datiert die Erfindung der Melone mit 1715 in England, das Standardwerk von Sombon weist Spuren schon 1642 in Frankreich nach. Hunderte Studien konnten aber heute keinen Zusammenhang mit den damaligen Behauptungen herstellen, es stimmt also nichts, gibt aber einen guten Anhalt. Es könnte auch sein, dass man die erste Melone für den Gral gehalten hat, weil sie ganz aus Wasser besteht. Dann wäre die Melone fast schon urgeschichtlich. Da es den Gral wissenschaftlich nicht gibt, können wir eine solche Annahme nicht durchhalten, denn dann gäbe es ja auch wissenschaftlich gesehen keine Melonen, aber es gibt ja tatsächlich welche.

Hier im Museum vor Ihnen wird die berühmte Riesenmelone von 1740 gezeigt, die neben einem Abwasserkanal in Süditalien gefunden wurde und für damalige Verhältnisse ungeheuer groß war. Sie wurde damals in einer Lake konserviert und später von Napoleon erbeutet. Unter großen Wirren, die ich seit Jahrzehnten als Historiker zu klären versuche, gelangte sie in dieses Museum. Sie schwimmt in einem großen Bassin von Alkohol, Zucker und wahrscheinlich Rizinusöl. Die Mischung ist geheim und wird seit Jahrhunderten von Mönchen immer gleich hergestellt und nachts erneuert. Es kann sein, dass Soldaten von Napoleon aus Durst von der Mischung tranken und deshalb während der Schlacht bei Waterloo, Sie wissen schon, vom Kämpfen die Nase voll hatten. Damit schreibt diese Melone höchstwahrscheinlich Weltgeschichte.

Leider verdarb sie über die Jahrzehnte, weil niemand ihren Wert erkannte. Sie verfiel. Melonen bestehen zu fast 95 % aus Wasser und nur zu einem Prozent aus Fasern. Diese Fasern sind noch erhalten oder wurden behutsam von Historikern durch gleichwertige ersetzt. Wir haben aus wissenschaftlichem Stolz heraus nicht versucht, sie genau zu rekonstruieren, weil wir diese Melone nicht unnatürlich verfälschen wollten. Sie sehen sie jetzt gleich in einem Naturzustand, wie sie wäre, wenn man sie damals 1740 eine Woche lang hätte verfaulen lassen. Wir freuen uns sehr, sie nach so langer Zeit noch in diesem guten Zustand gegen hohen Eintritt zeigen zu können. Neben der Fasermasse in der Flüssigkeit hängt ein zeitgenössisches Ölbild, das eine Melone so zeigt, wie man sie damals kannte.

Es stellt wahrscheinlich nicht die hier ausgestellte Original-Riesenmelone dar. Aber das macht nichts, Sie sehen auf dem Bild im Museum historisch genau, wie Melonen damals aussahen, nämlich rund und grün.

Der heute verfaulten Melone werden beträchtliche Heil- und Insektenvernichtungskräfte zugeschrieben. Große Rizinusölhersteller und Melissengeistkonzerne gehören zu den Sponsoren des hiesigen Klosters. Sie können sich schon heute hier im ausliegenden Buch als Freund der Melone eintragen und erhalten von Zeit zu Zeit Angebote mit Echtheitsrabatt. Wenn Sie den zehnfachen Preis zahlen, gibt es eine Gratisurkunde mit den amtlich bestätigten Phosphor- und Harnsäuregehalten dazu. Ich habe im Museum heimlich ein bisschen von der weißgelblichen Lagerflüssigkeit abgezapft und verkaufe sie Ihnen in Probesprühern zu 5 ml. Sie kosten 29 €. Ich bitte Sie um 30 €, damit wir beim Wechseln keine Probleme bekommen und ich dadurch auch ein kleines bisschen dabei verdiene. Im Grunde könnten wir dann schon gehen. Es ist viel zu heiß und wir müssten noch lange warten.

Ein benachbartes Restaurant hier in der Nähe bietet frische Melonen zusammen mit einer Diashow an, wo Sie ganz ohne Hitze und Faulgeruch alles anschauen können. Ich bekomme ein Bestechungsgeld, wenn ich Sie dahin führe. Es ist dieselbe Regelung wie gestern, als wir den dunklen Dombesuch durch Postkartenkaufen ersetzten und so Zeit für Latte Espresso in einer befreundeten Cafeteria herausschinden konnten. Ich verstehe nicht, warum Sie so anstrengende Reisen im Voraus bezahlen.

Sonst würden wir uns als Reiseleiter noch einen Clou einfallen lassen müssen, eine Schlusspointe, einen Gag, etwas zum Freuen! Aber so lassen wir Sie nur in der Hitze schmoren, so dass Sie jede noch so beliebige Geschichte dämmernd hinnehmen. Ich weiß, dass ich auch jetzt zu lange geredet habe. Wenn ich zu kurz und schlecht rede, nehmen Sie es mir übel. Bin ich schlecht und zu lang, sind Sie erleichtert, wenn ich aufhöre. Das ist positive Emotion pur. So üben wir Reiseleiter das alle in vielen Rhetorik-Seminaren, um professionell zu bleiben. Ich danke Ihnen für heute Morgen. Ich gehe jetzt mit einer ausgehöhlten halben Melone herum und sammle Geld ein. Damit erleichtere Sie nochmals.“

Kapitel 22
Digitale Abwesenheit („Nur ein Meeting, bitte!")
(DD121, August 2010)

Während vieler Meetings grassiert heute die scheinbare Unsitte, E-Mails zu bearbeiten oder zu twittern. Ein am Tisch gesenkter Kopf deutet fast sicher auf ein unter der Tischplatte verdeckt gehaltenes iPhone hin! Oder es ist ein Blackberry, beidhändig zum Tippen bereit. In der Schule schauten wir den Vögeln oder draußen geworfenen Schneebällen nach. Wir waren mit der Seele nicht im Unterricht. Die Lehrer bestraften uns hart. Heute wütet der Chef, der sich über die digitale Abwesenheit ärgert.

In heutigen Meetings wird kaum noch etwas besprochen. Das liegt am Shareholder-Value. Meetings dienen fast nur noch dem Verfolgen von Zahlen. Alle „tracken", wie das ständige Wiegen der Schweine genannt wird, die durch eben dieses Wiegen Fett ansetzen sollen. Diese Meetings haben einen streng seriellen Verlauf. Dieser wurde ursprünglich von meinem sehr harten Latein-Lehrer in den 60er Jahren erfunden. Er fragte zu Beginn der Stunde immer in derselben Reihenfolge Vokabeln ab, um sich jedes Mal in der gleichen Weise über unseren unsäglichen Wissensnotstand zu ärgern. Jeweils ein Schüler war wirklich dran und wurde hochnotpeinlich durchleuchtet, die anderen wussten, dass sie irgendwann dran sein würden und gruselten sich. Die aber, die bereits ausgeschimpft waren, saßen überaus glücklich und ganz entspannt da, weil sie nichts mehr zu befürchten hatten. Nach und nach wurden alle ausgeschimpft und damit glücklich. Die jeweils noch nicht Ausgeschimpften wurden auch glücklich, weil die zuerst verbal Geprügelten so irre schlecht waren, dass sie ganz sicher nicht schlechter sein würden als diese. Das regte unseren Lehrer sehr auf. Oft stoppte er das Abfragen verzweifelt ab, weil es ja nur am Anfang spannend ist, wenn sich noch fast alle gruseln.

Nach diesem Lateinvokabelabfrageritual wurden in den folgenden Jahrzehnten alle offiziellen Meetings durchstrukturiert. Immer einer ist „dran", den Status zu berichten. Die anderen beruhigen ihre Nerven oder waren schon dran – sie langweilen sich jetzt oder haben einen Hang zur Schadenfreude. Im Grunde sind immer nur die aufmerksam, die noch etwas im Meeting zu gewinnen haben. Das sind nur wenige. Das finden eben diese Wenigen ganz gut, sie wollen aber natürlich, dass die anderen trotzdem aufmerksam sind, damit sie selbst bewundert werden können und sich die anderen ein Beispiel an ihnen nehmen sollen. Insbesondere der Chef, der hohe Zahlen erfragen möchte (= Vokabel-Lernertrag), will Aufmerksamkeit und scharf gefühlte Besorgnis um den meist elenden Gegenwartszustand.

Aber die lustvoll oder träumerisch Unaufmerksamen von früher gibt es nicht mehr. Sie arbeiten heute während der Meetings an E-Mails, tippen SMSe oder twittern, sie unterhal-

G. Dueck, *Cut & Paste-Management und 99 andere Neuronenstürme aus Daily Dueck,*
DOI 10.1007/978-3-662-43390-4_22, © Springer-Verlag Berlin Heidelberg 2014

ten sich mit anderen über Instant Messaging. Manche lernen schon Lippenlesen und skypen dann lautlos! Für die meisten ist ein Meeting heute wie eine normale Bürostunde. Der einzige Unterschied ist, dass bei normalem Arbeiten der Chef stört, weil er misstrauisch darüber wacht, dass man stark arbeitet. Bei Meetings will er, dass man gar nicht nebenbei arbeitet! Das ist anders und wieder auch nicht. Es ist in jedem Falle negativer Stress.

Die Möglichkeit digitaler Zweitbeschäftigung ist genial! Früher machten wir schon Abgefragten während des Ausschimpfens noch schnell die Hausaufgaben für die nächste Stunde. Das war mühevoll unter dem Tisch! Ach, hätte es damals schon iPads gegeben!

Und immer brüllt ein Chef: „Nur EIN Meeting bitte!“ und alle anderen rufen „Wir haben zu viel zu tun, wir müssen die unnütze Zeit im Meeting unbedingt nutzen!“

Ich war gerade weit weg im Urlaub, und ich hatte keine Meetings. Wir hatten tonnenvoll Zeit und aalten in der Sonne. Am Abend mixten wir Älteren uns Cocktails. In der zweiten Woche war uns das etwas langweilig. Da zog jemand ein Kartenspiel hervor, in dem man zehn verschiedene Aufgaben in vielen Runden erfüllen muss. Meistens gewinnt einer, der die zehn Aufgaben in vielleicht 20 Runden zuerst schafft. Das Spiel dauert zwei bis drei Stunden und macht richtig Spaß! Es stört nur ein bisschen, dass diejenigen, die erst drei Aufgaben bewältigten, emotional matt werden gegenüber denen, die schon mit acht Erledigungen triumphierten. Bei Losern lässt die Aufmerksamkeit merklich nach. Nur die Wenigen sind beim Spiel Feuer und Flamme, die etwas zu gewinnen haben! Das erkannte ich plötzlich, weil einige von uns unter dem Tisch mit dem SMS-Tippen anfingen, bei Facebook surften oder ständig vom Tisch aufstanden, um sich zu erleichtern, Chips zu holen oder das Fernsehprogramm zu studieren. Das kleine Kind musste bei Laune gehalten werden, jeder der Verlierer war glücklich, sich damit ablenken zu können. Einige lasen Zeitung. „Hey, du bist dran! Hey! Wir spielen jetzt! Wir lesen nicht Bücher! Verdammt! Toilettengänge nur beim Kartenmischen!“ So redeten die, die noch gewinnen wollten. Die anderen kamen auch dran („Was muss ich eigentlich tun?“), dachten ungehörig lange nach, weil sie mental aus dem Spiel waren und gestalteten alles noch langweiliger. „Wir spielen! Verdammt! Bitte nur ein Spiel!“ – „Warum hast du es eilig?“ – „Die Kinder müssen ins Bett, es muss schnell gehen!“ – „Dann hören wir eben mittendrin auf, ich verliere sowieso.“ – „Ich aber nicht, ich will nämlich gewinnen!“ – „Aber es geht nur, wenn ich verliere! Du brauchst mich dazu! Witzig, was?“

Und mich gruselte es. Mitten im lustigen Spiel ist das Leben wie ein Meeting! Und die jungen Leute haben alle ein iXYZ und einen Facebook-Account oder ein neues Handy-Spiel, die alle für sich jede noch so große Zeitmenge mühelos fressen. Zu jeder Zeit gibt es noch Schöneres als Spiel oder Schöneres als das nicht-digitale Leben. Wir haben jetzt zwei Parallelleben. Oder drei? Vier? Wir zappen beim Spiel und während der Arbeit zwischen den verschiedenen Leben.

Ich selbst kann das noch nicht so wirklich, ich nähere mich dem unflexiblen Alter. Aber das Leben der Digital Natives muss doch wundervoll sein! Die Verkäuferinnen im Shop hören schon Musik aus dem Knopf, die Gepäckfilzer im Flughafen telefonieren mit Luxushandys, Kids wandern mit blau flackernden Displays bei Sonnenuntergang am Strand. Wer gerade nicht wirklich am Ohr gezogen dran ist, ist irgendwo digital abwesend! So lässt sich das Leben ertragen! Oder vermeiden! Oder wenigstens zerstreuen!

Digital, sei bei uns. Es leben anscheinend gerade nur noch die richtig, die gerade etwas zu gewinnen haben.

Kapitel 23
Über das Triumphgeschrei der Graugänse und Vuvuzelas bei Kickoffs (DD122, August 2010)

Beim Fußballspielen stören die Vuvuzelas sehr, aber das Publikum heizt sich beim Tröten selbst auf und begeistert sich am Rausch des Lauten. Schlechte Mannschaften können dabei stark vom Lärm profitieren, weil man ganz sicher auch bei Lärm schlecht spielen kann – aber gut vielleicht nicht?! Je nach Fußballkunst oder Spielstärke des Landes werden nun Vuvuzelas empfohlen oder verboten. Vuvuzelas werden also am besten dann eingesetzt, wenn schlechte Performance dennoch das Publikum in einen Verzückungstaumel versetzen soll, oder?

Natürlich haben Sie jetzt sofort dieselbe geniale Idee wie ich, Vuvuzelas in normal gängigen Farben (gelb, grün, rot, schwarz) im Bundestag zu verteilen, weil dann bei den Reden wenigstens einmal ein Ruck durch Deutschland geht.

Bevor ich zu ätzend werde, muss ich ganz schnell noch eine Anekdote loswerden. Als ich nach meiner Zeit als Mathe-Prof das erste Jahr in der Wirtschaft zu arbeiten begann, hatte die Firma gleich zu Beginn ein Kickoff. Ich wusste zu dieser Zeit echt nicht, was das ist. Sie wissen es vielleicht schon? Es ist der Anstoß zu einem American Football oder Rugby Spiel. Das sind diese rauen, ziemlich brutalen Auseinandersetzungen von harten Männern, bei denen beförderungssüchtige Ellenbogenschubser mit Ehrgeizmaske im Management ganz alt aussehen. Diese Bezeichnung hat sich nun im Laufe der Jahre bei uns als Vorstellung eines blitzartigen Starts eines neuen Projektes oder Geschäftsjahres eingebürgert. Achtung, fertig, und sofort drauf! Man hätte auch aus dem normalen Fußball das Wort Anpfiff nehmen können, aber der ist bei Projekten im Zeitplan am Ende.

Ach, ich schweife ab, ich meine nur: Das alles wusste ich damals nicht! An der Uni gibt es wohl keinen Kickoff, weil man vor einem wissenschaftlichen Projekt erst einmal das Thema verstehen muss – und dann duselt man so langsam in das Arbeiten hinein. Bei Projekten oder Geschäftsjahren spielt das Verstehen des Themas nicht so eine große Rolle, oder es geht schneller, etwa durch einen Conference Call. Jedenfalls kannte ich „Kickoff" nicht.

Da nahm mich ein älterer Kollege beiseite, einer so alt wie ich jetzt, und erklärte es mir anhand der Erforschungen der Graugänse, die damals durch Konrad Lorenz große Fortschritte machten. „Herr Dueck, Graugänse haben natürliche Feinde, zum Beispiel die Füchse". Eine einzige Graugans ist einem Fuchs möglicherweise unterlegen. Aber Füchse jagen bekanntlich allein und Gänse leben oft in Scharen. Wenn die Gänse dann einen Fuchs herannahen sehen, recken sie in geschlossener Front die Hälse schräg in die Richtung des Fuchses und schlagen dabei heftig in einer geschlossenen Phalanx mit den

G. Dueck, *Cut & Paste-Management und 99 andere Neuronenstürme aus Daily Dueck*,
DOI 10.1007/978-3-662-43390-4_23, © Springer-Verlag Berlin Heidelberg 2014

Flügeln und schreien erbärmlich laut. Das tun sie heute wie damals 387 v. Chr. auf dem Kapitol, als sie die Römer vor dem Nahen der Gallier warnten.

Wenn aber die Feinde wegen des penetranten Geschnatters weggelaufen sind, also entweder die Füchse oder die Gallier, dann stellen sich die Gänse noch einmal in Phalanx auf, flatterten heftig und schreien mit befreiter Lunge noch viel, viel lauter. Das ist das so genannte Triumphgeschrei der Graugänse. So, und jetzt komme ich endlich zum Punkt, Herr Dueck: Manchmal kommt lange gar kein Feind vorbei, dann ist es den Graugänsen einfach ohne einen Fuchs etwas überdrüssig zu Mute. Dann stellen sie sich ebenfalls, diesmal aus ganz grundloser Begeisterung, schräghalsig in den Wind und schnattern so laut sie nur können. „Das, Herr Dueck, ist ein Kickoff – oder ein Parteitag, wenn Sie so wollen."

Ja! Das ist es, was doch gebraucht wird! Grundlose Begeisterung! Genau! Deshalb sagen die Graugänse auch immer, sie seien für das folgende Jahr „gut aufgestellt", wenn sie so schräg dastehen und schnattern! Ich fordere die kostenlose Ausgabe von Vuvuzelas! Das Publikum muss mitgehen!

Das Tröten stört auch gar nicht so sehr, weil in den Reden der Politiker kaum noch leise oder gar feine Töne vorkommen. Ich sage voraus, dass Parteitage und Kickoffs viel erfolgreicher als je zuvor werden. Ich prophezeie, dass mit Vuvuzelas solche Veranstaltungen so wundervolle Erlebnisse werden, dass viele Projekte oder Parteiprogramme nur noch allein aus dem Kickoff bestehen werden, weil der Rest danach ja stark abfällt, ich meine, das Umsetzen der Partei- oder Unternehmensbeschlüsse zum Beispiel. Ich stelle mir eine Welt wie in einer Zeitschleife vor, in der täglich Kickoff ist. „Und ewig grüßt die Vuvuzela".

Töröh!

Kapitel 24
Unausgesprochene Entlassung (DD123, September 2010)

„Unsere Familie ist zerrüttet. Wir streiten den ganzen Tag. Papa hat uns nicht mehr lieb. Er hat Probleme bei der Arbeit. Er verdient nicht mehr genug. Ich weiß ganz genau, dass er darauf wartet, dass ich endlich ausziehe. Aber ich kann es mir nicht leisten. Ich muss dableiben. Ich verdiene auch nicht genug. Es frisst in mir. Er sagt jetzt öfter ärgerlich, ich fräße mich durch."

Viele Unternehmen ächzen unter Problemen der Weltwirtschaftskrise. Alle anderen stöhnen, weil sie sich aus dem modernen Prinzip heraus, nie zufrieden sein zu wollen, zu hohe Gewinnziele gesteckt haben. Wären die erreichbar, so wären sie zu niedrig gewesen! Mit der Anklage, es fehle noch an Gewinn, lässt sich mehr Druck machen als mit „Wir übererfüllen, wir können noch mehr machen! Überstunden! Das wird der reine Wahnsinn!"

Wer vor zu hohen Zielen steht, fühlt den Druck. Er sucht nach einem Ausweg. Die Kunden kaufen nicht mehr. Neukundengewinnung würde hohe Marketingausgaben verschlingen. Neue Produkte würden hohe Entwicklungskosten erfordern. Es bleibt eigentlich nur der Druck auf Mitarbeiter, wieder einmal 10 % länger zu arbeiten und dann 10 % im gleichen Zuge zu entlassen. Leider kann man nicht so ohne weiteres entlassen. Ach, wie schön wäre es, wenn jetzt die 10 % schlechtesten Mitarbeiter oder auch die guten, die gerade kein Projekt haben, einfach freiwillig ohne Abfindung kündigen würden! Das gäbe Gewinn! Damit würden die Ziele immer noch nicht erreicht, aber es wäre immerhin ein Tropfen auf den heißen Stein.

Das Unternehmen benimmt sich wegen der zu hohen Ziele wie in einer Notsituation. Es mag die Mitarbeiter nicht mehr. Es wartet, dass die Mitarbeiter von selbst kündigen. Aber die können es sich nicht leisten. Das frisst an ihnen. Jede Klage eines Managers, die Ziele seien nicht erreicht, klingt wie: „Das Unternehmen hat dich nicht lieb." Da lassen die Mitarbeiter die Köpfe hängen und trauern. Sie arbeiten unter Unliebe trostlos weiter und tun immer mehr nur noch genau das, was ihnen gesagt wird. Sie passen sich der Herde an.

Da kommt das Gallup Institute und misst den Gallup-Engagement-Index. Der fällt über die Jahre. Auf die Frage: „Haben Sie eine emotionale Bindung an Ihr Unternehmen?" antworten immer weniger Arbeitnehmer mit „Hoch!", zuletzt waren es 13 % (2008).

Niemand fragt, warum das so ist! Das muss nicht gefragt werden, es ist ja allen ganz klar. Die Masse der Mitarbeiter hat nämlich innerlich gekündigt, weil die impliziten psychologischen Annahmen, unter denen sie aus ihrer Sicht eigentlich arbeiten, aus ihrer Sicht nicht mehr zutreffen. Das Unternehmen hat sie nicht mehr lieb. Es will, dass sie

G. Dueck, *Cut & Paste-Management und 99 andere Neuronenstürme aus Daily Dueck,*
DOI 10.1007/978-3-662-43390-4_24, © Springer-Verlag Berlin Heidelberg 2014

kündigen. Aber sie verdienen zu wenig. Sie können es sich nicht leisten, das Unternehmen zu verlassen.

Warum aber sehen wir die Sache immer nur vom Arbeitnehmer aus? Warum sprechen wir alle wie selbstverständlich von einer inneren Kündigung, wobei wir dem Arbeitnehmer doch irgendwie ein unberechtigtes Verbleiben in einer für ihn ungeliebten, aber doch lukrativen Schmarotzerposition unterstellen?

Warum sehen wir nicht, dass die Unternehmen gleichsam zähneknirschend die Entlassung nicht aussprechen, aber nicht verhehlen können, dass ihnen so viele Mitarbeiter einfach auf den Profitmagen schlagen?

Es ist doch eigentlich der Frust der Mitarbeiter, dass das Unternehmen sie nicht mehr mag. Und dadurch, nicht andersherum, ist die emotionale Bindung zerstört. Die Mitarbeiter lieben ihr Unternehmen natürlich immer noch! Aber das fragt Gallup nicht. Und Sie als Wirtschaftsnachrichtenkonsument übernehmen jetzt alle aus der Zeitung eine Art Unternehmersicht, oder? Sie schauen sich um und sehen tatsächlich in jedem Flur Leute, die wie innerlich gekündigt aussehen. Die schaden doch Ihrer geliebten Firma so sehr! Für die müssen Sie höchstpersönlich Wiederrausholarbeit leisten! Weg müssen die da! Alle! Und dann seufzen Sie, dass Ihr Unternehmen Sie selbst irgendwie auch nicht mehr mag. Die Iirren da oben! Die denken, Sie hätten innerlich gekündigt!

Kapitel 25
Patentrezept für Nachhaltigkeit (DD124, September 2010)

[Damals stieß mir das Getue um „Nachhaltigkeit" so sehr auf. Alle begannen darüber zu reden, nach jedem Strohhalm wurde gegriffen, um allen anderen vorzutönen, wie „nachhaltig" man schon agiere. Ich wusste 2010 noch nicht, dass das erst der Anfang war – dass sie heute Nachhaltigkeitsberichte schrieben müssen, auch Gleichstellungsberichte oder Innovationsberichte. Durch solche Berichte ersetzt man die Arbeit an der Sache selbst. So ein Bericht ist eine Menge Arbeit, da hat man eben leicht schon keine Zeit mehr.]

„Wir haben beschlossen, den Umsatz unserer Firma in zehn Jahren zu vervierfachen. Das ist unsere Strategie für die Zukunft. Wenn wir dieses Ziel erreichen, können wir hoch zufrieden sein. Deshalb haben wir uns für dieses Ziel entschieden. Der bewusst sehr weitgesteckte Horizont von 10 Jahren gestattet eine sehr langfristige und nachhaltige Vorgehensweise. Das ist neu und einzigartig. Wir sind damit Pioniere der Sustainability."

„So, meine Herren…äh, ich schaue mich um, es stimmt zum Glück. Oops… Meine Herren, ich darf Sie zur Zehnjahresstrategiesitzung begrüßen. Unser Ziel liegt klar vor Augen. Wir haben dafür lange Zeit mit den konkreten Zahlen gerungen. Es ging vor allem darum, das Ziel für jedermann verständlich zu formulieren, damit diesmal auch jeder Mitarbeiter unseren neuen Ansatz versteht. Ich glaube, dass wir deshalb nicht so lästig viele Kommunikationskaskaden anstoßen müssen wie im letzten Planungszeitraum, als wir uns vornahmen, bessere Produkte herzustellen. Das gab peinliche Nachfragen bei Mitarbeitern, wie wir uns das vorstellen.

Natürlich müssen wir unser Ziel auch diesmal mit Aktionen unterfüttern. Wir müssen ja etwas tun, was anders ist als bisher. Denn wir haben noch nie in zehn Jahren den Umsatz vervierfacht. Streng genommen können wir es noch nicht, aber wir lernen ja stets aus unseren vergangenen Erfahrungen. Unsere Berater haben bestätigt, dass es prinzipiell möglich ist. Wir müssen nur nachhaltig sein, also immer dasselbe tun und nicht davon abweichen. Dazu fehlte uns in der Vergangenheit die Selbstdisziplin. Wir haben stets hektisch alle paar Tage neue Pläne gefasst, ohne die aus den letzten Tagen umzusetzen. Die Berater haben uns bescheinigt, dass unser Unternehmen in der Planungsphase sehr große Stärken besitzt. Wir müssen nur noch bei der Umsetzung stärker punkten als bisher. Das ist kein Problem, weil wir uns mit der Umsetzung bisher kaum befasst haben. Wir können also dramatisch besser werden, wenn wir es wirklich tun. Ich schlage also vor, mit der Umsetzung der Nachhaltigkeit sofort zu beginnen. Wir haben keine Zeit zu verlieren. Speed is absolutely critical for success. Das ist das neue Motto. Ich bitte um Vorschläge."

„Wir setzen erst einmal die Incentives fest, so dass wir sehr viel Geld verdienen, wenn wir das Ziel schaffen. Danach halbieren wir unsere Abgabepreise ab Werk. Dadurch kau-

G. Dueck, *Cut & Paste-Management und 99 andere Neuronenstürme aus Daily Dueck*,
DOI 10.1007/978-3-662-43390-4_25, © Springer-Verlag Berlin Heidelberg 2014

fen die Kunden wie verrückt. Sofort schießt der Umsatz steil in die Höhe, obwohl die Preise gesenkt wurden. Dadurch vervierfacht sich der Umsatz im Nu und wir bekommen die irre hohen Incentives." – „Kollege, das war einmal. Sie haben die Feinheit der Nachhaltigkeit nicht verstanden. Wenn Sie die Preise halbieren, vervierfacht sich zwar der Umsatz, aber unser Unternehmen ist gleich danach pleite. Folglich ist der Umsatz in zehn Jahren nicht vervierfacht." – „Aha, aha. Wir können also nur einmal in 10 Jahren abzocken, ist das so? Wer hatte dann diese blöde Idee mit der Nachhaltigkeit?" – „Die Öffentlichkeit, wahrscheinlich auch die Berater, weil Nachhaltigkeit ein neuer Hype ist." – „Was hat die Öffentlichkeit damit zu schaffen, ob wir pleitegehen oder nicht? Okay, dann halbieren wir die Preise nach neun Jahren".

„Das ist sehr risikoreich. Unsere Konkurrenz schläft ja nicht und sie wollen uns vernichten. Ich glaube daher, dass sie die Preise in acht Jahren halbieren, damit kriegen sie uns. Wenn wir dann mit der Halbierung ein Jahr später nachziehen, vervierfacht sich gar nichts." – „Aber ruiniert sich die Konkurrenz damit nicht, wenn sie die Preise nach acht Jahren halbiert?" – „Ja, klar, aber sie bekommen die irren Incentives." – „Aha, ich verstehe. Wir müssen also irgendetwas ganz, ganz anders machen".

Extrem langes Schweigen, also so etwa 20 s.

„Ich habe eine Idee. Zehn Jahre sind viel zu lang. Wir sagen einfach, wir verdoppeln den Umsatz in fünf Jahren und danach verdoppeln wir ihn in den nächsten fünf Jahren nochmals. Dann müssen wir uns heute schon mal für die zweiten fünf Jahre keinen Kopf machen." – „Aha, aha, ich verstehe! Das ist genial. Wir könnten diesen Gedanken verschärft fortsetzen: Wir nehmen uns vor, den Umsatz alle zweieinhalb Jahre dann nicht zu verzweifachen, sondern nur zu vereinfachen…oder so…nein, oder plus 50 Prozent?" – „Ja, wenn wir alle zweieinhalb Jahre 50 % zulegen, dann gibt es das Vierfache in zehn Jahren." – „Ja, und es ist einfach zu verstehen. Auch für Mitarbeiter! Mich stört nur, dass es zweieinhalb Jahre sein sollen. So einen komischen Zeithorizont hat ja keiner. Ich habe nichts gegen Neues, aber das sieht lächerlich neu aus." – „Wir legen jedes Jahr um ein Fünftel zu. Zehnmal ein Fünftel ist Zwei, dann ist es aber in zehn Jahren nur zweifach? Uih und 20 % Umsatzwachstum ist sehr schwer zu schaffen. Ich glaube aber, ich habe mich schwach verrechnet. Kann das einer verstehen?"

Schweigen, sie starren alle auf den Controller. Der tippt auf dem Taschenrechner.

„Moment noch – jetzt. Die zehnte Wurzel aus Vier ist 1,148698. Also müssen wir jedes Jahr um 15 % wachsen, dann vervierfacht sich der Umsatz in zehn Jahren." – „Und was hat das mit einer Wurzel zu tun? Und wie kommen Sie auf 15, wenn der Taschenrechner so eine krumme Zahl ergibt. Geht es nicht auch einfach?" – „Ich habe doch nur gerundet. Beim Wachsen müssen Sie Zinseszinsen beachten." – Wieso Zinsen? Es geht doch um Umsatz?" – „Es ist mathematisch dasselbe. Wenn Sie 1 € für zehn Jahre auf die Bank zu 14,8698 Zinsen legen, bekommen Sie vier Euro heraus".

Mathematisch verunsichertes Schweigen.

Zaghaft einer von hinten: „Und wenn wir nicht Jahre nehmen, sondern Monate?"

Controller: „Dann sind es 120 Monate in zehn Jahren. Ich berechne jetzt die 120ste Wurzel aus Vier. Moment. Uiiih, das braucht ein bisschen. So etwas habe ich noch nie berechnet. Es ist auch Neuland für mich. Ich denke ja immer sehr kurzfristig. Schwupps, da ist es. Wir müssen 120 Monate jeden Monat um 1,162 % wachsen. Hmmh, da sieht ja jetzt auf einmal machbar aus, was einem bei der Sicht auf die ganzen zehn Jahre vollkommen unmöglich erscheint."

„Ja, genau. Ich möchte vorschlagen, statt des intergalaktischen Vervierfachungsziels dieses Monatsziel zu nehmen. Wir denken nicht so großartig in Zeitaltern, das haben wir nie getan. Wir setzen diese ganze neumodische Nachhaltigkeit um, indem wir ab jetzt 120 Monate immer dasselbe tun, nämlich um dieses eine Prozent oder meinetwegen auch zwei Prozent zu wachsen. Es kommt ja nicht so genau darauf an. Bei einer so kleinen Zahl ist die Umsetzung viel einfacher. Wir sagen den Mitarbeitern wie immer, sie sollen ab jetzt jeden Monat einen Schnaps drauflegen. Das ist drin. Damit ist das Umsetzungsproblem der Nachhaltigkeitsstrategie gelöst. Ein langer Weg besteht aus vielen Schritten, hat meine Großmutter immer gesagt. Und das verkaufen uns die Berater als neueste Weisheit."

Breite Zustimmung. „Das mit dem Schnaps sagt aber keiner so, ich glaube, es muss mit dem Wort Extrameile ausgedrückt werden. Ich will hier nichts mit Alkohol hören, wir haben genug Probleme damit." – „Wieso? In Süddeutschland darf man das sagen. Sie sind für das Wording auch nicht zuständig. Das ist nicht Ihr Bier, mein Herr." – „Schon wieder Alkohol! Ich möchte zu Protokoll..." – „Ich unterbreche! Ich bin der Vorsitzende! Das Meeting ist doch so erfolgreich! Stopp! Nun gießen Sie mal kein Wasser in den Wei..., äh, oops."

Das Meeting beginnt. Alle Probleme kommen jetzt nachhaltig zur Sprache.

Kapitel 26
Identitätsfassaden (DD125, Oktober 2010)

[Dieses Übel hat sich ebenfalls dramatisch verstärkt. Ich glaube, dass man bald das Format der Visitenkarten überdenken muss. Dann brauchen wir größere Kreditkartenfächer im Portemonnaie – das wird einen neuen Wirtschaftsboom in Gang setzen.]

Was steht denn da auf Ihrer Visitenkarte? Leiter Facility Hub Execution Staffing. Aha…? Ist das eine Arbeit oder ein Job? Was machen Sie da eigentlich? Ist das wichtig? Sind Sie ein Firmenchef oder einer, der Zeitkräfte anwirbt, die er zu Aufräumarbeiten im Keller verbraucht? Soll ich die Visitenkarte aufheben oder gleich wegwerfen? Was steht da an den Büroschildern im Flur oder auf Xing? Ich übe mich im Beruferaten…

Über den Wahnsinn auf den Visitenkarten ist vielleicht schon alles gesagt worden. Man nimmt gemeinhin an, dass Titelsüchtige nach dem Direktorentitel gieren und sich dann, wenn sie einen solchen nicht bekommen, in ihrem unausgefüllten Inneren eine amateurhafte Kreativität unter Egostress ansammelt, so dass sie sich die aberwitzigsten Berufsbezeichnungen ausdenken. So wie in den Zeugnissen von Mitarbeitern alles großartig ist, so sind auf Visitenkarten alle Leader, Executives, Manager, Leiter, Teamleader, Projektleiter, Gruppenleiter oder Nano-Halogen-Rezeptoren Subject Matter Senior Certified Experts.

In der Universität herrscht noch eine gewisse Ruhe, es gibt einen Doktortitel, der mit dem Fachzusatz der verleihenden Fakultät geschmückt ist. Dr. math. oder Dr. phil. Etc. Stellen Sie sich vor, die Doktortitel würden nun statt der normierten Bezeichnungen nat oec jur med chem das genaue Spezialgebiet des Betreffenden charakterisieren! Dann wüsste jeder sofort, worin der Titelinhaber Bezirksmeister ist, oder? Das wäre fein!

Dr. faustzweizeile12110–11 interpret abschreib recherch vergleich bildkommentar lothar matthäus könnte dann der Titel lauten, den nur dieser eine Inhaber besitzt! Man braucht dann eigentlich schon gar keinen Namen mehr im Telefonbuch, der Titel allein identifiziert den Träger. Okay, ich weiß, was Sie denken: das ist wieder so ein extremer Vorschlag von GD, damit er sich lustig machen kann. Aber jetzt lehnen Sie sich einmal zurück und überlegen, was eigentlich auf den Visitenkarten in Ihrem Unternehmen steht. Wie viele verschiedene Jobbezeichnungen gibt es?

Ja – eventuell auch ungefähr so viele wie die Anzahl der Mitarbeiter? Es kann ja noch sein, dass in Hamburg und München je zwei identische Blumengießer sind, aber dann steht da doch hoffentlich „Plant Care Nurse & Nurturing Territory North" und entsprechend „South"? Ich glaube langsam echt, dass es so viele Jobs wie Leute gibt. Die Visitenkarte beschreibt dazu noch diesen einen Job in ungelenkem Amerikanisch, damit ihn keiner mehr versteht oder einordnen kann. Danach wird er in einer zusätzlich Stufe nach Art des Marketings noch einmal aufgemotzt. „Pimp my title!"

G. Dueck, *Cut & Paste-Management und 99 andere Neuronenstürme aus Daily Dueck,* 63
DOI 10.1007/978-3-662-43390-4_26, © Springer-Verlag Berlin Heidelberg 2014

Das ist der eigentliche Irrsinn. Das Aufpimpen (ursprünglich „wie einen Zuhälter zurechtstylen, der sich gerade mit seinen ebenso schönen Begleiterinnen in die erste Reihe bei einem Boxkampf setzen will") macht jetzt diejenigen nervös, die mit ihrer Visitenkarte ehrlich sagen möchten, was sie in welchem Rang tun, etwa „Leiter Marketing". Aber was ist das denn nun, Leiter Marketing wovon? Zweigstelle Düsseldorf? Dann würden wir „Leader Marketing, Upper Rhine Valley Area (URVA Zone, Germany)" erwarten. Ich fürchte, die Vernebelung ist soweit fortgeschritten, dass man auch das Echte nicht mehr klar sehen kann. Stellen Sie sich vor, im Bierregal des Supermarktes steht neben Baumbier, Kellerbier, Naturbier, Räuberbier, Urvatterbier, Waldquellplätscherbier nur einfach Pils! Oder nur Altbier, das in der Flasche offenbar schon ganz braun geworden ist! Das ist zu arg schlicht.

Ich denke beim Schreiben darüber nach, was man alles stattdessen plakativ informativ auf die eine Karte setzen könnte. Das Gehalt! Ja, das wäre es! Das drückt doch genau aus, wie viel einer die anderen kostet. Das wollen doch eigentlich alle wissen. Wie viel verdient einer – und was macht er im Gegensatz dazu für einen persönlichen Eindruck? Oder ein Bild von seinem Auto oder der Armbanduhr, der Handtasche? Hmmh, auch alles nicht echt.

Was in aller Welt, frage ich mich, würde ich gut finden? Ich habe so etwa zwei Kilogramm von Visitenkarten in meinem Schrank. Ich finde da nichts mehr. Ich habe da nie gesucht. Ich lösche einfach fast alle Mails und hebe die echten auf. Das geht irgendwie. Was schreibe ich jetzt auf meine eigene Karte? Irgendetwas, worauf die Leute „das sieht dir ähnlich" sagen? Aber corporateblau muss es auch sein, klar.

Hmmh, da fällt mir ein, dass es vielleicht doch keine Vernebelung sein könnte. Wir können ja gar nicht mehr genau sagen, was wir arbeiten. Buchhaltung ist eine Art Verbindungsbüro nach Vietnam geworden, ein vormaliger Einkäufer mag den ganzen Tag nur noch pro-forma Ausschreibungen faken, um nicht jede Schraube bei einem anderen Lieferanten kaufen zu müssen. Ein Beispiel: An der Universität legen sie die Professur des Cephalocereus Senilis („Greisenhauptkaktus") mit der Professur für die Erforschung des Echinocactus Grusonii („Schwiegermuttersitz") zusammen, was eine renommierte Beraterfirma gegen den erbitterten Widerstand aller Biologen durchsetzt („Man kann nicht gleichzeitig Fachmann für eine Säulenkakteenart und einen Kugelkaktus sein, da liegen fachliche Welten dazwischen!"). Leider sind die Säulen- und Kugelbiologen stark uneins und verlieren. Danach kommt ein anderes Beratungshaus und legt die neue Kombi-Professur mit der Stachelbeer- und der Igelprofessur zu einem Spitzencluster zusammen, weil das in der gesamten Industrie so üblich ist und schon seit Jahren erfolgreich praktiziert wird. In der Industrie werden schon lange einander ähnliche Arbeitsplätze zusammengefasst, zum Beispiel die, die ähnlich schlecht bezahlt werden oder Schreibtische nebeneinander haben. Im Management trägt dann jeder mehrere Hüte oder die Aufgabe, sich hart widersprechende Prioritäten mit sich selbst abzumachen. Ja ...

... und was sagen nun diese künstlichen Hybridmitarbeiter in dem ganz kurzen Visitenkartenformat, was sie eigentlich tun? Was ist ihre Identität? Welch ein Gewirr hinter der folglich ebenso wirren Fassade!

Kapitel 27
Eris und Menschenbeurteilungsangst
(DD126, Oktober 2010)

Ungeniert Befehle erteilen und ohne Scheu Urteile abgeben, die Schmerzensschreie hervorrufen – das ist viel weniger Menschen gegeben als fast alle von uns glauben. Tatsächlich haben die meisten Chefs Angst, ihre Mitarbeiter zu beurteilen und ihnen das Urteil zu erklären. Sie müssen dazu nämlich verletzten Seelen in die Augen schauen. Könnte doch eine Maschine nach Zahlen entscheiden! Und der Manager nur noch managen müssen!

Eris, die Göttin der Zwietracht, kleingeschrumpelt und hinkend, warf zornig als natürlich Nichteingeladene einen Apfel mit der Aufschrift „Der Schönsten" unter die Hochzeitsfeier der Götter. Zeus sollte urteilen, ob Hera, Aphrodite oder Pallas Athene der „Zankapfel" überreicht werden sollte. Das wollte er lieber nicht, er war ja nicht dumm. Schon ein normaler Ehemann hat ein Problem, die Fragen der Gattin zu beantworten: „Das Kleid ist schön, aber irgendwie gewagt und vielleicht zu schrill. Sag mal deine ehrliche Meinung, ob ich gut aussehe." Wer unter solchen Umständen urteilen muss, verliert bei jeder Antwort.

Das ist bei Mitarbeiterbeurteilungen meistens auch so – oder schwungvoll deutlich: immer so. Ich erkläre es. Ich habe einmal vor 20 Mitarbeitern erklärt, dass ich ein Budget habe, zweien von ihnen eine sehr deutliche Gehaltserhöhung zu geben. Ich kündigte an, jedem der Mitarbeiter getrennt unter vier Augen zwei Fragen vorzulegen: „Verdienen Sie es selbst, zu den Zweien zugehören? Wenn Sie außer sich selbst den besten Mitarbeiter aussuchen dürften, wer wäre das?"

Siebzehn der Mitarbeiter fanden, sie seien unter den besten zweien. Wiederum siebzehn Mitarbeiter nannten als sonstig Besten genau denselben Namen, den ich auch gewählt hätte.

So ist das.

Jeder von uns kann hell sehen, nur nicht im Spiegel.

Und weil das so ist, teile ich als Manager bei jeder beliebigen Entscheidung in dieser Sache bitteres Unrecht aus. Ich bin so ungerecht wie Paris. Nicht, weil meine Entscheidung falsch ist, sondern weil sie auf jeden Fall von den meisten als falsch empfunden wird. Jeder, der eine schlechte Bewertung erhält, ist gekränkt! Deshalb sind die gängigen Bewertungssysteme ein Werk der Göttin Eris.

Man entscheidet ja nicht, welcher Mitarbeiter gut ist – das ginge noch an. Man entscheidet, wer der Beste ist. Das ist der Zankapfel in der wahrsten olympischen Form.

Weil sich die Göttinnen sehr schön finden und die Mitarbeiter so gut, hat ein Chef einfach so viel Angst vor dem Beurteilen, dass er taktiert. Die meisten Manager sind so gnadenlos feige, dass sie den Spielraum nach oben so gut ausnutzen wie es geht. Sie würden jeden Mitarbeiter zum Helden der Arbeit erklären, wenn es das Lohnerhöhungsbudget hergäbe. Zurzeit werden im öffentlichen Dienst neue Beurteilungssysteme eingeführt. Ich beobachte sarkastisch, wie sie Gerechtigkeit verteilen wollen, aber eigentlich Zankäpfel werfen. Man bekommt in ein paar Sparten jetzt Punkte, im Durchschnitt insgesamt 15 und maximal 25.

Schwupps, alle sind 25! Das darf nicht sein, weil dann alle schöne Gehaltserhöhungen bekämen. Damit sich das System vor der Feigheit der Chefs schützt, verlangt es nun zusätzlich, dass der Durchschnitt über alle Mitarbeiter 15 ist. Schwupps, und alle Chefs geben allen Mitarbeitern 15 Punkte. Und wieder muss das System der Feigheit der Chefs vorbauen. Es verlangt nun, dass eine sinnvolle Spreizung bei den Bewertungen vorgenommen wird. Nun wird es ernst. Jetzt stehen die Chefs am Pranger! Schwupps, geben sie denjenigen Mitarbeitern die schlechten Punktzahlen, die gutmütig oder gleichmütig sind, und denjenigen, die sich nach heftigstem Ärger schnell wieder beruhigen und sofort wieder gut arbeiten. Ältere, die es gewohnt sind, bieten sich an, und auch oft Frauen, die nicht protestieren – sie protestieren durchaus in ihren Gesichtsmienen, aber zu wenig deutlich. Sie ärgern sich heimlich schwarz, wenn Mitarbeiter, die bei schlechten Bewertungen sofort offen randalieren, vielfach ganz gut weg kommen. Würden Sie sich denn trauen, etwa Stefan Effenberg nach ein paar torlosen Spielen eine Gehaltssenkung zu verkünden? Der zeigt es Ihnen!

Das ist die Menschenbeurteilungsangst des Chefs.

Er will nicht, was das Unternehmen will. Der Wille des Unternehmens ist der Wille des Managements in seiner Gesamtheit. Das will diese Beurteilungen unbedingt. Aber die einzelnen Manager wollen sie nicht physikalisch Auge in Auge abgeben.

Haben Sie gemerkt, was ich sagen will? Das Management ist Eris und Zeus zugleich, es will eine Entscheidung, sie aber nicht selbst Auge in Auge treffen. Am Ende kommt Krieg heraus. Das Bewertungssystem des Zankapfels löst dann einen Krieg aus und erinnert mich an so etwas wie ein trojanisches Pferd für das Unternehmen.

Bewertungssysteme sind erdacht worden, damit sie zu höheren Gewinnen führen. Na gut, aber niemand hat sich Gedanken gemacht, dass das Führen damit viel schwieriger ist. Niemand sieht, dass der Chef nun mutig und weise sein muss, emotional intelligent und integer.

Wer also solche neuen Systeme einführt wie der öffentliche Dienst und andere, muss sich deshalb auch um bessere Chefs kümmern. Wer diese Systeme ohne diese Maßnahme schon eingeführt hat, merkt den Mangel ja schon lange.

Kapitel 28
Den Plan erzwingt man leicht, seine Umsetzung nicht (DD127, November 2010)

„Wir hatten einen Plan, der absolut umsetzbar war, auch noch aus heutiger Sicht. Es hat sich aber nichts bewegt. Ehrlich gesagt: wir haben unsere Hausaufgaben nicht gemacht. Das ist absolut inakzeptabel. Wir werden jetzt einen neuen Plan machen, weil der alte zwar noch sehr gut ist, aber den Mitarbeitern nicht mehr gesichtswahrend erklärt werden kann. Den neuen erzeugen wir aus dem alten durch eine neue anglizistische Wortwahl, danach holen wir von jedem Einzelnen das Commitment ein. Wenn wir diesen Schwur zur Umsetzung von allen erzwungen haben, sind wir bestens für die Zukunft aufgestellt."

Mein Chef sagte neulich im Managementmeeting: „Überlegt, was ihr wollt, macht einen Plan dafür und setzt ihn konsequent um. Macht keinen Plan, den ich schön finde und für den ich euch streichle. Plant, was ihr wirklich wollt." Wow, dachte ich bei mir, das ist weise, das schreibe ich für Sie jetzt gleich auf.

Es geht nicht darum, ob ein Plan umsetzbar ist oder nicht – sondern darum, dass man das Ziel erreichen will, das man mit dem Plan verfolgt.

Früher wollte ich einmal furchtbar gerne eine Stereoanlage haben. Daran hing mein Leben wie das der heutigen Jugend an einem iPad oder einem iPhone. Meine Eltern lehnten ab und verweigerten eine Taschengelderhöhung, so dass ich es mit Sparen hätte versuchen können. Ich wollte die Anlage aber unbedingt und bot meinem Vater an, auf dem Feld mit den Arbeitern jeden Tag viele Stunden Rüben zu roden. Das Rübenroden ist früher harte Arbeit gewesen, es wurde nach Fläche oder eben im Akkord bezahlt. Meine Eltern fürchteten, dass ich die Schule vernachlässigen könnte und dass die Arbeit zu schwer wäre. Ich wollte. Ich schuftete. Ich bekam eine sensationelle Anlage. Und die Schule litt nicht.

Nehmen wir einen anderen Fall. Meine Eltern könnten mir angeboten haben, dass ich Rübenroden dürfte, damit ich von dem Verdienst einen Brockhaus, eine neue Schultasche oder ein gutes Jackett für ordentliche Anlässe wie eine Konfirmation damit bezahlen könnte. Denn solche Dinge braucht der junge Mensch ja wirklich, meinten meine Eltern. Na, was wäre herausgekommen? Ich selbst hätte sofort starke Befürchtungen bekommen, ja geradezu Angst, dass meine schulischen Leistungen katastrophal einbrechen würden. „Mama, ich bin doch jetzt fast Klassenbester. Willst du, dass ich absinke?" Unter diesem Argument ist meine Mutter lebenslang weich geworden, ich konnte damit alles Unerwünschte abwimmeln. „Ich agiere langfristig, Mama – bitte lenk mich nicht mit Nebenkram ab!" Das half.

Das eine Mal ist der Wille mein Wille, das andere Mal der Wille der meiner Eltern. Mein Wille ist stark, der meiner Eltern aber nicht, denn sie lassen sich abwimmeln. Und wenn das möglich ist, scheitert jeder gute Plan sowieso.

G. Dueck, *Cut & Paste-Management und 99 andere Neuronenstürme aus Daily Dueck,*
DOI 10.1007/978-3-662-43390-4_28, © Springer-Verlag Berlin Heidelberg 2014

In einem Unternehmen arbeiten alle hart an den Quartalszielen, das ist das nach allgemeinem Konsens Wichtigste, und zwar für jeden Einzelnen wie auch für dessen Boss. In Wirklichkeit gibt es noch mehr Wichtiges, zum Beispiel die Unternehmenszukunft, die Innovation, der Wandel angesichts der Globalisierung, die Erneuerung der Produkte, die ständige Neuerfindung der Geschäftsmodelle und die immer wieder notwendige Neufokussierung auf den Kunden und dessen wandelnde Wünsche. Um diese Ziele neben der harten Arbeit am Quartalsergebnis zu erreichen, werden Pläne gemacht.

WARUM???

Weil die Arbeit am Quartalsergebnis so sehr schlaucht, dass zusätzliche Motivation durch einen Plan erzeugt werden muss. „Vater, du hattest zwar die ganze Woche Nachtschicht, aber wir haben deswegen extra ein Theaterabonnement für schweres Geld gekauft, sodass wir auch einmal zwei Stunden wirklich leben. Das ist auch wichtig." Der Plan wird nur zu dem einen Zweck gemacht, um damit den fehlenden Willen zu ersetzen. Wenn ein Wille schon da ist, geschieht er fast von selbst. Er frisst sich durch Widerstände und Barrieren und pfeift auf alle solchen Pläne, die sich ordentlich und brav an Vorschriften halten. Erst wenn der Wille fehlt, dann ist ein Plan wirklich nötig – oder anders ausgedrückt:

Wenn der Wille fehlt, weiß man keinen anderen Rat, als ihn durch einen Action Plan zu ersetzen.

Dann planen alle nach Herzenslust! Am besten planen sie das absolute Ideal, nämlich die Weltmarktführerschaft zu erreichen und den Aktienkurs zu verzigfachen. Um solche hohen Ziele zu erreichen, müssen im allgemeinen Vorarbeiten geleistet werde, die Geld kosten. Trainer erklären: „Wir werden deutscher Meister, müssen aber dafür elf neue Spieler kaufen." – Manager fordern: „Ich brauche für den neuen Plan Neueinstellungen, weil ich keine guten Leute mehr im Team habe." (Das sagt dessen Boss übrigens auch!) Solche Pläne sind natürlich gut umsetzbar! Leider können sie sehr leicht abgewimmelt werden. Jetzt sagt in umgekehrter Hierarchie der Oberboss zum Unterboss: „Mama, das Quartalsergebnis sieht im Augenblick ganz gut aus, aber eine jetzige Geldausgabe für die Zukunft wird das gefährden. Willst du das, Mama? Dass wir absinken?" In den idealen Plänen sitzt nur Umsetzbarkeit, aber kein reißender Wille. Auf den wird beim Planen nicht geachtet.

Weiß das nur mein Boss? „Fühlt in euch, was ihr wollt und macht das." Er hat natürlich das Risiko, dass zum Beispiel ich als sein Mitarbeiter etwas will, was er selbst nicht so wirklich mag. „Ich schufte für ein iPad, Papa." Damit muss er leben. Ich selbst bin ja auch wieder Boss von Mitarbeitern, und ich versuche, in allen den Willen zu etwas Großem zu finden. Diesen Willen biege ich überredend ein bisschen in die richtige Richtung, aber nur so weit, dass er nicht das Reißende verliert. Das darf er keinesfalls. Dann arbeitet das Team nicht ganz genau an dem, was ich will, aber es hat viel Herzblut bei dem, was es selbst will. Wir brauchen dann keinen Plan. Wir arbeiten, weil wir zum Ziel wollen.

Viele Mitarbeiter wollen! Viele! Aber es hilft nichts, wenn dann der Boss nicht will. Wenn er echt will oder auch nur mit dem Herzen unterstützt, sagt er nur knapp: „Fang an." Wenn er aber nicht will, verlangt er einen Plan. „Gute Idee, Mitarbeiter. Bitte fertigen Sie ein Feinkonzept an. Erarbeiten Sie eine Präsentation. Errechnen Sie, wie viel durch die Ausführung des Plans gewonnen wird." So klingt meist ein Todesurteil. Solche Anforderungen eines Plans sind wie das Vielleicht der klischeehaften Frau, die nie wörtlich nein sagt. „Vielleicht, ich überlege es mir, wenn du dir Mühe gibst." Auch dieses Nein wird kaum je verstanden, sooft es auch die Sache tötet, aber die Hoffnung überleben lässt.

„Ich agiere kurzfristig, Mama – bitte lenk mich nicht mit der Zukunft ab!"

Kapitel 29
Divide et Impera – Vernichtung von Unternehmen durch Organisation und Wettbewerb (DD128, November 2010)

Die Idee des „Divide et Impera" oder „Divide & Conquer" oder „Teile und herrsche" aus der Machtpolitik treibt schon lange in den Köpfen ihr Unwesen. Sie hat es schließlich zu einem Organisationsprinzip im Softwareentwurf gebracht. Das sind aber zwei verschiedene Interpretationen! Machtpolitik hat mit Menschen zu tun, Computer dagegen zeigen sich von Macht unbeeindruckt. Heutige Organisationen werden tatsächlich nach Art der Kriegsherren designt, aber man glaubt, es sei alles im Geist objektiver Programmierung angelegt worden. Liegt hier nicht der Schlüssel für die Entstehung von Katastrophen?

Tsun Tsu erklärt lange vor Christi Geburt die Kriegskunst in der Art des „Teile und herrsche". Machiavelli benutzt die lateinische Formulierung in seinem Hauptwerk „Il Principe". König Ludwig XI. von Frankreich soll „diviser pour régner" im Munde geführt haben. Das glaube ich sofort – ich habe in Wikipedia die Lebensbeschreibung gelesen. Dort ist auch zu lesen, dass Ludwig XI. überzeugt war: „Wer nicht heucheln kann, kann nicht herrschen."

Divide et Impera: Der Fürst verteilt die Verantwortung an Unterfürsten so, dass sie einzeln nicht zu viel Macht haben, um ihm zu schaden. Im Unternehmenskontext: „Keiner soll am Stuhl sägen können." In Unternehmen kann man zum Bespiel lauter Vorstände ernennen, die schon so alt sind, dass sie aus Altersgründen keinen CEO-Vertrag mehr bekommen können, das ist am unblutigsten – ABER: wer kurz vor der Pensionierung steht, benimmt sich unter Umständen souverän und unabhängig! Sie sägen dann zwar nicht, lassen sich aber nur schwer beherrschen.

Deshalb soll der Fürst darauf achten, dass die Unterfürsten schon recht wallendes Blut haben – das gehört zur Macht dazu! Aber dann wiegelt er sie immer schwach gegeneinander auf. Dadurch bekämpfen sie sich untereinander und halten sich in Schach. Sie lassen sich so vom Fürsten problemlos beherrschen. In Unternehmen ist das Aufwiegeln wissenschaftlich methodisch sauber institutionalisiert. Es geschieht durch aggressives, invasives Messen der Zahlen und Leistungen der Unterfürsten. Auf schwach kränkende Art werden die Zahlen der Geschäftsbereiche gegeneinander verglichen (nicht m-i-t-einander), dadurch schauen sich die Unterfürsten ständig scheel an und blockieren sich durch „Tower-Denken". Die Macht des CEO aber ist auf diese Weise gar nicht auf ihrem Radar, sie wird nie auch nur gedanklich angetastet.

Die Strategie „Divide et Impera" funktioniert also prächtig, wenn man Macht erhalten will.

Heute denken aber die meisten in der IT bei „Teile und herrsche" an etwas anderes. Beim Programmieren großer Probleme wird das Problem in Teile zerhackt und in Teilen getrennt gelöst, oft sogar von jeweils anderen Computern. So können mehrere Maschinen nebeneinander in Teamwork am gleichen Problem arbeiten. Ihre Teilergebnisse werden dann gesammelt und zu Gesamtergebnis zusammengeführt. Das geht gut, weil die einzelnen Computer nicht gegeneinander aufgewiegelt sind und nur arbeiten, nicht aber kämpfen oder um die Gunst des Zentralcomputers buhlen oder auf Kosten der anderen Computer einen saftigen Extrabonus kassieren wollen.

Ich fasse zusammen: „Teile und herrsche" sichert dem Fürsten die Macht, um die allein es ihm geht. Das Geld für seinen Palast fällt sowieso dabei ab, oder einer wie Ludwig XI. lebt persönlich ganz bescheiden und denkt an so etwas nicht. Es geht rein um Macht! Ludwig XI. hat mehrfach Verschwörungen gegen seinen Vater betrieben, obwohl er doch ohnehin König werden würde! Er konnte nicht warten! Auch aus diesem Beispiel heraus ist es klar, dass das Aufwiegeln und Blockieren der Unterfürsten im Profitsinne absolut schrecklich wirken kann und wohl auch immer wirken muss – aber, wie gesagt, um Geld geht es dabei nicht, sondern um Egos und Köpfe.

In einer Teamumgebung dagegen geht es um das Aufteilen der Arbeit und Zusammenarbeit. Hier will man möglichst effizient arbeiten und viel Geld verdienen. Da würde das Aufwiegeln sehr stören.

Unser Goethe sagt dazu in „Sprichwörtlich" (Gedichte letzter Hand von 1827, habe ich in meiner digitalen Bibliothek gefunden):

> Entzwei' und gebiete! Tüchtig Wort;
> Verein' und leite! Beßrer Hort.

Wie aber werden fast alle Unternehmen geführt? Man betet, dass es bitte bitte Zusammenarbeit geben solle, damit der Gewinn steigt, aber man wiegelt alle Manager und Mitarbeiter durch Incentive-Systeme gegeneinander auf, so dass sie sich blockieren, Towerspiele betreiben und bei Meetings heucheln.

Ich stelle fest: Unternehmen werden nach Prinzipien organisiert, die Macchiavelli für den nackten Machterhalt ausarbeitete. Und man glaubt, dass diese Prinzipien gleichzeitig auch den Gewinn maximieren.

Toren der Macht vor den Toren der Macht!

Lest Goethe!

Kapitel 30
Cut & Paste Management (DD129, November 2010)

Schluss mit der alten Bildung! Das fordere ich und sehne das Ende der Kreidezeit in Schule und Universität herbei. Das digitale Zeitalter lässt doch bessere Möglichkeiten zu! Eine große Menge von Digital Immigrants protestiert gegen diese Meinung. Tja. Diese digitalen Immigranten, die sich partout nicht integrieren wollen, können von Glück sagen, dass es noch keine Statistiken der Bundesbank von ihnen gibt! Sonst wären sie schon von Sarrazin entdeckt worden. Ihr Hauptargument gegen das Internet der Bildung: Dann schreiben alle Schüler und Studenten nur noch ab. Sie denken dann nie mehr selbst nach! Da schaue ich entgeistert in der Arbeitswelt um mich. Was sehe ich?

Wenn Sie eine schwach sadistische Ader haben, fordern Sie einmal alle Anwesenden in einem Problemlösungsmeeting auf, selbst nachzudenken. Warten Sie auf die Reaktionen. Dann muss ich jetzt nicht mehr weiterschreiben. Ich wette aber, Sie trauen sich das nicht! Sie blamieren sich nämlich. Man löst Probleme in der Realität gar nicht mit Nachdenken, sondern mit Actions Items. Nachdenken wird als Kaffeekränzchen in die Ecke gestellt. In einem Meeting werden „Aktionen aufgesetzt" und die Zuständigen bestimmt, die als erste die Action-Vorschläge erarbeiten müssen. Sie müssen sich dazu in einer Work Group zusammensetzen und eine Präsentation ausarbeiten. Eine gute Präsentation über ein Problem löst das Problem für ein paar Tage. Wie aber kommt man in der kleineren Work Group zu einer Präsentation?

Da sitzen sie erst noch kleinlaut zusammen und wissen nicht, wie sie ihre Hausaufgaben erledigen sollen. An dieser Stelle wäre es wieder ganz neckisch, wenn Sie sie zum Nachdenken auffordern würden. Das wäre jetzt schicklich – die Atmosphäre ist privater, es ist nun kein Meeting mehr, sondern man „sitzt zusammen". Also frisch ans Werk: „Lasst uns nachdenken, hat schon einer eine Idee?"

Jetzt kommen die üblichen vollkommen stereotypen Antworten, die Sie alle kennen, die Sie aber noch nie als digitale Immigranten betrachtet haben:

„Na, wir müssen das Rad nicht neu erfinden. Die Probleme, die wir uns eingehandelt haben, haben andere doch auch. Ich bin sicher, dass irgendwo der gleiche Mist wie bei uns angestellt worden ist und dann die Hausaufgaben nicht erledigt worden sind. Es muss also irgendwo schon Präsentationen mit Lösungsvorschlägen geben, aus denen wir ein paar Charts klauen können, am besten mit vielen Zahlen und Tabellen, mit denen wir auftrumpfen werden. Kennt jemand einen, der so ein Problem schon einmal hatte? Könnten wir eventuell bei der Konkurrenz anrufen? Ich weiß, das klingt komisch, aber es gibt viele Ehepaare, die mit Wettbewerbern verheiratet sind. Da kann man gut abkupfern, die Ideen sehen ein bisschen wie neu aus, man muss nur die Logos und Farben ändern. Das ist al-

G. Dueck, *Cut & Paste-Management und 99 andere Neuronenstürme aus Daily Dueck,*
DOI 10.1007/978-3-662-43390-4_30, © Springer-Verlag Berlin Heidelberg 2014

lerdings eine Drecksarbeit, deswegen macht man es letztlich nicht. Ich bin dafür, dass wir etwas finden, was sich leicht abschreiben lässt."

„Sollen wir nicht einmal nachdenken?"

„Nein, das wäre nicht gut. Dann haben Sie vielleicht eine neue Idee! Wie ich die Firma kenne, gibt es aber schon andere Leute, die dazu Ideen hatten. Die werden dann böse und wir bekommen für unsere Präsentation Prügel und keinen Bonus wie sonst immer. Kennt jemand einen, der eine Präsentation haben könnte… Ah, Herr Alt, waren Sie nicht einmal in einer Taskforce, damals, als ich hier noch Werkstudent war und nicht Manager?"

„Ja, wir hatten damals das gleiche Problem, wenn man so will. Wir nannten es Q oder so wie Qualität. Ich glaube, es ist dasselbe, was wir heute mit Product Excellence bezeichnen. Es ging damals darum, dass zu viel Ausschuss produziert wurde. Wir dachten damals nach, wie das vermieden werden konnte, aber plötzlich wurde von einem sehr ehrgeizigen Manager zum Schein ein Mickey-Mouse-Plan entwickelt, auf dem nur Action-Phrasen aufgezählt wurden. Diese Präsentation hatte einen so großen Erfolg, dass alle darüber redeten. Über dieser ganzen Freude wurde die Qualität wieder ganz vergessen. Wir brauchten damals dringend Präsentationen für neue Probleme, die noch viel schlimmer waren. Sie entstanden wegen der schlechten Qualität, waren aber so schlimm, wie gesagt, dass wir beschlossen, sie zuerst zu lösen."

„Ja, machen Sie es kurz, Herr Alt, Sie erzählen wieder so ausschweifend und spannen uns genial quälend auf die Folter. Haben Sie die Präsentation noch?"

„Ja, ich habe sie mir aufgehoben als ein warnendes Beispiel, wie man es nicht machen soll. Ich habe später erfahren, dass die Präsentation aus einem Buch abgeschrieben war, das die Freundin vom damaligen Manager im Studium raubkopiert hatte."

„Ja, her damit!!"

Zehn Minuten später. „Schau, schau! Sensationell, seht mal den Namen vorne auf der Präsentation! Haha! Haha, wir geben ihm die eigenen Vorschläge, die kann er nicht ablehnen! Einfach Cut & Paste und wir sind fertig! Wir haben Erfolg, weil alles akzeptiert werden muss!"

„Das glaube ich nicht, ich kenne die Firma schon lange. Er wird sich gar nicht an die Inhalte seiner Präsentation erinnern. Wir werden das ja in einigen Wochen auch nicht können. Wir klauen jetzt ganz ungelesen die Argumente auf den Charts, machen eine neue Grafik und eine höhere Jahreszahl dazu und fertig. Wir haben uns ja mit dem Problem an sich mental gar nicht befasst."

„Hey, Sie sind aber zynisch, Herr Alt. Unser Problem hier war für heute die ganze Zeit, eine Präsentation zu erstellen, und dieses Problem haben wir soeben gelöst."

Früher, als ich noch jung war, wussten wir nicht, wie wir die Nibelungen interpretieren sollten. Wir gingen zum Hauptbahnhof Hildesheim, wo noch heute die Schülerwarteraumbibliothek am Gleis 1 geöffnet hat. Dort hatten sie alle Bücher dazu. Ich erinnere mich, wie ich einen sehr schwungvollen Satz in einem dazu gefunden belletristischen Werk entdeckte. Er lautete ungefähr: „Kriemhild! Da kam Siegfried und nahm Hagen den Wind aus den Segeln." Mir war klar, dass das hemmungslos überinterpretiert war, aber der Satz war damals für mich so schön, dass ich ihn in der folgenden Klassenarbeit verwendete. Uiiih, das gab rote höhnische Bemerkungen am Rand. „Fernau gelesen! In der Buchclubausgabe!"

Hallo? Digitale Immigranten? Google ist immer unter uns gewesen. Cut & Paste war immer da, wenigstens für Leute mit Bibliothek. Heute ist Cut & Paste für jeden! Alle klauen! Keiner liest die geklauten Präsentationen mehr durch oder durchdenkt sie gar. Das beweisen die Rechtschreibefehler und Sprachgemische. Alle tun das doch! Warum werden wir nur bei unseren Kindern ärgerlich? Warum sagen wir immer selbst „Wir haben unsere Hausaufgaben nicht gemacht?" Warum ist das Problem gelöst, wenn es auf Folien steht? „Papa, ich muss das nicht verstehen. Ich muss nur eine akzeptable Note haben."

Cut & Paste ist in uns. Nicht im Internet. Wir vererben es.

Kapitel 31
Das Absolute oder „Diesmal war Weihnachten 6 % besser" (DD130, Dezember 2010)

Weihnachten! Die Idee „Weihnachten" feuert Assoziationen im Gehirn. Schnee, Glockenklang, Krippe, Tannengeruch, Liebe, Augen des kleinen Lords, Ruhe, Frieden, Gänsebraten, Marzipan, Zimttee, Glühwein beim Frieren, Kerzen, „wie man jubelt, wenn Beute verteilt wird (Jesaja 9,3)". Gerade so dachte ich an Weihnachten, als jemand sagte: „Man muss ganz platt immer drei Prozent besser sein als die Konkurrenz, dann bekommt man den Auftrag. Also lassen Sie uns diese drei Prozent besser sein, das reicht immer."

„Die Familienumfrage des letzten Jahres über unsere Weihnachtsfeier hat leider keine zufriedenstellenden Zufriedenheitswerte ergeben. Wir müssen für das diesjährige Fest Absagen befürchten. Wir stehen im harten Wettbewerb zwischen den Familien. Unsere Schwiegertöchter und – söhne bekommen offenbar verlockende Angebote von deren Eltern, die auf Blutsverwandtschaft pochen. Dabei geht es doch letztlich um die bessere Feier und die Geschenke. Was tun wir? Wir haben kein besonders höheres Budget verglichen mit dem Vorjahr, obwohl es einen Enkel mehr gibt. Unsere Möglichkeiten für Geschenke und Festschmausausgaben sind nicht größer geworden. Sollten wir mehr in Essen investieren und bei Geschenken zurückfahren? Haben wir im letzten Jahr die Prioritäten wirklich richtig gesetzt? Wir haben Trendscouts ausgesendet, um neue Kerzenfarben zu testen. Lila Lametta könnte der Hit sein. Wir kundschaften derzeit aus, wie die Eltern unserer Schwiegerkinder feiern, damit wir eine Basis haben, auf der wir aufsetzen können. Wir wollen bei gleichem Kostenrahmen mehr bieten. Wir denken, sechs Prozent sollten es sein, damit wir drei Prozent am Ende erreichen. Dann gewinnen wir. Wir haben leider keine guten Fortschritte bei der Faktorenanalyse der letzten Weihnachtsjahre erzielt. Die anderen Familien haben mehr Umfragepunkte bei Gemütlichkeit und Frohsinn. Daran müssen wir arbeiten, aber wie? Wir haben noch keine gute Idee, wir wollen jedenfalls in diesem Jahr mindestens je eine gemütliche und eine frohe Stunde auf die Agenda setzen und dann messen, wie gut es von der Familie angenommen wird. Bei den harten Daten wie Qualität des Essens und der Straffheit des Liederprogramms führen wir schon seit langem. Im Grunde werden wir aus den Umfragen nicht wirklich schlau. Wir machen alles richtig, das zeigen alle quantitativ messbaren Kriterien. Wir hatten in vielen Jahren fast Höchstwerte, waren aber irritiert, dass die letzte Frage „Wie war der Gesamteindruck?" immer sehr schlechte Werte bekam. Wie kann das sein, dass wir in allen Kriterien besser abschnitten als in der Gesamtwertung? Wir kamen damals zu dem Ergebnis, dass wir auch Wischiwaschifragen nach der Gemütlichkeit und der Froheit des Festes im Fragebogen abfragen sollten, um wenigstens einen Anhaltspunkt zu bekommen, wie weiche Faktoren in das Gesamtbild

G. Dueck, *Cut & Paste-Management und 99 andere Neuronenstürme aus Daily Dueck,*
DOI 10.1007/978-3-662-43390-4_31, © Springer-Verlag Berlin Heidelberg 2014

hineinspielen. Wir erkannten, dass sie stark mit der Gesamtzufriedenheit korrelieren. Wir sind darüber sehr böse geworden, weil es zeigt, dass die Gesamtbewertung der Leute einfach vollkommen willkürlich und subjektiv vorgenommen wird. Keiner respektiert die hart objektiven guten Zustände bei uns. Wir haben Filet, wo die anderen durchwachsenes Fleisch anbieten. Wir kochen mit Lacroix-Fond, nicht mit Brühwürfeln. Unser Wein passt perfekt und wird dekantiert, die anderen haben nicht einmal einen Dekanter. Wir haben alles äußerst liebevoll nach allen Kriterien durchoptimiert. Ich denke, all das, was wir bieten, muss die Familie doch begeistern! Wir haben mit unseren Kindern gesprochen. Wir haben sie aufgefordert, die Enkel und Ehepartner für uns zu begeistern. Das ist ihre Pflicht! Sie sind ja so etwas wie unsere Mitarbeiter – wenn wir einmal diese Analogie sehen wollen. In den Firmen begeistern sie sich ja auch für ihre Produkte und ihren Chef. Warum nicht bei uns? Wir haben die Fragenbögen nach der Weihnachtsqualität genauso gemacht wie die in den Unternehmen, die nach Kundenzufriedenheit fragen. Die Firmen steuern mit solchen Umfragen hoch erfolgreich die Begeisterung ihrer Mitarbeiter über ihr Unternehmen und die Begeisterung ihrer Kunden über ihre Produkte. Begeisterung ist das absolut Entscheidende und muss sehr hart gemanagt werden. Unsere Kinder aber wollen nicht darüber reden, wenn wir sie bitten, die mittelmäßigen Zahlen von uns zu erklären. Was denken unsere Enkel wirklich? Immer wieder bekommen wir zu hören, dass wir unsere Zahlen nicht richtig verstehen. Unsere Kinder gehen so weit, uns zu sagen, dass wir eigentlich gar nichts verstehen. Gar nichts! Was soll das heißen? Haben wir nicht alles getan, um die Umfragewerte zu verbessern? Warum danken sie uns den teuren Wein und das absolut frische Premium-Fleisch so schlecht?"

„Papa, es ist dort viel mehr als eine Familienfeier. Sie schenken aus Liebe. Sie schenken uns Liebe. Sie kochen mit Liebe. Wir singen aus Freude. Etwas von Jesus ist um uns. Die Babys sind glücklich. Wir sind dort froh, Mama." – „Wir schenken auch mit Liebe. Wir lieben euch auch. Wir kochen nicht nur mit Liebe. Nicht genug? Immer noch nicht genug, he? Wenn du dieses Plus in Prozenten ausdrückst – wie viel würde es sein? Ich weiß, es ist schwer in Zahlen zu fassen, aber ungefähr? Ist es mehr als drei Prozent?" – „Ihr versteht es nicht." – „Wie viel? Lenk bitte nicht von Weihnachten ab! Damit ist es uns bitterernst!"

Wer versteht das Absolute? Wer sieht mit dem Herzen? Wer ist einfach genug?

Kapitel 32
Dauermeckern über das Fastoptimale
(DD131, Dezember 2010)

Silvesterurlaub! Wir wollen nach Südtirol. Wie kommen wir dahin? Über den Brenner? Ja sicher, aber über Füssen oder München? Die Strecken sehen kaum unterschiedlich aus. Ich stelle mir schon vor, wie ich nach München abbiege, das Navi aber nach Füssen will. „Bitte wenden!" Na gut, nach einiger Zeit beruhigt es sich ja wieder. Es nimmt irgendwann hin, dass ich anders fahren will. Das ist in Heidelberg und Mannheim anders! Da meckert es die ganze Zeit, als wär' es meine Mama. Oh, dahinter steckt eine wesentliche Lebenslehre!

Die muss ich gleich loswerden. Wenn es zwei Strecken gibt, die sich in der Streckenführung wesentlich unterscheiden, und wenn ich die nicht vom Navi gewählte nehme, dann brüllt es längere Zeit, ich solle einen U-Turn machen. Immer und immer wieder sagt die Frau im Navi wie meine Mama: „Bitte wenden!" Irgendwann aber stellt das Navi fest, dass ich schon so lange falsch gefahren bin, dass es sich nicht mehr lohnt, den ursprünglichen Plan zu verfolgen. Also schickt sich das Navi in die Notwendigkeiten des Lebens und führt mich nun brav ans Ziel, jetzt aber entlang der von mir eigenmächtig gewählten Route.

Stellen Sie sich vor, ich hätte einen Beruf gewählt, den meine Mutter nicht leiden kann. Ich studiere und studiere, sie schimpft und schimpft. Immer lauter will sie, dass ich umkehre. Ich mache aber ein Diplom! Da resigniert sie, weil ich jetzt eine gut bezahlte Stelle bekommen kann. Immerhin. Es hat jetzt für sie keinen Sinn mehr, mich an ihren alten Wunsch nach einem vermeintlich besseren Beruf zu erinnern. Okay, ich bin etwas anderes geworden. Sie muss nun mit der Mühe beginnen, darauf stolz zu sein.

Macbeth sagt bei Shakespeare:

> Ich bin einmal so tief in Blut gestiegen,
> dass – wollt ich nun im Waten stille stehn,
> Rückkehr so schwierig war als durchzugehn.

Irgendwann sind die Brücken hinter uns abgebrochen.

Ganz anders reagiert mein Navi in Heidelberg oder Mannheim. Heidelberg liegt länglich am Neckar. Wenn ich es längs durchfahre, sind fast alle sinnvollen Straßen gleichlang. Mannheim ist die Quadratestadt, da kann man im Prinzip zig verschiedene Routen durchs Zentrum finden, die alle gleich lang sind. Das geht nicht wirklich, weil es von Einbahnregelungen nur so wimmelt.

Ich will damit einfach nur sagen, dass es in vielen Situationen ziemlich viele sinnvolle Lösungen gibt! Das ist beim Durchqueren von Heidelberg oder Mannheim der Fall. Also

G. Dueck, *Cut & Paste-Management und 99 andere Neuronenstürme aus Daily Dueck,* DOI 10.1007/978-3-662-43390-4_32, © Springer-Verlag Berlin Heidelberg 2014

fahren wir los! Das Navi hat sich aber von den vielen, vielen Lösungen eine einzige in den Kopf gesetzt und mault jetzt, dass ich ganz falsch fahre. Es mault ständig, weil es immer wieder sehr viele Lösungen für die Reststrecke gibt! Das Navi mault und mault.

Ab und zu schlägt es doch wie Macbeth eine neue Route vor, aber die nehme ich wieder nicht – und es meckert. Die Frau im Navi beruhigt sich nicht! Ich kann alle möglichen Strecken fahren – jeden Tag eine andere, und sie sind alle gleich gut. Aber sie sind nicht genau die Strecke, die die Frau im Navi will. Sie meckert immer – die ganze Strecke über! Es liegt daran, dass es in diesem Fall viele fast optimale Lösungen eines Problems gibt. Der Inspektor, der dann auf der genau optimalen Lösung bestehen will, kommt dann aus dem Schimpfen nicht heraus, wenn alle Leute ganz ungeniert und unbekümmert 99-Prozent-Lösungen aus dem hohlen Bauch heraus wählen. Da wird der Inspektor wahnsinnig!

Das wollte ich sagen! So sind unsere Chefs! So bauen sie die Geschäftsprozesse! So reden unsere Eltern, wenn wir gute Lösungen wählen, aber nicht die besten! „Wir wissen, was das Beste für dich ist!" In vielen Unternehmen schreiben die Geschäftsprozesse haarklein zu hundert Prozent vor, wie etwas abgewickelt werden muss. Wenn wir abweichen, gibt es Ärger … Sie meckern und meckern. Sie haben ihre über unseren Kopf hinweg beschlossenen Hundertprozentoptima. Wir müssen genau so arbeiten, wie es „amtlich" vorgesehen ist.

Immer schön „compliant" sein! Irgendwann resignieren wir und folgen dem Boss, wie der Mama oder wie dem Navi, damit er-sie-es nicht wieder meckert. Irgendwann macht der gutwillige Ehepartner alles, was der dominante will. Ab und zu stürzt ein LKW ins Meer, weil das Navi es so wollte. Öfter und öfter stirbt ein Unternehmen, weil nur noch einer sagen durfte und nicht mehr konnte, wo es lang gehen sollte. „Das sieht doch ein Blinder!", pflegte er zu sagen, auch als sein Augenlicht schon nachließ.

Lassen Sie uns nie vergessen: Es gibt sehr viele Wege nach Rom! Viele davon sind fast so gut wie der beste Weg. Lassen Sie diejenigen ihren eigenen Weg gehen, die einen guten Weg wissen. Es kommt nicht nur darauf an, dass ausnahmslos alle den besten Weg gehen, den ein einziger genau weiß. Es ist wichtiger, dass es sehr viele Menschen gibt, die zu jeder Zeit einen sehr guten Weg wissen.

Kapitel 33
Schneebubbles und die drei Mu (DD132, Dezember 2010)

Ganz ruhig fallen die weißen Flocken und schneien uns zu. So haben wir uns den Winter gewünscht. Nun aber stecken wir im Verkehr fest und warten auf unser Schicksal. „Das ist höhere Gewalt!", sagen uns die Verantwortlichen, aber es ist das Fehlen von Reserven oder besser gesagt Skrupellosigkeit. Sie merken, ich bin gereizt. Ich saß ein paar Stunden in einem Terminal ganz ohne Sitzgelegenheit, der Laptop-Akku war leer, so dass ich zu nichts mehr zu gebrauchen war.

Erinnern Sie sich an den strengen Winter 2009/2010? Das Salz war im Frühjahr knapp. Das Fernsehen zeigte Bilder von leeren Lagerhallen. Jetzt haben wir den nächsten Winter, er ist noch ganz jung, ein paar Tage alt. Aber Salz für 2010/2011? Die Supermärkte melden den kompletten Ausverkauf und schimpfen auf Verbraucher, die sich noch nicht für den ganzen Winter bevorratet haben. Lebkuchen gibt es aber noch, obwohl wir uns eigentlich schon im September mit einem Halbjahresbedarf hätten eindecken können!

Die Bahn entschuldigt sich für „Störungen im Betriebsablauf" wegen eingefrorener Weichen, die im Prinzip beheizbar wären – man wollte die Kosten aber nicht tragen. Alle Züge sind im Einsatz! Reservezüge gibt es kaum. Sie sind eingespart. Fällt einer aus, fährt er eben nicht. Fahrplatzreservierer finden ihre Waggons leider nicht, weil sie eben heute nicht fahren. Der Fahrplan ist so angelegt, dass er davon ausgeht, dass ständig die höchstmögliche Geschwindigkeit gefahren wird. Verspätungen können deshalb nie eingeholt werden wie in der Schweiz, wo die Züge in wichtigen Bahnhöfen ein paar Minuten länger als nötig halten.

Die Landebahnen der Flughäfen sind überlastet – auch schon im Sommer, wenn Minute für Minute die Flugzeuge wie auf einer kunstvollen Perlenkette einschweben. Diese Reihenfolge ist sorgsam geplant, die Zeit wird bestmöglich genutzt. Der Plan ist aber instabil wie ein Kartenhaus. Was passiert mit einer optimalen Mailuftlandeplanung, wenn nun im Dezember ab und zu Schnee von der Landebahn geschoben werden muss? Da fehlen immer ein paar Minuten und die Landezeit für ebenso viele Flugzeuge. Die Abflüge sind genauso kritisch. Heute versucht man, ein Flugzeug erst dann starten zu lassen, wenn die entsprechende Landung schon zeitlich genau sicher ist. Der Startslot wird also per Computer mit dem Zielflughafen abgestimmt. Wenn nun aber dort am Ziel plötzlich Schnee fällt, entsteht das Chaos auch am Startflughafen.

Das Ganze ist ein Effizienzcrash. Das System ist sehr eng geplant – ohne Reserven. Alles Lean Management pur nach westlichen Standards. Aus Profitstreben ist das System auf Schönwetter ausgelegt, so etwa wie die öffentlichen Haushalte immer von Wachstum,

G. Dueck, *Cut & Paste-Management und 99 andere Neuronenstürme aus Daily Dueck,*
DOI 10.1007/978-3-662-43390-4_33, © Springer-Verlag Berlin Heidelberg 2014

Frieden und Steuererhöhungen ausgehen. Wenn nun irgendetwas in der Art schlechten Wetters passiert, ist es höhere Gewalt.

Im Klartext: Das Risiko wird von uns allen getragen, nicht von denen, die uns König Kunde oder Herrscher Wähler nennen. Wir tragen die Folgen der Störungen im Betriebsablauf ebenso wie die plötzlich fehlende Eigenkapitaldecke der Großbanken. Der Staat zahlt jetzt für seine exorbitanten Schulden nur zweieinhalb Prozent Zinsen und überlebt es gerade so. In ein paar Jahren werden wieder siebeneinhalb die Regel sein und unser Staat bricht zusammen. Das wissen wir jetzt nicht, weil wir im Augenblick in einer Krise stecken und uns nicht um einen fernen Winter kümmern „können".

Effizienz! Effizienz! Lean Management! Sparen! Möglichst keine Ressourcen verschwenden! Das ist das Mantra des Managements. Ach ja. Ich schlage vor, alle machen einen Steilkurs in Wirtschaft und schauen unter „Kaizen" (Veränderung zum Besseren) in der Wikipedia nach. Dort gibt es die 3-Mu-Liste: Muda, Muri, Mura.

- Keine Verschwendung! (Muda)
- Keine Überlastung von Mitarbeitern und Maschinen! (Muri)
- Keine Unregelmäßigkeiten in den Prozessabläufen! (Mura)

Das sagt die reine Lehre. Und was sehen wir so oft? Es scheint, dass viele Manager von der Dreier-Liste nur den ersten Punkt gelesen haben und nur sparen und einsparen und kaputtsparen. Derweil sind Überlastungen von allem im Namen des Sparens gewollt und Unregelmäßigkeiten die Regel. Wieso hält sich niemand an banale Weisheiten wie die der drei Mu? Sie sind doch sogar wissenschaftlich untersucht und tragen schöne Buzz-Bezeichnungen.

Ich kenne nur eine Erklärung. Wir lebten Anfang der 80er Jahre in einem Schlaraffenland. Wir arbeiteten nur 35 h und stöhnten dennoch. Ich erinnere mich an einen Kabarettisten, der im Radio die Forderung der Gewerkschaften nach einer 30-Stunden-Woche verulkte: „Ich stellte mich vor sie und kündigte an, dass wir nur noch Mittwochs arbeiten würden. Da schrie einer der Arbeiter, ob ich echt jeden Mittwoch meinte!"

Unregelmäßigkeiten gab es nicht, alles war für alle Ewigkeit und für alle Extremkatastrophen wie drei Tage Schnee ausgelegt. Es gab nur Verschwendung, alles andere war okay.

Im maskulinen, unparallelen westlichen Management arbeitet man alles streng nach der Reihe ab. Man fing deshalb mit dem Sparen an! Es stand zum Glück am Anfang der Liste. Das trieb und treibt man so lange, wie es nicht mehr geht. Dann ist das erledigt. Haken dran. Fertig. Das viele Totsparen hat leider zu Überlastungen und Unregelmäßigkeiten in den Betriebsabläufen geführt. Die müssen wir nun beseitigen, koste es, was es wolle. Fangen wir also mit dem zweiten Element der Liste an, mit Muri. Alles klar?

Machen wir das jetzt im neuen Jahr 2011?

Wir müssen zuerst die Burnouts der 80-Stunden-Maniacs zurückfahren. Klar? Also Überstunden herunterfahren. Das kostet aber Geld und stellt die Einsparerfolge infrage, die niemals aufgegeben werden können! Wir können das Totsparen nicht rückgängig machen, weil die Gewinne sinken könnten! So glauben wir.

Mathematisch gesehen bedeutet es: Wir fühlen uns in einem Suboptimum gefangen. Für Laien: Wir sitzen in der Patsche. Wie kommen wir da heraus? Das ist klar, der Gewinn steigt, wenn alle drei Mu beachtet werden. Wir müssen zurück, verstehen Sie? Nein, fürchte ich, Sie verstehen nicht, sonst würden Sie ja nicht totsparen!

Mu-Mu-Mu! Wer im Lande kann mehr als ein Mu? Ich würge eine zarteste Versuchung ab, etwas Unwitziges zu schreiben.

Kapitel 34
Alternativlos? Alternativblind! (DD133, Januar 2011)

Nun ist es heraus: Das Wort „alternativlos" ist zum Unwort des Jahres gewählt worden. Angela Merkel hat es prominent benutzt. Die Griechenlandhilfe ist alternativlos! Der Euro wohl auch, der Stuttgarter Bahnhof sowieso. Und Guido Westerwelle, glaube ich.

Man versinkt im Sumpf und muss wieder heraus. Das ist alternativlos. Aber der Sumpf an sich eigentlich nicht, oder? Alternativlos ist wohl das neue Wort für Sachzwang, was sich zu stark abgenutzt hat. Es erklärt ebenfalls die Ohnmacht in einer bestimmten Situation. Das Wort Weiterwursteln passt dazu, wenn man resignativ veranlagt ist. Noch nicht ganz Abgebrannte neigen zu Aktionismus. „Hauptsache, wir tun etwas, das ist besser als nichts. Es nützt natürlich nichts, dafür tun wir aber viel mehr als andere." Mein Lieblings-cartoon zeigt Leute in meinem Alter am Konferenztisch: „With amused resignation, they ever implement things they know will fail." Das Leben ist alternativlos, nicht wahr?

„Lasst uns Angeln auswerfen, damit wir Fische fangen und nicht übermorgen verhungern!", ruft ein Schiffbrüchiger auf dem einsamen Rettungsboot, aber alle anderen sagen: „Wir schöpfen verzweifelt Wasser aus dem Boot, damit wir nicht heute schon ertrinken." Und Blondmodel „Nerv-Natter" BILD-Hassliebchen Sarah aus dem Dschungelcamp würde Sturzbäche weinen, weil sie nun auf jeden Fall sterben muss: Sie mag nämlich keinen rohen Fisch.

Eine Alternativlosigkeit wie im Rettungsboot ist eher selten. Wir erzürnen über selbsthalluzinierte Einbahnstraßen. „Wir müssen den Betrieb kaputtsparen, weil wir sonst unser Gewinnziel aufgeben müssten." – „Wir können den Staat nicht sanieren, weil wir sonst nicht gewählt werden." – „Systeme sind nun einmal komplex, sie können nicht immer funktionieren." – „Wir haben Angst, den Partei-Chef zu kritisieren, dann wählt er uns noch heute ab. Lieber lassen wir uns übermorgen alle zusammen abwählen, das ist sicherer."

Eine Halluzination ist eine sinnliche Wahrnehmung von etwas, was durch keine normale physikalische Reizgrundlage erzeugt wird. In vielen Fällen gehört das Empfinden der Alternativlosigkeit in diesen Bereich, oder?

Aber eigentlich ist es Alternativblindheit! Die Idee des Shareholder-Value, des eigenwillenundmeinungsbefreiten Parteisoldaten, der erhabenen Systemkomplexität trübt uns die Augen. Die Idee der eigenen Beschränktheit lässt uns für andere Alternativen erblinden. Out of he Box! Über den Tellerrand hinaus!

Leider ist in ganz vielen Fällen die Alternative zu einem Alternativlosen, zu einem alternativlosen Unternehmen oder einem alternativlosen Land ein Neuer, ein innovatives Unternehmen oder ein aufstrebendes Land. Dafür aber sind wir Alternativlosen ganz und gar blind.

G. Dueck, *Cut & Paste-Management und 99 andere Neuronenstürme aus Daily Dueck*,
DOI 10.1007/978-3-662-43390-4_34, © Springer-Verlag Berlin Heidelberg 2014

Kapitel 35
Die Bastille, das Westfernsehen und Facebook (DD134, Februar 2011)

Die Französische Revolution begann mit dem Sturm auf die Bastille. Das Volk konnte den Kontrast des adligen Lebens mit dem eigenen nicht ertragen. Immer dann versammeln sich die Massen, aufgepeitscht durch ideale Ideen. Der reine Geist und die brutale Wut brechen sich gemeinsam eine Bahn. Die Machthaber müssen beide bekämpfen. Die Ideen werden verhaftet und die versammelte Wut in den Straßen wird zerstreut und nach Hause geschickt. Was tut man aber gegen Facebook?

Die Zeit 2.0 zieht ein. Das Internet bewirkt etwas wie der Buchdruck im 15. Jahrhundert, aber viel schneller. Es dauerte über dreihundert Jahre vom Buchdruck bis zum Sturm auf die Bastille am 14. Juli 1789, das Datum des Nationalfeiertages in Frankreich. Der Buchdruck begünstigte eine von Italien ausgehende „Wiedergeburt aus dem dunklen Mittelalter" oder die Renaissance, dann eine Reformation im Zuge von Luthers Thesen. Die Gegenreformation löste den 30jährigen Krieg aus, der Deutschland verwüstete. Unter anderem Lessing in Deutschland und vor allem Voltaire in …Frankreich (nicht wirklich, er lebte auch in den Niederlanden, in Deutschland, England und der Schweiz und schrieb auch selbst in Italienisch) trieben die Aufklärung voran, die zu einem wichtigen Wegbereiter der Französischen Revolution wurde. Voltaire starb 1778, Lessing 1781 …

Es dauerte für unsere heutigen Verhältnisse schrecklich lange, bis sich neue Ideen Bahn brachen und dann oft in blutigen Revolutionen niederschlugen, die nicht selten die auslösenden Ideen mit in den Abgrund zogen.

Die neuen Medien beschleunigen diese Entwicklungen. Zur Zeit des Kalten Krieges nach dem zweiten Weltkrieg wurden ganze Propagandaschlachten über das Radio ausgetragen. Deren Wirkung war noch ganz beschränkt durch die sprachlichen Einschränkungen aller Seiten – Englisch verstand ja kaum jemand. Wir Westkinder schauten uns damals das viele nettere Ostsandmännchen an (jetzt, wo ich dies schreibe, summe ich wieder diese wundervolle Melodie und denke an den glitzernden Sand). Meine Eltern ließen sich jede Woche einmal schwer durch den Schwarzen Kanal provozieren, und im Osten empfingen die Menschen Bilder aus dem Westen und bekamen einen Eindruck vom Wohlstand durch Werbefernsehen und anderem. Das gegenseitige Fernsehen hielt zusammen, was zusammengehörte und dann im Zuge der Wende wieder zusammenkam und seitdem langsam zusammenwächst.

Jetzt aber haben wir das Internet, das mit seinen globalen Freiheitsideen das Absolutistische und Machtbeharrende, das Unterdrückende und Ausbeutende unaufhörlich reizt, ärgert und langsam zermürbt. Die Ideen einer neuen Aufklärung nisten sich überall ein.

G. Dueck, *Cut & Paste-Management und 99 andere Neuronenstürme aus Daily Dueck,*
DOI 10.1007/978-3-662-43390-4_35, © Springer-Verlag Berlin Heidelberg 2014

Die Smartphonejugend der Welt versteht die herrschenden Strukturen nicht mehr und will eine Zeit 2.0.

Das Volk muss gar nicht mehr auf die Straße gehen. Es bloggt und twittert. Der Aufmarsch in Kairo ist nur noch das sichtbare Ende einer Bewusstseinsentwicklung.

Die Machthaber konnten früher die Intellektuellen einsperren, verbrennen oder verbannen. Sie konnten die Plätze leer schießen. Was aber tun sie gegen WikiLeaks, Facebook & Co? Das Internet abschalten, das gleichzeitig das wichtigste Herzstück der Ökonomie darstellt? Wie könnte eine Gegenreformation aussehen? Wird es gleich hell und bleibt hell? Oder wird es Internetkriege geben? Wie könnten die aussehen?

Immer noch zerstreuen 1.0 Soldaten die Massen mit Gewalt. Sie verhängen Ausgehverbot. Sie drohen mit Arbeitsplatzverlust. Sie verbrennen die Bücher. Aber sie haben gar keine Waffen in World 2.0, oder? Hey, das haben die Machthabenden vergessen! Es gibt kein Internetausgehverbot! Keine virtuellen Schüsse! Lasst uns die Zeit nutzen. Für eine Aufklärung 2.0, ja, genau.

Dieses DD berührt ein sehr wichtiges Thema: Die Gleichstellung der Frau. Ich versuche, Ihnen zu „beweisen", dass die Gesellschaft gar nicht so sehr gegen Frauen ausgerichtet ist, sondern gegen „Herzmenschen" im Gegensatz zu „Kopfmenschen" und „Machtmenschen". Herzmenschen werden geschätzt – aber nicht „oben", da überleben sie nicht gut. Solange sich das nicht ändert …

Kapitel 36
Gefühlsquote und Frauenquote (DD135, Februar 2011)

Frauen managen anders als Männer, sie hören besser zu und entscheiden mehr im Einvernehmen. Männer schicken betroffenen Mitarbeitern schon mal Entlassungen per E-Mail. Würden Frauen so handeln? So feige? So roh? Viele Frauen, die eigentlich Vorstandsmitglied sein könnten, wollen sich diesen Gladiatorenzirkus der ständigen Rangeleien nicht antun. Dieses Problem lässt sich eigentlich nur lösen, wenn die Frauenquote eher höher als 50 % liegt. Mein Einwurf dazu!

Ich habe darüber schon oft geschrieben, seit zehn Jahren! Jetzt ist das Thema gerade wieder heiß, jetzt muss ich das Argument wieder vorbringen, es muss sein!

Ich habe jahrelang über die Ergebnisse des MBTI- oder Keirsey-Test nachgedacht. Sie finden einen Link dazu auf meiner Homepage, es gibt auch gute Erklärungen in der Wikipedia. Ganz grob: Einer der Urväter der Psychologie, C. G. Jung, hat in seinem Buch „Psychologische Typen" uns mit dem Konzept der Intro- und Extrovertiertheit bekannt gemacht. Darin unterscheiden sich die Menschen. Sie unterscheiden sich auch in Linkshirn- und Rechtshirndominanz (also in praktischem oder intuitivem Denken), sie unterscheiden sich in der Dimension „Fühlen versus Denken", und später führten Myers-Briggs noch die Unterscheidung zwischen „ordentlichen Leuten, die gerne einen Haken dran haben" und anderen ein, die so etwas mehr nach Lust und Laune sehen. Die erwähnten Tests sind eigentlich vier Tests in einem. Es wird festgestellt, wohin Sie in jeder Dimension tendieren. Die Tendenzstärke misst der Test auch. Ich habe eine ganze Sammlung von Ergebnissen.

Unter anderem kommt heraus: Es gibt prozentual genauso viele introvertierte Frauen wie Männer, genauso viele intuitive Frauen wie Männer, genauso viele Linkshirndominante wie Männer. Aber: Grob gesprochen tendieren zwei Drittel der Frauen zu „Feeling Style", dagegen aber zwei Drittel der Männer zu „Thinking Style". Worum handelt es sich dabei genau?

„Thinking": Objektiv, entschlossen, klar, gerade heraus, analytisch, strukturiert, distanziert von der Sache, entscheidet nach Regeln, Gesetzen, „Policies".

„Feeling": Subjektiv, mitfühlend, weichherzig, menschlich, auf Harmonie und Einvernehmen bedacht, hat soziale Werte, ist verständnisvoll, anerkennungsbereit, setzt auf Bereden und Überzeugen statt auf Befehle, berücksichtigt die Umstände und geht nicht rücksichtslos nach Regeln vor, ist in der Sache mit dem Herzen involviert.

Die „meisten" Männer sind also „Thinking", die „meisten" Frauen „Feeling". Das wissen wir doch aber alle, nicht wahr? Die große unbekannte Wahrheit ist die:

G. Dueck, *Cut & Paste-Management und 99 andere Neuronenstürme aus Daily Dueck,*
DOI 10.1007/978-3-662-43390-4_36, © Springer-Verlag Berlin Heidelberg 2014

> In Politik, Management und in Teilen der Wissenschaft haben wir ein implizites „Feeling-Style"-Verbot. Eine Frauenaversion besteht doch überhaupt nicht! Es gibt nur eine kulturelle Ächtung des „Feeling-Styles" in allen Führungsetagen. Auch Männer mit „Feeling-Style" werden nicht respektiert, und zwar weniger als „Feeling-Style"-Frauen. Denn der Feeling-Style gilt als schwach, was Männer sich nun gar nicht leisten dürfen.

Wenn wir also über Frauen in Top-Etagen reden, müssen wir T-Frauen und F-Frauen unterscheiden. T-Frauen sind wie die dortigen T-Männer und passen wunderbar hinein … Sinnigerweise sind die Management-Entwicklungstrainer eher überwiegend F-Type, ob Mann oder Frau. Die Managementtheorie mit ihrem Hochhalten von „Kommunikation, Zuhören, Emotionaler Intelligenz, Teamverhalten und Vertrauensbildung" ist absolut F-Type, und die T-Manager absolvieren solche F-Workshops von F-Types und gehen am nächsten Morgen vollkommen unbeeindruckt an das gewohnte T-Management.

Wenn wir also über eine Frauenquote nachdenken, dann müssen wir entscheiden oder wenigstens überlegen, ob wir Gerechtigkeit wollen (dann ist die Quote 50 %, ganz klar!) oder ob wir mehr F-Types im Management haben wollen, was die reine Lehre des Managements ja will (mehr EQ statt nur IQ). Wie groß muss diese Quote dann sein? Selbst bei 100 % könnte es sein, dass die Unternehmen dann immer nur T-Frauen da oben haben wollen, oder?

Wir brauchen wahrscheinlich eine F-Quote, denke ich. Ja, die. Das bedeutet aber, dass wir nicht mehr alles durcheinanderbringen und Gerechtigkeit und Kulturverbesserung miteinander vermischen. Wir sollten getrennt voneinander beides wollen.

Heute weigern sich sehr viele F-Frauen, Chef zu sein, weil ihr Stil nur in Managementtheorie-Workshops geduldet wird. Auf der anderen Seite werden die allerbesten und tollsten F-Frauen gar nicht als Kandidaten für eine Führungsrolle in Betracht gezogen, weil sich unter Chef alle einen T-Menschen vorstellen. Deshalb quaken alle Besserwisser unablässig davon, dass es gar nicht genug gute weibliche Führungsnachwuchstalente gibt! Sie sehen die Talente gar nicht! Manchmal lache ich, weil diese T-Leute dann zuhause von einer F-Version mühelos beherrscht werden, aber diesen Stil nicht einmal aus der Sicht des Haussklaven anerkennen können.

Ach ja, wie bei allen wichtigen Problemen, die wir nicht lösen können – wir merken nicht, dass wir einen Knoten im Kopf haben.

Kapitel 37
Frauenquote und Wirtschaftsauffassung
(DD136, März 2011)

Wirtschaft ist, laut Brockhaus, die „Gesamtheit aller Einrichtungen und Tätigkeiten zur Befriedigung menschlicher Bedürfnisse an Gütern und Dienstleistungen." Spätestens seit Alfred Rappaport's Buch *Creating Shareholder Value* (1986) ist Wirtschaft vielleicht „die Gesamtheit aller im harten Wettbewerb untereinander unternommenen Anstrengungen, den Wert der eigenen Unternehmen zu steigern." Einmal geht es um Menschen, das andere Mal um Geld und Macht. Sie wissen schon, was ich damit andeuten möchte?

Frauen vertrauen im Durchschnitt mehr dem Urteil ihrer emotionalen Intelligenz, Männer im Durchschnitt mehr ihrer analytischen Intelligenz. Diese beiden Intelligenzen kommen zu verschiedenen Wirtschaftsauffassungen. Der EQ verhilft zur Einsicht der Kooperation, der kalt berechnende IQ kämpft offen um seinen Vorteil. Ich kann das hier nicht in Kürze wissenschaftlich beweisen, ich belasse es hier bei einem illustrierenden Beispiel, das Sie alle kennen.

Ein Mensch („Innovator") hat eine Karte, in der ein Goldschatz in der Südsee verzeichnet ist. Er muss nun einen Schiffseigner („Investor") und einen im Pazifik erfahrenen Kapitän („Unternehmer") finden, die mit einem Schiff hinsegeln und den Schatz holen. Dazu heuern sie Matrosen zum Mindestlohn an und stechen in See. Für die Schatzsuche braucht man viel Gerät und etliche zusätzliche Menschen mit entsprechenden Fähigkeiten („Skills") – das alles ist für die Rückfahrt nicht notwendig, es wird also nach dem Bergen des Schatzes notwendig sein, einen Großteil der Mannschaft am Zielort in die Arbeitslosigkeit zu entlassen. Das merken die Matrosen, es kommt zu Meutereien beim Bergen des Schatzes. Die Matrosen fordern einen Leistungsbonus, der aber nicht in den Zielvereinbarungen eingeplant war. Man muss jetzt viele Matrosen wegen Vertrauensverlustes vorzeitig entlassen oder mit Methylalkohol versorgen. Ein großer Teil des Schatzes kann endlich trotz vieler Diebstähle absolut gieriger Arbeitnehmer an Bord gebracht werden, man kehrt nach Plymouth zurück. Endlich ist die englische Küste in Sicht, da schenkt man mehr und mehr Matrosen ein paar Goldstücke und ein Rettungsboot, weil nun das ganze Unternehmen entschlackt werden kann. Das betriebsnotwendige Kapital wird optimiert. Zum Schluss läuft das Schiff mit Steuermann und zwei Matrosen zum Antauen ein, die zwei oder drei Initiatoren teilen sich das Geld wie vorgesehen – der Schatzkarteninhaber schafft die Rückfahrt meist nicht.

Oder, das passiert aber nie im Film, es läuft sozusagen im falschen Film: Der Schatzkarteninhaber heuert alle an, sie kaufen eine Menge Orangenkisten für den Startup und stechen fröhlich in See, weil der Schatz wahrscheinlich für alle bis zum Lebensende reicht. Sie finden den Schatz auch gleich und segeln alle wieder zurück. In Plymouth bekommen der Initiator, der Investor und der Kapitän die eine Hälfte, die andere wird relativ gütlich verteilt. Jetzt gehen alle auseinander, die Matrosen heiraten vielleicht eine ihrer verschiedenen Hafenstandortfrauen, saufen ein paar Jahre, laden alle ein oder kaufen Schiffsanteile.

Was will ich damit sagen? Man kann ein Unternehmen hart leistungsorientiert führen oder emotional intelligent. In der Spieltheorie spricht man von kooperativen und nicht-kooperativen Strategien. Bei den kooperativen Strategien gewinnen alle Teilnehmer zusammen in der Regel mehr als bei nicht-kooperativen Strategien. Das ist doch sonnenklar, oder? Der Unterschied ist, dass bei nicht-kooperativen Spielen manche sehr viel gewinnen und sehr viele nichts. Bei kooperativen Strategien gewinnen alle zusammen viel mehr, aber man muss den Gewinn gleichmäßiger verteilen, damit die Kooperation beibehalten wird.

Wettbewerb ist also gut für die, die gerade gewinnen. Kooperation ist dagegen für fast alle anderen besser – die Leistungsträger werden im kooperativen System dafür geliebt oder verehrt.

Was ist besser? Der harte analytische Verstand beharrt auf dem reinen Leistungsprinzip, dass sich der Stärkste durchsetzt, auch dadurch, dass er Anderen Marktanteile wegnimmt. Die emotionale Intelligenz setzt mehr auf Teamlösungen und erarbeitet einen größeren Kuchen als der analytische Verstand, verteilt ihn dann aber gutmütig.

Wer will diese kooperative Auffassung? Die wollen im Allgemeinen mehr die Frauen, sehr viele Unternehmer im Mittelstand, IT-Startups, Google oder Facebook. Das wettbewerbsorientierte Leistungsprinzip mit Slogans wie „Wer in einem schrumpfenden Markt wachsen will, muss anderen etwas wegnehmen" ist aber das beherrschende Managementprinzip des Shareholder-Value-Gedankens, der eher von Männern geteilt wird. Es gibt schon seit vielen Jahren Bestseller wie *Coopetition – kooperativ konkurrieren* (1996) von Adam Brandenburger und Barry Nalebuff, die seit langem eine „Economy of Peace" statt einer „of War" propagieren. Passiert etwas?

Das kooperative Konzept des Unternehmens als Familie liegt statistisch gesehen (siehe voriges DD) mehr den Frauen, das nicht-kooperative des Konkurrenzdenkens zum Zwecke des Antreibens mehr den Männern.

Wenn man nun eine Frauenquote im Management einführt, steht die „richtige" Wirtschaftsauffassung zur Diskussion, nicht mehr und nicht weniger. Eine solche Diskussion steht aber heute fast unter Tabu. Werden Frauen mit eine kooperativen Auffassung einfach so ins Top-Management wollen und dabei undiskutiert einfach die kämpfenden Normen übernehmen? Glaube ich nicht! Kann eine einzelne oben angekommene „Quotenfrau" überhaupt diese Diskussion führen, die sich dazu auch den abschätzigen Blicken der kämpferischen nicht-kooperativen Kolleginnen ausgesetzt sieht? Glaube ich nicht!

Diese Diskussion sollten wir alle zusammen neu führen. Kooperativ? Oder hässlich? In welchem Film wollen Sie sitzen?

Kapitel 38
Unverantwortlichkeit mit beschränkter
Haftung (DD137, März 2011)

Die Finanzkrise hat vieles vernichtet, gar nicht einmal so sehr die Banken. Nun droht in Japan noch Schlimmeres. Ein Futtermittelbetrüger mischt zwecks Ersparnis Dioxinhaltiges ein und ruiniert tausende Bauern. Alle haften nur mit ihrem Eigenkapital. Da stimmt doch etwas nicht mit dem Kapitalismus?

Ich schaue verwundert auf meine Haftpflichtversicherungspolicen. Ich bin als privater Mensch für Millionenschäden versichert, auch bei Autounfällen. Es ist bekannt, dass Autos Unfälle mit einer grässlichen Schadenshöhe verursachen können, die ein Einzelner kaum bewältigen kann. Deshalb zwingt uns der Gesetzgeber, alle Risiken unseres Autofahrens für ANDERE zu versichern. Mein eigener Schaden bleibt mir überlassen. Ich kann dafür per Vollkasko vorsorgen oder nicht. Aber der Schaden, den ich potentiell anderen zufüge, muss auf jeden Fall über eine Versicherung wiedergutzumachen sein.

Warum aber zahlen wir als Volk die Schäden der Banken? Warum die der Atomgaus? Es gibt in der ganzen Welt etwa 450 Atommeiler, von denen inzwischen drei (Harrisburg, Tschernobyl, Fukushima) schwere Katastrophen verursacht haben. Der Bau eines Atommeilers kostet um die fünf Milliarden Euro. Alle 450 Kraftwerke zusammen haben folglich 2250 Mrd. gekostet. Der Schaden von Fukushima wurde schon in den Nachrichten im Billionenbereich vermutet. Also kosten dann die Schäden der drei Unfälle doch mehr als der Bau von allen zusammen? Ist das so? Ich meine, dann lohnt sich doch der Atomstrom eventuell ökonomisch gar nicht! Er lohnt sich dann nur deshalb, weil die Energieerzeuger den Schaden nur bis zur Höhe ihres Eigenkapitals bezahlen müssen. Den Rest zahlen immer wir. Das ist eine Folge des Kapitalismus der AGs und GmbHs („mit beschränkter Haftung"), die den Anleger schützt, der nur höchstens um seine Aktien oder Einlagen fürchten muss – nicht aber, dass er die volle Verantwortung trägt.

Das bin ich jetzt leid. Wir haben doch die Banken zu einem Einlagensicherungsfonds gezwungen, dass wenigstens jeder Privatmensch sein Geld bis 50.000 € wiederbekommt, wenn seine Bank Pleite macht. Warum heben wir die 50.000 nicht auf beliebige Höhe an und erzwingen das gleiche Verfahren für alle anderen Industriezweige auch? Das klingt jetzt sehr hart, aber die Rückgabe der Einlagen oder das Entschädigen bei Katastrophen ist doch noch der kleinste Teil der Schäden. Die Aktien praktisch aller Unternehmen gingen bei jeder Großkatastrophe in den Keller, die müssten die Verursacher doch eigentlich auch zahlen?

Ich fordere, dass alle potentiellen Verursacher sich unbegrenzt versichern müssen.

Geht das in Deutschland allein? Sie werden gleich alle laut zetern, dass es den Wettbewerb verzerrt. Wahrscheinlich gründen die potentiellen Verursacher von Großunglü-

G. Dueck, *Cut & Paste-Management und 99 andere Neuronenstürme aus Daily Dueck,*
DOI 10.1007/978-3-662-43390-4_38, © Springer-Verlag Berlin Heidelberg 2014

cken dann kleine autonome Staaten, die davon prächtig leben, nur unsichere, ganz billige Kernkraftwerke zu betreiben und uns den Strom zum Dumpingpreis zu liefern? Statt Steueroasen gründen sie Umweltoasen, in die die Kernkraftwerke fliehen, weil sie dort sicher sind – vor der von mir geforderten Haftpflichtversicherung? Was machen wir, wenn alle deutschen Kraftwerke abgeschaltet sind, aber eines der vielen französischen plötzlich per Westwind herübergeweht wird? Wer zahlt das? Frankreich? Also ich finde: die Haftpflichtversicherung.

Wahrscheinlich ist die aber so irre teuer, dass sich das Betreiben von Atommeilern nicht lohnt. Wenn das so ist, sollte man es lassen, oder? Vielleicht wäre es schon einmal gut, wir würden die Industrie zwingen, sich einmal nach ihren Haftpflichtversicherungsprämien zu erkundigen. Dann schauen wir, wie viele Business-Modelle überhaupt valide sind. Okay? Hören Sie auf, immer so idealistisch vage von Zukunft und Nachhaltigkeit zu babbeln, eine einfache Haftpflichtversicherung wird konkret.

Kapitel 39
Grenzwert-Ethik (DD138, April 2011)

Wir verlieren unsere Mitte.

Die Mitte ist das, was allgemein geboten erscheint.

Weiter draußen ist eine Grenze, deren Überschreiten verboten werden muss. Dort leben wir.

Extremes Effizienzdenken führt immer zu grenzwertigen Lösungen. Die Sportler dopen genau bis zur erlaubten Grenze. Ein Blutkörperchen zu viel und sie landen im Gefängnis – und zetern herum, dass sie wegen eines Nanogramms gesperrt werden! Dieses eine Nanogramm ist schuld! Nicht etwa das Doping an sich. Wir messen den Abstand zum Verbotenen, nicht zur Mitte hin. „Ich fahre immer genau 1 km/h langsamer als es den Führerschein kostet, jetzt habe ich einmal die Konzentration verloren – sofort haben sie mich erwischt. Das ist ungerecht – total ungerecht, ich war nur 1 km/h in der Führerscheinverlustzone." Immer haben wir die Gesetzesgrenze im Auge, nicht das Vernünftige oder Gebotene.

Die Banken treiben die Eigenkapitalrendite hoch, indem sie möglichst kein Eigenkapital einsetzen. Das hat zur Finanzkatastrophe geführt. Die Staaten nehmen so viele Schulden auf, wie sie nur können. Sie müssten eigentlich nach Maastricht/Lissabon bestraft werden – ein bisschen, aber sie verschulden sich weiter bis zum Gelddrucklizenzverlust. Die Pharmariesen versuchen, grenzwertige Medikamente in den Markt zu bringen, die Gentechnologen grenzwertig veränderte Pflanzen. Die Atommeiler laufen an den Grenzwerten entlang, so dass sie nicht gerade in der Amtszeit des derzeitigen Vorstandes Scherereien machen, was dessen Optionen verhageln würde. Pfui, ist die Wirtschaft vielleicht grenzwertig!

Wir aber selbst doch auch? Wir lernen für Klausuren gerade so, dass wir die Hälfte der Punkte bekommen. Das reicht haarfein zum Bestehen, nicht zum Können. Wir studieren so lange wie die Familie nicht wegen der Kosten einknickt oder ein vorgestellter Arbeitgeber nicht über die Lebenslauflücken in der Bewerbung mault. Wir arbeiten uns dann gleich danach wild ehrgeizig gerade bis an den wohlerarbeiteten Burnout heran. Wir brechen uns auf Kosten der Gemeinschaft die Knochen bei grenzwertigen Sportarten, wir reizen unsere Süchte bis an die Grenze aus. Wir betrügen bei Steuern und Versicherungen, haben schwarzes Geld und behandeln gute Mitarbeiter gerade so schlecht, dass sie so eben nicht kündigen.

Wo halten wir inne? Nur am Stacheldraht? Nur vor dem Gefängnis? Wir leben in einer Welt der roten Schilder, die des Verbotes. Wir wissen gar nicht mehr, was auf den blauen

G. Dueck, *Cut & Paste-Management und 99 andere Neuronenstürme aus Daily Dueck,*
DOI 10.1007/978-3-662-43390-4_39, © Springer-Verlag Berlin Heidelberg 2014

steht, die uns vernünftige Richtwerte empfehlen. Immer schlängeln wir uns an Grenzen entlang, hinter denen es uns erwischt. Leider erwischt es hinter den Grenzen auch andere. Mein Unfall ist auch euer Unfall! Mein gentechnischer Fehler eurer! Mein Atomunfall ist einer des Landes und seiner Nachbarn! Das Reinreißen der Anderen scheint uns ganz egal. Exferno den anderen! Der Idee des Jahrhunderts heißt Externalisierung, also das Abdrücken von Kosten oder Risiken an andere da draußen oder die jungen Digital Natives, die in den Eierstöcken startklar auf unsere Schadensbewältigung warten.

Ethik sagt, was wir tun sollen. Optimierung führt an die Grenze des Erlaubten. Wollen wir uns nur an der orientieren? Nicht an der Mitte der Einsicht? Dann werden wir also kämpfen – weil wir zwar andere zu schädigen bereit sind, aber selbst keinen Schaden haben wollen. Wir werden zwar keinen Krieg führen, aber wir werden die Grenzpfähle zu unseren Gunsten verschieben. Früher waren das Länder- und Grundstücksgrenzen oder die Grenzen des Bleigehaltes in Goldmünzen. Heute ersticken wir in Grenzwerten für alles! Für jeden Inhaltsstoff, für jede Beratung, für jede Rechtshandlung, für jedes Qualitätsmerkmal, für jede Prüfung …

Was wären wir heute ohne Computer? Ohne sie könnten wir gar nicht so genau an den Grenzen des erlaubten operieren! Wir würden ohne sie zu ungenau und groß operieren und müssten wie früher einen erklecklichen Sicherheitsabstand zum Gefängnis wahren! Mit dem Computer aber können wir immer auf Messers Schneide tanzen, optimal bis zum Tod. Das Leben in der ruhigen Mitte ist nicht profitabel genug und müsste wegen mangelnder Wettbewerbsfähigkeit eigentlich schon gestorben sein. War jemand kürzlich noch da?

Gibt es eine Mitte?

Da, wo die blauen Schilder stehen und die Sonne scheint? Da, worüber die neue Ethikkommission neue Grenzwerte des Erlaubten diskutiert?

Kapitel 40
Die Dummheit auf der sicheren Seite (DD139, April 2011)

Oft wundern wir uns, warum Leute so unendlich dumme Sachen anstellen. Aber Dummheit ist ganz oft auf der sicheren Seite! Wer wie alle handelt, ist kritikbefreit. Genau! Ich bin auf diesen Gedanken gekommen, als im Radio über das Antibiotikum Penicillin berichtet wurde. Bakterien schossen mir durch den Kopf, … ja, und Menschen.

Penicillin stört Bakterien bei der Synthese der Zellwand und tötet sie damit indirekt. Bakteriell Erkrankte werden meist wieder schnell gesund und sind von den Bakterien befreit. Nur ganz wenige Bakterien können sich auf das Penicillin einstellen, die bilden dann aber bald eigene Stämme und werden resistent. Sie müssen dann durch ein anderes Antibiotikum gestört werden, damit sie der Erkrankte rasch loswird. Es wird gewarnt – sagten sie im Radio – sich bei jedem Wehwehchen mit Antibiotika behandeln zu lassen, weil man dadurch im eigenen Körper Bakterienstämme entwickelt, die irgendwann gegen alles resistent sind.

Na, das wissen wir doch alle! Das ist nicht neu! Natürlich schauen wir uns im realen Leben oft verwundert um, dass viele Menschen Penicillin als Nahrungsergänzungsmittel wie auch Aspirin auffassen. Und da kam der Satz im Radio, der mich aufhorchen ließ: Besonders in Amerika verschreiben die Ärzte lieber doch jedes Mal Penicillin, weil sie juristische Klagen von Kranken fürchten, die ohne Penicillin dann doch eine schwere Krankheitszeit mitmachen mussten. Sicher ist sicher, denken da manche/viele/„die" Ärzte, und verabreichen das Medikament wider besseres Wissen. Diese unsinnige Grundsatzhaltung, immer Penicillin zu geben, ist aber kritikbefreit! „Ich tat, was ich zur Gesundung nur tun konnte." – „SPÄTER aber stirbt er vielleicht an resistenten Stämmen!" – „JETZT aber ist er schwer bronchitisch und kann unter Umständen nicht am Managermeeting teilnehmen!"

Ich glaube, dass negativer Stress von Eltern, Lehrern und Chefs so etwas wie Penicillin ist. Wenn wir nicht gut arbeiten, also krank, faul, verrückt oder bösartig sein müssen, dann „hauen" sie uns mit Strafen, Geld- und Liebesentzug, Entwürdigung vor anderen, mit Anpfiffen, Überstunden und so weiter. Es ist sattsam bekannt, dass es dabei zu guten und schnellen Heilungen kommt! Angepfiffene arbeiten sofort schneller – die Wut peitscht sie hoch, das in den Kopf schießende Blut beflügelt sie! Sie wollen die Falten im Gesicht des Peinigers wieder in Lächellage bekommen! Im Nu sind sie nicht mehr faul, unfähig oder destruktiv, sondern hochmotiviert! Deshalb wird auch vom „Motivieren" der Mitarbeiter oder Kinder gesprochen, wenn man über Maßnahmen redet, die so etwas wie Hinterntreten bedeuten.

G. Dueck, *Cut & Paste-Management und 99 andere Neuronenstürme aus Daily Dueck,*
DOI 10.1007/978-3-662-43390-4_40, © Springer-Verlag Berlin Heidelberg 2014

Das Motivieren durch negativen Stress hat Nebenwirkungen – genau wie das Penicillin. Mit der Zeit werden negativ Motivierte resistent. Sie schalten auf Durchzug, nehmen Strafen wie Regen und Schnee hin und spüren kaum noch Schmerz.

Na, das wissen ja auch alle! Nicht neu! Aber was sehen wir? Wie fühlen wir selbst uns hinten an? Wie stark schmerzt alles noch? Sehen wir nicht oft in den TV-Sendungen, die sich im realen Schmutzleben suhlen, diese unbegreiflich resistenten Mitmenschen? Warum motivieren wir sie dann immer noch negativ?

„Herr Dueck, ich verstehe Ihren Punkt. Ich weiß, dass sie nicht motivierbar sind. Aber stellen Sie sich vor, sie würden einfach unmotiviert herummachen und dann käme wieder mein Chef vorbei und würde sich wundern, warum ich sie nicht motiviere. Verstehen Sie? Ich MUSS brüllen, weil ich sonst selbst am Pranger stehe, nicht genug Druck gemacht zu haben. Ich weiß, dass mein Brüllen die Lage eher verschlimmert, weil die da gar nichts mehr fühlen und sie mich auch schon lange verachten. Sie verachten mich noch stärker, weil ich sie anbrülle, obwohl ich weiß, dass es nichts nützt. Ich MUSS aber brüllen, weil ich dadurch auf der sicheren Seite nach oben hin bin. Niemand kann mir nachsagen, dass ich nicht hart genug wäre. Es gibt einige Führungskräfte, die nicht so hart sind wie ich. Denen glaubt man nicht, dass sie bestmöglich arbeiten. Deshalb werden sie nicht befördert, ich aber schon. Gerade dafür aber werde ich noch mehr verachtet. Das halte ich kaum noch aus, es zerreißt mich ganz. Ganz, ganz langsam.“

Das grundsätzliche Verschreiben von Penicillin oder das grundsätzliche negative Motivieren sind nicht dumm! Dummheit – so zitiere ich immer wieder Carlo Cipolla aus seinem wunderbaren kurzen Werk *Die Prinzipien der Dummheit* – schadet anderen, ohne sich selbst zu nützen. Hier wird anderen und der ganzen Sache geschadet, aber der eigene Nutzen bewahrt: Der besteht darin, auf der sicheren Seite zu sein. Es ist also nicht dumm, auf der sicheren Seite zu sein.

Aber es ist unendlich räuberisch! Nur weil ein paar auf der sicheren Seite stehen, sterben später resistente Menschen an einer Lungenentzündung oder an einer „schweren Infektion“ im frühen Alter. Nur weil Eltern, Lehrer und Anführer auf der sicheren Seite stehen, schaffen sie Erniedrigte. Das ist tief amoralisch, weil für einen kleinen Nutzen ein großer Schaden entsteht. Ein Räuber ist dagegen harmlos! Er stiehlt uns tausend Euro, die fehlen uns dann. Schaden und Nutzen sind gleich! Aber das Stehen auf der sicheren Seite schadet anderen viel mehr als es nützt …

Die Dummheit steckt im ganzen System „der sicheren Seite“. Weil es die sichere Seite so definiert, wie es sie definiert – deshalb schadet das System seinen einzelnen Teilen erheblich, ohne dass es insgesamt selbst einen Nutzen davon hätte. Und das ist nach Cipolla perfekte Dummheit. Ach ja. Wie heißt es über den gnadenlosen Wettbewerb in der Wirtschaft? Ich formuliere Ihnen einmal ein heute allgemeines Credo nach Adam Smith und der Unsichtbaren Hand des heilenden Marktes ein bisschen böswillig um. „Wenn jeder seinem Wettbewerber stark schadet, damit es jedem selbst ein bisschen nützt, dann kommt insgesamt ein großer Wohlstand für alle heraus.“ Und damit ist das Todesurteil über die derzeitige Weltordnung gesprochen … Ich höre auf. Kann doch nicht sein! Wär doch zu dumm.

Kapitel 41
Digital Immigrants und Analog Exiles
(DD140, Mai 2011)

Die Zukunft ist digital. Das Internet ist ihr neues Leitmedium. Das neue Heimatland für unsere nächsten Jahrzehnte stieg auf wie aus dem Nichts. Viele von uns sind dort schon mit einer Flatrate geboren worden. Andere ziehen nach und nach zu, die Digital Immigrants – meist Ältere, die sich langsam für die neue Heimat begeistern. Ja, und dann wären da noch die Analog Exiles …

Man sagt heute nicht mehr „Jugend", nein! Die Jungen heißen heute Digital Natives, weil sie schon mit fünf ein Handy hatten, ohne das keine ungestörte Persönlichkeitsentwicklung im Digital Age möglich ist. Oma sagt: „Bald darfst du zur Schule. Brauchst du da nicht ein Handy zum Geburtstag?" – „Wehe, ich bekomme ein Handy! Ich will ein Smartphone! Wehe, ich bekomme eins mit Tasten! Wehe, eines von (ups!), was Papa hat!" Digital Natives fragen die Mama: „Ma, von welchem Portal habt ihr mich gedownloadet?" Und Papa bittet: „Pass auf, meine Kleine, wir machen einen Deal, weil ich mit dem Computer absolut nichts blicke. Du arbeitest für mich im Home-Office für meine Firma und ich mache dafür deine analogen Hausaufgaben, die seit Humboldt die gleichen sind, die kann ja noch jeder wie ich, der aus der Steinzeit stammt."

Das Digitale Land ist aus dem Meer aufgestiegen wie Jamballa, als gleichzeitig das Land, das nicht sein darf, mit der Burg der Wilden 13 vom Wasser verschlungen wurde. (Na, noch Jim Knopf im Kopf?) Viele Ältere ziehen dort ein. Sie heißen Digital Immigrants. Sie wollen die Sprache und die Grammatik des neuen Landes erlernen und dort heimisch werden. „Wie heißt Buch auf Digital?" – „Häng im Zweifel erst einmal ein e vorne dran, also eBuch. Das stimmt nicht ganz, wird aber schon verstanden, Opa." Die heimischen Digital Natives, die Ureinwohner des neuen Landes, kümmern sich rührend und mit sprichwörtlicher Engelsgeduld um die Neuankömmlinge, bis sich diese in der neuen Heimat eingerichtet haben. „Ich benutze den Laptop immer nur ganz kurz, damit er noch länger hält. Ich weiß nicht, was Runterfahren heißt, ich ziehe immer den Stecker raus, wenn ich fertig bin. Jetzt ist aber die Batterie leer. Brauche ich ein neues Laptop?"

Unter Immigranten versteht man im engeren Sinne Menschen, die sich aktiv und freudig einem neuen Volk anschließen wollen. Es gibt aber auch so etwas wie Wirtschaftsflüchtlinge, die nur deshalb in ein anderes Lang ziehen, um dort Vorteile für sich selbst mitzunehmen. Sie denken nicht daran, sich im neuen Land zu akklimatisieren und sehen auch nie eine Heimat darin. Sie lernen nicht die Sprache des Landes, in das sie zogen – nein, sie kommen nur, um die Nachteile ihrer eigentlichen Heimat nicht erleiden zu müssen. Sie leben wie in der Verbannung und trauern um die gute alte Vergangenheit.

G. Dueck, *Cut & Paste-Management und 99 andere Neuronenstürme aus Daily Dueck,*
DOI 10.1007/978-3-662-43390-4_41, © Springer-Verlag Berlin Heidelberg 2014

Das analoge Land, in dem Internet nicht sein darf, versinkt langsam und bietet immer weniger Lebensraum. Dort leben noch alte Lehrer, die sich früher von ihren eigenen radikalalten Eltern das Recht auf mehr als eine halbe Stunde Fernsehen und längere Haare erstritten haben und die nun gegen die Internetpest in ihren Klassenzimmern wüten. Es ist Krieg wie damals, als die Verteidiger der Logarithmentafel gegen die Einführung des Aristo-Rechenschiebers zu Felde zogen. Hohe Führungskräfte sprechen noch heute konsequent in Diktaphone, die vor Jahren nur ein Boss nutzen durfte – und analoge Sekretärinnen tippen alles mit Schreibmaschine auf Papier ab und geben es einem Digital Immigrant zum Übertragen in eine E-Mail. Viele Politiker wissen so wenig über das Internet! Geben Sie einmal bei Google „Youtube Zypries Browser" ein und nehmen Sie sich drei Minuten Zeit, da hören Sie dann, wie Westerwelle und andere im November 2007 bestürzendes Unwissen an den Tag legen, ohne irgendwie verlegen zu sein! Die kleinen Kinder, die sie interviewen, zeigen sich sehr verwundert... Na, so wie die Kapitäne das Schiff als letzte verlassen, bleiben die Führungskräfte unseres Landes noch lange in Analogien, bis sie irgendwann nicht mehr gewählt oder ernannt werden, weil sie allein im Land zurückgeblieben sind! Dann kommen sie schließlich mit einer Digital Secretary als billige Pflegekraft in die Digital Future und leben unter uns wie Wirtschaftsflüchtlinge oder Analog Exiles. Analog Exiles kommen nur zu uns, weil sie es im Land ohne Internet nicht mehr richtig aushalten. Sie wollen keineswegs hier ihre Heimatzelte aufbauen – nur eben nicht mehr im Elend der analogen Welt bleiben. Sie wollen an der digitalen Prosperität teilhaben, ohne am Aufbau des neuen Landes mitzuwirken. Die Digital Natives sollen eben nur ihre Rente erarbeiten.

Ja, und dann regen sich besonders die Analogen auf, wenn es noch andere „Randgruppen" gibt, die nur hierher kommen, um gut zu leben.

Kapitel 42
Revolution! Es geht los! Bücher können in virtuelle Rechte umgetauscht werden! (DD141, Mai 2011)

[Eine Satire! Viele fragten nach dem Lesen, wo sie denn nun die Bücher umtauschen könnten …]

Die ersten Verlage sind jetzt tatsächlich bereit, ihre Papierbücher zurückzunehmen und in Leserechte auf Kindle oder iPad umzutauschen. Es kostet sie ja nichts, die ganze Aktion verbreitet aber das elektronische Medium enorm. Ich prophezeie die größte Bücherverbrennung aller Zeiten. Brandversicherungsprämien können gesenkt werden. Die Häuser werden von unseren dicken Urlaubsromanschinken befreit – ohne Gewissensbisse, sie sind ja virtuell noch da.

Mein ganzes Zimmer steht voller Bücher, die einen in Ziegen- oder Straußenleder und Goldschnitt – mit denen würde ich gerne begraben werden. Die anderen sind aber aus- oder ungelesen, wertlos geworden oder ganz anachronistisch. Ich habe hier über einen Meter Falkstadtpläne stehen, auch den Städteatlas für jede Ecke Deutschlands, manche zum dritten Mal der Aktualität wegen gekauft. Wertlos! Ich habe hier Berge von brandwichtigen Managementbüchern der jeweiligen Zeit, mit denen die großen Irrtümer der Ökonomie eingeleitet wurden. Freuds Werke in 19 Bänden und Jungs in 20 Bänden hätte ich lieber virtuell zum Herumtragen, und die schier endlose Mahabharata auch. Brauche ich die angefetteten gelenkgeschädigten Menu-Kochbücher etc. noch wirklich? Wieder zwei Meter Wohnung würden frei.

Ich finde es eine total gute Idee, dass man die Papierausgaben, die man nicht mehr braucht, nun bei mobilen Verlagscontainern zurückgeben kann, um sie in Leserechte umzutauschen. Das wird heute erst probeweise angeboten, um zunächst lokal die Akzeptanz zu testen. Eine große IT-Firma arbeitet bereits fieberhaft an einer Software, die die automatische Rückgabe von Büchern wie bei der Flaschenpfandberechnung regelt. So wie der Automat Cola und Römerquelle von nicht pfandberechtigten Urlaubsmitbringflaschen unterscheiden kann, so erkennt die neue Software, welches Buch entsorgt werden soll. Bei neueren Büchern ist ja eh schon ein Barcode drauf, für die alten Buchclubpflichtbände muss noch eine Menge programmiert werden. Für jedes zur Vernichtung eingezogene Buch druckt der Automat einen Gutscheincode aus, gegen den man im Internet das entsprechende Buch wieder downloaden kann. Bei manchen Büchern wird eine Zuzahlung fällig, so heißt es in der Planung der IT. Meinen Malt Whisky Führer von Michael Jackson zum Beispiel bekomme ich dann virtuell in einer brandaktuellen Ausgabe, nicht in der alten verbrannten.

Ich kann es gar nicht erwarten, bis diese Software endlich live gehen kann. Ich bin schon ganz unruhig. Zu manchen Büchern habe ich eine persönliche Beziehung, die wird

G. Dueck, *Cut & Paste-Management und 99 andere Neuronenstürme aus Daily Dueck*,
DOI 10.1007/978-3-662-43390-4_42, © Springer-Verlag Berlin Heidelberg 2014

dann eben virtuell fortgesetzt. Geht das? Bei manchen schon. Klar! Ich habe schon mehrmals Schwünge von Büchern geerbt, zu denen ich natürlich absolut keine seelische Beziehung hatte. Die konnte ich leichten Herzens entsorgen. Ich glaube, es ist eine Frage der Gewöhnung. Ich muss ja auch nicht gleich alle meine Bücher am ersten Tag umtauschen, wenn im Juli der Probecontainer nach Heidelberg kommt. Ich habe den Termin auf der Webseite der gemein nützlichen Brand-Stiftung gefunden.

Was mache ich mit dem uralten Stadtführer Weimar? Dort war ich einmal, aber die Stadt sieht ja heute nicht mehr so aus. Die Propyläen Weltgeschichte habe ich schon lange im Computer, die acht Bände Wörterbuch der Deutschen Sprache auch (seitdem benutze ich die sogar – ziemlich oft im ICE). Ach, ihr Billy-Regale, was wird aus euch? Wir bekommen zu Hause Platz für einen neuen Kaminofen, von dem wir bisher nur träumen konnten, weil es wegen der Bücher nicht ging. Bisher!

Ade, reale Welt! Ade, ihr Bücher, die ihr es nicht zu meiner Seele geschafft habt! Viele sehe ich hier, bei denen ich wahrscheinlich den Gutschein zum Download nicht eintauschen werde. Wollen Sie den Gutscheincode haben? Warum steht denn das Buch hier zur Wohnungsverstopfung, wenn ich es nicht einmal auf der Festplatte haben möchte? Weil man Bücher eher weniger wegwirft als noch nicht stark verschimmeltes Essen, also nie! Nie! Aber ich verspreche, die Gutscheincodes aufzuheben! Das gelobe ich! Ich bin kein schlechter Mensch!

Einige Politiker wurden erwischt, weil sie in Dissertationen abgeschrieben oder eben unsauber gearbeitet hatten. Das Internet hat eine „nachträgliche" Transparenz zur Folge. So wie eine über die Jahre immer bessere Chemie und Biotechnologie noch nach Jahrzehnten Vergewaltiger und Dopingsünder ermitteln können, wird jetzt durch die Transparenz im Internet alles Mögliche aufgedeckt.

Kapitel 43
Anti-Cops stürmen Professorenwohnungen (DD142, Mai 2012)

Viele Wissenschaft ist nicht gerade Science Fiction, aber es scheint in der Szene den Begriff des Remasterings zu geben. Habe ich selber noch nie gehört! Es geht wohl darum, dass man aus verschiedenen Master- oder Magisterarbeiten ein Buch oder eine größere Publikation herstellt, die dann der Professor ganz unter eigenem Namen publiziert. Das hat jetzt endlich die Anti-Copy-Polizei auf den Plan gerufen.

Man war schon immer darum bemüht, Betrügern auf die Schliche zu kommen, die ihre Abschlussexamensarbeiten einfach irgendwo abschrieben. Das konnte man früher nicht wirklich verhindern, weil man praktisch Professor sein muss, um das zu merken. So hohe Gehälter zahlt die Polizei ja nicht. Aber heute kann jeder Googeln! Immer mehr Betrüger werden entlarvt, auch Adlige und Politikerkinder werden nicht mehr so streng geschont wie früher. Doktorarbeiten müssen laut Prüfungsordnung publiziert werden! Deshalb stehen sie bald frei im Internet. Die Polizei kann jetzt einfach Prämien für Googler ausschreiben. Pro aberkanntem Doktor gibt es bestimmt bald 100 € – da können sich Schüler ein leichtes Zubrot verdienen. Bald kommt alles heraus!

Wir können das Abschreiben damit in einer Linie mit dem Doping und dem Vergewaltigen sehen. Durch Google, Forschung im Doping und neuerdings mögliche DNA-Tests kommt alles heraus, was früher straffrei bleiben musste! Immer mehr Vergehen können viel später dank technischer Segnungen entdeckt werden. „Gott sieht alles!", sagten meine Eltern immer – das wird jetzt irgendwie aktuell.

Neulich klagte ein junger Wissenschaftler, der sich um ein Forschungsstipendium bewarb, dass man ihn aufgefordert hatte, nur solche Publikationen in seiner Bewerbung zu nennen, die ausschließlich unter seinem eigenen Namen erschienen wären. „Das hat doch keiner! Der eigene Professor schreibt doch *immer* seinen Namen dazu, damit er mehr Publikationen hat! Und ich muss einwilligen! Er hat schließlich die Macht!" Es gibt auch andere Fälle. Ich habe zum Beispiel bei einem echten Spitzenforscher (Rudolf Ahlswede) gearbeitet – bei dem wären wir froh gewesen, wenn sein Name auf unserem Paper draufgestanden hätte. Damals kamen ausländische Gastwissenschaftler mit fertig geschriebenen Arbeiten angereist und baten gleich am ersten Tag, dass der große Meister seinen Namen als Mitautor hergeben möge, um die Arbeit zu adeln. Oh, ich weiß noch, wie verhasst es ihm immer war, glatt NEIN zu sagen!

Na, diese Art Wissensgesellschaft kennen Sie wahrscheinlich. Haben Sie aber einmal nachgedacht, dass die Examensarbeiten für Diplom, Magister, Bachelor oder Master eben NICHT öffentlich in den Bibliotheken stehen? So wie auch die Abiturarbeiten nicht? Da könnte doch ein Wissenschaftler ganze Bücher aus den Arbeiten zusammenheften. Er

G. Dueck, *Cut & Paste-Management und 99 andere Neuronenstürme aus Daily Dueck*,
DOI 10.1007/978-3-662-43390-4_43, © Springer-Verlag Berlin Heidelberg 2014

plant einfach den Inhalt eines Buches mit zehn Kapiteln, vergibt zehn Abschlussarbeiten und fertig! Dann schreibt er einen meist vollkommen unbeachteten öden Angangssatz in sein Buch hinein. Er lautet: „Ohne die wertvolle Diskussion mit [eine halbe nervtötende Seite Namen] wäre dieses Buch nie möglich gewesen oder zustande gekommen." Tja, wäre es auch nicht. Diese Arbeit Ethikbeugung kann man eben nicht durch Googeln herausbekommen, eben weil die Abschlussarbeiten unter Verschluss stehen.

Es steht also zu befürchten, dass es nicht nur primäres Kopieren gibt, sondern auch Sekundärliteratur. Solche Sekundärliteratur zitiert Stellen aus berühmten Primärbüchern und kommentiert sie durch Einfügen von Stellen aus Examensarbeiten. Wie kann man diesem Treiben auf die Schliche kommen, ohne die weggestellten Examensarbeiten lesen zu dürfen? Warum melden sich die ausgebeuteten Examenskandidaten genauso wenig wie Opfer von Taten, die durch DNA-Analysen aufgedeckt werden könnten?

Die Staatsanwaltschaft schickt jetzt eine Anti-Copy-Truppe in die Professorenwohnungen, habe ich gehört. Es ist kaum zu glauben! Die Polizei ahmt das Vorbild der unangekündigten Doping-Kontrollen im Sport nach und befragt die zu Hause angetroffenen Forscher völlig überraschend, was in den Büchern steht, die sie veröffentlich haben. Viele Wissenschaftler reagierten völlig verdattert, als sie etwas zum Inhalt ihrer eigenen Sekundärliteratur sagen sollten. Manche riefen sofort kläglich nach ihren Assistenten. Polizisten berichten von hochnotpeinlichen Szenen. Die ersten Boulevard-Zeitungen kümmern sich um das Einsammeln von Examensarbeiten über die einstigen Studenten. Die Front der Wissenschaftler hält heute noch. Es ist natürlich klar, dass es sich nur um einzelne schwarze Schafe der Zunft handeln kann. „Diese gibt es vereinzelt in der Wissenschaft wie auch im Radsport!" Wir dürfen auf den Augenblick gespannt sein, wenn die Staatsanwaltschaften ihr Schweigen brechen. Noch brüten sie über den ersten Daten wie über einer Steuersünder-CD.

Ich schreibe gerade an einem Buch in der Sonne. Ich kann mit Funkstick überall arbeiten, wo es Google gibt. Vorhin klingelte es. Ich hatte aber nichts bei Amazon bestellt! Ich zuckte zusammen. Ist es die Anti-Copy-Polizei? Ich stellte mir vor, sie warteten draußen mit einem Ausweis. „Wir sind die neuen Anti-Cops. Hier, unsere Dienstmedaille. Bitte schildern Sie schnell den Inhalt Ihres ersten Buches Wild Duck." Auwei, kann ich das? Ich glaube, ich lasse mir Zusammenfassungen auf Zettel schreiben, die spreche ich auf mein Handy. Dann antworte ich nur mit einem Knopf im Ohr.

Kapitel 44
Ächtet die Dringendmacher! (DD143, Mai 2011)

Kennen Sie das? Als gestresste Eltern bringen Sie noch kurz das Kind zur Schule. „Mama, ich soll heute eine Camembert-Schachtel aus Holz zum Basteln mitbringen. Es ist dringend." – „Warum sagst du das nicht vorher, warum erst jetzt? Was tun wir denn so schnell? Bist du verrückt geworden?" – „Mama, es fiel mir gerade ein." – „Gut, dann sagst du in der Schule, du hast es vergessen. Dann kaufe ich die Schachtel heute Abend." – „Mama, das habe ich der Lehrerin letzte Woche schon gesagt."

Ach, wenn Sie Kinder haben! Das gibt einen Feuersturm der Emotionen! Schnell zum REWE! Das Kind wird unter Fluchtiraden vor der Schule aus dem Auto geworfen – und nun kommt der entspanntere Teil des Tages, die Berufstätigkeit. Sie beginnt mit dem Checken der E-Mails, danach werden die wichtigsten Dinge zuerst erledigt. „First Things First!", so lautet die Zauberformel aus dem Kultbuch *Seven Habits of Effective People* von Stephen Covey. Dort wird geraten, alle Arbeiten nach Dringlichkeit und Wichtigkeit zu klassifizieren. Effektiv arbeitet nach Covey oder nach gesundem Menschenverstand derjenige, wer fast nur an wichtigen Dingen arbeitet, die nicht dringend sind.

Leider findet jetzt jeder von uns spezielle Alarmmails (ich erfinde ein paar): „Vor einem Jahr haben wir Sie als Speaker für unsere lange geplante Konferenz verpflichten können. Jetzt startet die heiße Endphase. Wir haben uns gestern überlegt, dass wir doch einen Konferenzband erstellen, zu dem jeder Speaker einen etwa zehnseitigen Abstract mit kurzen knackigen Thesen beisteuert. Sicher haben Sie das meiste schon bei der Hand – es ist außerordentlich wichtig, Ihren Beitrag schon morgen für die Drucklegung zu bekommen. Damit wir als Organisatoren nicht zu viele Mails bekommen, hängen wir unten detaillierte Vorschriften an, wie Sie Ihren bebilderten Beitrag bequem mit zwanzig bis dreißig Clicks auf unser Portal uploaden können."

Und noch eine Mail: „Gestern Abend bereiteten wir seit 23 Uhr die heute stattfindende Geschäftsführungssitzung vor. Wir benötigen dazu noch Informationen von Ihnen, die Sie sicher zur Hand haben werden, wenn Sie ein guter Manager sind, wie wir annehmen müssen. Wir schreiben Ihnen trotzdem jetzt schon um 02:00 Uhr, damit Sie Zeit haben, noch in Ruhe bis zum Sitzungsbeginn um 09:00 Uhr vertieft antworten zu können. Wir möchten wissen, zu welcher genauen Tageszeit Ihre letzten hundert Kundenverträge von Ihrem Kunden unterschrieben worden sind. Bitte füllen Sie die angehängte Excel-Vorlage aus und sehen Sie von Rückfragen ab. Bitte genaue nachprüfbare Daten und Fakten, keine Schätzungen. Dazu raten wir aus gegebenem Anlass."

Und noch eine: „Wir müssen für eine Revision dringend alle Mitarbeiter überprüfen, ob sie ethisch sind. Bisher musste man nur unethische Mitarbeiter in der Datenbank anklicken,

G. Dueck, *Cut & Paste-Management und 99 andere Neuronenstürme aus Daily Dueck,*
DOI 10.1007/978-3-662-43390-4_44, © Springer-Verlag Berlin Heidelberg 2014

wofür dem Manager automatisch ein Monatsgehalt abgezogen wurde. Jetzt wird in einem neuen Geschäftsprozess unterstellt, dass alle Mitarbeiter unethisch sind. Manager müssen jetzt die Ethischen anklicken und ihre Entscheidung im Einzelfall sorgfältig begründen. Ziel des Unternehmens ist es bekanntermaßen, keinen einzigen unethischen Mitarbeiter zu haben. Zero Tolerance! Dafür hat das Unternehmen eine große Taskforce eingerichtet, die das Unethische bekämpfen soll. Es kann doch aber nicht sein, dass laut der Datenbank alle Mitarbeiter schon jetzt ethisch sind. Deshalb greift die Revision zur Beweisumkehr. Es wird von Ihnen erwartet, dass Sie eine angemessene Anzahl von Mitarbeitern markieren, damit die Taskforce zur Bekämpfung des Unethischen endlich ihre Arbeit aufnehmen kann. Das soll morgen sein, weil die Taskforce sonst nichts zu tun hat …“

Aus meinem früheren Leben als Hochschullehrer: „Ich habe jetzt einmal schnell eine Rohfassung meiner Diplomarbeit fertiggestellt, das hat sechs Semester gedauert, so dass ich wahrscheinlich unter zwanzig Semester für das ganze Studium komme. Ich bin so gespannt, welche Note ich bekomme. Bitte schauen Sie die Arbeit an, damit ich die Note morgen früh weiß, weil mir eingefallen ist, dass ich zum Test einmal so fünfzig Bewerbungen losschicken will. Ich kann es gar nicht erwarten, ins Arbeitsleben einzutreten. Sonst bekomme ich Ärger mit meinen Eltern, die jetzt den Geldhahn zudrehen. Morgen früh, okay?“ (Da seufze ich unter der Annahme der Öffentlichkeit, ich hätte noch Zeit, Arbeiten auf Plagiate zu prüfen …)

Alles klar? Noch einmal theoretisch: Viele Dringendmacher sind absolut unorganisierte Leute, die beim Vorsichhertrödeln plötzlich etwas ganz Dringendes zu erledigen haben, wozu sie andere Leute brauchen. Diese fallen durch das neue Dringliche fast aus allen Wolken und zittern vor Zorn über diesen Saugangriff der Zeitvampire. Es gibt aber auch zwanghafte Dringendmacher, die alles unbedingt JETZT erledigt haben wollen. „Das habe ich mir so vorgenommen. Ich will es einfach vom Tisch haben. Deshalb jetzt sofort, bitte.“ Es gibt sekundäre Dringendmacher, die in einer ganzen Kette von Dringendgemachten nun selbst alles dringend machen. „Ich kann nichts dafür, die da oben wollen es plötzlich, deshalb muss ich jetzt auch plötzlich kommen.“ Es gibt ahnungslose Dringendmacher, die wirklich glauben, „man habe es sowieso alles zur Hand“ oder „man habe ja jeder fünf Assistentinnen, die es schnell regeln können“. Es gibt sadistische Dringendmacher, die vielleicht früher einmal Vorstandsassistent waren und die man nach jedem Burnout als Anerkennung ihrer Leistungen befördert hat. Dann sind da noch die Utilitaristen, die es nützlich finden, wenn die Arbeiten unter Druck viel schneller von der Hand gehen und dadurch mehr Glück erzeugen. Und es gibt Taskforces und Planungsstäbe, die dann, wenn sie am Nachmittag um fünf Uhr nach Hause fahren, wirklich glauben, als einzige im Unternehmen hart gearbeitet zu haben.

Es gibt also auch solche Dringendmacher, die den Zwang zum Eilen für eine gute oder manipulierende Idee halten. Aber die meisten sind einfach ahnungslos, rücksichtslos und unfähig. Sie haben keinerlei Trübung durch Konsequenzenbewusstsein. Oft sind sie selbst Getriebene, die das Gefühl dafür längst verloren haben, dass Getriebensein fast zwangsläufig höchstens zweitklassige Arbeitsergebnisse garantiert.

Wir müssen der Welt beibringen, eigene Handlungen auf Zeitnoterzeugung bei anderen abzuchecken. Die Welt ist nicht naturgegeben hektisch. Auch das Quartalsende ist nicht stressig. Das Datum des Quartalsendes ist lange vorher bekannt. Warum ist in Deutschland der Mittelstand so erfolgreich? Dort geht die Nachhaltigkeit nicht verloren. Warum klagen insbesondere Großunternehmen und staatliche Institutionen über kurzfristiges Denken?

In großen Systemen erzeugt eine vielleicht gar nicht so große, aber kritische Masse von Dringendmachern immerfort einen Strom dringender Kausalketten. Dadurch wird das ganze System mit immer wachsendem Neustress geflutet. Niemand aber rottet die Dringendmacher aus! Ja, es gibt solche, die alles noch dringender wollen! Und was tun wir dagegen? Nichts, oder? Manche von uns lesen vielleicht noch die heute absolut modischen Bücher über Entschleunigung. Dabei nicken sie andauernd heftig – genau wie im Dringlichkeitsmeeting am nächsten Morgen.

Kapitel 45
Kernkompetenz Propathie (DD144, Juni 2011)

Wenn wir die Gefühle von Menschen verstehen können und mit ihnen positiv umzugehen verstehen, dann billigt man uns die Fähigkeit der Empathie zu. Empathische Menschen wirken nett und sind oft beliebt – sie kränken und brüskieren uns nicht. Es gibt eine andere Fähigkeit, nämlich die Geschäftsprozesse des Unternehmens einfühlend zu behandeln. Sie heißt Prozess-Empathie oder kurz Propathie. Die sollten Sie haben!

Empathische Menschen spüren die Gefühle anderer, sie verstehen deren Absichten, wissen, was diese antreibt, aus welchen Prinzipien oder Impulsen heraus sie denken – kurz, sie können sich in andere Personen oder Persönlichkeitsstrukturen einfühlen. Dadurch kommen sie mit anderen Menschen viel besser klar! Empathische Menschen sind zu einem Perspektivwechsel fähig, sie können sich in den anderen hineinversetzen und die Welt aus seiner Perspektive heraus empfinden, fühlen und mitdenken.

Die Fähigkeit der Propathie bezieht sich nun analog auf Unternehmen und Institutionen oder allgemein auf Systeme. Propathische Menschen besitzen eine feine Kenntnis der Geschäftsprozesse sowie der unausgesprochenen Gesetze und kulturellen Regeln. Propathen können aus der Perspektive der Firma heraus sehen und agieren. Sie verstehen, wie „die Firma tickt". Wie tickt sie? Einmal ist die Firma steif und fast handlungsunfähig, dann wieder wird sie wild impulsiv und risikosüchtig. Die Firma ist immer öfter launisch und in diesen Zeiten nicht mehr so lieb zu allen Mitarbeitern wie früher. Propathische Menschen haben dafür einen feinen Sinn. Sie verstehen so sehr viel von den inneren Prozessen der Firma und ihren diversen Unpässlichkeiten und verborgenen Problemen, dass sie fast mühelos auf der Klaviatur der Prozesse und Methoden ihre Arbeitserfolge erringen, auf jeden Fall aber eigene Beförderungen erreichen.

Denn die Systeme lieben ihre Propathen, so wie die Menschen ihr empathisches Gegenüber.

Empathie ist eine Fähigkeit des Menschen. Fähigkeiten erlauben es, Ziele besser zu erreichen. Wenn das zum Beispiel böse Ziele sind, helfen die Fähigkeiten natürlich auch. Empathie kann zu Manipulation der Gefühle missbraucht werden, auch zum Aufpeitschen von Neid, Hoffnung, Reichtumsphantasien, Lust, Angst oder Hass (schauen Sie einfach ins TV-Programm). Genauso ist das bei der Propathie auch. Manager, die die Prozesse gut verstehen, befolgen sie nicht einfach, sondern kämpfen durch sie gegen Unkundige oder Naive, „die sich brav an die Prozesse halten". Der absichtliche Missbrauch der Prozesse durch manipulative Propathie heißt Psychopropathie.

G. Dueck, *Cut & Paste-Management und 99 andere Neuronenstürme aus Daily Dueck,*
DOI 10.1007/978-3-662-43390-4_45, © Springer-Verlag Berlin Heidelberg 2014

Kennen Sie Psychopropathen? Zahlenfalschausleger, Informationsverschleierer, Dringendmacher, Schlechtwetterankündiger, Schönwettervisionisten, Brautschmücker, Begeisterungsauspeitscher?

Es gibt so viele erfolgreiche Psychopropathen! Die werden von normalen Mitarbeitern mit verzweifelt hilflosen Gesten vor allem vor den Kaffeeautomaten durchgehechelt (deshalb sind Kaffeeautomaten den Psychopropathen ein Gräuel). „Es kann doch nicht sein, dass wir das Projekt einstellen müssen, weil wir …“ – „Das darf doch nicht wahr sein, da fehlt jede Logik …“ – „Die da oben sind irre, erst so, dann wieder ganz anders …“ – „Ich frage mich jeden Morgen, warum wir so hohe Gewinne machen. Irgendwann kommt es heraus, was, weiß ich nicht.“

Die meisten von uns reden jeden Tag für einen Kaffee lang so etwas. Wissen Sie, woran das liegt? Wir haben fast alle von Propathie keine Ahnung! Fast alle von uns sind Dyspropathen. Wir scheitern an den täglichen Prozessattacken auf uns, die uns zermürben. Wir kommen mit der launischen Firma nicht klar, die von sich selbst behauptet, sie sei streng prozessorientiert oder prozessgetrieben – und sonst nichts!

Heute (2014) scheinen die „Kids“ Facebook tendenziell zu verlassen, weil ihre Eltern nun auch da sind … Keine Abgrenzung mehr!

Kapitel 46
Facebook & Google + oder „Vom Geheimtipp zum Touristen-Rummel" (DD145, Juli 2011)

Nach und nach wird die Internetwelt erschaffen und bevölkert. Ein neuer Raum entsteht, geheimnisvoll glitzernd und nur wenigen bekannt, die dort von ihren ersten Erlebnissen und Urlauben berichten. Zuerst ist es noch idyllisch und intim, die Early Adopter sind unter sich. Dann strömen aber die Touris herein, das neue Land wird überschwemmt. Überall Happy Hour, Billigschmuck und Fakes. Die, die zuerst kamen, sehnen sich wieder nach einem neuen Land. Hier ist es zu laut, zu grell, trivial und zunehmend unehrlich.

Die Imperien kommen und gehen. Immer neu entsteht das einzige wahre und gelobte Land, in dem man sein muss. Haben wir nicht IBM vor Jahren vorgeworfen alles zu beherrschen? Dann fürchteten wir uns vor Microsoft, das ist gar nicht so lange her. Ach, und dieser Wahn des Second Life! Kennen Sie noch Second Life, wo doch bitte absolut jede Firma eine eigene Welt aufbauen musste? Plötzlich fanden wir, wir müssten jetzt alle twittern und xingen, und vor noch weniger langer Zeit wurde Facebook zum großen Mekka der Welt. Die geschätzten Unternehmenswerte steigen von null auf hundert Milliarden und verschwinden anschließend wieder ins Nirwana.

Gibt es nicht auch so einen Lebenszyklus der Internetimperien, die als Geheimtipp wie der brasilianische Urwald starten und dann abgeerntet dahinsiechen?

Es ist wundervoll, das erste Land in Second Life zu besitzen, wunderbar, die Schulfreunde auf Facebook zu finden, herrlich, sich ganz kurz auf Twitter auszutauschen. Dann aber kommt der Blödsinn, das Getrolle, das Hetzen, Mobben – kurz, das Gewöhnliche unseres Lebens. Zu Beginn feiern die ersten Unternehmen fantastische Erfolge mit ihrer Präsenz in Twitter, Facebook oder Second Life – bis die Unternehmensberater mit PowerPoints schweres Geld verdienen, auf denen sie allen Unternehmen suggerieren, sie könnten mit ein paar dauertwitternden Werkstudenten den Shareholder-Value steigern. Die Wirtschaftszeitungen rechnen vor, wie viele Euro ein Twitter-Follower oder ein Facebook-Friend ist, also wird jetzt einfach um Klicks mit allen Mitteln gebuhlt.

Die Idylle verkommt zum lauten Leben wie überall. Immer mehr Leute kommen anonym oder unter fremden Namen, sie legen Fake-Accounts von Prominenten an, sie betrügen bei den Spielen in den Communities, indem sie sich mit mehreren Accounts regelwidrig Punkte und Lunch-Dollar zuschieben. Immer neue Spiele müssen her, aber die vielen Leute verwirren sich zwischen dem vielen Neuen und vereinzeln sich. Irgendwann macht es keinen richtigen Spaß mehr. Es ist Zeit zu gehen.

Seit ein paar Tagen gibt es Google +, ich probiere gerade. Ich war von Anfang an dabei und habe so etwas noch nie erlebt! So ein Glück überall hier, ein neues „Urlaubsland gefunden zu haben". Noch keine Touristen da, kaum Fakes, keine aufdringlichen Unter-

G. Dueck, *Cut & Paste-Management und 99 andere Neuronenstürme aus Daily Dueck,*
DOI 10.1007/978-3-662-43390-4_46, © Springer-Verlag Berlin Heidelberg 2014

nehmen oder Eventnotifier wie auf Xing. Die ernsthaften Blogger der Nation testen und üben sich.

Einloggen in Google +! Erst der Schreck – es sieht so spartanisch sauber aus wie auf der Google Search Seite. Nach dem Schreck die Idee, wirklich ein neues Land gefunden zu haben, dass eben spartanisch ist – ja, aber eben noch nicht durch Ablenkungen irgendwelcher Art gestört wird. Google lässt im Augenblick wohl nur Leute rein, die schon einen alten Account bei Mail oder Finance haben? Viele klagen, alles geschehe ohne sie. „Ich will auch rein!" Trotzdem melden sich bei mir hundert Follower pro Tag. Bei Twitter hatte ich nach zwei Jahren 1200 Follower, die sind hier in drei Wochen erreicht. Alle kommen zu Google +! Geht jetzt Twitter in die Knie? Verliert Facebook vielleicht nicht groß an Userzahlen, aber doch die viele Zeit „in Facebook", die ja allein beim Gewinn zählt?

Hoffentlich hat Google die kluge Hand, alles so spartanisch zweckgetreu zu lassen. Vielleicht schaffen sie es, das Vertouristen, das Zudringliche und Laute draußen zu lassen. Ach, dann müssen wir nicht immer alle zwei Jahre umziehen.

Kapitel 47
Tagesdruck statt Quartalsdruck! (DD146, Juli 2011)

Es ist schon lange üblich, am Ende des Jahres einen Geschäftsabschluss zu machen. Die Steuerbehörden wollen das so. Es ist aber auch irgendwie sinnvoll, oder? Später kam man auf die Idee, Quartalsabschlüsse zu fordern, damit die Anleger der Kapitalgesellschaften besser informiert wären. Dadurch wurden die Unternehmen gezwungen, den Kontrollaufwand zu vervierfachen. Computertechnologien halfen, den Mehraufwand in Grenzen zu halten. Manager konnten nun zusätzlich unter Quartalsdruck gesetzt werden! Nun begannen diese wegen des Drucks, viel härter zu im Hamsterrad zu strampeln, was ihnen blutige Laien immer als Gier vorwerfen. Wenn aber Quartalsdruck besser wirkt als bloß temporäre Jahresabschlussangst, warum dann nicht Tagesdruck und Tagesabschlussangst?

Wir könnten täglich die Arbeit neu ordnen und uns auf die Zukunft ausrichten! Dadurch wäre unsere Nachhaltigkeitsstrategie praktisch tagesaktuell und äußerst flexibel. Wenn das Top-Management jeden Tag neue Beschlüsse fassen muss, kann es auf allerjüngste Marktbewegungen reagieren und sich blitzschnell an verändernden Kundenbedürfnissen ausrichten. Es ist oft schwer zu sagen, was den Markt im nächsten Quartal bewegt, aber es könnte gehen, wenn jetzt das Management nun wirklich über den Tag hinaus sehen kann und wirklich einmal an morgen denkt. Wenn wir täglich alles neu machen, ist die Zukunft so nahe, dass wir sie erstmals mit Händen greifen können! Sie ist ja schon am nächsten Tag.

Ich habe neulich gelernt, dass manche Firmen schon heimlich Wochenabschlüsse machen, um dadurch gegen die Wettbewerber im Markt große Vorteile zu erzielen. Sie setzen ihre Manager unter Wochendruck. Das ist ein enormer Fortschritt. Warum nicht konsequent weiter? Tagesdruck brauchen wir! Absoluten Tunnelblick auf das Tagesergebnis!

Ach ja, das fiel mir gerade ein, weil ich in einem alten Buch von mir blätterte, in der *Beta-inside Galaxie*. Da habe ich in einer längeren Erzählung Bölls *Nicht nur zur Weihnachtszeit* dichterisch in einen anderen Zusammenhang versetzt. Heinrich Böll beschreibt die Tante Milla, die psychotisch jeden Abend Weihnachten feiern muss (sonst bekommt sie Schreikrämpfe). Das machen die anderen eine Weile mit, sie werden aber dann selbst mehr und mehr verrückt darüber oder laufen weg (man ersetzt die Kinder für die allabendliche Feier nach und nach durch Wachspuppen als Stellvertreter für diese Meetings). Zum Schluss ist Tante Milla so etwa die psychisch gesündeste Person im Spiel.

Diese berühmte Erzählung habe ich unter dem Titel *Nicht nur zur Neujahrszeit* für das Business verfeinert. In der beschriebenen Firma wird nun für den unter Zwang stehenden Chef täglich bilanziert und reorganisiert. Ich zitiere einfach eine Aufstellung aus dem

G. Dueck, *Cut & Paste-Management und 99 andere Neuronenstürme aus Daily Dueck,* DOI 10.1007/978-3-662-43390-4_47, © Springer-Verlag Berlin Heidelberg 2014

Buch? Diese Stelle ist im Jahre 2001 niedergeschrieben worden, sie hat also zehn Jahre auf dem Buckel:

- 08.00 Uhr bis 09.00 Uhr: Die Mitarbeiter einer Abteilung lernen den neuen Chef kennen
- 09.00 Uhr bis 10.00 Uhr: Die Ziele und Aufgaben werden erklärt und verteilt
- 10.00 Uhr bis 11.00 Uhr: Die Mitarbeiter üben sich in der neuen Aufgabe
- 11.00 Uhr bis 12.00 Uhr: Starten von Marketingkampagnen für neue Tagesprodukte
- 12.00 Uhr bis 13.00 Uhr: Mittagessen
- 13.00 Uhr bis 14.00 Uhr: Arbeiten
- 14.00 Uhr bis 15.00 Uhr: Messen der Arbeitserfolge zum Reporting
- 15.00 Uhr bis 16.00 Uhr: Erfolgssammlung und Reporting für Versager
- 16.00 Uhr bis 17.00 Uhr: Das Firmenteam bereitet eine Präsentation vor
- 17.00 Uhr bis 18.00 Uhr: Vorabstimmung mit dem Computersystem
- 18.00 Uhr bis 19.00 Uhr: Klärung der Widersprüche in den Zahlen und Klärung der Streitigkeiten bei der Erfolgszurechnung.
- 19.00 Uhr bis 20.00 Uhr: Abendessen
- 20.00 Uhr bis 21.00 Uhr: Bewertung der ganzen Firmenbelegschaft
- 21.00 Uhr bis 22.00 Uhr: Managermeeting zur Finanzplanung des nächsten Tages
- 22.00 Uhr bis 23.00 Uhr: Festlegung der Geschäftsziele für den nächsten Tag
- 23.00 Uhr bis 24.00 Uhr: Fieberhaftes Arbeiten am neuen Org-Chart
- 00.00 Uhr bis 01.00 Uhr: Managermeeting und Restrukturierung
- 01.00 Uhr bis 02.00 Uhr: Die neuen Manager teilen die Mitarbeiter neu unter sich auf

Das habe ich damals in dichterischer Freiheit unter grimmigem Sarkasmus erfunden! Leser protestierten dagegen, so wie seinerzeit Böll „Verunglimpfung des deutschen Gemütes" vorgeworfen wurde. Meine Leser fanden den Stress in meinem Plan unmenschlich und die kontrollierende Zwanghaftigkeit des ohne Meetings in Schreikrämpfe ausbrechenden Chefs vollkommen irreal. Vielleicht irritiert auch, dass der psychotische Chef wieder der psychisch Gesündeste bei dem Spiel bleibt? Aber das muss ich doch schreiben! Schon aus Treue zu Böll! Da hatte ich den Protest schon kommen sehen und meine Visionen schon fast ganz und gar in satirische Nebel verhüllt! Ich konnte dadurch das Schlimmste verhindern und diese neuen Ideen ganz sacht und eruptionsfrei in Sie einsickern lassen. Seitdem zieht nach und nach der gesunde Menschenverstand in alle ein. Man setzt meine damals noch etwas revolutionären Ideen zum Dauerdruck langsam, aber noch zu zaghaft um. Heute, zehn Jahre später, kann ich endlich das finale Konzept des Tagesdrucks beim Namen nennen und es der ganzen Menschheit offen empfehlen, wo sie sich schon so erfreulich weiterentwickelt hat.

Das konnte ich vor zehn Jahren noch nicht ahnen! Oh! Ich sollte die Empfehlung oben lieber nochmals durchsehen, ob sie heute noch aktuell ist! Natürlich ist der Originalplan von erheblichem historischem Interesse, aber heute sollte ich Ihnen etwas wirklich Praktikables vorlegen, das sofort umsetzbar ist. Okay, ich lese alles nochmals durch. Oh weh! Ich zucke jetzt aber doch peinlich berührt zusammen. Mittagessen! Abendessen! Mitarbeiter üben die neue Aufgabe! Schlimm, schlimm. Es war eigentlich damals schon abzusehen, dass statt echter Pausen einfach belegte Brötchen während der Meetings herumgereicht werden würden. Und Mitarbeiter üben ja heute gar nichts mehr, die Ausbildung erfolgt durch Kundenbeschwerden – wie es ja in der schlechten Erziehung gang und gebe ist. Dann könnte ich nun bei korrekter heutiger Sicht drei volle Stunden anders verteilen. Worauf? Ja, worauf? Eine Stunde Strategiemeeting dazu? Oder Business Ethics? Innovation? Nachhaltigkeit? Diversity Training? Es ist schwer, alles unter einen Hut zu bringen, weil das Management immer komplexer wird, je mehr es die Arbeit verdrängt.

Kapitel 48
Das Internet ist schuld, weil es so anonym und so transparent ist (DD147, August 2011)

Die Politiker sagen, es sei gefährlich, im Internet die eigenen Daten preiszugeben. „Wenn ihr schon chatten müsst, verratet doch bitte nicht euren Namen, Kinder. Wenn ihr euch später um einen Job bewerbt, wird man nach euch googeln. Da kommt alles raus." Die Politiker sagen, dass die Anonymität im Internet die Verbrecher schützt. Deshalb soll die Anonymität ganz fallen. Jeder soll seinen echten Namen offenbaren. Ja, was nun? Sommerlochtheater.

Die Unternehmen im Internet nutzen die Ehrlichkeit der Kunden schamlos aus und handeln mit den Adressdaten. Man schaut in Datenbanken nach: Ist unter dieser Adresse ein Einfamilienhaus oder ein Plattenbau? Bei Google StreetView kann man sich das Haus sogar anschauen und die Interessen des Kunden berechnen. Hat er Unkraut am Straßenrand? Ist der Schnee geräumt? Oder der Rasen wie ein Golfplatzgrün gepflegt? Man sieht sofort, ob da ein Alternativer oder ein „ehrbarer Deutscher" wohnt und wie viel Geld sie wofür haben. Das kindliche Geschwätz auf Facebook & Co kommt in jede Personalakte. Das Internet vergisst nichts. Das ist den meisten schon bejahrten Menschen nicht so klar, weil es vor dem Jahr 2000 kaum Einträge im Netz gibt, zum Beispiel keine älteren Doktorarbeiten – meine ist ja mit Kugelkopf geschrieben und besteht halb aus Tipp-Ex. Unsere Jugend aber, die Generation der Digital Natives, ist schutzlos den harten Sonnenstrahlen des Web ausgesetzt. Meine Mutter sagte wie jede Mutter damals noch: „Gott sieht alles!" So etwas haben wir jetzt. Alles ist transparent. Davor muss man sich schützen, sagen die Politiker. Man muss Daten wieder löschen können, wenn sie einem nicht gefallen! Insbesondere „das Geschwätz von gestern" der öffentlichen Personen, das sie angeblich nicht mehr kümmern will, ist auch heute und auf ewig mit ihnen.

Während sich auf der einen Seite die ehrlichen Menschen vor der Transparenz aktiv in Acht nehmen sollen, ist das bei unehrlichen ganz unerwünscht. Menschen, die etwas Böses vorhaben, müssen sich natürlich erst unter vollem Namen bei einer Behörde registrieren und beim Chatten eine IP-Fessel tragen. Man braucht volle Transparenz! Was ist etwas Böses? Wer weiß es, wer entscheidet das? Das weiß die Behörde oft selbst nicht so genau. Die Behörde in Ägypten fand die Verständigung des Volkes unter Facebook nicht so gut und hätte sich mehr Transparenz unter den Nutzernamen gewünscht. Oder: Ist es böse, pauschalen Unmut über Anhänger anderer Religionen zu äußern? Ja, das finde ich wie die meisten. Ist es böse, über andere Religionen karikaturistisch Witze zu machen? Das ist das festgestellte Recht des Karikaturisten, aber man kann über Pietät oder Geschmack streiten oder in der Bibel lesen (10 Gebote, Exodus) und Sympathie für andere zeigen: „Du sollst

G. Dueck, *Cut & Paste-Management und 99 andere Neuronenstürme aus Daily Dueck,*
DOI 10.1007/978-3-662-43390-4_48, © Springer-Verlag Berlin Heidelberg 2014

dir kein Bildnis noch irgendein Gleichnis machen, weder des, das oben im Himmel, noch des, das unten auf Erden, oder des, das im Wasser unter der Erde ist.“

Es geht um das Augenmaß, was was ist. Das müssen wir erreichen oder behalten. Das Internet entwickelt sich rasend schnell, und wir müssen mitten in der Bewegung ruhig und ausgleichend sein. Leider sind die Entscheider in Wirtschaft und Politik nicht im Internet! Sie reden darüber wie einst der spanische König über die neu entdeckten Länder in Südamerika, die ihm spanisch vorkamen.

Haben wir denn Transparenz im realen Leben? Wird denn jeder Link im Rotlichtmilieu aufgezeichnet? Rufen Chipimplantate in Jugendlichen ab 1,5 Promille oder 90 Nachtdezibel die Polizei? Werden die Parteispender veröffentlicht, die so sehr stolz zu ihrer wundervollen Partei stehen, sodass sie sie selbstlos unterstützen? Trauen sich Politiker, ihre eigene Meinung zu sagen, oder spülen sie sie nach den Sitzungen mit Bier weg? Werden die Personalien der Demonstranten vor den Kundgebungen und ihr Schimpfen währenddessen gespeichert – so wie es im Internet ja auch sein soll? Soll ein Unternehmen jedes Problem publizieren und sich damit eventuell selbst in den Abgrund reißen? Erzählen Sie Ihrem Lebenspartner alles?

Die Balance zwischen der wünschenswerten Transparenz und der wünschenswerten Privatsphäre muss kontinuierlich neu gefunden werden. Leider wird diese Balance immer wieder durch Sommerlochanschläge in Gefahr gebracht, wenn Einzelunglücke zum Anlass genommen werden, das Ruder jetzt wieder energisch ganz dramatisch herumzureißen und „Stimmung zu machen“, die jetzt im Sommer fehlt.

Im Netz liegt viel von unserer Zukunft. Das wissen wir alle. Warum machen sich Politiker und ältere Meinungsforscher einen Sport daraus, diese Zukunft schlechtzumachen? Warum diffamieren sie die Gewalt, den Sex, die Geschäftemacherei, die Werbung, die Abzocke, die Hetze im Netz? Gibt es das nicht alles schon allezeit im realen Leben? Und haben die Politiker nicht schon immer versagt, alles im Realen abzuschaffen? Haben sie etwa die Idee, dass es zu schaffen wäre, das Leben im Netz sündenfreier als im Leben 1.0 zu führen? Warum verbieten sie die realen extremen Parteien und Hetzer nicht? Warum gibt es ein reales industrialisiertes Sexgewerbe? Warum Waffen und Schießsport? Warum ist schon eine Ohrfeige bei Gefängnis verboten und dann übt man Boxen? Aber nein, immer ist das Netz für das Böse verantwortlich. Dass der norwegische Attentäter Waffen hatte, findet niemand verwunderlich, aber er hat anonyme Hetze im Internet gelesen. Also ist die Anonymität ist die Ursache! WikiLeaks deckt auf und macht transparent. Also ist die Transparenz die Ursache. Ach nein, es liegt nicht am Netz. Die Menschen sind in 1.0 und 2.0 doch dieselben. Aber 2.0 ist die Zukunft, wie gesagt – und die müssen wir gestalten und dürfen sie nicht als Sündenparkplatz missbrauchen.

Kapitel 49
Facebook ist klar, aber was passiert auf Moneyhooked.com? (DD148, August 2011)

Ich will unbedingt herausfinden, wie sich die Spekulanten im Netz zusammenrotten, um Kurssprünge zu erzeugen. Es müssen viele sein, denn sie schweigen alle. Neulich fand ich endlich jemanden, der redete. Nicht viel. Er behauptete, keine Ahnung zu haben. Das war sehr verdächtig!

Ich interviewte ihn. Mich quält nämlich etwas: Auf der Titelseite des Handelsblattes vom 11.8. 2011 heißt es: „Die Stunde der Spekulanten. An den Finanzmärkten regiert sein Tagen die organisierte Unvernunft. Während private Anleger Milliardenverluste erleiden, laufen die Spekulanten gerade zur Höchstform auf." Was bitte, heißt „organisiert"? Was steckt dahinter?

Ich befragte den Verdächtigen deshalb so hartnäckig, wie ich nur konnte.

„Kennen Sie www.moneyhooked.com?" – „Nein. Was ist das?" – „Wenn man es aufruft, steht da, dass es die Website nicht gibt. Was denken Sie da?" – „Wieso?" – „Moneyhooked heißt auf Deutsch verrückt nach Geld, fällt da bei Ihnen kein Groschen?" – „Nein." – „Na, die oder Sie verbergen sich doch, oder?" – „Sie sagen aber, das man nicht rein kann, oder nicht, wenn es die Website nicht gibt? Was soll ich da sagen?" – „Aha, Sie wissen also doch etwas. Es kann ja ein Trick sein, damit sich da kein Unbefugter einloggt. Das Einloggen könnte doch in transparenten Buchstaben designt sein, man muss also genau die richtige Stelle finden, wo man sein Passwort eingibt." – „Aha, schlau…" – „Sehen Sie, Sie wissen doch etwas. Ich glaube, dahinter ist so eine Art Kontaktportal, in dem sich die Spekulanten treffen und dann gemeinsam gegen vorher geplante Ziele verabredet vorgehen. Stimmt das?" – „Da fragen Sie was, nein. Ich weiß nichts." – „Dachte ich doch. Die Spekulanten verabreden sich da wie die Demonstranten bei Facebook, gegen Staaten zu wetten oder den Goldpreis hochzujubeln. Jeder macht mit seinem eigenen Geld ein kleines bisschen etwas, dadurch verändert der Markt die Richtung. Die naiven Marktteilnehmer, die von den Moneyhooked nichts wissen, sind irritiert und reagieren wie geplant. Dadurch kann man sie dann durch Gegengeschäfte abzocken." – „Aber das sagen doch nur Sie! Ich habe damit nichts zu tun! Ich weiß nur, dass sie so etwas bei Facebook schon gemacht haben, um Hitlisten zu manipulieren. Jeder hat einen verabredeten doofen Song für 99 Cent gekauft, und sofort schoss dieser Song auf Platz 1. Verstehe, das geht mit Aktien oder Devisen natürlich auch. Kann da jeder mitmachen?" – „Na, nicht jeder! Nur die, die mitmachen wollen." – „Also keine Polizei oder Presse?" – „Nur die, die mitmachen wollen, das hat nichts mit Polizei zu tun." – „Verstehe, die also auch, aber das spekulieren jetzt alles Sie, oder?" – „Ich suche jemanden, der meinen Verdacht erhärtet, und Sie sehen

G. Dueck, *Cut & Paste-Management und 99 andere Neuronenstürme aus Daily Dueck*,
DOI 10.1007/978-3-662-43390-4_49, © Springer-Verlag Berlin Heidelberg 2014

aus, als wüssten Sie was." – „Nein, tut mir leid, aber jetzt, wo Sie immer so fragen, finde ich die Sache sehr interessant. Das wäre ja lustig. Die ganze Armee läuft derzeit hinter ein paar armseligen Smartphonies her, die sich im Netz verabredet haben, um einen Kiosk in Liverpool zu plündern. Verstehe. Dann denken jetzt Sie, dass es ganz genauso mit einem geheimen Portal geht, aber man plündert so richtig, oder? Da verabreden die sich alle, einen Staat zu plündern? Oder die Rentenkassen? Vom Plündern habe ich schon mal was gehört, das Wort heißt Leergeschäft, oder?" – „Nein, das ist legal. Sie sagen auch nicht Plündern dazu, sondern Absichern. Privatleute dürfen das nicht, nur – äh – die – äh – ja, lassen Sie mich nachdenken." – „Da könnten doch auch Leute Geheimnisse im Portal verraten, so dass alle Geld davon machen. Da haben sie neulich welche erwischt und bestraft." – „Blöd ist das! Blöd! Man kann doch die Umsätze in einer Aktie rund um entscheidende Ereignisse wie eine Verlustmeldung genau verfolgen! Man merkt dann immer, wer die Info verraten hat. Aber bei moneyhooked.com machen sie doch die Geheimnisse selbst! Das ist der Trick, den sie bei den Demonstranten gelernt haben." – „Oder andersherum? Ein Spekulant hat es den Plünderern verraten?" – „Und die Polizei ahnt nichts!" – „Sie haben technisch vom Internet keinerlei Ahnung, sie suchen bei der Polizei immer nur nach Fotos." – „Das sage ich ja! Ich habe den Verdacht, dass es ganz neue Verbrechen gibt – und die Polizei sucht weiterhin quasi nach Schmugglern, denen sie den Alkohol und die Zigaretten wegnehmen will." – „Und zur selben Zeit klauen die Moneyhooked dem Staat ein A im Rating weg, oder? Ist Ratingdiebstahl verboten? Nein, oder? Aha, jetzt merke ich, worauf Sie hinauswollen. Es könnte gut sein." – „Mein Verdacht?" – „Nein, Ihre Idee. Man könnte Kriege durch das Stehlen von A's ersetzen. Gute Idee. Vielleicht ist die Domain moneyhooked.com noch zu haben? Haben Sie versucht, sie zu kaufen? Dann wissen Sie doch, dass es kein geheimes Portal ist." – „Ja, ich habe nachgeschaut, ob die Domain zu kaufen ist." – „Und? Ist sie belegt?" – „Nein. Das finde ich sehr verdächtig, deshalb frage ich Sie ja." – „Wissen Sie was? Ich werde der Sache nachgehen. Ich bin empört, dass Sie mich die ganze Zeit so dumm verdächtigen. Ich kaufe mir die Domain und zeige Ihnen damit, dass ich unschuldig bin." – „Und was wollen Sie damit tun, wenn sie Ihnen gehört?" – „Ihnen allen zeigen, wie blöd Sie alle sind." – „Na, wenn überhaupt einer blöd ist, dann bin ich blöd, nicht alle, dann war mein Verdacht dumm." – „Haha! Nein, alle sind blöd! Nur ich nicht! Dummdideldumm."

Er hüpfte übermütig weg. Er feixte vor sich hin und ruderte mit den Armen in der Luft. Er schien etwas vorzuhaben. Ich schlich ihm nach…

Bis demnächst! Ich finde bestimmt alles heraus, da bin ich sicher. Ich glaube nämlich, dahinter steckt am Ende die Unsichtbare Hand, die in der Wirtschaftstheorie bei Adam Smith erwähnt wird und die angeblich das Geld im Markt in ein gewünschtes Gleichgewicht bringt, indem sie Spekulationsblasen und Crashs verabredet. Und es stimmt dann natürlich, dass der Staat dabei nur stört. Der würde moneyhooked.com verbieten wollen! Der Staat ist ja die Sichtbare Hand, die immer noch gute alte Polizeiknüppel führt und mit Wasser spritzt, um das unsichtbar gleichgewichtig verteilte Eigentum zu schützen. Die Sichtbare Hand schützt die Unsichtbarkeit der Unsichtbaren Hand, aber mehr soll sie nicht tun. Aber bevor ich das nicht alles beweisen kann, bin ich Spekulant.

Kapitel 50
Aha, Suchmaschinen wie Google machen dumm und Frank Schirrmacher will noch eine – wo bleibt der höhere Mensch? (DD149, September 2011)

[Hier habe ich mich aufgeregt, dass Leute wie der FAZ-Herausgeber immer wieder Stimmung gegen „amerikanische Unternehmen" machen und alles „deutsch" fordern, also ein deutsches GPS, ein deutsches Google, ein deutsches Amazon und jetzt neu eine deutsche Cloud, in der die deutschen Daten sicher sind. Und überhaupt zerstört das Internet unsere Kultur, weil wir nichts mehr lernen! Da wird dankbar jede Studie aufgegriffen und zurechtinterpretiert.]

Eine kürzlich in *Science* publizierte Studie über *Google Effects on Memory* von Betsy Sparrow, Jenny Liu und Daniel M. Wegner zeigt, dass wir uns tendenziell Dinge nicht mehr genau merken, wenn wir wissen, dass wir sie uns auch ergoogeln können. Wir merken uns zwar die konkreten Dinge nicht mehr, wissen aber, wo sie sind, wenn wir sie brauchen. Frank Schirrmacher hat daraufhin in der FAZ die Gefahr einer Auslagerung unseres Gedächtnisses an die Wand gemalt und eine Debatte losgetreten. Er befürchtet, dass unser Gedächtnis bei Google lagert und möchte dann lieber eine europäische Suchmaschine, in der es dann aber auch abgelegt ist. Uiih, ich fürchte, die Debatte bleibt im Maschinenraum stecken. Was passiert mit Urwaldindianern, denen man erstmals Gewehre gibt, also ihre Jagd-Fähigkeiten auslagert?

In der Studie selbst wird schon zart angedeutet, dass sich Leute wie ich verschiedene Dinge ganz sicher nicht merken, weil sie zum Beispiel verheiratet sind. Ich weiß nicht, wie man wäscht und was für Kleidung die Leute auf der Party anhatten, aber ich kaufe alles ein und kenne jede Quelle für Küchenzutaten. An meinem Arbeitsplatz gibt es Controller und Super-Techies, deren Gehirne vollkommen anderes befüllt und sogar anscheinend anders formatiert sind. Man sagt, wir alle seien ein Team oder besser Schwarm, in dem alles kollektiv gewusst und gekonnt wird. Es kommt auf das Netzwerk der Menschen an, gemeinsam das Wissen und seine Anwendung arbeitsteilig zu organisieren. Die sogenannte Teamarbeit ist so schwierig, weil wir sehr viele Fähigkeiten an andere Teammitglieder ausgelagert haben und uns auf sie verlassen müssen. Teamarbeit scheitert oft an der Integration verschiedener ausgelagerter Fähigkeiten zu einem Ganzen.

Jetzt haben wir noch Google dazu! Google weiß irgendwelche Antworten – die sind oft unklar, diffus, oder widersprüchlich – genauso, wie wenn ich einen Arbeitskollegen bei einem schwierigen Geschäftsprozessproblem um eine konkrete Auskunft bitte. Er redet und redet, und ich muss herausfiltern, ob ich etwas gebrauchen kann. Ich bekomme dann oft einen Hinweis von ihm, bei welchen anderen Menschen (menschlichen „Links") ich weitersuchen soll. Dann frage ich tapfer weiter, von Pontius zu Pilatus (das sind die

G. Dueck, *Cut & Paste-Management und 99 andere Neuronenstürme aus Daily Dueck,*
DOI 10.1007/978-3-662-43390-4_50, © Springer-Verlag Berlin Heidelberg 2014

beiden, die meist involviert sind), bis ich endlich eine Informationslage habe, mit der ich weiterarbeiten kann.

Ich will sagen: Wir sind daran gewöhnt, in Menschennetzwerken zu googeln. Jetzt aber googeln wir echt. Es geht schneller und meistens ganz gut, oft sogar besser, denn in den meisten Fragen kennen wir ja ganz und gar keinen Menschen, den wir fragen könnten. Wir haben so viele Fragen über die ganze Welt des Wissens! Da müssten wir die halbe Welt kennen. Dank Google ist nun ein gewisses Äquivalent dazu geschaffen worden.

Wir haben früher unser Gedächtnis an Menschen in unserem Umfeld ausgelagert – auch an Bibliotheken. Das Wissen war ja auch früher immer irgendwo. Nur dauerte die Suche so lange, sie war umständlich und kostete Nerven und Geld. Jetzt ist alles im Smartphone! Zack, da! Fakten, die wir per Halbtagsbesuch in der Bibliothek gesucht hätten, sind sofort bei der Hand. Erfahrungen, für die wir uns früher von Mensch zu Mensch hangelten, bekommen wir nun nach und nach durch Surfen und dann auch manchmal von einem dabei gefundenen Menschen.

Diese ganze Entwicklung hat nichts mit Google an sich zu tun, mit Bing, Amazon oder Ebay, nichts mit Amerika oder Europa. Das Internet hält nun – in welcher Form oder unter welchem Geschäftsmodell auch immer – das Wissen und oft auch die Erfahrung anderer bereit. Überall und für jeden. Nun entsteht, so sehe ich es, eine neue Welt.

Stellen Sie sich vor, man gibt Urwaldindianern, die mühselig von der Jagd leben, plötzlich Gewehre. Bum! Bum! Und schon ist genug zu essen da. Was tun sie nun den ganzen Tag? Sie könnten die Zeit auf Bauten oder Landwirtschaft verwenden und sich zu hohen kulturellen Leistungen aufschwingen! Oder sie verkaufen überschüssig erbeutetes Fleisch gegen Getränke und erinnern sich bei ihren Streitigkeiten an die Gewehre. Kurz: Ein solcher Einschnitt wie in meinem bewusst fiktiven Beispiel verlangt nach einer neuen Orientierung des Menschen und seiner Lebensform. Es hilft nicht, die Parole „Gewehre machen fett, träge und aggressiv" auszugeben oder „Google macht dumm".

Mit dem Internet haben wir nun mehr, ja viel mehr als früher – und wir müssen nachdenken, welcher Segen darauf liegen könnte. Wie gestalten wir das Leben mit dem Internet, wenn das ganze Wissen der Welt auf einem Handy gespeichert werden kann?

Und genau dazu fällt mir ein: Wissen ist nicht Können. Ich koche ja zu Hause, und wir haben eigentlich heute schon ganz überflüssigerweise zwei Meter Kochbücher im Regal. Was könnten wir Leckeres essen? Wir blättern. Nein, eigentlich nicht mehr. Wir surfen bei Chefkoch.de im Internet, wo andere Leute schon wissen, wie es schmeckt, und wo einige schon sinnvolle Abwandlungen des Rezeptes anmerken, also ihre Erfahrungen mitteilen. Und jetzt – Frank Schirrmacher, Günter Jauch und sonstige Befürchter – jetzt muss ich doch noch kochen, oder? Das ist eine Fähigkeit oder gar Kunst. Das Rezept ist das Wissen, das frei im Internet ist. Aber auch die besten Rezepte brauchen noch die Kunst an sich. Wer nur Rezeptzutaten zusammenmischt, kocht herzlich durchschnittlich. Wer Doktorarbeiten aus Zitaten anmischt, erschafft keine Wissenschaft. Wer als Politiker verspricht, was bei Facebook oder in der Boulevardpresse am meisten geliked wird, ist nur durchschnittlicher Listenplatzhalter.

Das Internet verhilft fast jedem, das Durchschnittliche oder besser das Mäßige ohne große Vorkenntnisse oder Fähigkeiten hinzubekommen. „Google erledigt alles bis zur oberen Unterschicht", also ziemlich viel. Für das Exzellente, Gehobene oder die Premium-Qualität aber ist das Wissen im Netz ein Segen, noch besser und gehaltvoller zu werden. Wer richtig gute Wissenschaft betreiben will, wer Meisterkoch werden will, wer sich um Kunst und Architekturen bemüht, wer etc. etc. wirklich den Olymp stürmen will, für den ist das Internet eine wunderbare Inspirationsquelle und über die Foren, Blogs, Twitter oder etwa Google + eine einzigartige Möglichkeit, sich mit den wahren Meistern aller Zünfte zu vernetzen.

Wir können also Google benutzen, um (ja, Frank Schirrmacher!) unser Gedächtnis auszulagern und dann herzlich durchschnittlich als Nur-Googlegebildeter ein durchschnittliches Leben zu führen. Wir können aber auch einen Segen daraus machen.

Wir müssen nicht mehr so viele Rezepte auswendig können, wir können uns auf die Kochkunst konzentrieren. Man muss Malkunst beherrschen, nicht alle früheren Bilder im Kopf haben. Man muss Dichtkunst beherrschen, nicht alle Literatur gelesen haben. Wo das Wissen überall frei da ist, kann nun überall das Können wachsen. So wie die Jagd mit Gewehr oder die Landwirtschaft mit Trecker andere Welten möglich machen, so müssen wir nun die neue Welt des Internets wirklich fruchtbar erschließen.

Wir brauchen zu der höheren Bildung (die uns mit dem Internet leichter fällt) nun auch das höhere Können, das Hochprofessionelle, mehr Empowerment zusätzlich zum Enlightenment. Wenn die Rezepte, die Fahrpläne, die Straßennamen getrost bei Google ausgelagert sein können, dann können wir die freiwerdende Hirnkapazität für Höheres einsetzen. Was könnte dieses Höhere sein? Das, was wir nach Google auslagern, ist das Einzelne, das separat Abrufbare. Das Höhere ist das Gesamte. Wir brauchen Leute, die systemisch denken und handeln, die emotional intelligent sind, unternehmerisch handeln, nachhaltig agieren, Sinn für Sinn haben, kreativ sind, offen und neugierig sind und die die Dinge vorantreiben, die führen und verhandeln können, die gehört werden und andere dazu bringen können, mit ihnen fruchtbar zu sein.

Was davon wird in der Schule gebildet? Was davon an der Universität?

Da kann ich endlos weiterschreiben. Das tue ich auch. Das nächste Mal vielleicht.

PS:

http://www.theatlantic.com/magazine/archive/2008/07/is-google-making-us-stupid/6868/

http://www.wjh.harvard.edu/~wegner/pdfs/science.1207745.full.pdf

http://www.faz.net/artikel/C30833/digitales-gedaechtnis-wir-brauchen-eine-europaeische-suchmaschine-30468036.html

http://www.sueddeutsche.de/kultur/tv-kritik-schirrmacher-bei-beckmann-und-dann-ist-man-leer-1.127989

Kapitel 51
Wählerstimmenvalue-Steigerung und der Unsichtbare Sinn (DD150, September 2011)

Jede Partei ist im festen Besitz von Stammwählern, deren Zahl sie stetig steigern muss. Das ist der Sinn einer Partei. Sie muss einen großen Wählerstimmenvalue erzeugen. Wir kennen das bei Unternehmen, die jedes für sich den Shareholdervalue steigern und dadurch automatisch und global den Wohlstand für alle Menschen generieren. Das ist dadurch wissenschaftlich bewiesen worden, indem es oft genug von Reichen gesagt worden ist. Der Wohlstand für alle kommt jetzt bald.

Es ist nun Zeit, die wissenschaftlichen Prinzipien der Ökonomie auch in der Politik anzuwenden und Politikwissenschaften wie harte Naturwissenschaften zu betreiben.

Die Wählerstimmen sind ein knappes Gut, das jede Partei einzuheimsen versuchen muss. Wenn alle Parteien vollkommen egoistisch und skrupellos den Wählerfang auf Biegen und Brechen betreiben, dann muss sich insgesamt ein bestmöglicher Staat mit dem höchstmöglichen Sinn für alle entwickeln. Genau wie die „unsichtbare Hand des Marktes" die Wirtschaft in einem gesunden Gleichgewicht hält, so sorgt ein „unsichtbarer Sinn" über den Wahlurnen für das Wohlergehen der staatlichen Gemeinschaft. Der Wähler hat in der Politik die Rolle des Marktes in der Ökonomie. Der Markt regelt die Wirtschaft ohne deren Zutun, der Wähler die Politik.

Diese Analogie zwischen dem Erfolgsmodell der Shareholdervalue-Ökonomie und der Politik wird erst neuerdings stärker beachtet und eingesetzt. Früher vertraten die Parteien bestimmte partikuläre Grundsätze, etwa christliche oder soziale, die automatisch jeweils gewisse Wählermengen anzogen. Bei zu festen Grundsätzen ist aber nicht möglich, den Wählerstimmenvalue einer Partei nachhaltig und langfristig zu steigern. Viele Parteien steigern daher die Anzahl ihrer Grundsätze. Ein vielbeachtetes Erfolgsmodell einer Partei in Bayern, die das Christliche UND das Soziale GLEICHZEITIG zum Grundsatz hat, unterstützt empirisch diesen theoretischen Ansatz.

Viele Parteien orientieren sich auch an wertsteigernden Automobilunternehmen, die vom Kleinstwagen bis zum Ferrari-Fake ein vollständiges Angebot für alle Wähler (dort heißt es Kunden) bereithalten. Eine Partei, die sich wissenschaftlich effizient verhält, wird also die Anzahl ihrer Grundsätze erhöhen und damit das vollständige Wählerstimmenpotential abschöpfen. Für eine komplette Wählerabdeckung ist es mathematisch gesehen optimal, überhaupt alle Grundsätze gleichzeitig zu vertreten, insbesondere zu jedem Grundsatz auch sein Gegenteil.

Die locker-entspannte Haltung, alle Werte gleichzeitig vertreten zu können, nennt man liberal. Herzblutpolitiker, die nur auf ihr Herz hören, haben in der neuen erfolgreichen Zeit

G. Dueck, *Cut & Paste-Management und 99 andere Neuronenstürme aus Daily Dueck,*
DOI 10.1007/978-3-662-43390-4_51, © Springer-Verlag Berlin Heidelberg 2014

keine Chance mehr, weil Herzen nicht liberal sind. Die ökonomisch-liberale Betrachtung einer wählervermehrenden Politik ist das Erfolgsmodell der Zukunft.

Bei den Autos hat die wertsteigernde Modellpolitik dazu geführt, dass die Autos sich im Aussehen immer mehr gleichen, also beliebig aussehen, so dass man ihren Typ fast nur noch an dem Schriftzug auf dem Kofferraum erkennen kann. Diese positive Entwicklung sollte sich nun auch in der Politik vollziehen. Die Parteien gleichen sich immer mehr an das Ideal der bestmöglichen Partei an, weil es ja nur eine mathematisch optimale Partei geben kann, eben diejenige, die alle Grundsätze vertritt.

Deshalb kommt es in unserem Lande zu einem hoffnungsverheißenden Kulturwandel. Die Menschen, die durch die beliebige Politik immer mehr begeistert werden, werden jetzt auch selbst als Menschen beliebig und wählen deshalb beliebig. Niemand muss mehr über Grundsätze streiten, weil jeder alle hat.

Die Wirtschaft löst sich in Wohlstand auf und die Demokratie in Wohlgefallen.

Kapitel 52
Direktglaube – Die Brücke sind wir!
(DD151, Oktober 2011)

Der Papst will eine stärkere Entweltlichung der Kirche. Er ist als Papst der Pontifex für alle Gläubigen und Menschen überhaupt. Er baut die Brücke zu Gott. Die Kirche erweitert die Brücke zu Gott. Was leistet eine Brücke? Für welche oder wie gute Menschen ist sie bestimmt? Was tut man, wenn die Brücke nicht trägt? Geht es auch ohne Brücke?

„Glühende Heilige" sollen wir alle nach dem Wunsch des Papstes sein, nicht nur die „lauen Christen"! Das verstehe ich – ja. Ich bin allerdings evangelisch, als einziger in meiner Familie – und ich erschauere bei einem solchen Appell nicht spontan. Aber die Forderung als solche macht mich nachdenklich. Sie ist berechtigt, aber sehr extrem.

Solche Forderungen werden in vielen Situationen gestellt. Taoisten sollen dem Weg folgen, nicht in die Weltordnung störend eingreifen, nur durch Weisheit ohne Handeln wirken, sich des eigenen Selbsts entäußern. Buddhisten sollen den Weg ins Nirwana verfolgen, aller Gier, allem Hass und eigener Verblendung entfliehen, ihr Selbst erlöschen lassen und kein Karma erzeugen. Konfuzius will extreme Lebensregeln des Edlen eingehalten sehen. Es gibt die Erzählung, dass es ein Schüler tatsächlich auf einige Wochen regelkonform sündenfreies Leben gebracht habe.

Der Wunsch nach Heiligkeit ist so alt wie die Welt. Die Erkenntnis, dass die meisten Menschen sich diesen Wunsch andächtig und auch wohlgefällig anhören, aber selbst nicht einmal entfernt so sind, ist bestimmt noch älter. Deshalb schwächen sich dann die puristischen „wahren" Heiligkeitsforderungen so weit ab, dass sie tragfähige Kirchenordnungen zulassen. Die Buddhisten lassen vom reinen Nirwana ab und verlangen „nur" noch das Gehen des Edlen Achtfachen Pfades (rechtes Handeln, rechte Rede, rechte Einsicht, …). Die Christen sehen sich schon dann auf gutem Wege, wenn sie wirklich gute Menschen sind. Sie lieben den Menschen dann zwar nicht wie sich selbst, aber doch hinreichend genug.

Immer gibt es die absolute heilige Auffassung und die für allgemeine Menschen vernünftige erwartbare Version, die sich mit Hilfe einer kirchlichen Organisation im praktischen Sinne „managen" lässt.

Diese Unterschiede in den Versionen treten auch im profanen Leben auf. Manager wollen ausschließlich „glühend Begeisterte" als Mitarbeiter, andere überhaupt nicht mehr. Sie wollen alle diese anderen, die „mitzuschleppenden Feierabendersehner", am liebsten entlassen. Sie übersehen, dass die vernünftig erwartbare Version nur die sein kann, dass die Mitarbeiter einfach normal gut arbeiten.

G. Dueck, *Cut & Paste-Management und 99 andere Neuronenstürme aus Daily Dueck,*
DOI 10.1007/978-3-662-43390-4_52, © Springer-Verlag Berlin Heidelberg 2014

Das Heilige ist immer extrem, auf seinem Pfad wandeln wenige. Für welche Menschen oder für wie viele ist eine Kirche oder ein Manager denn nun wirklich zuständig? Nur für Heilige bzw. Leistungsträger? Oder sollte man Anstrengungen unternehmen, überhaupt alle zu Heiligen oder Leistungsträgern zu machen? Wie soll das gehen? Dann müsste man jeden einzelnen Christen oder Mitarbeiter sorgfältig entwickeln, coachen und leiten – mit Hingabe und Liebe, Christ für Christ, Mitarbeiter für Mitarbeiter.

Welche dieser beiden Entweltlichungen will der Papst? Zurückziehen auf den Kern? Oder eine extreme Erhöhung der kirchlichen Anstrengungen, den Bereich des Heiligen auf Erden auszuweiten, Christ für Christ?

Genau um die Frage, wie es gemeint sein soll, drücken sich alle. Der Papst will uns als Heilige. Der Vorstandsvorsitzende appelliert an uns, Leistungsfanatiker zu sein und unsere Employability (unsere persönliche Beschäftigungsfähigkeit oder unsern Employee-Value) zu steigern. WIR sind allein für Heiligkeit und unsere Berufsfähigkeit verantwortlich. „It's up to you!", habe ich so oft gehört. Gleichzeitig werden die Bildungsanstrengungen gesenkt, die Kirchen ziehen sich auf Seelsorgeeinheitenzentralen zurück und lassen die Gläubigen im Dorf ohne stete Präsenz des Heiligen quasi allein.

Wo ist die Brücke? Sind wir das jetzt selbst? Müssen wir zum vermittlungslosen Direktglauben an Jesus übergehen? „Ich bin der Weg, die Wahrheit und das Leben. Niemand kommt zum Vater denn durch mich." Sollen wir uns im Web 2.0 organisieren?

Das dachte ich beim hohen Besuch in Deutschland. Jetzt bekomme ich bestimmt Proteste, dass mich das als Protestanten nichts angeht. Ich gehöre aber zu den Besserverdienenden und zahle per Splitting ein Heidengeld per Steuer an die katholische Kirche. Das ist gern gegeben, aber dann darf ich doch berechtigterweise gesamtchristliche Fragen aufwerfen?

Kapitel 53
Leitlosigkeit in Deutschland – durch Tagesdenken (DD152, Oktober 2011)

Wer einen Charakter hat, handelt aus festen eigenen Prinzipien, Visionen und Überzeugungen heraus. Für andere ist ein Charakter transparent und in sich konsistent. Wir wissen, wie ein bestimmter Charakter handelt und denkt. Natürlich hat das einen Preis, „der Mensch ist in seiner Persönlichkeit gefangen", er ist nicht mehr wirklich frei, sondern an sich selbst gebunden. Etwas in ihm leitet ihn.

Ein Charakter ist wie die Integration aller gefundenen Antworten zu einem Ganzen. Eine Persönlichkeit mit Charakter muss nicht mehr nach Antworten auf jede Frage suchen. Sie ruht schon in ihren gefundenen Antworten. Der „Konservative", der „Heilige", der „Arbeiterführer", der „Grundlagenforscher" oder neuerdings der „Pirat" sind so ein System von Antworten oder Leitlinien.

Diese Leitlinien gehen uns verloren. Wir beklagen die charakterlose Politik und das charakterlose Management. Sie kommen uns nicht wie „integrierte Wertesysteme" vor, sie bestehen fast aus lauter separaten Einzelversuchen, einen Vorteil zu erhaschen oder irgendwie zu „optimieren". Wir fühlen, dass wir das nicht wollen, wir spüren, dass wir „so etwas" nicht mit Vertrauen sehen können.

Was geschieht da? Ich glaube, ich kann eine Antwort geben. Es ist nicht mehr üblich, aus einem Charakter oder einer ganzen Persönlichkeit heraus zu agieren. Es ist normal geworden, sich in jeder einzelnen Tagesfrage neu „zu positionieren". Jeden Tag denken unsere Politiker, Manager oder Priester nach, wie sie zum Euro, zu Griechenland, zum Zölibat, zu Frauen im Management, zu Burnout, Libyen, Ägypten, Facebook, Steuern, Elektroautos oder PKW-Maut stehen. Sie positionieren sich. In jeder Einzelfrage versuchen sie eine immer neue Antwort, die am besten gut ist und gleichzeitig jetzt gerade den Applaus der Mehrheit findet. Sie geben ihre Antworten nicht mehr aus einem nachhaltig getragenen Ganzen (Parteiprogramm, Sinnverständnis, Haltung) heraus, sondern stets neu – dabei immer auf die Mehrheit und den Applaus schielend. Sie fühlen sich beim Geben der Antwort frei von einem Charaktergefängnis. Jeden Morgen suchen sie mit frischer Logik einen Weg zur besten Antwort.

Wie wirkt jemand, der sich jeden Tag zeitnah positioniert, auf einen, der einen festen Charakter hat? Wie wirkt ein von allen langfristigen Glaubensgrundsätzen freier Demokrat auf eine normale deutsche Persönlichkeit, einen sparsamen Württemberger, einen knorrigen niedersächsischen Bauer, einen begeisterten Erzieher oder eine junge Informatikstudentin? Die HABEN in der Regel einen Charakter, also ein leitendes Ganzes in sich. Sie hören sich als solche die Tagesantworten der auf Applaus schielenden Positionierer an und stellen fest, dass sie zwar oft dazu nicken können, aber ebenso häufig ganz und

G. Dueck, *Cut & Paste-Management und 99 andere Neuronenstürme aus Daily Dueck*,
DOI 10.1007/978-3-662-43390-4_53, © Springer-Verlag Berlin Heidelberg 2014

gar nicht zustimmen – je nachdem, wie der Positionierer sich gerade diesmal positioniert. Mal kann man nicken, mal nicht – jeden Tag neu. Das flößt einem normalen konsistenten Bürgercharakter Misstrauen ein. Ist das gut, wenn jemand anderes über relativ kurze Zeit verschiedene Antworten gibt, also etwa für Atomkraft ist und dann dagegen oder für den Kampf in Libyen ist und dann doch lieber nicht?

Kurz: Wenn sich die „da oben" redlich und ein bisschen opportunistisch im Tagesdenken üben, können wir sehr oft nur den Kopf schütteln. Wir erkennen nicht mehr, welches Ganze die da oben antreibt oder aus welchem Kern heraus sie agieren. Wir wissen, dass sie sich ernsthaft bemühen, aber es fühlt sich so an, als wären sie charakterlos. Die da oben sind nicht mehr Christdemokraten, Sozialdemokraten, Sozialisten oder Unternehmen alten Schlages. Sie sind auf Tagesposition.

Die Politiker und Manager sind also nicht charakterlos, nein! Aber sie agieren im Tagesdenken nicht mehr als Charakter. Sie haben noch einen Charakter, aber man nimmt ihn nicht mehr wahr („Ich habe den Oberboss mit seinem Kind beim Fußball getroffen. Ich war zu Donner gerührt, weil ich sah, dass er ein Mensch ist."). Das Tagesgeschehen, das Tagesgeschäft, das Fehlen einer Strategie oder einer Vision frisst die da oben auf. Das Ziel, am meisten Stimmen, Geld, Kollekte oder Applaus einzusammeln, ist kein solches, das Charakter verleiht, sondern eines, das zerreißt, zersplittert, kompartmentalisiert und stresst.

Ein normaler deutscher Charakter wünscht sich eine Partei, die hauptsächlich, also in den überwiegenden Antworten und Aktionen, nach seiner Seele agiert. Ein Arbeitnehmer wünscht sich einen Chef, der ihn stolzgeschwellt zur Arbeit gehen lässt. Christen wünschen sich Bischöfe, die im Kernsinne Jesu ein lebenstaugliches Leben predigen. Wer einen Charakter hat, wünscht sich dafür eine Heimat, nicht ein dauerndes Umziehen in Lebensabschnittsansichten und Positionen.

Leben wir nun mit Jesus oder nicht? Mit Schulden oder nicht? Mit Macht oder Transparenz? Mit Atom oder nicht? Mit Hochbildung oder nicht?

Nachhaltigkeit! Danach rufen wir alle Tage, aber wir brauchen dafür ein Ende der Leitlosigkeit und einen gemeinsamen Charakter. Der Deutsche gilt schon immer als tendenziell zerrissen, aber jetzt geht das alles zu weit. Wollen wir Ausstieg aus Atomenergie? Ja, dann kostet der Strom mehr. Wollen wir die Armee abbauen? Ja, dann gibt es Arbeitslose. Wollen wir Diktatoren wegfegen helfen? Ja, dann gibt es das Chaos danach. Wollen wir die Schulden senken? Ja, dann müssen wir sparen. Wir haben uns an die Positionen der da oben gewöhnt, die uns mit Lösungen ohne Nachteile beglücken – so wie es die berühmten Business Cases im Management tun.

Wir streben eigentlich Leidlosigkeit an, aber wir fabrizieren endlos debattierend Leitlosigkeit. Und damit fängt das Leiden erst recht an.

Wählen Sie alles ab, was keinen Charakter hat! Kaufen Sie es nicht! Treten Sie aus. Und engagieren Sie sich selbst. Wer sonst schafft das Ende der Leitlosigkeit?

Kapitel 54
Schande über die S21-Volksabstimmungsfrage!
(DD153, November 2011)

Heute habe ich gelesen, worüber ich demnächst bei der Volksabstimmung in Baden-Württemberg als Volksteil befinden soll. Die Gretchenfrage auf dem Stimmzettel lautet: „Stimmen Sie der Gesetzesvorlage ‚Gesetz über die Ausübung von Kündigungsrechten bei den vertraglichen Vereinbarungen für das Bahnprojekt Stuttgart 21 (S21-Kündigungsgesetz)‘ zu?"

Schande über die Politiker! Jetzt machen auch die Grünen so etwas, und zwar sofort, nachdem sie das erste Mal die Macht im Lande haben.

Wir wollen eine Zukunft, die uns Perspektiven gibt, integre Politiker, die uns dahin leiten, transparente Politik und Offenheit, damit wir auch über das Internet als Bürger partizipieren können. Das Stuttgarter Bahnhofsprojekt hat zu einem entsetzlichen undurchschaubaren Interessengewühl geführt, zu massiven Machtverschiebungen in den Parteien, zu blutigen Auseinandersetzungen und zu allgemeiner hektischer Erregtheit, die auch der Schlichter Heiner Geißler nicht beruhigen konnte, worauf er schließlich alles noch mit eigenen Vorschlägen toppte.

Am Ende retten sich die Politiker in eine Volksabstimmung, in der ich von Waldhilsbach aus absolut fachkundig über die Probleme der Einwohner Stuttgarts entscheiden soll. Da fällt mir ein, dass wir in Waldhilsbach eine vielleicht 600 m lange, ganz nigelnagelneue Straße nach Bammental gesperrt halten müssen, weil die Bammentaler es nicht mögen, dass wir zum Einkaufen heruntergefahren kommen. Wir müssen uns jetzt weiträumig mit dem Auto anschleichen und vier oder fünf Kilometer lang CO_2 erzeugen. Wenn man also schon das ganze Volk über den Bahnhof in Stuttgart abstimmen lässt, warum stellt man dann nicht in einem Abwasch noch ein zweite Frage über Waldhilsbach?

Inhaltlich geht es simpel um „Schranke weg oder nicht". Das ist natürlich für einen Stimmzettel zu volksgewöhnlich ausgedrückt. Ich muss eine andere Formulierung wählen. Ich will ja eigentlich nicht, dass darüber abgestimmt wird, sondern ich will, dass die Schranke wegkommt. Ich muss also die Frage so schlau stellen, dass sie alle Leute so sehr verwirrt, dass sie für mich stimmen. Ich schaue einmal, da gibt es doch bestimmt Gemeindeprotokolle. Da werde ich sicher fündig. Mir schwebt im Entwurf so etwas vor wie:

„Stimmen Sie zu, dass nach dem Streit über die teuren Idylle-Ferienhäuser gemäß Amtsblatt 34///http/KzAktenzeichen (kann von der Bevölkerung nach Anmeldung im Zentralrathaus in RNK-ZK-FL eingesehen werden, morgens von 6 bis 7 Uhr, Schlüssel an der Tankstelle ausleihen, ist noch keiner an der Arbeit) Klö##RT76gbBBBFF eine Maß-

G. Dueck, *Cut & Paste-Management und 99 andere Neuronenstürme aus Daily Dueck,*
DOI 10.1007/978-3-662-43390-4_54, © Springer-Verlag Berlin Heidelberg 2014

nahme Schranketodauswegtrampel nach §§ 56z EStgVG rechtens nach 5000 Seiten Streit-protokoll in der noch ungenehmigten…"

Toll, oder? Das Problem ist, dass Bammental viel mehr Bürger hat als Waldhilsbach. Wenn nur die zwei Gemeinden abstimmen, bleibt die Schranke. Wenn aber überhaupt keiner die Frage versteht, dann geht die Abstimmung bei normaler Dummheit/Intelligenz fast genau 50 zu 50 aus. Dann habe ich also eine Erfolgschance von 50 %, und das, obwohl ich einen kläglichen Minderheitenstandpunkt habe!

Ich schreibe mich in Rage. So eine Volksabstimmung muss (das werden die Politiker bestimmt sagen) rechtssicher sein, also darf sie offenbar so intransparent gemacht werden, wie es sich ein Politiker nur wünschen kann. Ich will gar nicht so sehr auf der Unverständlichkeit von juristisch versierten Menschen herumhacken, nein! Ich finde solche Fragestellungen bei Volksabstimmungen unethisch und manipulativ.

Da feilen offensichtlich Politiker aller Seiten an Fragwürdigkeitsformen, die Vorteile bei der Abstimmung bringen, oder? Jeder normale Mensch erwartet „Bist du für S21? Ja? Nein?" Nun aber muss man Nein stimmen, wenn man bei der erwarteten „Für S21?"-Frage mit Ja antworten möchte.

Brauchen wir jetzt vereidigte unabhängige Beratungsstellen zu Aufklärung der Bürger über den Inhalt der Abstimmungsfragen? Ich werde bald 60, da weiß ich ja schon, dass ich irgendwann Helfer im Altersheim benötige, die für mich das Richtige auf den Wahlzetteln ankreuzen! Aber jetzt sind wir allesamt auf solche Hilfe angewiesen! Jubeln jetzt die Unklarpolitiker? „Endlich ist die Schranke zwischen den Wissenden und Unwissenden (nicht zwischen Waldhilsbach und Bammental) gefallen! Alle stehen gemeinsam gleich blöd vor denselben unverständlichen Fragen!"

Die Piratenpartei fordert Transparenz, Offenheit und Klarheit. Sie ist noch zu sehr „Fundi", hat noch kein richtiges „Realo"-Programm, finde ich, aber wir fangen an, uns langsam in die gezeigte Richtung zu sehnen, oder?

Kapitel 55
Split Loyalty, Vollkundenäquivalente und das Emma-Enterprise (DD154, November 2011)

Alle prahlen mit ihren Kundenzahlen herum. Facebook mit hunderten von Millionen und Google auch. Die Banken gewinnen immerfort Neukunden, der Weinversandhandel ebenso, und, ja – überhaupt alle prahlen. Das Wachstum der Kundenzahlen speist sich aus den Neukunden-An-Abwerbungsgeschenken, deren Wert von derzeit oft 50 € sich normalerweise am 1989er Begrüßungsgeld für DDR-Bürger orientiert. Jeder loyale Kunde ist da ein Depp.

„Tagesgeld zu 2 %!" und im Kleingedruckten „nur einen Monat und nur für Frischgeld". Internet gibt es „drei Monate umsonst", dann ziemlich viel teurer für 21 Mehrmonate. Wer schlau ist, beginnt mit dem persönlichen Illoyalty-Management und kündigt immerfort die Treue auf. Treuebruch der Kunden zahlt sich aus. Dumm, wer seinen Handyvertrag behält oder sein Tagesgeld nicht im Bankensystem rotieren lässt, damit es immer frisches Geld zum Sonderprozentsatz ist. Der gerissene Kunde benimmt sich nicht wie ein König, sondern wie eine zickige Geliebte, die nur mit Geschenken günstig gestimmt werden kann.

Vor etwa fünf Jahren habe ich die Kolumne „Gold Ass – Der treudoofe Bestandskunde" für Sie geschrieben. Ich beklagte mich, dass die Bestandskunden schlechter als Neukunden behandelt würden. Das haben Sie jetzt alle verstanden? Dass Bestandskunden Goldesel sind? Oder eben Deppen? Und dass es deshalb bald keine treuen Kunden mehr gibt?

Tante Emma hat uns früher als Kunden geehrt. Wir haben uns nicht getraut, woanders zu kaufen. Wir konnten uns kaum vorstellen, ihr als illoyale Schufte unter die physischen Augen zu treten. Online aber können wir beliebig sündigen und die Untreue zum Prinzip erheben!

Wir splitten unsere Kundenloyalität auf und sind am besten überall Kunde…

Merken die Unternehmen das eigentlich? Ich habe oft bei Banken gefragt, wie viele „1/1 Kunden" sie haben. Also echte Vollkunden, nicht ½-Kunden oder ¼-Kunden. Sie könnten doch anhand der Personendaten in etwa schätzen, wie viel Geschäft ein Maurermeister oder ein Krankenpfleger mit ihnen durchschnittlich tätigen würde, wenn er ein treuer Vollkunde wäre. Dann könnten sie vergleichen, wie viel Geschäft der konkrete Kunde wirklich mit ihnen macht und wüssten, wie viele Vollkundenäquivalente sie haben. Ich habe noch nie gesehen, dass ein Unternehmen so rechnet! Ich glaube auch nicht, dass es getan und mir verheimlicht wird – man sieht es doch an den unsäglich protzigen Neukundenanwerbestrategien. Da zerfleischen sich die Unternehmen, indem sie sich mit Schnäppchen übertrumpfen.

G. Dueck, *Cut & Paste-Management und 99 andere Neuronenstürme aus Daily Dueck*,
DOI 10.1007/978-3-662-43390-4_55, © Springer-Verlag Berlin Heidelberg 2014

Wir verlieren gleichzeitig allen Glauben in Unternehmen und deren Treue zu uns. Gibt es so etwas wie „enterprise loyalty"? Google sagt: 31.000 Hits. Ich versuche „customer loyalty" (beide Male mit Anführungszeichen eingegeben). Google findet 8.240.000 Ergebnisse. Unternehmen wünschen sich also das letztere ohne das erstere anzustreben, oder?

Weiß Ihr Unternehmen, wie viel Vollkundenäquivalente es bedient? Haben Sie die imposanten Facebook-Userzahlen gelesen, so dass Facebook mit zig Milliarden Dollar am Aktienmarkt bewertet wurde? Nun kam im Juli 2011 Google + als Konkurrent dazu. Die Facebook-Userzahlen sinken jetzt nicht dramatisch. Nur wir Surfer haben nun zu gutem Teil zwei „Konten" statt nur des einen. Wie viele Vollkundenäquivalente hat Facebook jetzt noch? Müssten wir nicht diese Zahl bei der Börsenbewertung wissen – so etwas wie Userzahl mal Facebook-Time?

Ich rufe alle Unternehmen auf, ihre Vollkundenäquivalente zu publizieren. Das wird so grausam sein, dass es bald wieder die ersten „Tante-Emma-Enterprises" gibt, wo Unternehmen und Kunden sich gegenseitig liebhaben. Oder die Wissenschaftler könnten den „split loyalty effect" untersuchen – drei (!) Treffer bei Google …

Kapitel 56
Kaum noch Ganzes im Meer von Portfolien von Einzelnem – oder ist das unsere Freiheit? (DD155, Dezember 2011)

Einst waren wir den Parteien treu, heute stimmen wir allenfalls mit Einzelpolitikern „überein". Wir sind Fan Einzelner, nicht mehr Anhänger eines Ganzen. Wir kaufen Produkte, wie wir sie einzeln sehen, nicht mehr so sehr nach dem erzeugenden Unternehmen. Woran liegt das? Vereinzelt das Internet für uns durch die Suchmaschinen ein Ganzes in Menschen oder Dinge? Oder sind die Parteien und Unternehmen auf dem Irrweg?

Ich habe das Gefühl, dass das Wort „Portfolio" aus dem Beraterwortschatz eine zentrale Vorstellung erzeugt. Firmen haben ein Portfolio von verschiedenen Marken, Parteien haben ein Portfolio von derzeitigen Positionen und Standpunkten. Die Markenprodukte eines Unternehmens werden von einem ganzen Portfolio von Zuliefer- und Produktionsfirmen hergestellt, die Positionen von Politikern von Agenturen, Beratern, Räten, Ausschüssen, Rechtsanwaltskanzleien, Ghostwritern und so weiter. Die Unternehmen sagen: „Wir bieten das und das an." Die Parteien sagen: „Unsere Politikrichtung konstituiert sich aus folgenden Einzelpositionen." Immer sind es „Portfolios aus Einzelposten".

Wir Kunden oder Wähler auf der anderen Seite haben früher ein Ganzes gewählt oder gekauft. Wir haben Tütensuppen nur von Maggi gekauft – alle! Oder eben alle nur von Knorr! Nicht gemischt! Wir waren „für Maggi" oder „für Knorr", wir waren Stammwähler der CDU, SPD usw., nicht gemischt mal so oder so! Wir waren bei unseren Diskussionen auch immer sehr polar, entweder immer rechts oder immer links, nicht durcheinander.

Was hat sich verändert? Unsere Einzelpositionen sind wie einzelne Produkte, nach denen wir im Internet suchen. Wir geben Produktnamen ein, Autoren oder Titel, und NICHT mehr zum Beispiel den Namen eines Verlages. Als es noch kein Amazon gab, mussten wir uns ganz ohne Internet einen Überblick über die Bucherscheinungen verschaffen. Ich bin damals alle halbe Jahre in eine große Buchhandlung gegangen und habe alle mir wichtigen Taschenbuchkataloge mitgenommen. Manche Verlage boten wundervolle Bücher, andere nur flachen Kram. Ich kannte die Verlage nach ihrem Charakter, wusste, wofür sie standen und was ich von Ihnen zu erwarten hatte.

Das hat mit Google oder Amazon aufgehört. Ich suche jetzt direkt nach dem, was ich will. Ich nehme nicht mehr an, dass ein Verlag als Ganzes mich als Leser versteht und für meinen Geschmack arbeitet. Ich sehe den Buchmarkt als ein Portfolio von Büchern oder Autoren an. Die Verlage stehen für mich nicht mehr als Orientierungspunkte im Meer der Lesemöglichkeiten. Ist das bei Ihnen anders? Suchen Sie nach einem Verlag bei Amazon?

Wir identifizieren uns allenfalls mit Autoren, Stars, Künstlern… Wir suchen nur noch das Einzelne und Punktuelle und bekommen es auch – einzelne Bücher, Videos, CDs.

G. Dueck, *Cut & Paste-Management und 99 andere Neuronenstürme aus Daily Dueck,* 126
DOI 10.1007/978-3-662-43390-4_56, © Springer-Verlag Berlin Heidelberg 2014

Wir als Kunde wühlen nur noch im Portfolio, die Unternehmen bieten nur noch ein Portfolio. Die Größe „der für uns größten brauchbaren integrierten Sinneinheit" sinkt. Wir hören immer weniger auf ganze Kirchen, Markenserien, Parteien – wir stückeln uns selbst zusammen. Wir sind kaum noch Jünger der Produkte bestimmter Unternehmen (Apple zum Beispiel ist da gegenwärtig eine Ausnahme). Wir als Wähler sehen nur noch die Einzelpositionen zu Griechenland, zum Euro, zum Irak oder zum Spitzensteuersatz. Wir selbst bilden uns Meinungen aus einem angebotenen Portfolio. Wir nehmen nicht mehr an, dass eine einzige Partei ganz für uns steht und wir für sie.

Wir picken uns überall wie bei Amazon und Google das beste heraus, von der einen Religion ein bisschen, von der anderen auch. Wir selbst integrieren das Universum einzeln für uns selbst. Wenn wir das nicht können und überfordert sind, eine eigene Identität zu bilden, werden wir nicht mehr Anhänger einer großen Bewegung, sondern eher Fan eines einzelnen Idols wie Obama, zu Guttenberg, oder…oder…so viele Idole werden ja leider nicht angeboten, oder? Idole zur Identifikation sind heute die angesagten Fertiglösungen, so wie es früher Kirchen oder Parteien waren.

Die Chancen, uns zu verzetteln, nehmen zu. Die Integration allen Einzelnen wird schwerer. Es gibt kaum noch anerkannte Leitsterne oder allgemein als tauglich gesehene Lebenslehren. Wir haben die volle Freiheit, uns selbst aus einem unendlichen Portfolio zu gestalten. Diese Freiheit ist schön – bringen wir aber auch die Fähigkeiten mit, frei zu sein? Haben wir wenigstens das Bewusstsein, jetzt für unsere Entwicklung höchstselbst zuständig zu sein? Und dass dann die entsprechenden Fähigkeiten dazu haben müssen? Wissen wir überhaupt schon, dass wir frei sind? Manchmal denke ich, dass wir das persönliche Integrationsproblem allen Einzelnen in uns noch nicht als das Unsrige verstanden oder gar akzeptiert haben. Das höre ich aus dem Dauergejammer wie „Die Komplexität nimmt zu." Oder „Es wird immer schwieriger, in der Überfülle das Wichtige zu finden." Was wollen wir denn? Freiheit oder Einfügungspflichten in eine fertig vorgegebene Menschenvorlage? Vielleicht doch wieder mehr „Vorlage" in Form eine Ethik, wie wir sie in der Ökonomie vermissen?

Kapitel 57
Studie – Was Kinder lernen WOLLEN!
(DD156, Dezember 2011)

Nach PISA kommt jetzt PIAAC, eine Studie, bei der die Kompetenzen von Erwachsenen erfasst werden. Die Befragungen finden Anfang 2012 statt – und erste Ergebnisse gibt es Ende 2013 (!!). Dann kommt wieder heraus, dass einige nicht lesen und mitdenken können. Aber unser Bildungssystem ist sehr gut, nicht wahr? Außer, dass keinen interessiert, was da gelehrt wird, und es fast gewiss erscheint, dass das erworbene Wissen niemals angewendet werden kann. Ich fordere eine Studie, was Kinder denn lernen WOLLEN!

Immer wieder gibt es Studien, um den IST-Zustand zu verstehen, dann zu verharmlosen und schließlich weiter mit ihm zu leben. Woanders, so beruhigen uns die Studien, wird auch nur mit Wasser gekocht. Deutschland ist schwach durchschnittlich, aber eigentlich am besten. Im Grunde drücken nur unwillige Leute die PISA-Ergebnisse, die nicht lernen wollen, sich nicht integrieren, von ihrem Hintergrund her nicht gut erzogen wurden und so weiter. Deshalb wären die Zahlen viel besser, wenn wir nur die Besten messen würden, nicht alle. Damit aber diese Panne nicht wieder passiert, werden wir diese Schnittverderber ab jetzt gehörig schulen und schurigeln!

Zurzeit werden die ersten PISA-Befragten schon berufstätig. Was liegt näher, als sie nochmals zu befragen, ob sie als Erwachsene jetzt gute Kompetenzen haben? Welche Kompetenzen werden überhaupt verlangt? Welche wollen wir testen? Am besten testen wir nicht die, die Erwachsene haben SOLLTEN (Teamfähigkeit, Kreativität, Kommunikations- und Konfliktlösungsfähigkeiten, Verkaufen etc.), sondern die, die wir bei den Kindern gemessen haben, also Lesen, Rechnen, Problemchenlösen. Dann können wir alles schön statistisch vergleichen und stellen fest, dass Erwachsene nicht weiter gekommen sind, weil sie nur MIT ihren Mängeln gearbeitet haben anstatt AN ihnen.

Kinder, die ich kenne, WOLLEN doch lernen! Darauf reagieren wir kaum. „Das kannst du noch nicht." – „Das verstehst du noch nicht." – „Internet ist böse und hält dich vom Lernen ab." – „Bitte fass mein Handy nicht an, sonst raste ich aus. Das ist nichts für dich. Wenn du da etwas verstellst, kann ich es nicht mehr benutzen, so schwierig ist die neue Technik. Kind, ich weiß, wovon ich rede."

Wieso bestehen die abgebrochenen Hauptschüler alle die theoretische Führerscheinprüfung? Wieso gibt es mehr Experten für Dinosaurier als für Kartoffelsorten oder Maler des Mittelalters? Warum interessieren sich Kinder für Planeten und Sterne und nicht für Baumblätter? Warum lesen sie so viel, bis sie zur Schule kommen und Iphigenie treffen? Die Kinder engagieren sich bei der Feuerwehr, beim Tischtennis, beim Rettungsschwimmen und im Harmonikaverein. Alles ist gut, wenn sie sich interessieren! Sie lernen dann zehn Mal so schnell!

G. Dueck, *Cut & Paste-Management und 99 andere Neuronenstürme aus Daily Dueck,*
DOI 10.1007/978-3-662-43390-4_57, © Springer-Verlag Berlin Heidelberg 2014

Wenn das so ist, sollten wir sie einmal selbst fragen, WAS sie interessiert und WAS sie lernen WOLLEN! Das wissen wir auch so, aber ohne Studie ist es nicht offiziell evident und gilt nicht. Glauben Sie im Ernst, die Kinder würden *nicht* lesen und rechnen können wollen? Wahrscheinlich werden sie doch alles lernen wollen, was sie an Menschen in ihrem Umfeld bewundern, oder? „Das kann ich auch. Das kann ich schon!" Kochen, Backen, Radfahren, Schwimmen, Malen, Singen, Fußballspielen, Mails schreiben, SMS schicken, Rechner bedienen. Dann könnten wir noch fragen, WIE sie es lernen WOLLEN, oder? Das Malen und Singen beginnen sie einfach und natürlich im Kindergarten, sie sträuben sich nicht!

Man könnte aber das Malen mit dem Erlernen von Stilen und Techniken sowie dem Büffeln berühmter Malernamen beginnen! Wir könnten vor dem Singen erst das Notenlesen üben und vor das Schwimmen das Auswendiglernen der Stilarten und Sicherheitsvorschriften stellen! Wir lehren vor dem Simsen am besten die Telefonkunde, wie sie schon bis zum Jahr 1980 in Lehrbüchern beschrieben ist („Der Aufbau von Telefonhäuschen und ihre Benutzung durch Kinder, die erst mit Stelzen an den Hörer kommen").

Kinder wollen erst Beispiele, dann Theorien. Lehrpläne predigen Theorie und merken, dass sie nicht verstanden werden (weil die Theorie zu trocken ist). Dann erklären Lehrer die Theorie der Lehrpläne mehrmals, was nicht weiterhilft – einfache Beispiele und Tun würden es ja bringen… dafür ist aber keine Zeit, weil viele Schüler auch nach dem vierten Mal Theorie nichts verstanden haben.

Als ich einmal in Göttingen Wirtschaft studierte, demonstrierten wir gegen den Schah von Persien und gegen Mikroökonomie II, die wir absolut nur lernen, aber nicht verstehen konnten. „Wo ist der Sinn?", riefen wir, als schließlich zwei zögernde Assistenten herauskamen und uns beruhigen wollten: „Ihr Studenten, alle Studiengänge der Universität beginnen mit trockener Theorie, deren Sinn man erst im Hauptstudium versteht oder bei der Dissertation ganz bestimmt. Es braucht lange, die Grundlagen eines Fachs so sehr abstrakt vorzubereiten, dass man darauf aufbauend ganz redundanzfrei alle denkbaren Theorien beweisen kann. Da darf man am Anfang noch keine Fragen nach dem Sinn und einem ganzheitlichen Verstehen stellen. Der Sinn oder der Zusammenhang des Ganzen wird auch im Hauptstudium nie erklärt, aber er wird dann schon implizit klar, wenn man begabt genug ist, ihn von selbst zu erfassen. Das Wesen der Wissenschaft erschließt sich dem von selbst, der lange genug Bruchstücke davon in sich aufnimmt, Credit Point für Credit Point. So will es die Theorie." (Inzwischen hatten wir die Finanzkrise, die heute auch als eine der ökonomischen Wissenschaft begriffen wird – der Zusammenhang zwischen der Mikroökonomie II und der Realität hat sich immer noch nicht von selbst eingestellt.)

Ach, ich spekuliere zu viel… was ich mir jetzt selbst denke, was Kinder wollen oder was ich wollte, als ich Kind oder Student war. Wir sollten sie FRAGEN! Heute neu! Wahrscheinlich kommt etwas gut Brauchbares heraus. Wollen wir das Ergebnis einer solchen Befragung nicht einmal betrachten und im Herzen bewegen? Haben wir den Mut dazu? Haben wir Angst, dass sie vielleicht nicht selbst auf bundeseinheitliche Prüfungen kommen? Kennen Kinder den Stand der Technik bei Overheadfolien, Matrixdruckern und ausrollbaren Erdkundetafeln? Werden sie teure Schreibmaschinenkurse verlangen, die wir uns damals erst nach der Schulzeit leisten konnten?

Lasst uns sie fragen! Lasst uns gefasst sein!

International Childrens' Assessment of Necessisties (I CAN).

Kapitel 58
Über die typische Sinn-Blogger-Psyche oder über „INFP" (DD157, Januar 2012)

Was hat Sinn? Darum geht es in vielen Blogs. Was ist gerecht? Ethisch? Wertvoll? Alles wird unter die Lupe genommen, es wird gestritten und sinngehechelt. Mal sind alle empört und mal ist es allen aus der Seele gesprochen. Dieses Gefühl, „es ist mir aus der Seele gesprochen" – dieses tiefwärmende Gefühl scheint das höchste und heiligste zu sein. Das sieht aus wie INFP, oder?

Vor gut zehn Jahren schrieb ich mein erstes Buch „Wild Duck" über die verschiedenen Arten menschlicher Psychen und deren täglichen Streit in Familie, Schule und Beruf. Daraus erwuchs dann ein Gesamtwerk aus fünf Bänden, die die artgerechte Haltung von Menschen thematisierten. Ich studierte die menschlichen Typen nach der Lehre C. G. Jungs, die später Eingang in psychologische Tests fanden (Keirsey, MBTI und viele andere). Statistiken der Testergebnisse vieler Menschen zeigten, dass viele Berufe nach psychischer Grundhaltung gewählt werden – das ist ja eigentlich klar, aber eine Statistik ist doch beruhigender, oder? Statistiken zeigen zum Beispiel, dass Leiter von Schulen in etwa zu zwei Dritteln „Ordnungshüter" sind („jeder hat die Pflicht, wertvoll zu sein") und einem Drittel „Menschheitsverbesserer" („jeder Mensch ist wertvoll").

Ich habe damals etliche Kolumnen über die Psyche der Techies verfasst und auf meiner Homepage gebeten, mir Testergebnisse zu schicken. Das haben so um das Jahr 2005 herum über 1000 Informatiker, Ingenieure etc. getan … Seitdem tröpfeln nur noch alle paar Tage Antworten herein. Dann kam meine Rede auf der re:publica im April 2010. Die verlockte viele Tausend Besucher, sich meine Homepage anzusehen, und etwa 250 von ihnen schickten mir in der zweiten Aprilhälfte ihre Testergebnisse: INFP, INFP, INFP … Ich staunte statistisch gesehen. Das Resultat ist an sich nicht erstaunlich, aber immer INFP? Konkret: Der Keirsey/MBTI-Test hat 16 verschiedene mögliche Ergebnisse! Und bei den Einsendungen nach der re:publica lauteten über 50 % INFP. Dieser „Typ" ist dabei ganz selten, man schätzt seine Häufigkeit um die drei Prozent, ich habe auch schon Schätzungen von einem Prozent gesehen. Er kommt bei Frauen deutlich häufiger vor als bei Männern.

Was bedeutet INFP? INFP = Introvertiert-Intuitiv-Feeling-„flexibel, schwach chaotisch, impulsfolgend, abwechslungsliebend". Wollen Sie es genau wissen? Googeln sie einfach INFP oder machen Sie den Test gleich selbst! Hier ist eine ganz gute Beschreibung, finde ich (englisch, sorry, Sie finden im Netz auch viele deutsche Charakteristiken):

http://www.themindbehind.net/mbti/types/INFP.html

G. Dueck, *Cut & Paste-Management und 99 andere Neuronenstürme aus Daily Dueck,*
DOI 10.1007/978-3-662-43390-4_58, © Springer-Verlag Berlin Heidelberg 2014

Die Beschreibung ist schön kurz und bündig, ich weiß nur nicht genau, was „original dressing style" heißt – ich glaube, es ist so etwas wie Selbstgestricktes oder Kleinstboutiquisches in schwarz-grün-braun-lila gemeint, ganz bio und vegetarisch. INFPs sind in Menschenmengen eher unauffällig und kommen oft nicht zu Wort, da fressen sie gepressten Zorn über die Blasenpräsentierer in sich hinein, bis sie schließlich doch etwas dazu sagen MÜSSEN, was dann aber schon von fortgeschrittener Gesichtsröte durchzogen ist. Na klar, für andere meckern sie einfach ziemlich viel. Deshalb mögen INFPs lieber private Gespräche zwischen Ich und Du, wo das Zu-Wort-Kommen-Problem des Zaunkönigs unter den Vögeln nicht vorkommt und nur noch Sinnvolles mit dem anderen INFP besprochen werden kann. Und folglich, so sagt ja auch die Beschreibung, haben sie oft den Wunsch, sich wunderbar schriftlich auszudrücken.

INFPs sind die geborenen Blogger! Im Web ist Sinn satt!

So, und jetzt kommt ein Wassertsunami in den Wein: INFPs sind in der Bevölkerung selten, das sagte ich schon, und es steht auch neben der Beschreibung auf der empfohlenen Webseite. Und INFPs diskutieren den Sinn am liebsten unter sich.

Das muss nichts Schlimmes bedeuten, wenn das Bloggen so große Seelenfreude bereitet. Wenn aber ein INFP-Blogger WIRKUNG erzeugen will, muss er die Psyche der lauten sinnsorgloseren Anderen beeindrucken, so dass sie Follower werden und liken. Dann muss ein INFP in die feindliche Welt, dort aber gibt es viele auch feindlich-befremdliche Diskussionen, in denen fast keine Antwort wärmt oder „aus der Seele spricht". Da wird der Zaunkönig traurig, dass der Adler ihn nicht hört und die Spatzen ihn laut verspotten. Da fliegt er wieder ins Unterholz, ins Web, wo die Blogger sind.

Die Blogger KENNEN den Sinn und die wertvolle Zukunft. Gleichzeitig fühlen sie sich unverstanden, nicht ernst genommen und wirkungslos in der Masse der Menschen. Diese Problematik ist eng verbunden mit der introvertierten Sinn-Psyche. Sie bringt Sinn hervor, preist ihn schriftlich oder künstlerisch oft erfolgreich an, verkauft ihn aber nicht an Kunden. Bloggen ist oft wie eine wertvolle Ausstellung von Wertvollem, das aber niemand im Wohnzimmer haben will. Dort aber gehört es hin. Hey, Blogger, geht mit Eurem Licht in Platons Höhle und zeigt es den im Dunkel Angeketteten. Macht aus Sinn eine Praxis! Predigt nicht nur Ethik, sondern bildet eine breite Kultur! Überschreitet den Rubikon zu den normalen Menschen!

Ich blogge ja auch … Ich bin aber mehr Techie. Ich erfinde oft etwas, was keiner kauft. Ich stelle Visionen aus, die keiner im Wohnzimmer haben will. Ich habe mein Problem schon vor langer Zeit erkannt und mir Mühe gegeben … Erfinder leiden unter Technology Enlightenment, nicht so sehr unter Sinnsehnsucht. Auch sie überschreiten nur selten den Rubikon zur Innovation (Innovation ist eine Erfindung, die wirklich gekauft wird). Das war schwer für mich, zur Tat zu schreiten, elend schwer, und ist immer noch schwer … Ich habe noch immer die Worte eines Top-Managers über die Freiheit der Forschung im Ohr: „You know, there is a fine line between independence and irrelevance." Es hat etwas mit der Schullektüre von Raabes „Stopfkuchen" zu tun: „Geh heraus aus deinem Kasten." Das haben die amerikanischen Managerschulen geschwind adaptiert, es heißt in Neudeutsch: „Leave your comfort zone." Dazu rufe ich hiermit auf. Lassen Sie uns bloggen, was nicht nur gehört wird, sondern „gekauft". Hören wir auf, zu sehr Fundis zu sein – Realos braucht die Welt. Viele.

Kapitel 59
Fehler machen, Fehler haben, Fehler sein – über Salamidemontage und Politik (DD158, Januar 2012)

[Mein ganz früher Beitrag, als unser Bundespräsident begann, sich in Widersprüche rund um Vergünstigungen aus seinem Umfeld zu verwickeln. Derzeit steht er deshalb vor Gericht und wird fast sicher freigesprochen. Aber wie er sich benimmt! Wie ein kleiner Junge, der erst einmal alles abstreitet und schönredet und erkennbar nur eines im Sinn hat: Keine Strafe. Er ist aber kein Junge, sondern der Präsident.]

Es ist nicht schlimm, mal einen Fehler zu machen – das wissen wir alle, aber es stimmt irgendwie nicht. Es ist doch schlimm. Man darf Fehler begehen, aber nicht denselben zweimal, dann ist man dumm, sagen die Weisen. Man hat nämlich nicht aus einem Fehler gelernt. Ach – dumm! Das ist nicht der Punkt! Es gibt doch den feinen Unterschied, ob man Fehler macht oder Fehler hat, nicht wahr?

Darum geht es! Natürlich kann jeder Fehler machen. Der Fehlende wird darauf hingewiesen, er sieht es ein und handelt fortan richtig. So stellen wir uns das alle vor. Meistens aber begehen die Menschen immer dieselben Fehler. Ladendiebe klauen weiter, auch wenn sie erwischt wurden und bereuten. Temposünder bekommen den Führerschein zum wiederholten Male zurück und brettern los. Hilft es, Putzteufeln weniger häufiges Staubsaugen anzuraten? Schaffen Sie persönlich es denn, Ihrem Lebenspartner die Marotten auszutreiben? „Tür zu, Schuhe aus, Strom sparen, Rasen mähen, setz' dich doch mal richtig hin, stress' nicht, wieder die Sahne beim Einkaufen vergessen, du Depp." Die Leute, die zu viel putzen, was vergessen, bestimmte Rechtschreibefehler begehen oder unfreundlich sind – die machen das immer! Sie bereuen den Fehler in jedem Einzelfall und machen weiter.

Dazu passt ein Zitat aus dem Aphorismenband von Marie von Ebner-Eschenbach: „Viele Leute glauben, wenn sie einen Fehler erst eingestanden haben, brauchen sie ihn nicht mehr abzulegen." Sehen Sie? Einmal geht es um einen isolierten Fehler, der in der Regel auch „freimütig" eingestanden wird. Eine andere Qualität ist es, einen Fehler zu HABEN!

Wenn zum Beispiel ein Bundespräsident einen Fehler macht – wen kümmert's? Er ist eine Lichtgestalt – und als solche wird er seinen Fehler natürlich nicht noch einmal machen, denn er ist nicht dumm und lernt aus seinen Fehlern. Ein Problem taucht auf, wenn jemand zwei ähnliche Fehler zum Beispiel der Unbescheidenheit oder der Verschleierung hart an der ethischen Grenze begeht. Zwei Fehler sind anders als einer! Wer zwei ähnliche Fehler macht, gerät in den Verdacht, einen Fehler zu HABEN. Und bei der Bundespräsidentendebatte geht es nur darum, ob unser Staatsoberhaupt einen Fehler HAT oder nicht. Wenn er einen Fehler HAT, müssen wir ihm in ganz anderer Qualität verzeihen als wenn er nur einen Fehler begangen hätte.

G. Dueck, *Cut & Paste-Management und 99 andere Neuronenstürme aus Daily Dueck,*
DOI 10.1007/978-3-662-43390-4_59, © Springer-Verlag Berlin Heidelberg 2014

Da spürt der Präsident, dass man ihn verdächtigt, einen Fehler zu haben. Deshalb isoliert er die Fehler einzeln und entschuldigt sich für sie einzeln. Er beteuert in jedem Einzelfall, denselben Fehler nicht wieder zu begehen. Er muss vermeiden, dass ihm noch weitere Fehler unterlaufen, weil er dann Probleme bekommt, die Diskussion zu vermeiden, dass er einen Fehler hat. Das ist die Salami-Taktik – man muss Fehler isolieren! Es darf nie der Eindruck entstehen, dass es da ein Muster hinter verschiedenen Fehlern zu entdecken gibt. Bürger oder die Presse aber wollen wissen: hat er nun einen Fehler oder macht er nur welche? Sie graben dazu das Privatleben des Präsidenten ungebührlich gründlich um, um ein vermutetes Muster nachzuweisen oder eben keines sehen zu können. Sie wollen über den Verdacht entscheiden, ob der Präsident einen Fehler HAT.

Viele Menschen verstehen den Unterschied zwischen dem Fehlermachen und dem Fehlerhaben nicht so genau – da kann sich ein Politiker herauslavieren, wenn er sich genügend entschuldigt. Aber diejenigen, die finden, dass er einen Fehler hat, versuchen nun eine endlose Salamidemontage…es läuft ähnlich ab wie im Falle zu Guttenberg. Einmal nicht zitieren, also abschreiben? Kein Problem! Er entschuldigt sich, wir verzeihen, auch für das zweite und dritte Mal abschreiben. Lappalie! Aber bei der zwanzigsten bedenklichen Stelle ist ein klares Muster hinter allem sichtbar. Jetzt hat zu Guttenberg einen Fehler. Das haben wir alle eingesehen, darum musste er gehen. Er ist allerdings so beliebt – scheint es – dass wir ihn insgesamt auch mit einem Fehler als Minister akzeptieren würden. Viele sagen: „Er ist ein Mensch! Ein Mensch darf auch Fehler HABEN. Ich habe so einen geheiratet, ich weiß, wovon ich rede." Manchen Menschen verzeihen wir daher sogar, dass sie Fehler haben. Auch Präsidenten – ein Rundblick der letzten zehn Jahre in befreundete Länder genügt. Verzeihen wir nun unserem Präsidenten, dass er einen Fehler hat? Lieben wir ihn so sehr? Was schätzen wir an ihm so sehr? Eigentlich nur besonders, dass er keine Fehler hat. Wenn er aber welche hat, was schätzen wir dann?

Wenn wir jemandem nicht verzeihen, beginnt der Betreffende, ein Fehler zu SEIN! „Die Ehe mit dir war ein Fehler." Dann ist der Betreffende ein Fehler von UNS. Diesen unseren Fehler müssen wir dann einsehen, korrigieren und so viel daraus lernen, dass wir ihn nie wieder begehen. Wenn wir das nicht tun, haben WIR einen Fehler. Andernfalls SIND WIR(!) als Kollektiv im schlimmsten Falle ein Fehler aus der Sicht von außen. „Deutschland hat einen solchen Präsidenten", sagen Fremde, so wie wir bis vor kurzem sagten: „Italien hat einen solchen Ministerpräsidenten." Darum geht es in den Diskussionen, in denen das Wort „beschädigen" prominent vorkommt.

Nachtrag: Zu Beginn der Affäre habe ich bei Facebook und Google+ dies gepostet (am 14. Dezember 2011, als alles noch harmlos war, aber ich schon sehr unwillig wurde):

„Nicht gut, aber präsi!"

Die Mutter beschuldigt ihren Sohn, mit dem Nachbarsjungen heillos gesoffen zu haben. Der Sohn schwört Stein und Bein, dass „er nicht mit dem Nachbarsjungen gesoffen hat". Da verzeiht ihm die Mutter. Viel später erfährt sie, dass er mit der Nachbars TOCHTER unter anderem heillos gesoffen hat. Sie stellt ihn zur Rede. Er wiederholt seine Antwort, nicht mit dem Nachbarsjungen gesoffen zu haben. Die Mutter schäumt. Der Sohn lächelt bemüht: „Die Ausrede ist nicht gut, aber präsi!" – „Was ist präsi, bitte?" – „Präsentabel." – „Und was bedeutet präsentabel?" – „Es ist kein Rückentritt erforderlich."

Nachtrag heute: doch.

Kapitel 60
Der Chef will immer Input und ist doch nie zufrieden! (DD159, Februar 2012)

Nerven Ihre Chefs auch immer so fürchterlich? Sie wollen Infos, Input und vor allem ganz genaue Zahlen, die es in der gewünschten Form fast nie gibt. Ein richtig hoher Chef macht mit seinen Inputsonderwünschen seine ganze Assi-Umgebung regelmäßig kopflos. „Daten! Sofort!" Da wissen die Sekretäre und Assistentinnen, die Stabsleute, die Marketing- und Öffentlichkeitsarbeiter kaum anderen Rat, als das ganze Unternehmen so verrückt zu machen, wie sie es selbst gerade sind. Keine Zahlen zu haben ist vielleicht schlimmer als schlechte.

Kennen Sie dieses neurotische Zittern im Raum, wenn zwischen vielen Menschen ein einziger verzweifelt und in erkennbarer Eile seinen Schlüssel sucht, dabei immer lauter flucht und zetert? Er schaut oft nur zwei Drittel seiner Zeit tatsächlich nach dem Schlüssel, den Rest verbringt er mit wütend eindringlichen Blicken auf das gleichgültige Saupack um ihn herum! Das ist bösartig faul und bekommt den Hintern nicht hoch, um ihm beim Suchen zu helfen. Die im Raum Arbeitenden bekommen nach und nach die Krise, sie werden neurotisch angesteckt, sie können nicht mehr konzentriert denken. Erste von ihnen stehen auf und tun grimmig so, als würden sie suchen helfen – sie hoffen dabei nur inständig, dass der Schlüssel endlich auftauchen würde. Bald steht alles Kopf, man fragt immer drängender nach dem Sinn des Ganzen. Die Lage eskaliert. Bohrende Fragen nach möglichen Alternativen branden auf. „Gibt es andere Lösungen, als uns verrückt zu machen?" Ein Witzbold wird für „Könnt ihr den Schlüssel nicht draußen suchen?" mehrheitlich blickgetötet.

Und viel später, viele entsetzliche Minuten später: Da! Da! Da ist er! „Ach, ich bin so froh, es ist nämlich der Kellerschlüssel, ich brauche ihn nicht, aber es hätte mich das ganze Wochenende gequält, nicht zu wissen, wo er ist. Er war nur im Mantel verrutscht. Das ist noch nie passiert. Echt! Ich verliere ihn oft!"

So ein Schlüssel ist noch einfach, weil der Suchende mitten im Chaos dabei ist. Ein Chef aber ruft nur kurz aus Shanghai an, er brauche eilig Input. „Was genau?", bebt der Assistent. „Zu eilig, seien Sie kreativ!", da legt er auf. Alle fühlen sich, als ob eine zickige, launische, anspruchsvolle und sehr nachtragende Tänzerin in einem Roman von Balzac ohne näher erklärte Wünsche eine großartige Weihnachtsüberraschung erwartet, was ihre Anbeter in Traumata versenkt. Nun laufen sie los, alle diejenigen in der organisatorischen Nähe des Chefs, und üben das Spiel „Reise nach Jerusalem". Alle hektisch von ihnen Angesprochenen fragen zurück: „Was genau sollen wir liefern?" Das aber ist nicht bekannt, er muss nur eben einen wichtigen Vortrag vor einem Board halten, oder auch vor Mit-

G. Dueck, *Cut & Paste-Management und 99 andere Neuronenstürme aus Daily Dueck,*
DOI 10.1007/978-3-662-43390-4_60, © Springer-Verlag Berlin Heidelberg 2014

arbeitern für eine kritische Situation. Er will Marktzahlen, Unternehmenszahlen, Jubelmeldungen, Lagedarstellungen.

Die Peripheriemitarbeiter lösen das Problem auf bewährt untaugliche Weise: Sie setzen ein Meeting an oder einen Call auf (Es gibt Versuche, bei denen ein Affe in der Nähe eines Tigers sitzen muss, nur durch ein grobes Gitter getrennt. Ihm passiert also nichts, aber er zittert ganz stark vor Angst. Wenn man ihm jedoch einen zweiten Affen hinzugesellt, trösten sich die beiden und haben sehr viel weniger Angst. Meetings werden so groß angesetzt, dass keiner Angst hat, so lange es dauert.). Im Meeting beratschlagen sie, wer welche Zahlen suchen muss, am besten haben sie überhaupt alle zusammen und konsolidieren den Input am Abend. Dann versuchen sie, etwas zu basteln, was so gut sein könnte, dass der Chef irgendwie zufrieden ist. Das geben sie ihm, er stöhnt oder haut es ihnen um die Ohren. Nichts passt ihm! Dabei haben sie alle Zahlen geerntet, die es gibt, alle Finessen erarbeitet. Der Chef hat keine Zeit, den „Mist", wie er sagt, zu überarbeiten. Er ruft eine Beraterfirma an. Die verlangt eine Stunde Zeit und 3000 €. Sie schickt zwanzig Minuten später eine einzige PowerPoint-Folie mit dem starken Satz „Wir werden aus der Krise gestärkt hervorgehen, weil sich der Beste durchsetzt und die anderen sterben." Der Chef freut sich, seine Nerven beruhigen sich. So hat er es sich vorgestellt! Triumphierend und verächtlich schaut er in die Runde. „Ich zahle für Euch sicher zusammen mehr als 3000 €, oder?" Ein Controller wendet ein, dass es nicht so sicher sei, dass sie die Besten wären, wie es die Folie behaupten würde – der Chef solle einmal die von ihm gelieferten Finanzdaten durchschauen. Der Chef rollt mit den Augen, er will ja nicht durchschaut werden, er will nun kurz böse werden, zuckt angesichts der allgemeinen gewohnten Dummheit um ihn herum die Achseln und geht auf die Bühne, um die Zuhörer zu begeistern.

Die hören wie immer, dass der Chef der Beste ist. Wie immer glauben sie es nicht, sie finden es aber vollkommen in Ordnung, zumindest wenn sie selbst Chefs sind – sie lieben dann ähnliche Folien. Die Umgebung des Chefs aber verzweifelt. Haben sie als Mitarbeiter einen Sinn, wenn alles verhöhnt wird, was sie liefern? Sie fühlen sich alle wie Trottel.

Hey, Leute, ich sehe so viele von Ihnen – ganz betrübt! Ich selbst bin übrigens auch oft betrübt. Meine Folien für MEINE Reden woll(t)en meine Chefs fast nie, weil ich PERSÖNLICH die Wahrheit und die Zukunft eines Unternehmens diskutieren würde, wenn ICH Chef wäre. Auf meinen Folien stehen fast nie „Zahlen". Ich bin aber nicht der Chef! Und ich frage mich, ob ich als Chef dann nicht doch anders agieren würde. Mir hat ein Chef einmal gesagt – und das hat mir zu denken gegeben: „Dueck, Sie können bei Ihren Reden in Visionen schwelgen! Die finde auch ich wundervoll. Aber wenn ich Ihre Rede für mich selbst als eigene Rede übernähme, dann erwarten und verlangen die Mitarbeiter, dass ich mein Gesagtes umsetze. Das kann ich gar nicht, dazu müsste ich…" Das habe ich verstanden und davon Abstand genommen, ihm Input zu geben, den ich selbst gerne für Reden gehabt hätte. Denn jeder Chef braucht Input, der zu ihm passt. Und dann muss ich doch den Input aus seiner von mir mitgefühlten Denkweise heraus erstellen?!

Was passt zu einem Chef? Manche Bosse wollen nur beeindrucken und brauchen Markiges. Andere wollen die Mitarbeiter ausschimpfen und brauchen schlechte Zahlen, um damit ins Publikum zu schießen. Wieder andere (das sind überraschend viele) haben beim Reden Angst vor einem lauten Murren der Zuhörer oder direkter Konfrontation mit einem Gewerkschaftler, sie wollen einfach etwas, was sie schmucklos über die Runden bringt – dazu sind alle Gemeinplätze herzlich eingeladen. Wieder andere kommen mit Marktzahlen aus dem Internet, die klingen so: „Der XY-Markt wird in hundert Jahren bei

772 Quadrillionen Euro angeschwollen sein (die Zahl plus minus 10%, je nachdem wie das Wetter in der nächsten Woche ist). Wir haben also beliebig gute Chancen, vielleicht zehn Prozent all dieser Quadrillionen abzugrasen, wir müssen nur raus, raus, raus! Der Markt ist da! Die Kunden warten! Geld regnet überall! Lassen Sie Ihr Unternehmen im Regen stehen!" Noch andere reden angesichts bedrückend schlechter Zahlen lieber von neuen ethischen Werten, die als Abkürzung auf Tassen verteilt werden sollen. TOLL (Tatkraft Originalität Leistungs-Lust bedeutet es, aber die Rede ist Tugendhaft Old-fashioned Lebensfremd Langatmig). Technische Chefs lieben dagegen Vorstellungen von Großprojekten, die ganz kranke Abkürzungen haben, für die sich autistisch Angehauchte kindlich begeistern. „Unser Projekt TOLL CONNECT wird ein Milliarden äh Grab-ber."

Über diese Verschiedenheiten lässt sich natürlich leicht maßlos lästern! Tatsache ist: die Input-Zuträger denken insgesamt einfach zu wenig über die Persönlichkeit und die Notwendigkeiten des Chefs nach. Sie machen sich vielleicht sehr kundig darüber lustig! Und dann bringen sie ihm doch wieder Zahlen, mit denen sie selbst zufrieden sind und für die sie Lob erwarten. Im Grunde machen sich doch die Inputgeber lächerlich, wenn sie immer das Falsche bringen. Nicht einmal die Farben der Folien stimmen! Dabei hat doch der Chef eine Vorliebe für Krawatten, das sieht man doch, was er im Spiegel gut findet! Hey, wenn irgendwelche Berater für sehr viel Geld sofort und auf der Stelle Folien erstellen können, die dem Chef gefallen, dann muss das doch auch normalen Internen gelingen? Wozu sind die eingestellt?

Am besten ist es für den Chef und alle, er hat ein paar Leute um sich herum, die zu ihm passen. Die können dann wissen, welchen Input er braucht, und die dirigieren die Inputmeute. Dann sind die Reden immer in Ordnung! Problem gelöst! Hurra! Aber dann ist der Chef doch abgeschottet? Nie mehr auf dem Teppich? Da haben wir ein neues Problem.

Im Grunde brauchen nur gute Chefs PowerPoints, die zu ihnen passen. Alle anderen sollten fremdbestimmte benutzen, aber das tun sie nicht und bleiben so wie sie sind.

Kapitel 61
Ökonomie erzeugt planmäßig Tütensuppenniveau – das ist Ökopathie, oder? (DD160, Februar 2012)

Die Segnungen der Menschheit sind natürlich zu einem guten Teil der Wissenschaft und dem effizienten Umgang mit den Ressourcen zu verdanken. Das verstehe ich schon! Zuerst erfinden Genies wundervolles Einzelnes, ein Unikat. Das wird analysiert und massenproduziert. Aus jeder Kunst wird am Ende weiße Ware im Discount. Aber geht das nicht manchmal zu weit?

Aus Bildungsreisen werden Pauschaltrips, aus Villen Plattenbauten, aus Menschen „bricks in the wall". Alles wird auf notwendige Invarianten hin untersucht, auf den Kern zurückgestutzt und standardisiert, genormt, vereinheitlicht und „commoditized". Berufe erfüllen immer mehr nur die Eingabebedürfnisse der Computer, die uns sehr schnell anlernen können.

Wissenschaft und Management wirken offenbar zusammen, alles besonders Seiende zu... – wie soll ich sagen?

Es fängt mit Wundervollem an, so etwa mit Viktualienmarkttomaten, Olivenöl extra vergine, Knoblauch, Croûtons, Zwiebeln, Mozzarella – und der Chefkoch sagt: „Das Geheimnis liegt in der klaren Einfachheit."

Dieser Satz wird sofort analysiert und ökonomisiert, und mit bestechender Einfachheit steht hinten auf einer Tütensuppentüte: „Beutelinhalt mit ausfaltbarem Einwegminischneebesen, den Sie der Tüte vorweg entnehmen, in 500 ml (1/2 l) **kaltes Wasser** einrühren. Unter Rühren zum Kochen bringen und bei geringer Wärmezufuhr **1 min** kochen. Dabei gelegentlich umrühren. Ergibt 2 Teller oder 500 ml Suppe. Der ausströmende Geruch symbolisiert Mittelmeer (blau), Provence (rot) oder Kreta (oliv). Beachten Sie die Farbmarkierung auf der Tütenvorderseite."

Ich glaube, vor lauter Industrialisierung haben wird das Erschaffen von Neuem zu sehr heruntergefahren. Hatten wir nicht einst viel mehr bekannte Dichter, Denker, Künstler und Schauspieler? Hatten wir nicht früher gute Politiker? Industriemagnaten und Unternehmer? Berühmte Maler? Komponisten? Erfinder? Diven? Komiker? Designer?

Heute wird aus jeder guten Idee gleich ein „Format", eine Serie, eine Staffel, eine Schablone, ein Rezept – husch von Schuhbeck zum Nürnburger oder so. Das Höhere wird immer schneller plattgeklopft.

Na, im Grunde wissen Sie das. Man verwertet die Originale und verwurstet sie zu einem Standard. Alles Kulturgut der Menschheit wird daraufhin angeschaut, ob sich eine Massenserie daraus fertigen lässt. Aber das wirklich für mich Bedrückende ist, dass die wenigen Menschen, die noch das Originale und Authentische erschaffen können und

G. Dueck, *Cut & Paste-Management und 99 andere Neuronenstürme aus Daily Duck,*
DOI 10.1007/978-3-662-43390-4_61, © Springer-Verlag Berlin Heidelberg 2014

wollen, so langsam immer stärker beim Erschaffen schon darauf achten, dass das Original kostengünstig und einfach zu einer Massenserie oder eine Tütensuppe werden kann. Ist es patentierbar? Formatierbar? Sind die Charaktere zeichentricktauglich? Sind die Geschmacksnuancen auch durch Pilzkulturen simulierbar? Erzielt der Neuwert Impact Points?

Was als Werteverwertung begann, mündete in Originalfakedesign. Man kreiert erst die Fakes und liefert sie gegen Aufpreis als personalisierte Goldversion. Auch die Genies, die eigentlich Originale erschaffen wollen, beginnen bald mit Plattform basierter Produktion, Multifunktionsmodularkunst und Multi-Channel-Strategie. Richtige originale Originale ergibt das nicht mehr. Ökonomie soll eigentlich mit Ressourcen und Anstrengungen effizient umgehen, aber sie erzieht oder zwingt uns, die Ressourcen effizient und anstrengungslos zu verbrauchen… das muss Ökopathie sein.

Kapitel 62
Das Unpro-Prinzip oder wie wir alle unfähig oder überbezahlt werden (DD161, März 2012)

Es gibt so wunderbar satirische Bücher wie das *Peter-Prinzip* und das *Dilbert-Prinzip*. Das Petersche sagt, dass Menschen so lange befördert werden, bis sie zum ersten Mal nicht mehr fähig sind, den neuen Job zu stemmen. Nach Dilbert versucht man, die Unfähigen dadurch zu entsorgen, dass man sie befördert, am besten ins Management, damit sie ja nicht arbeiten und somit Schaden anrichten! Da muss ich nachlegen: Ich behaupte, dass wir alle bald unfähig oder überbezahlt sein werden, wenn wir einfach nur tüchtig arbeiten.

Viele junge Leute, das habe ich auf Nachfrage bemerkt, kennen das Peter-Prinzip nicht! Es wurde erstmals 1969 im Buch *The Peter Principle* Laurence J. Peter und Raymond Hull formuliert. Original: „In a hierarchy every employee tends to rise to his level of incompetence." Oder auf Deutsch: „In einer Hierarchie neigt jeder Beschäftigte dazu, bis zu seiner Stufe der Unfähigkeit aufzusteigen." Die Logik ist bestechend einfach. Wenn jemand in seinem Beruf gut arbeitet, wird er befördert. Wenn sie weiterhin gut arbeitet, wird sie wieder befördert. Wenn er nochmals gut arbeitet, wird er neuerlich befördert. So geht das weiter. Irgendwann aber kommt der Tag, wo sie oder er mit dem jetzt schon ziemlich verantwortungsvollen Job überfordert ist. Dann wird sie/er nicht mehr befördert, weil sie/er unfähig ist. Deshalb steigt die Anzahl der Unfähigen mindestens nach oben hin immer stärker an. In den hohen Positionen sind fast nur noch Unfähige, unten warten noch einige Fähige darauf, endlich in einen höheren Job befördert zu werden, den sie nicht ausfüllen können.

Darüber haben wir damals alle gelacht, als das Buch ein viel zitierter Bestseller war. Wir waren überrascht, wie gut diese witzige Theorie die Lebenswirklichkeit trifft. Warum eigentlich? Die Antwort: Es gibt viele Beförderungen, die in eine Stelle führen, in der andere persönliche bzw. charakterliche Fähigkeiten verlangt werden, die nicht mehr bei der Arbeit erworben werden oder sogar nicht mehr gut erworben werden können. Zum Beispiel könnte man (das kommt gaaanz oft wirklich vor!) den besten Lehrer in der Schule zum Direktor der Schule befördern. Dann betritt er beruflich ein neues Gebiet, was ihm meist nicht klar ist. Ein Lehrer muss die vielen hyperaktiven, unzuverlässigen und störenden Kinder für Bildung interessieren und charakterlich auf den Pfad der Tugend bringen. Dazu hat er eine gewisse Autorität, die ihm die Kinder und Eltern meist noch zugestehen. Wird er aber Direktor, so muss er sich mit einem „Lehrerkollektiv" auseinandersetzen, also mit Leuten, die von Amts wegen oder in ihrer Selbstvorstellung immer Recht haben… Ich will jetzt nicht drastisch werden – Sie verstehen, dass man leicht mit Lehrern überfordert sein kann, wenn man bisher nur mit Kindern üben durfte? Sie verstehen auch,

G. Dueck, *Cut & Paste-Management und 99 andere Neuronenstürme aus Daily Dueck,*
DOI 10.1007/978-3-662-43390-4_62, © Springer-Verlag Berlin Heidelberg 2014

dass es nur EINEN Direktor gibt und sehr viele Lehrer unter ihm auf die Chance lauern, die Stufe ihrer Unfähigkeit zu erklimmen? Die sind dauersauer und eben nicht teamglücklich.

Dieses Phänomen sehen wir sehr oft in der Politik. Da sind wundervolle Politiker, die sofort kläglich versagen, wenn sie Minister werden. Manche schaffen es nach 100 Tagen, in den größeren Schuh hineinzuwachsen, die meisten aber nicht. Es ist eher selten, dass sie im Amt wachsen, also die neu verlangten charakterlichen Führungsfähigkeiten ausreichend schnell erwerben. Wer zögert, wer also vor einer Beförderung zittert, weil er das Peter-Prinzip kennt, wird immer in Watte gepackt: „Ach, sei nicht feige, das schaffst du schon." Und schwupps, ist wieder ein wertvoller Mensch für die Menschheit erledigt. Es ist ja nicht so, dass unfähige Beförderte lediglich ein Ausfall sind – oh nein, schlimmer! Immer weiter hinauf schaden sie der Menschheit enorm! Wer unfähig ist, wird ja nervös und aggressiv und nutzt seine Macht, respektiert zu werden, obwohl man ihn in seiner Rolle nicht mehr respektieren kann…

So. Und jetzt das Unpro-Prinzip. Ich behaupte, dass wir alle mehr oder weniger unfähig oder überbezahlt enden und auf jeden Fall geprügelt werden. Das steht im Prinzip in meinem Buch *Professionelle Intelligenz*. Die Technisierung und Industrialisierung aller Arbeiten beschleunigt sich noch immer. Die einfachen Arbeiten erledigt ein Computer schon fast von selbst, zum Beispiel alle einfachen Reisebuchungen, Rechtsfragen, Diagnoseprobleme, Wissensfragen, Steuerlagen usw. Eine regionale Bank hier in der Gegend gab gerade bekannt, dass sie allen Geldkleinkram bis vielleicht 10.000 € einfach „auslagert", also von Billigkräften woanders erledigen lässt, die dann alles mit guter Software und einem Flachbildschirm hinbekommen. Dann verbleibt in der Bank oder im Reisebüro nur noch der schwierige Teil für die Berater übrig. Die haben bisher zu großem Teil einfache Arbeiten erledigt und zum kleineren Teil komplizierte Anfragen beantwortet. Jetzt sind aber nur noch schwierige Aufgaben für die nicht Ausgelagerten da!

Folglich erkennt man nun bei der Zweiteilung der Arbeit, wer eigentlich wirklich fähig ist, wer also den ganzen Tag ohne Hilfe anderer Kollegen mit schwierigen Arbeiten fertig wird, die ja auch höhere charakterliche Fertigkeiten verlangen: Kundenansprache, emotionale Intelligenz, Verkaufstalent! Einfache Arbeiten lassen sich fast allein mit Fachkenntnissen schaffen, die man erlernen kann, aber bei Top-Kunden sollte man zusätzlich noch Sympathieträger usw. sein, oder? In einer normalen Teammischung gibt es praktisch kaum Mitarbeiter, die locker den ganzen Tag erfolgreich nur schwierige Arbeiten erledigen können. DAS ist das Problem! Auf der höheren Stufen der vollen Professionalität gibt es kaum genügend Professionelle.

Da behilft man sich so, dass die weniger guten Leute NUR noch die einfachen Aufgaben bekommen. Dafür sind sie aber eigentlich überqualifiziert! Trotzdem, sie dürfen nur noch Einfaches machen. Deshalb sind sie überbezahlt! Und jetzt werden sie gequält, doch Lohnverzicht zu üben und Niedriglohnjobber mit Zeitvertrag zu werden.

Die besseren Leute dagegen müssen jetzt NUR noch schwierigen Arbeiten erledigen. Das können sie von der Persönlichkeit her meist nicht, sie sind überfordert, reagieren gereizt und nervös und versuchen, vom Kunden und vom Chef respektiert zu werden, obwohl es da Gegenargumente gäbe. Dadurch, dass sie nur noch schwierige Anfragen beantworten, sind sie OHNE JEDE Beförderung dem Peter-Prinzip zum Opfer gefallen und jetzt unfähig geworden.

Ich fasse zusammen: Die Aufteilung einer Arbeitsanfallserie in den einfachen Teil (der ausgelagert oder outgesourct wird) und in einen schwierigen Teil, der viel Kraft und Persönlichkeit erfordert, teilt die Menschen implizit in Überbezahlte und Überforderte.

Auf beide Teile wird nun eingedroschen. Die Überbezahlten sollen weniger verdienen, die Überforderten mehr leisten („Employability“).

Ja, und was bedeutet das für uns? Wir müssen eigentlich entscheiden, ob wir Boreout mit Geldmangel bevorzugen oder Burnout mit Karotten-Bonusversprechen vor der Eselsnase.

Das ist das Unpro-Prinzip. Unpro wie Unprofessional. Niemand hat eine Chance. Das ist die effizienteste Lösung der so genannten Arbeitsteilung, die den Menschen vom Tier unterscheidet.

Kapitel 63
Der Oberschicht-Code (DD162, März 2012)

[Die Oberschicht protegiert ihre Kinder in Beziehungen und Seilschaften, so höre ich erschreckend oft. Ich habe eine andere Sichtweise: Die Oberschicht erzieht nach anderen „Kopfnoten". Sie erzieht nicht brave Diener, sondern eben künftige Führungspersönlichkeiten. Könnten wir nicht gleich die Schulkopfnoten für alle ändern, um ein Zeichen zu setzen? Ich habe darüber oft vorgetragen.]

Die Chancen eines Kindes hängen sehr stark vom Elternhaus ab. Das zeigen alle Statistiken, die danach fragen. Oberschichtkinder schaffen fast alle das Abitur und sehr viele von ihnen studieren. Selbst wenn man vergleicht, wie sich junge Leute nach einem mit gleicher Note bestandenem Studium entwickeln, schneiden Oberschichtkinder viel besser ab. Pfui, schimpfen alle! Gebt den anderen eine Chance! Dazu müsste man aber doch einmal nachdenken, was jeweils richtig oder falsch läuft, oder?

Die Oberschichtkinder haben angeblich ach so irrwitzig viele Verbindungen, sie sind in gegenseitig unterstützenden Zirkeln organisiert, sie kennen Einflussreiche, benehmen sich gewandter, können schön daher reden. Die Eltern vermitteln ihnen gute Arbeitsstellen und kungeln für ihre Kids. Es muss bestimmt einen Oberschicht-Code geben, so könnte man meinen. Dieser Code gibt Zugang, der den anderen verwehrt wird. In meiner Jugend gab es wilde Gerüchte, wonach Personalmanager bei Einstellungen achten würden. Man dürfe keinen Bart tragen (zeigt linke Gesinnung, wenigstens Nonkonformismus) und man werde gefragt, welchen Wein man gerne trinke: „Lieber St. Julien oder St. Estèphe? Wie beurteilen Sie die Unterschiede?" An solchen kleinen Zeichen wittere man, ob wir für eine Einstellung geeignet wären. Und dann geistert natürlich auch noch eine These aus der Soziolinguistik herum, die schon fünfzig Jahre auf dem Buckel hat, nämlich die Bernsteinhypothese. Sie lautet (aus Wikipedia):

> Die Angehörigen der sozialen Mittel- und Oberschicht einer Gesellschaft oder Sprachgemeinschaft verwenden eine Variante der gemeinsamen Einheitssprache, die sich sehr von der Variante der sozialen Unterschicht (Arbeiterklasse) unterscheidet. Die Mittel- und Oberschicht bedienen sich eines elaborierten (formal language), die Unterschicht eines restringierten Codes (public language). Da beide Codes als unterschiedlich leistungsfähig angesehen werden, wird auch ein Unterschied beider Gesellschaftsschichten hinsichtlich ihrer Wahrnehmung und ihres Denkens unterstellt.

Da wird doch alles klar? Die Oberschichtkinder bekommen bestimmt eine andere Geheimsprache eingetrichtert, mit der man besser denken und arbeiten kann – und die bei der Einstellung ausschlaggebendes Kriterium ist!

Huh, da schüttele ich mich! Ich fürchte, keiner von denen, die da forschen oder so etwas wissen, hat je Einstellungsgespräche geführt oder Bewerbungsakten gelesen (in

G. Dueck, *Cut & Paste-Management und 99 andere Neuronenstürme aus Daily Dueck,*
DOI 10.1007/978-3-662-43390-4_63, © Springer-Verlag Berlin Heidelberg 2014

denen der Beruf des Vaters ja nicht wirklich vorkommt). Bei Einstellungen schaut man hauptsächlich, ob der Bewerber den Eindruck vermittelt, dass er seinen Job eigenverantwortlich locker hinbekommt, ohne dass man als Chef dauernd eingreifen und helfen muss. Und die neuen Mitarbeiter sollen bitte nicht herumzicken und Probleme bei der Arbeit und im Team vernünftig selbst regeln, am besten so, dass gar keine Probleme entstehen oder gar auftreten. Die Arbeit soll einfach wie von selbst laufen! Ja, liebe Leute, wonach stellen Sie denn ein?

Können wir auf dieser Basis einmal nachdenken, warum Oberschichtkinder bevorzugt werden? Der Schlüssel muss doch mehr im Bereich „Teamarbeit, Eigenverantwortlichkeit, Herumzicken, im Ganzen denken und arbeiten, zum Gelingen beitragen" liegen – oder? Wer in solchen Rubriken im Elternhaus die richtige Haltung beigebracht bekommt, wird bevorzugt – und irgendwo zu Recht, weil diese Arbeitshaltungen zu wesentlich besseren Arbeitsergebnissen führen. Wer aber im Elternhaus nicht diese positive Grundhaltung des Beitragens und Gelingens mitbekam, hat schlechte Karten – zu Recht irgendwie. Das Problem ist doch, wie wir es schaffen, allen Kindern bis zum Schulabschluss diese professionelle Grundhaltung als Prägung mitzugeben. Nichts wäre den Einstellenden lieber, als wenn alle jungen Leute konzentriert am Gelingen interessiert wären, sich selbst verantwortlich kümmern und mit allen Mitmenschen auskommen.

Die positive Einstellung und Haltung zum Leben haben sicher alle „da oben" und sie fehlt eher „da unten". Also ist DORT die Baustelle. Das Problem liegt nicht in einem mysteriösen Geheimcode, schon gar nicht in der Kenntnis bester Bordeaux-Lagen.

Nein, es geht einfach um gutes Arbeiten in Berufen der Zukunft. Wer kann an dieser Baustelle arbeiten? Man kann diejenigen Eltern aktivieren und wachrütteln, die sich bisher nicht so stark um ihre Kinder gekümmert haben. Die sagen leider oft: „Dafür ist die Schule da." Und dann fühlen sie sich nicht verantwortlich. Die Schule kann im Prinzip zu einer vernünftigen Arbeitseinstellung erziehen, sie sieht aber generell die Eltern in der Pflicht. „Wir erwarten Lernbereitschaft, Neugier, Interesse und Fleiß von unseren Schülern. Diese Grundvoraussetzungen müssen fertig mitgebracht werden." Die benachteiligten Schüler aber kommen oft ohne einen Sinn für „Neugier, Interesse und brennendem Lernwunsch" in den Klassenraum. Genauso werden sie später genau diese Haltungen auch nicht zum ersten Arbeitgeber mitbringen. DAS ist das Problem.

Unser ganzes Verständnis von Erziehung, Persönlichkeitsentwicklung, Mitarbeiterentwicklung, Führung und Ausbildung muss die positive eigenverantwortliche Grundhaltung stärker ins Zentrum rücken. Die neuen Berufe des Wissenszeitalters brauchen nicht mehr vorrangig Arbeitsdrohnen, die im Fließbandtakt funktionieren. Sie brauchen den voll erblühten Menschen. Unsere Schulen aber produzieren tendenziell Funktionsmenschen, die vorgeschriebene und eher dienende Rollen ausfüllen. Das kommt besonders gut in den Kopfnoten der Zeugnisse zum Ausdruck. Die werden immer wieder einmal verändert, aber der Geist der Schule hat immer noch diese Rubriken im Sinn:

- Betragen
- Fleiß
- Mitarbeit
- Ordnung
- Zuverlässigkeit/Sorgfalt
- Sozialverhalten

Diese Wörter sind nicht mehr der richtige „Code" für die neue Arbeitswelt. Sie sind nicht (mehr) die Zauberwörter für den Menschen, der die besten Chancen hat. Wie wären folgende Kopfnoten in der Schule?

- Kreativität, Originalität, Sinn für Humor
- Konstruktiver, freudiger Wille
- Initiative, die auf andere ausstrahlt
- Gemeinschaftssinn, der auch andere aktiviert
- Gewinnendes Erscheinungsbild und Offenheit
- Ausgewogenes Selbstbewusstsein
- Vorfreude auf eine gute eigene Zukunft
- Auch andere inspirierende Neugier
- Positive Haltung zur Vielfalt des Lebens
- Liebende Grundhaltung zu Menschen

Wenn es einen „Code" gibt, dann könnte es solch einer sein. Und dann sollten wir unser Verständnis von „guten Kindern" neu ausrichten und nicht immer über Chancenungleichheit jammern nichts tun und paranoide Zugangsbeschränkungstheorien verschwörerisch diskutieren.

Lassen Sie uns Zeichen setzen! Ändern wir die Kopfnoten, die das neue Menschenverständnis ausdrücken! Ich meine wirklich ändern, nicht feige weglassen.

Kapitel 64
Der Mensch als Googlekopfmaschine oder Smartbrain (DD163, April 2012)

Heute ist ja der erste April, da ist alles nicht so ernst gemeint. Ich habe gerade beim Googeln gelesen, dass es bald Festplatten im Gehirn geben soll, sodass die Menschen gleich mit dem gesamten Wissen der Menschheit vorinstalliert werden können. Das kann ja heiter werden! Wenn ich mir das vorstelle…

Es muss ein Aprilscherz sein, weil man doch heute privat gar keine Festplatten mehr braucht! Die sind alle im Netz oder in der „Cloud". Wenn schon Zugang zum Wissen der Menschheit, dann würde ich gleich das ganze Internet im Kopf zuschalten. Das Web könnte sich nach und nach in mich einfühlen und auch alle anderen Inhalte im Netz speichern, die ich im Laufe der Zeit selber aus meinem Leben heraus bilde. Dann ist im Wesentlichen das ganze Gehirn bei Facebook. Nur noch der Körper ist lokal. Das ist die konsequente Weiterentwicklung der Gedanken Platons zum „Leib-Seele-Problem", zu dem ich in der Wikipedia finde:

> Der Kern der Philosophie des Geistes ist das Leib-Seele-Problem, das manchmal auch „Körper-Geist-Problem" genannt wird. Es entsteht durch die Frage, wie sich die mentalen Zustände (oder der Geist, das Bewusstsein, das Psychische, die Seele) zu den physischen Zuständen (oder dem Körper, dem Gehirn, dem Materiellen, dem Leib) verhalten. Handelt es sich hier um zwei verschiedene Substanzen? Oder sind das Mentale und das Physische letztlich eins? Dies sind die zentralen Fragen der Philosophie des Geistes. Jede Antwort wirft jedoch zahlreiche neue Fragen auf. Etwa: Sind wir in unserem Denken und Wollen frei? Könnten Computer auch einen Geist haben? Kann der Geist auch ohne den Körper existieren? Die Philosophie des Geistes ist daher mittlerweile ein enorm differenziertes Projekt.

Die Geisteswissenschaftler knobeln da noch überangestrengt („enorm differenziert"), trotzdem ist ihr Fortschritt über die Jahrhunderte minimal gewesen, ja, und die noch schwierigeren Fragen zum Computer sind in letzter Zeit glatt obendrauf dazugekommen. Jetzt müssen die überforderten Geisteswissenschaftler wohl die Philosophie ganz und gar aufgeben, weil neue Philosophie nun nicht mehr um Computer herumkommt, von denen Geisteswissenschaftler aber keine Ahnung haben (wollen). Wie üblich wird jetzt das Problem von der Naturwissenschaft konstruktiv gelöst. Der Googlekopfmensch oder die Googlekopfmaschine (das erinnert mich an eine Erfindung von IBM…) wird so konstruiert, dass der Geist (im Netz) und der Körper einfach technologisch getrennt werden. Die Frage, ob Computer einen Geist haben, ist damit ebenfalls positiv geklärt, und nebenbei auch, ob sie einen Körper haben können.

Im welchem Alter bauen wir denn die Netzwelten in den Menschen ein? Gleich dem Säugling? Das muss doch schrecklich sein, wenn er die ganze Entwicklungspsychologie

G. Dueck, *Cut & Paste-Management und 99 andere Neuronenstürme aus Daily Dueck,*   145
DOI 10.1007/978-3-662-43390-4_64, © Springer-Verlag Berlin Heidelberg 2014

schon im ferngelenkten Kopf hat, wenn er also schon weiß, dass er später arbeiten, Spinat essen und Jägerzäune imprägnieren muss. Oder bekommt der Säugling nur ein minimales Betriebssystem, das alle paar Tage upgegraded wird? Dazu muss aber die Telekom endlich doch einmal volles Internet in Waldhilsbach anbieten. Waldhilsbach wird dieses Jahre 700 Jahre alt, so lange warten wir schon. Wer bestimmt denn, was im Kindhirn wann zugelassen wird? Reich-Ranicki? Kostet das etwas? Sollen wir den Piraten und Christian Wulff nachgeben, die immer alles umsonst haben wollen?

Dürfen Menschen ein eigenes privates Wissen bilden, oder muss es gleich vom Internet als Allgemeingut abgesaugt werden? Die Prinzipien des Knowledge-Managements propagieren ja das altruistische Sharing allen Wissens. Dürfen private Anbieter proprietäre Gehirne mit Werbung anbieten und sich gegenseitig innovativ Konkurrenz machen, damit sich der Mensch in toto schneller weiterentwickelt? Werden die Kirchen auf Sondergoogleköpfen bestehen, die dafür lebenslang Kirchensteuer zahlen müssen? Wird es gegen Aufpreis Design-Religionen geben oder blaublütige Kunstköpfe mit elitärer Gesinnung? Lassen wir uns von Parteien und Arbeitgebern überreden, Hirn-Addons zu benutzen? Was passiert am Flughafen beim Einwandern in die USA? Wie oft muss ein Gehirn gewaschen werden? Muss es weiß sein (ein Persil-Scherz)? Bekommt man eine Garantie? Kann man es umtauschen?

Persönlichkeitsentwicklung kann als Fernwartung betrieben werden. Traurige Erlebnisse werden gelöscht, Versagensängste in Erfolgsstolz verdreht – alles eine Frage des Geldes. Wer sich private Hirnfernwartung leisten kann, wird sich glücklich programmieren lassen. Im Fußballstadion kann man das Hirn im Fußballstadium betreiben, bei langweiliger Arbeit dimmen, es lässt sich beim Fernsehen mit dem dort angebotenen Niveau synchronisieren. Ich schaue das tausendste Mal hochgespannt „Die Zeugin der Anklage", weil sich das Hirn nicht mehr an den Schluss erinnert, bei Liebesfilmen vergesse ich identifizierend, wie ich selbst wirklich bin, und ich schluchze. Bei den neuen Möglichkeiten der Fern-Demokratie noch mehr.

Solange das Internet nicht ausfällt, ist mein Kopf unsterblich. Er kann ja in immer neue Körper rein. Vielleicht sogar in Spatzen, die ja das sprichwörtlich kleinste Spatzenhirn haben – ein Netzchip aber geht immer! Meine Kinder müssen dann keine Erbschaftssteuer zahlen – ach, habe ich überhaupt Kinder? Sind die mir ähnlich? Wie geht es technisch, dass sie dasselbe denken wie meine Frau und ich gleichzeitig, was ich ja selbst nicht schaffe? Welche Smartbrains empfiehlt meine hirnintegrierte Werbung, die auf mein Konto sehen kann und weiß, was meine Frau wünscht?

Der größte Luxus der Reichen wird wohl darin bestehen, dann doch wieder Geisteswissenschaftler anzuheuern, die mit den neuen technologischen Mittel eine neue Synthese von Geist, Seele und Leib herzustellen versuchen, weil das einen enormen Lustvorteil bringen könnte. Können das die Geisteswissenschaftler? Bisher sind sie dafür zuständig, die bisher erkannten allereinfachsten 5 % des Weltgeistes enthüllt zu haben, aber: Werden sie einen 100 % lustvoll-integrierten Prototypen erzeugen können? Können sie überhaupt von einer 100 % „kritischen Denk- und Arbeitsweise" auf 100 % Arbeit umschalten müssen? Von „Kritik der reinen Vernunft" auf „Konstrukt der praktischen Vernunft"? Oh, das wird seeehr teuer werden und wird den Nachteil der Sterblichkeit haben. Netzköpfe können ja in neue Körper geklont werden, aber voll im Körper integrierte Programme müssen wohl im Doppelpack vergehen. Das wäre das größte Gut – einer solchen Welt auch einmal Tschüss sagen zu können. Mit Leib und Seele den Geist aufgeben!

Kapitel 65
Genehm(igt)es Reden im Parlament, Piraten & Trolle (DD164, April 2012)

Damals schon, 2012, sah ich schwarz für die Piraten, die mich Anfang 2012 fragten, ob sie mich als Gegenkandidat zu Joachim Gauck bei der Präsidentenwahl aufstellen sollten. Ich mochte nicht wirklich – die Piraten hatten nur 2 Stimmen von über tausend, ich würde sicher von der Presse lächerlich gemacht. Und dann das sich abzeichnende Chaos. Ich sympathisierte am Anfang stark mit den Piraten, aber mir war klar, dass sie sich mit ihrer neuen Traumform der Basisdemokratie im Internet überhoben. Ich seufzte oft still und schrieb immer einmal wieder Mahnungen – so wie diese jetzt.

Die beiden großen Fraktionen, dazu auch eine, die es bald nicht mehr gibt, beantragen, dass Redner im Bundestag nur noch nach ihrer vorherigen Genehmigung auftreten dürfen. Wie geht das? Redner müssen wohl die Redemanuskripte schriftlich einreichen, korrigieren und auf einen in der Regel konform-langweiligen Inhalt verkürzen, damit nur die Reden ihrer Anführer in den Fernsehnachrichten vorkommen können. Stellen Sie sich das Desaster vor, ein Wasserträger rafft sich zu einem reißerischen Spruch oder gar zu einem schlagenden Argument auf, der dann die ganze Airtime im TV verbrät! Wozu haben sich dann die Anführer ihre Reden schreiben lassen?

Darf man im Bundestag einfach so reden, nur weil man von seinem Wahlkreis als Vertreter bestimmt wurde? Ist die Rede frei? Das Wort „frei" wird in diesem Zusammenhang in zwei Kontexten benutzt. § 13(1) der Geschäftsordnung des Bundestages legt fest: „Jedes Mitglied des Bundestages folgt bei Reden, Handlungen, Abstimmungen und Wahlen seiner Überzeugung und seinem Gewissen." Der Abgeordnete soll also (soll, nicht darf!) nach seiner eigenen Überzeugung reden. Und § 33 lautet: „Die Redner sprechen grundsätzlich in freiem Vortrag. Sie können hierbei Aufzeichnungen benutzen." Ich würde das naiv so lesen: Die Redner dürfen nicht ablesen, sondern sie müssen eine freie Rede halten, zu der sie sich vorbereitete Stichpunkte auf länglichen Zetteln mitbringen dürfen.

Jetzt wird beides irgendwie umgedreht. Die Rede wird schriftlich zur Genehmigung eingereicht, und sie muss exakt vorgelesen werden. Freiheit + Freiheit ade.

Die Piraten machen das anders! Da darf jeder, aber absolut jeder seine freie Meinung äußern. Das begeistert, das zieht uns sympathisch an. Da wird getweetet, gepostet, commentet und gevotet. Jeder soll mitmachen, nicht nur der Abgeordnete, auch alle Mitglieder und sonstigen Menschen! Die Piraten beginnen ein großartiges Experiment als Gegenentwurf zum Machtdiktat gewisser Parteien.

Jetzt branden die Wogen hoch. Alles frei oder alles unter Kontrolle? Wieder wird polar alles in Gutes und Böses geschieden. Dabei geht es darum, – nur darum – eine verant-

G. Dueck, *Cut & Paste-Management und 99 andere Neuronenstürme aus Daily Dueck,*
DOI 10.1007/978-3-662-43390-4_65, © Springer-Verlag Berlin Heidelberg 2014

wortungsvolle Debattenkultur zu pflegen. Die können Bla-Bla-Redner ruinieren, und es wäre gut, sie würden schweigen. Die Debatten werden oft von Schwätzern, Blendern und Aufmerksamkeitshäschern missbraucht oder einfach nur kaputtgeredet. Zitat von Cipolla: „Dummheit ist, wenn man anderen schadet, ohne sich selbst zu nützen." Unter diesem Gesichtspunkt sollte man einmal die Reden neu anhören …

Es geht einfach darum, wie eine gute Kultur geschaffen und erhalten werden kann. Das werden die Piraten auch bald spüren! Solange der echte Kern sich noch kennt, solange sie noch wenige sind, die sich gegenseitig zu Verantwortung und Konstruktivität mahnen können, kann man alles im Internet transparent und geduldig abwickeln, aber dann? Was dann, wenn wirklich alle mitmachen? Dann kommen die Trolle, Abweichler und Zerstörer, die Extremen und Langweiler – vor allem solche, die immer neu in eine schon fortgeschrittene Debatte eintreten und wieder alle Argumente von vorne beginnen. Wenn zu viele unorganisiert reden und kommen und gehen, kann man keine tieferen Argumente mehr debattieren. Unorganisation hält Diskussionen zwangsläufig an der Oberfläche. Das merkt man schon vereinzelt bei den Piraten, die mit ihren Urheberrechtspositionen à la „alles ist frei im Netz" von anderen vollkommen undifferenziert wahrgenommen werden, nur weil es Einzelne bei ihnen gibt, die das so undifferenziert verbreiten… Wenige Trolle genügen, alles wieder auf Stammtischniveau zu vereinfachen. Auch die Piraten werden dieses Problem irgendwie lösen müssen.

Das Ziel muss doch immer die fruchtbare Debatte sein! Bei den schon lange etablierten Parteien scheint es immer weniger um Fruchtbarkeit und Regierungsverantwortung zu gehen, sondern um kontrollierte Machtstrategien. Die alten Parteien hatten vor Jahrzehnten sichere Positionen, aus denen heraus sie in gewisser Ruhe auch vernünftig regieren und debattieren konnten. Jetzt agieren sie im Stress-Survival-Modus und kommen womöglich auf die Idee, dass die Redenschreiberhundertschaft des Parteivorsitzenden gleich für alle seine Abgeordneten massenweise Reden verfasst, die zu Vorlesen an die Abgeordneten nach Gutsherrenart zugeteilt oder vielleicht sogar ganz gerecht verlost werden.

Auf der anderen Seite denken die Piraten noch zu naiv, dass alles besser wird, wenn ganz viel diskutiert wird. Ich weiß ja nicht, irgendwann kommt „viele Köche verderben den Brei" zum Vorschein.

Es geht doch nur um halbwegs verantwortungsvolle Leitung der Debatte, damit sie fruchtbar bleibt und zu Ergebnissen und Konsensbildungen auf möglichst hohem Niveau führt. Die geplanten Redegenehmigungsprozeduren zielen darauf überhaupt nicht! Schäme sich, wer die will! Aber diese Prozeduren werden ihr eigentliches Ziel voll erreichen, nämlich das Betreiben von Machtpolitik. Die Piraten zielen auf das eigentliche Ziel der fruchtbaren Debatte, aber mit zu extremen Konzepten. Die einen haben ein schlimmes Ziel und erreichen es, die anderen ein gutes Ziel und erreichen es so bald nicht…

Unser Bundestagspräsident Lammert ist so einer der verantwortungsvollen Menschen, die es ja in jeder Partei noch gibt. Man könnte ihm alles weiterhin anvertrauen… Reicht das aber, wenn sonst Verantwortungslose die Macht ausüben? Reicht es, wenn ein paar Menschen die ganze Kultur hochhalten müssen, wie ein einziger Atlas-Titan den Himmel? Ich hoffe, die Piraten finden dann doch ein gesundes Konzept… das brauchen wir ganz nötig, wir alle, deren Politikverdrossenheit bestürzende Ausmaße angenommen hat.

Altparteien: Zurück zum Sinn des Ganzen! Piraten: Vorwärts zum Sinn des Ganzen!

Zur Abschreckung lesen Sie am besten jetzt noch den Artikel „Filibuster" in der Wikipedia. Ich zitiere einen Abschnitt daraus, damit Sie es echt auch tun:

Die längste Einzelrede mit einer Gesamtlänge von 24 h und 18 min hielt Senator Strom Thurmond aus South Carolina am 28. August 1957, um den Civil Rights Act von 1964 zu verhindern, der Afroamerikanern die Wahrnehmung des Wahlrechts erleichtern sollte. Nach Ausführungen zur Sache zitierte er unter anderem die Unabhängigkeitserklärung der Vereinigten Staaten, die Bill of Rights und die Wahlgesetze sämtlicher Bundesstaaten. Auch über Kuchenrezepte seiner Großmutter referierte er im Rahmen dieser Rede. Thurmond hatte seinen Filibuster angekündigt und vorbereitet. So war er zuvor in einer Sauna gewesen, um während der Rede nicht auf die Toilette zu müssen. Falls dies doch eintreten würde, stand im Nebenraum ein Mitarbeiter mit einem Eimer bereit, so dass der Senator seine Notdurft hätte verrichten können, während er immer noch mit einem Bein im Senat anwesend war. Auch die Senatskollegen hatten sich auf die lange Rede eingestellt und Decken mitgebracht. Am Ende seiner Rede wurde seine Sprache undeutlich und monoton. Die New York Times schrieb darüber, dass die zitierten Gesetzespassagen „genauso gut aus dem Telefonbuch" hätten sein können. Insgesamt dauerten die Beratungen für das Gesetz 57 Tage, in denen der Senat keine anderen Beschlüsse fassen konnte. Thurmonds Einsatz war letzten Endes vergebens, da schon kurz nach seiner Rede das Gesetz verabschiedet wurde, aber seine Anhänger bejubelten ihn dafür.

Kapitel 66
Nichts ist mehr wahr – dank TV-Gladiatoren-Polar-Talk (DD165, April 2012)

Meine erste sehr kontroverse Diskussion im Fernsehen war ein Albtraum für mich. Ich wollte wirklich wahrheitsannähernd diskutieren, bekam aber beständig etwas „auf die Schnauze" und konnte wählen: wortkarg irritiert untergehen oder unseriös laut gegenargumentieren. Ich bin untergegangen.

Ist Zucker schädlich? Sind Arbeitslose faul? Sind Manager gierig? Ist privater Waffenbesitz wichtig, weil der Schützenverband eineinhalb Millionen Mitglieder hat, von denen 99,9 % nie Amok laufen? Sind Schießspiele gemeingefährlich oder machen sie nur dumm? Ist Facebook unser Feind? Soll die Kirche den Opfern 5000 € zahlen oder reicht die Hälfte nicht auch? Jeden Abend werden solche wichtigen Fragen im TV diskutiert. Ist eine davon je oder nur irgendwie beantwortet worden? Oder schauen wir uns die Talks wie Fußballübertragungen an?

Mir ist neulich das passiert. Ich wurde angerufen, ob ich eine bestimmte Meinung, die man mir erklärte, in einer TV-Sendung vertreten könnte. Ich bot meine eigene an, die ich besser fand. Der Anrufer legte routiniert entschuldigend auf. Er suchte Kontrahenten mit polar entgegengesetzten Ansichten, damit sie sich schön unter den interessierten und manipulierenden Augen einer Moderatorin wie Hähne bekämpfen.

Wozu ist das gut? In der Schule haben wir die Grundzüge der Dialektik gelernt, die Kunst, ein klärendes Gespräch zu führen. Der eine vertritt seine Ansicht, die er These nennt, der andere vertritt vielleicht sogar das ganze Gegenteil, die Antithese. Beide, These und Antithese, sind irgendwie wahr und beide irgendwie falsch, das wird den beiden im Verlaufe des Gespräches klar, und so finden sie unter Mühen schließlich etwas auf einer höheren Ebene, was sie Synthese nennen. Nicht einen Kompromiss – das wäre etwas, was falsch ist, aber für beide akzeptabel klingt. Nein, etwas Höheres, was dann beiden (!) als wahr gelten kann.

Gladiatorenkämpfe aber führen zu keiner Synthese, sie ist gar nicht beabsichtigt. Da sollen sich die polar ausgesuchten Kontrahenten argumentativ zerfleischen und gegeneinander dauernd ins Wort fallen, besonders wenn der jeweils andere vielleicht Wertvolles zu sagen hat. Das muss durch Zwischenreden verhindert werden! Krach soll es geben! Gaudi ja auch, wir sollen uns an Blamagen und strammen Sprüchen laben und die Quote heben – was denn sonst?

Viele Politiker sieht man nicht mehr in den Talkshows, weil sie ja Gefahr laufen, Verletzungen davon zu tragen, weil es nur um das Verletzen geht. Einige Veteranen sind inzwischen unverwundbar geworden, wie Norbert Blüm und Heiner Geißler, denen man

G. Dueck, *Cut & Paste-Management und 99 andere Neuronenstürme aus Daily Dueck*,
DOI 10.1007/978-3-662-43390-4_66, © Springer-Verlag Berlin Heidelberg 2014

sogar eine eigene Meinung erlaubt, weil sie goldig authentisch ist, also ziemlich extrem. Der Trigema-CEO ist aus naheliegenden Gründen unverwundbar, Gregor Gysi auch, und Ursula von der Leyen kann alles durch Einflechten von „zu Hause" entschärfen. „Hat nicht die CDU im Jahr 19xy versagt?" – „Ach, ich erinnere mich, da ging ich mit dem zten Kind schwanger!" In Filmen gibt es ab und zu die Szene eines Geistlichen, der eine nicht arg bekleidete Schönheit ansehen muss. Da betet er schwer atmend das Vaterunser. Genauso kommen mir die Politiker vor, die man ab und an im Ringen um den Sieg vor harte Fragen stellt. Dann beten sie ihr Parteiprogramm runter… Unter Stress muss man sofort offiziell werden – das ist in einem anderen Kontext, bei Tieren, so etwas wie totstellen.

„Na und?", könnten Sie sagen, „Es sind eben die Medien mit den Quoten!" Das weiß ich ja, aber wenn es nun gar keine Synthesen mehr im Fernsehen gibt? Wenn die Welt bei jedem Fitzelchen in These und Antithese unversöhnlich gespalten bleibt? Kann uns eine Welt gefallen, in der nichts mehr wahr und nichts mehr falsch ist? In der wir uns in nichts einig sind und auch nicht sein wollen? In der wir über alles herfallen, anstatt etwas einmal auch stehen zu lassen und zu respektieren? Haben wir noch Werte, über die nicht mehr in TV-Talks hergefallen wird? Christlichkeit? Solidarität? Gemeinschaft? „Ja, ja, aber das Leben sieht anders aus, es ist keine Sozialstation, es ist ein Kampf um das Überleben, damit die Überlebenden die Evolution und den Fortschritt vorantreiben…"

Die Mächtigen haben seit eh und je dadurch geherrscht, dass sie die Wahrheiten besser kannten und unter sich behielten. Das tumbe Volk, das nicht mit Wahrheit verrückt gemacht werden darf, bekam Brot und Spiele. Heute gibt es kein Brot mehr, nur noch die Spiele. Wir sehen Leuten zu, wie sie mit den möglichen Wahrheiten, Werten und Überzeugungen ihr Spiel treiben. Und wenn unsere Ansicht gerade nicht gewinnt (im Falle, dass wir eine haben)? Zapp-zapp.

Kapitel 67
Phatische Kommunikation, das Smartphone und Facebook/Twitter (DD166, Mai 2012)

Das Wort phatisch wird ziemlich selten gebraucht. Ich krame es wieder hervor. Wenn Menschen miteinander kommunizieren, brauchen sie ein technisches Medium dafür. Sie können telefonieren, reden, mit Blicken werfen, Zeichen geben, Simsen oder mit dem Körper sprechen. Das ist technisch! Für die wirkliche Kommunikation wird aber Aufmerksamkeit gebraucht. Die gegenseitige Aufmerksamkeit eröffnet den wirklichen Kontakt. Das ist die phatische Kommunikation. Zwei Menschen stellen den Kanal auf „offen".

Sie können den Kontakt zu anderen Menschen so eröffnen: „Entschuldigen Sie bitte …" oder „Dürfte ich kurz um Ihre Aufmerksamkeit bitten" oder „Darf ich auch einmal etwas sagen" oder Sie können ans Glas klopfen, weil Sie eine Rede halten wollen. Da werden Sie von den jeweils anderen angeschaut. Ihnen wird Aufmerksamkeit geschenkt oder (wenn Sie Chef sind oder ein schlechter Redner) mürrisch gegeben.

Wenn Sie viel zu sagen haben, müssen Sie die Aufmerksamkeit der anderen ständig erneuern oder sie sich über längere Zeit erhalten. Wer wirklich etwas zu sagen hat, hält die Aufmerksamkeit durch die gebotenen Inhalte und die Art der Darstellung fest, die Augen hängen an des Sprechers Lippen, die Zuhörer sind gebannt. Sie werden inspiriert, unterhalten oder durch neue Erfahrungen schlau… Und sonst? Da muss sich der Lehrer räuspern: „Hallo? Ihr seid in der Schule. Aufpassen! Auch du da in der Ecke!" – Der Chef im Meeting: „Bitte nicht durcheinander, wir haben nur ein Meeting, und das leite nun einmal ich." Wer die phatische Kommunikation immer nur durch solche Appelle aufrechterhalten kann, hat in der Regel nichts zu sagen, ist langweilig, überflüssig, wird ignoriert.

Heute können Sie zu jeder Zeit den Phatischen Test machen: Beginnen Ihre Zuhörer, in die Gegend zu schauen? Aus dem Fenster? Tippen Sie auf Smartphones herum? Auf Tablets? Der Blick auf die eifrigen Bildschirmtipper und Fingerwischer zeigt, dass die Kommunikation beendet oder minimiert wird. Wenn Sie mächtig sind, also Zensuren oder Gehaltserhöhungen verteilen dürfen, dann können Sie die Aufmerksamkeit erzwingen. „Handys aus! Vorne abgeben! Ich bin sehr böse, dass ihr euch nicht interessiert!" Da brüllen Sie, anstatt interessant zu sein. Da wandern die Blicke weg vom Smartphone in die Natur hinaus oder sie suchen andere Augen … Man sagt: Die Aufmerksamkeit sinkt. Der, der Aufmerksamkeit befiehlt und nicht bekommt, redet von Aufmerksamkeitsstörungen und erklärt für krank oder ungehorsam, wer nicht interessant findet, was von der Macht für interessant erklärt worden ist. „Das ist für das Leben wichtig!" – „Aber wir brauchen es später nie!" – „Es schult das logische Denken. Es ist völlig egal, woran man das übt." – „Wenn das egal ist, lasst es uns an Interessantem üben!" – „Das geht nicht, weil man dazu

G. Dueck, *Cut & Paste-Management und 99 andere Neuronenstürme aus Daily Dueck*,
DOI 10.1007/978-3-662-43390-4_67, © Springer-Verlag Berlin Heidelberg 2014

den Lehrstoff ganz neu definieren muss. Außerdem lernt ihr dann vielleicht alles ganz wahnsinnig schnell, nur weil es euch interessiert. Es könnte sein, dass dann das logische Denken nicht so erblüht wie bei Uninteressantem. Egal, ich selbst musste da auch durch, danach noch potenziert ein ganzes Studium lang. Ich sehe nicht ein, warum ihr es besser haben solltet."

Das Baby übt phatische Kommunikation. Wenn Mama kurz weg ist, quarrt es. Mama muss in die Augen schauen! Da ist es ruhig. Das Baby will nicht allein sein.

Introvertierte dagegen bemühen sich, keine phatische Verbindung zu eröffnen, sie schauen weg, grüßen nicht, schleichen in ihr Büro und vermeiden Kontakte.

Facebook und Twitter „sind phatisch"! Dort sind wir wie Babys. „Hallo?" – „Hallo!" – „Ich habe Muntgeruch" – Like.Like.Like. „Spül mit Teerbauöhl!" Like. Like. Facebook und Twitter halten die Kanäle zur Welt aller Freunde offen. Wenn jemand „Heute regnet es überall! Bei euch auch?" twittert, zeigt, dass er jetzt seine Aufmerksamkeit in die weite Welt richtet. Er ist da. Er passt auf. Er kümmert sich. Die Mutter schaut bei Facebook und sieht: Teen ist online. Teen ist da.

Die Introvertierten, die Google+ -Debattierer und die Internet-Agnostiker erregen sich über die erbärmlichen Inhalte im Netz. „Müll aus kranken Hirnen! Wer das liest, muss doch Abscheu empfinden!" Sie bestehen auf wichtigen, bedeutsamen Inhalten, die mit + 1 bewertet werden können. Dabei geht es ihnen gar nicht um Aufmerksamkeit, sondern um Respekt, Bewunderung und Beachtung. Die Erbärmlichkeitshasser wissen irgendwie nicht, was phatische Kommunikation ist. Oder Sie leiden/litten unter einer Mama, die ihnen als Baby nicht die Aufmerksamkeit geschenkt hat, wenn sie sie brauchten – sondern sie mussten Papa Aufmerksamkeit schenken, wenn dieser es so wollte. „Baby! Schau mich an! Baby, schau auf das Mobile, sonst bist du zurückgeblieben." Kontrollväter und Inspektorinnen strafen doch durch Aufmerksamkeit, sie schenken sie nicht… Im Arbeitsleben ist Aufmerksamkeit fasst identisch mit „kontrolliert werden", die Höchststrafe! „Fokussiert euch auf den Gewinn!" Oh, das ist ein weites Feld …

Hallo Kontrollierer, müsst ihr denn unbedingt die Freude des digitalen phatischen Blicks durch Niveaudiskussionen diskreditieren oder kritikwürdige Inhalte suchen? Lasst doch die Phatischen auf Twitter und Facebook in Ruhe!

Kapitel 68
Über das Angriffsloben (DD167, Mai 2012)

Die Deutschen schimpfen, andere Völker granteln – über das schlechte Bildungswesen, die Politik im Allgemeinen oder den Stress zu Weihnachten. Aber wehe, einer will etwas daran verändern! Dann fällt allen plötzlich wieder ein, wie ideal alles ist. Und dieser Reflex stellt sicher, dass alles mies bleibt. Für immer.

Seit vielen Jahren schreibe ich über die nahe und real nahende Zukunft. Ich lobe das Kommende gar nicht einmal oder mache mich zu seinem Protagonisten. Ich sehe nur: sie kommt. Und gerade die Leute, die das Gegenwärtige ätzend bespucken, ziehen dann über die Zukunft her, indem sie das Heutige über allen Klee loben.

Videos im Unterricht oder Univorlesungen im Internet In Zukunft werden die allerfeinsten Lehrer und Professoren, die Leuchten ihrer Zunft, den Unterricht oder die Vorlesungen in bestmöglicher Didaktik präsentieren und die jungen Köpfe vor Lerneifer erglühen lassen. Noch ganz unbekannte Lehrformen werden das alles toppen. Es sieht nach Neuaufbruch aus. Huiih, das ist schlimm. Der typische Gegner: „Das wichtigste beim Lernen ist der Lehrer, ohne den es nicht geht. Der ist ein Mensch und leitet das Kind behutsam mit großer Liebe. Ohne Augenkontakt zugeneigter Seelen stirbt die Bildung ganz gewiss." Ich frage, warum der Befürworter selbst die Schule gehasst hat. „Das ist ein Einzelfall, im Übrigen habe ich das nie so gesagt." Noch ein Gegner: „Ohne die persönliche Präsenz des Gelehrten ist eine Vorlesung nicht denkbar." Ich frage, warum er selbst beim Repetitor lernte, weil der Professor nichts brachte – ja, und: „Warum erhalten Professoren ausschließlich für Forschungsleistungen die Lehrbefugnis? Würde man einem, der Muskelphysiologie oder Ballologie erforscht hat, DESWEGEN eine Fußballtrainerlizenz erteilen?"

Neue Formen des Gottesdienstes im Internet und überhaupt Der katholische Kirchentag 2012 stand unter dem Motto „Einen neuen Aufbruch wagen". Es muss also schon einmal früher einen gegeben haben!? Egal. Warum gibt es nur Orgeln, wo wir doch jetzt richtig Musik mit Heimkinoanlagen machen könnten? Männerzwang? Leere Kirchen und bald weite Anfahrten zum Seelsorgeeinheitszentrum? Wer das fragt, bekommt Überkleekirchenlob zurück: „Der Pfarrer vor Ort ist die tragende Säule der Gemeinde und ein unverzichtbares Element des Lebens und der Kultur. Er füllt die Herzen der Gemeinde mit bewegenden Predigten, die viele Seelen retten." Ich gebe zu bedenken, dass gerade geklagt wurde, dass aus Osteuropa stammende Pfarrer das Deutsche zum Teil nur schlecht vom Blatt vorlesen. „Das ist ein Einzelfall. Man könnte das Problem, wenn es denn eins wäre, leicht durch die Wiedereinführung von Latein lösen."

G. Dueck, *Cut & Paste-Management und 99 andere Neuronenstürme aus Daily Dueck,*
DOI 10.1007/978-3-662-43390-4_68, © Springer-Verlag Berlin Heidelberg 2014

Wenn irgendjemand etwas Neues vorschlägt, wird er mit den prinzipiell möglichen Vorteilen des gegenwärtigen Systems konfrontiert. Man zeigt ihm das Jetzige so verklärt, wie es ursprünglich gedacht worden sein könnte. Das aber ist so ideal, dass es kaum kritisiert werden kann. Dieses Ideal vergleicht man nun mit den Mängeln der gerade entstehenden Zukunft.

Politik „Die Piraten wollen unsere wundervolle freiheitliche Demokratie aushöhlen, die Deutschland schon seit mehr als äh vielen Jahrhunderten prägt. Demokratie gibt die Macht an die feinsten und erlesensten Köpfe unseres Landes, die es weise und umsichtig regieren, sodass das Volk vor ihnen dankbar das Knie beugt."

Das ist aggressives Hochloben des Gegenwärtigen, um es gegen Veränderungen zu verteidigen. Ehrliche Menschen fragen sich, ob das alles ernst gemeint sein kann? „Es ist unsere Position." Es geht nicht um die Wahrheit, sondern um die Positionierung des Jetzigen, das für bestmöglich erklärt wird, damit es nicht verändert werden muss. Denn nur das Bestmögliche kann nicht besser gemacht werden. Ach, wie hasse ich dieses Wort „positionieren"! Sieht denn niemand das Übel? „Man muss alles positiv sehen. Optimismus ist Pflicht. Wer nicht begeistert ist, fliegt raus. Unsere Position hat nichts mit der Realität zu tun, sie ist eine Frage der charakterlichen Einstellung."

Kapitel 69
Über Bildung, Schulvollpfropfen und Bachelorziegelsteine (DD168, Juni 2012)

„Bildung ist so wichtig, dass wir mehr in sie investieren müssen!" Das hört man jetzt immer wieder, besonders von Interessengruppen, die mehr Geld für sich reklamieren. Bildung verkommt irgendwie zu einem Finanzproblem, auch in ein Effizienzgeschacher um Klassengrößen, Deputate und Verschulungsverdichtung. Das betrübt mich so sehr, dass ich periodisch daran erinnern möchte, dass bei allem Streit um Interessen, Reformen, Internet und Geld das Ziel nicht aus den Augen verloren wird: Bildung.

Für mich ist das, was Bildung ist, am besten und ganz amtlich in meinem Neuen Brockhaus in fünf Bänden beschrieben (von 1960), den ich mir zur Konfirmation wünschen musste.

Bildung: Der Vorgang geistiger Formung, auch die innere Gestalt, zu der der Mensch gelangen kann, wenn er seine Anlagen an den geistigen Gehalten seiner Lebenswelt entwickelt. Gebildet ist nicht, wer nur Kenntnisse besitzt und Praktiken beherrscht, sondern der durch sein Wissen und Können teilhat am geistigen Leben; wer das Wertvolle erfasst, wer Sinn hat für Würde des Menschen, wer Takt, Anstand, Ehrfurcht, Verständnis, Aufgeschlossenheit, Geschmack und Urteil erworben hat. Gebildet ist in einem Lebenskreis, wer den wertvollen Inhalt des dort überlieferten oder zugänglichen Geistes in eine persönlich verfügbare Form verwandelt hat.

Ach ja, könnten wir diese Beschreibung doch als Common Sense gemeinsam in uns tragen! Heute wird Bildung vielleicht nur noch als Vorstufe zur Berufsfähigkeit gesehen – es reicht also für eine Abiturprüfung oder einen Bachelorabschluss völlig aus, wenn man nur Kenntnisse besitzt und Praktiken beherrscht. In der oben genannten Definition aber wird explizit gesagt, dass man dann NICHT gebildet ist!

Die Schule und das Studium werden immer mehr modularisiert und in Prüfungsbausteine („Ziegelsteine", „Brick in the Wall") zerlegt. Im Grunde wird die Bildung industrialisiert. Dadurch wird das Wertvolle allenfalls auswendig gelernt, aber nicht erfasst. Die Forderung nach geistiger Teilhabe am Leben lässt Sie heute vielleicht schon breit lächeln. Die Vorstellung, wertvollste Inhalte in eine PERSÖNLICH verfügbare Form zu verwandeln, fällt der Modularisierung ohnehin glatt zum Opfer. Wie kann denn der heute junge Mensch „seine eigenen Anlagen an den geistigen Gehalten seiner Lebenswelt entwickeln"? Wie verstehen wir „Lebenswelt"? Lateinlernen und von anderen Kulturen nur das Wort „Koran" oder „Der Weg ist das Ziel" kennen? Was ist das heute Wertvolle? Diskutieren wir das?

Nein, es wird über fehlendes Geld gestritten, um die Prozentsätze, wie viel vom Bruttosozialprodukt in das „Bildungssystem" verschoben werden muss, damit die nächste Weltstudie gnädig mit uns ist. Die Inhalte stehen in dürrer Tabellenform in Prüfungsordnungen

G. Dueck, *Cut & Paste-Management und 99 andere Neuronenstürme aus Daily Dueck,*
DOI 10.1007/978-3-662-43390-4_69, © Springer-Verlag Berlin Heidelberg 2014

festgenagelt. Niemand stört sich daran, dass fast jeder weiß, dass er nur die Prüfung besteht, im Grunde aber alles gleich wieder vergessen kann, weil es zu lebensfern war.

Das Internetzeitalter muss notwendig zu einem neuen Verständnis führen, was heute „der wertvolle Inhalt des zugänglichen Geistes" darstellt. Was sind die Bildungsinhalte von heute, morgen und jeden neuen zukünftigen Tag? Wir müssen doch freudig neu gestalten, lebensnaher bilden, Inhalte und Ziele besprechen… Das Wissenszeitalter sollte mit einem Aufbruch beginnen, nicht mit dem Einbalsamieren unsere Kultur in Prüfungsordnungen. Wir brauchen neue wache Menschen, und keine kulturstumpfen Ziegelsteine. Schlagt das obige Bildungsverständnis an jede Wand!

Kapitel 70
Eipreisbindung statt Buchpreisbindung
(DD169, Juni 2012)

Das ist bekannt: Wenn ein Staat eine Steuer einführt oder eine Lobby einen Branchen-naturschutz erreicht, dann bleibt der für immer, auch wenn die Geschichte der Welt längst über alles hinweggefegt ist. Das berühmteste Beispiel wurde in meiner Jugend oft herum-gereicht: Da erzwangen die Gewerkschaften in England, dass in der damals neuen E-Lok noch Heizer mitfuhren – die Kohleschaufel immer dabei.

Was meine ich mit Naturschutz? Es gibt ein Gesetz, dass nur höchstpersönliche Apo-theker mir ein rezeptpflichtiges Medikament aushändigen dürfen. Das hat seinen Sinn! Ich erkläre den hier gar nicht, er ist sonnenklar. Nun gibt es aber große Automaten, die Medi-kamente wie Zigarettenschachteln ausspucken – vorn dran ist eine Art Bankautomat, auf dessen Bildschirm das Gesicht des Apothekers vom Dienst erscheint. Dieser sieht mein Rezept, das per Barcode erkannt wird und erklärt mir die Nebenwirkungen der Arznei, wir sprechen wie „per Skype" darüber. Wenn ich alles verstanden habe (der Apotheker ist ein Inder mit Pharmazieabschluss einer deutschen Uni und arbeitet von Bangalore aus), löst er den Automaten aus und ich bekomme mein Medikament. Ist das noch im sinnvollen Rahmen? JA! Aber der Naturschutz für die heimische Wirtschaft fällt. Wollen wir Sinn? Wollen wir Naturschutz? Beides?

In der letzten Woche habe ich bei den Buchtagen 2012 in Berlin über das die Buch-branche so quälende Thema der eBooks (das ist die E-Lok dieses Bereiches) referiert. Kunstbände z. B. aller Werke von Marc Chagall auf höchstauflösendem Retina-Display zu 2,99 €! Das ist der Albtraum – wie der Apotheker aus dem Netz. Am besten würde man Mindestpreise für Bücher einführen und Papierzwang für alle. Ich habe deshalb noch ein-mal zur Sicherheit Informationen eingeholt, wozu es überhaupt so etwas wie eine Buch-preisbindung gibt. Deshalb – ich zitiere aus der Wikipedia:

- Schutz des Kulturguts Buch
- Sicherung einer großen Anzahl und Vielfalt an Buchtiteln (Erleichterung des Verlegens kulturell wertvoller Bücher, auch wenn deren Absatz voraussehbar geringer sein wird als der von Bestsellern)
- Sicherung der flächendeckenden Versorgung mit Buchtiteln

Aber heute kann doch jeder Autor selbst jedes noch so kulturell wertvolle Buch sofort als eBook ins Netz laden, oder? Mit eBooks verdient der Dichter auch MEHR als mit Büchern (Für ein verkauftes Buch von 20 € bekommt der Autor 10 % oder 2 €, bei einem verkauf-ten selbsthochgeladenen eBook bekommt er 70 % des Erlöses, also etwa 4,20 € bei einem

G. Dueck, *Cut & Paste-Management und 99 andere Neuronenstürme aus Daily Dueck,*
DOI 10.1007/978-3-662-43390-4_70, © Springer-Verlag Berlin Heidelberg 2014

Verkaufspreis von 6 €)! Und das Internet liefert Bücher flächendeckend, eBooks kommen über Funk auch im Urlaubsland! Dichter, Abseitstouris und Dorfleser sind's zufrieden, jetzt müssen also nur noch Papierhersteller, Druckmaschinenhersteller, Verlage, Buchhandlungen und Druckereien geschützt werden? Dafür war der Schutz aber nicht gedacht, er war für die KULTUR, oder? Ich weiß, dass viele von Ihnen die Kultur nur im Papier sehen, ich weiß. Aber immer mehr von Ihnen kaufen sich eBook-Reader und bestellen Bücher im Internet. Sie schreien offiziell nach dem Alten und gehen dann fremd, weil's billiger ist und Platz spart... Aber konsequent sein wollen Sie nicht, weder in Ihrem Verhalten noch in Ihrer Haltung zu Branchennaturschutzgesetzen.

Wir könnten doch Obsoletes fallenlassen und neues Schützenswürdige behüten! Eine Eipreisbindung würde mir gefallen. Ich würde festsetzen, dass alle Eier Größe L, sagen wir, 40 Cents kosten müssen, egal wer sie gelegt hat, wo, wann und unter welchen Hormonen. Bei 40 Cents wäre es möglich, gewinnbringend Bio-Eier zu produzieren – und nun wären wir strunzdumm und stockblöd, andere als diese Eier zu kaufen. Billigblindheit ist nun außen vor! So? Schutz des Kulturgutes Ei! Sicherung einer großen Anzahl und Vielfalt von Bio-Hühnern! Sicherung einer flächendeckenden Versorgung mit Bio-Eiern!

Ich meine: Wir sollten ab und zu nachdenken, was wir eigentlich wollen, was uns wertvoll ist, wofür wir Geld hinlegen sollten, welche Arbeitsplätze wir künstlich schützen und was der Steuerzahler wirklich bezahlen muss. Ab und zu sollten wir in unserer großen Naturschutzgesetzesplantage auch einmal jäten – ja, und auch einmal etwas neu pflanzen, was nur so SINNVOLL ist, ohne die Vorbedingung, dass es Millionäre fordern oder solche, die es damit werden wollen.

Kapitel 71
Liebe, Glaube, Effizienz – zur Zukunft der Kirche (DD170, Juni 2012)

[Diesen Text habe ich für die evangelische Kirche als Argumentationstext für eine Rede in Oldenburg geschrieben. Ich habe die Sorge, dass die Kirche über ihren Sparanstrengungen den Glauben der Menschen vergisst – so wie einsparende Unternehmen ihr Gefühl für ihre Kunden verlieren.]

Das Internet verändert unsere Welt. Die meisten von uns nehmen das Internet nur ganz direkt vor einem Flachbildschirm wahr, aber es greift schon seit vielen Jahren auf unser Leben in viel tiefgreifenderer Form ein: Computer verbinden jetzt alle Menschen, Arbeitsvorgänge und Dinge! Sie messen alles und wissen, wie viel jeder Handschlag kostet, wie lange er dauert, ob er vom richtigen Menschen mit der richtigen Qualifikation ausgeführt wird. Kurz: Computer und Internet geben die Möglichkeit, praktisch alles, was schon immer getan wird, viel effizienter und kostengünstiger zu gestalten.

Auf der anderen Seite aber scheint uns das Internet eine Brücke zu einer neuen Zukunft zu schlagen, die wir uns erst nur vage vorstellen können und wollen. Das Web 2.0 beschert uns Freunde in aller Welt, es besiegt Diktaturen, führt zu neuen Kommunikations- und Kunstformen. Wir spüren, dass wir vor der Schwelle einer neuen Welt stehen. Die Wirkungswucht der Internet-Durchdringung unseres Lebens wird oft ahnungsvoll im Vergleich mit der Erfindung des Buchdrucks durch Gutenberg und der Bibelübersetzung Luthers gesehen. So etwas passiert JETZT! Und wir sind dabei!

Die Umwälzung des Internet stellt uns generell vor zwei Wege:

1. Wir nutzen das Neue, um das Alte ökonomisch effizienter zu gestalten.
2. Wir bauen mit ihm eine neue Zukunft.

Die erste Aufgabe ist sehr mit dem Gedanken an Geldsparen verbunden und damit klar definiert. Sie wird deshalb überall beherzt angegangen, mit zum Teil beeindruckenden Rationalisierungserfolgen. Diese großen Erfolge werden jetzt auch überall dort gesucht, wo das Internet nicht im Mittelpunkt steht – nun wird auch die Kirche immer stärker mit Vorstellungen des Lean Management und den damit verbundenen ökonomisierenden Methoden und Denkweisen konfrontiert. Für das mögliche Neue, etwa die Kirche 2.0, fehlt hier wie überall noch die weite und Vorfreude bereitende Perspektive.

Beide Wege, den ökonomisierenden und den zukunftssuchenden, möchte ich hier kommentieren.

G. Dueck, *Cut & Paste-Management und 99 andere Neuronenstürme aus Daily Dueck*,
DOI 10.1007/978-3-662-43390-4_71, © Springer-Verlag Berlin Heidelberg 2014

Zum allgemeinen Effizienzstreben:

Effizienz beißt sich mit Glaube und Liebe und senkt alle Hoffnung. Falsch verstandene Effizienz kann ruinieren – und das befürchte ich **besonders** im kirchlichen Kontext.

Die Prinzipien der Effizienz zielen auf Standardisierung, Vereinheitlichung, genaue Servicedefinitionen („Hochzeit Basic Plus Dienstleistungspackage"), Abarbeitung durch die billigst mögliche Ressource („muss das der Pastor unbedingt selbst machen?") und absolute Vollauslastung aller Ressourcen (heute oft Überlast bis zum Burnout-Problem). Die Bezeichnung von Menschen im ökonomischen Kontext als Ressourcen deutet die Kälte des Vorgehens an.

Sehen wir uns zur Erhellung der Problematik eine Bankfiliale an: Die meisten Aufgaben sind dort einfach (Überweisungen, Auszüge anfordern, Einzahlungen), die erledigt der Kunde schon oft selbst oder mit Hilfe einer/eines Angestellten. Eher selten werden schwierige Kreditwünsche geäußert oder eine Beratung über asiatische Aktien gewünscht. Ökonomisch ist es sinnvoll, diese selten vorkommenden schwierigen Arbeiten in zentralen Fachabteilungen zu bündeln. Für komplexe Kredite und oder Zertifikateanlagen wird der Kunde auf ein „Kompetenzcenter" verwiesen. Der Bankangestellte wird nun vor Ort auf das Einfache zurückgestutzt, er hat nichts Wichtiges mehr tun. Er kann durch Mitarbeiter ersetzt werden, die kaum ausgebildet sein müssen und geringer bezahlt werden können. Mit der Zeit wird diese einfache Arbeit vor Ort automatisiert und verschwindet irgendwo ins Internet, wo sie der Kunde selbst verrichtet. Die Bank vor Ort verliert für den Kunden den Ruf der Kompetenz. Die *lokalen*, eigentlich kulturgebenden Dienstleistungen werden austauschbar. „Welche Bank? Ist egal." Die Banken verlieren die Identität, die Kunden sind nicht mehr treu, die einstige herzliche Verbundenheit schwindet, Dienstleistungen werden technokratisch abgerufen. Ein Stück einstiger Heimat ist verschwunden. Das ist die kalte Seite der Effizienz. Im Kontext der Kirche heißt das:

Effizienz verwässert das Heilige.

So wie Banken im Namen der Effizienz und des Sparens das Komplexe in Zentren zurückziehen, so schließen sich Kirchengemeinden zusammen. Ein Pastor ist für viele Gemeindemitglieder zuständig, so wie der Kreditsachbearbeiter für alle Kunden im weiten Umkreis. Dadurch geht der Kontakt zu den Gläubigen immer weiter verloren, was den Bankkunden nicht direkt schmerzt, aber den Gläubigen schon. DAS ist der Unterschied zwischen Kirche und Dienstleistungsunternehmen!

Etwas mehr herausgearbeitet: Alles um den Pastor herum ist „heilig", seine physische Präsenz, sein Grüßen, sein Smalltalk, sein kurzer Hausbesuch, sein Zureden und Zuhören über den Gartenzaun, wenn der Mäher kurz angehalten ist. Es wärmt, wenn er uns kennt, wenn wir ihm begegnen, wenn wir ihn vielleicht nur vorübergehen sehen. Er kennt unsere Kinder und leitet sie, wir sprechen gemeinsam über sie… Der Heilige Geist ist durch einen nahen Pastor präsent. Er MUSS lokal präsent sein! Er muss die lokalen Helfer und Freiwilligen beflügeln. Er kann nicht wie die Anlageberatung in eine Zentrale zurückgezogen werden und die lokalen Helfer als einfach unbezahlt Arbeitende in der Ferne „machen lassen" und sie damit (fern vom Geist der Kirche) degradieren. Ich will sagen: Was bei einem Kompetenz zentralisierenden Dienstleistungsunternehmen Effizienz erzeugt, führt bei der Kirche zu einem Rückzug und allmählichen Verschwinden des lokal Heiligen. Zentralisierende Effizienz führt auch z. B. bei Banken zu bedenklichen Identitäts- und Treueproblemen – bei einer Kirche ruiniert sie das „Business-Modell" komplett. Zentralisierende Kirche zieht sich auf Kerndienstleistungen rund um die feststehenden Events zurück. Das Heilige ist dann ganz dünn geworden und wird auf Augenblicke beschränkt. Ist aber halb heilig noch irgendwie heilig? Fällt nicht oft ganz weg, was unter eine kritische Schwelle fällt?

Das lokale Wirken des Glaubens ist für mich die Kernaufgabe einer Kirche. Ökonomisch formuliert: Investiert in Pastoren und gute Arbeitsbedingungen! Überlastet sie nicht – der Heilige Geist verschwindet unter Stress! Das ist das Problem unserer Zeit. Alles Hohe verschwindet unter Stress.

Investiert in Pastoren, auch wenn alles andere aufgegeben werden muss. Widersteht der Versuchung flächendeckender Effizienzbestrebungen, bei denen überall gespart wird, so dass dann *alles* bedenklich siecht. Denkt an den nachhaltig gesunden Kern.

Daher meine zwei Thesen:

1. *Der Kern der Kirche, das Heilige in der Seele zu hüten, muss gesund gehalten werden – durch Pastoren, alles andere steht zurück.*
2. *Widersteht der Versuchung falscher Effizienz – hütet euch vor allem, was in die Nähe von „Bless for less" gerät.*

Seht euch alle um! Immer das, was uns fehlt, wird bei Events und Feiern beschworen. Was wird in diesen Tagen beschworen? Immer und immerfort dies:

- Wirtschaftsethik,
- Innovation,
- Bildung,
- Kultur,
- Vertrauen,
- Herz,
- Gemeinschaft,
- Zusammenhalt,
- Nachhaltigkeit,
- Blühende Umwelt,
- Soziales und Christliches,
- Gleichberechtigung,
- Physische u. psychische Gesundheit,
- Authentizität der Führung,
- Liebe,
- Gerechtigkeit.

Das haben wir einstmals um Größenordnungen besser gelebt, nicht immer nur beschworen. Damals waren wir allerdings nicht so effizient. Was wollen wir? Bitte antworten Sie mir nicht wie ein schlechter Chef: „Man muss das eine tun, ohne das andere zu lassen." Wir müssen den Weg wählen.

Zur Zukunft der Kirche:

Besonders im Internet zeigen sich Zeichen neuer Kulturen. Vieles ist im Probierstadium, und zwischen ersten Frühgemeinden neuer Kultur mischen sich auch die ersten Rattenfänger und Gaukler. Die Regeln der Zukunft sind unklar, die virtuellen Räume sind noch nicht geordnet, alles steckt noch in kreativer Unruhe, es gibt noch keine virtuellen Jägerzäune.

Eine neue Generation wächst heran, die man „Digital Natives" nennt. Werden sie Gemeindemitglieder der Kirchen sein? Wie würden sie sich die nächste Kirche vorstellen?

Diese Frage musste seit langer, langer Zeit nie wirklich gestellt werden – nun aber wird sich die neue Internetgesellschaft im Ganzen so stark wandeln, dass der Umbruch auch die Kirchen und die religiösen Vorstellungen erfassen MUSS. Im Grunde müssen wir anerkennen, dass die nächsten Maßstäbe eher durch die kommenden Generationen gesetzt werden. Erkennen wir das? Erkennen wir es an? Helfen wir den heute Jungen, das Neue zu formen? Ich rufe auf:

3. Lasst die Digital Natives zu IHM kommen – errichtet Monumente des Glaubens im Internet (lebendige Weltschatzkammer gläubiger Kultur)

Kümmern wir uns um die jungen Christen nach der Konfirmation? Wenn zu Gemeindetreffen eingeladen wird, kommt ein Altentreff heraus, wird geseufzt. Oft habe ich gesagt, dass statt Mettbrötchen eben Pommes Frites und Eis verfügbar sein könnten – und ich blicke in unwillige Gesichter. Warum fragen wir nicht, welche Sinnfragen Digital Natives berühren? Die liegen doch hautnah in der Generation Praktikum! Warum befragen die Studien immer nur die Älteren und wälzen seltsame Weltanalysen rund um Säkularisierung und Vereinzelung? Ich bin nun auch schon ein bisschen älter als der Durchschnitt und kenne die Antwort auf die Frage nach dem künftigen Verhältnis zu Gott nicht. Aber wir könnten beginnen, neuen Grundmauern zu ziehen. Wir könnten „virtuelle Kirchen" bauen. Ich stelle mir vor:

- Alle Lieder aller christlichen Gesangbücher ins Netz! Als Text, Gesang, Chor, instrumental in vielen Fassungen, nicht nur mit Orgel.
- Alle schon existierenden Monumente des Glaubens ins Netz!
- Ermutigung von Künstlern und Musikern, Neues zu schaffen!
- Neben Orgeln auch Hochleistungslautsprecher in Kirchen – (es gibt auch andere Musik, die vielleicht auch erst neu und wundervoll entsteht, wenn wir sie willkommen heißen).
- Eine neuer Konfirmandenunterricht für Digital Natives (Konfirmanden können genau in diesem Alter „behalten werden", das ist in der katholischen Kirche schwieriger)
- Die Kirchen entwickeln und fördern bekannte prägende Persönlichkeiten, die im Internet über Glaubensdinge sprechen (DAS ist Exzellenz, die zentral ausstrahlen soll!)
- Neue Gottesdienstformen
- Nach „Schwerter zu Pflugscharen" nun „Computer zu Brücken"
- Aufbau einer virtuellen Heimat – Web-Communities der Kirchen sollten zusammen mit den örtlichen Vereinen agieren, die alle für sich kaum kritische Masse im Netz bilden können.

Machen Sie mit? Sind Sie offen? Oder befürchten Sie etwas? Was denn? Was würde schlimmer als das Weitergehen auf dem jetzigen Wege bis – ja bis erst einmal 2030?

Nein, nicht das! Schauen Sie auf das heutige Sterben der Unternehmen. Sie sterben, weil sie am Festnetztelefon festhalten, unbedingt an Büchern aus Papier, unbedingt an Kernkraftwerken, unbedingt an Handys nur zum Telefonieren. Größte Konzerne gehen darnieder, weil sie die Zeichen der Zeit nicht erkennen, weil sie nach Jahrzehnten ihrer Existenz ihr Dasein schon wie eine Ewigkeit empfinden. Diese Hemmschwelle, in ein ganz neues Zeitalter zu treten, hat eine Kirche umso mehr… Ich verstehe das gut, aber ich will es nicht verstehen. Ich habe dafür Verständnis, aber ich will kein Verständnis haben. Das nagele ich an jede Wand.

Kapitel 72
Psycho ist weiblich, Neuro ist männlich
(DD171, Juli 2012)

Nach allgemeiner Vorstellung gibt es in uns Kräfte und Fähigkeiten, die wir den Rubriken „Geist", „Seele" und „Körper" zuordnen. Der Geist steht in der Philosophie immer am höchsten! Sie befasst sich deshalb vor allem mit dem Geist. Wahrscheinlich aber liegt es mehr daran, dass sich der Geist als das mehr Bewusste im Menschen leichter wissenschaftlich erforschen lässt und „uns vom Tier abhebt". Unsere Seele ist uns zwar als solche bekannt, wird aber mehr unter „Psyche" gesehen und mit dem „ganzheitlich Unbewussten" assoziiert. Psychologie gibt es noch nicht so lange… Schwierig, schwierig, sie ist nicht so wirklich wissenschaftlich oder oft irrelevant für's Leben, wenn sie es ist. Aber jetzt gibt es Neuro! Hoch lebe Neuro!

Ich hole weit aus: In meiner jüngeren Zeit war Psychologie in großer Mode. Sie verkomplizierte sich leider zusammen mit der Soziologie immer mehr und beeindruckte durch blütenreiche Fremdwörterschöpfungen, die im Fernsehen oft eine gute Basis für satirische Kabaretteinlagen darstellten (das Wort „Comedy" gab es früher nicht, die Qualität der Sendungen war noch relativ einheitlich und machte noch keine Abstufungsbezeichnungen erforderlich). Man machte sich über die Psychos lustig, die nach „präembryonalen Transvestionsneigungen" forschten, wenn jemand bunte Unterwäsche trug. Alles psycho, oder was? Man psychologisierte alles so unmäßig, dass sich die Psychologie wesentlich diskreditierte und sich wieder zurückzog – teilweise in Lebenshelferbestseller, die nun „dank Psychologie" alles leicht machten: Freunde finden, Erziehung, Teamarbeit, Miteinanderleben, Schule, Lernen und das Wiederfinden von Glück und Sinn. Eine insgesamt heilere Welt schien möglich. Sie ist heute noch nicht eingetreten, aber die Bücher dazu gibt es immer noch, Tendenz wachsend. Wir wollen endlich eine gesunde Seele! Wir wollen sie verstehen, uns verstehen, in uns hineinhorchen, die Zusammenhänge begreifen, unsere Gefühle ordnen und uns weiterentwickeln.

Ich habe vor einigen Jahren sehr beeindruckt ein Buch des amerikanischen Psychiaters Peter Breggin gelesen. Es erschien 1991. Titel: *Toxic Psychiatry: Why Therapy, Empathy and Love Must Replace the Drugs, Electroshock, and Biochemical Theories of the „New Psychiatry"*. Im Deutschen heißt es *Giftige Psychiatrie* und plädiert leidenschaftlich für humanistischere Ansätze der Psychiatrie. Darin findet sich ein Abschnitt mit dem Titel „Der biologisch[orientiert]e Psychiater als Karikatur männlicher Werte". Wenn jemand in der Praxis eines solchen typischen, auf das Biologische fixierten Psychiaters Wut, Trauer, Angst oder andere starke Gefühle zeigt, zückt er den Rezeptblock. Traurige bekommen Antidepressiva, Energiebündel Ritalin etc. Das Problem wird schnell am Symptom er-

G. Dueck, *Cut & Paste-Management und 99 andere Neuronenstürme aus Daily Dueck*,
DOI 10.1007/978-3-662-43390-4_72, © Springer-Verlag Berlin Heidelberg 2014

kannt und durch eine energische Aktion gelöst. Breggin kritisiert, dass dem Patienten nicht lange zugehört wird – mehr Zeit geht drauf, die Dosis der Medikamente richtig einzustellen.

Breggin ist brachial kritisch – und da ich noch nie mit der Psychiatrie „in Konflikt kam", kann ich mich nicht wirklich objektiv anschließen. Ich möchte nur von weitem als Beobachter meine Sicht weitergeben, dass die typische Karikaturen der Männer tatsächlich fast generell alle Probleme im Management mit solchen Aktionen lösen. Sie betreiben keine Seelenerforschung. Nein, nach einer einzigen Stunde Meeting wird schon entschieden, beschlossen und möglichst sofort „executed".

Wenn ich das von weitem so sehe, drängt sich mir der Eindruck auf: Psychologie ist mehr „feeling style" oder platt gesagt „weiblich", Psychiatrie ist „thinking style" und mehr „männlich". Diese Begriffe meine ich gar nicht so stammtischniveauartig wie es sich jetzt vielleicht liest. Lesen Sie kurz aus dem Artikel „MBTI" aus der Wikipedia den folgenden Ausschnitt:

„F oder T – Feeling oder Thinking

Dies beschreibt die Art und Weise, wie Entscheidungen getroffen werden. Der Denker (thinking) betrachtet die ihm vorliegenden Informationen eher von einem rationalen Standpunkt und versucht, mittels objektiver Wertesysteme (z. B. Gesetze) zu Entscheidungen zu gelangen. Er ist resultatorientiert im Sinne der optimalen Lösung der Sache. Der Fühlende (feeling) beachtet seine persönlichen Wertesysteme (Moral) stärker. Er urteilt entsprechend dieser Systeme und ist bemüht, alle Parteien zu einer Lösung der Sache mitzunehmen… Schätzungen zufolge sind etwa zwei Drittel der Denker Männer und etwa zwei Drittel der Fühler Frauen."

Wollen Sie es ganz genau wissen? Dann verweise ich Sie auf die offizielle MBTI-Webseite zu „Thinking" versus „Feeling":

http://www.myersbriggs.org/my-mbti-personality-type/mbti-basics/thinking-or-feeling.asp

Psychologie versteht die Lage, Psychiatrie oder Medizin beherrschen sie… Es sind einfach zwei verschiedene Betrachtungsweisen oder Problemzugänge. Lange psychoanalytische Sitzungen sind oft auch quälend erfolglos – genau wie die Dauergabe von Psychopharmaka. Man kann das eine wie das andere ad absurdum führen. Aber das „thinking principle" zieht oft ganze Industrien im Hintergrund auf, die zu großem Business und zu mächtigen Lobbys führen. Pharmaka sind Big Business, auch etwa das gigantische Anti-Cholesteringeschäft. Solche Wellen verselbstständigen sich, Unwirksamkeitsstudien werden aus angenommener Angst ignoriert. „Ich nehme Vitamine, sicher ist sicher, Antifaltenpastillen auch!"

Und jetzt kommt Neuro! Es wird wieder so eine gigantische Welle daraus werden, da bin ich sicher.

Neuro ist ja so modern. Alles wird damit bevorsilbt. Neuromarketing, Neuromanagement, Neurovertrieb, Neurodesign, Neurobehavioral Systems, Neurodidaktik, Neuroengineering oder Neurodoping. Besuchen Sie die Website drinkneuro.com! „Happyness in every bottle" oder „Mental performance in every bottle". Alles wird Neuro, und es hat neuerlich für mich den Touch, dass wir nur wieder Methoden anwenden oder etwas Teures schlucken müssen, um gleich eine Menge Erfolg zu haben und die Probleme schnell zu lösen. „Neueste Ergebnisse der Hirnforschung standen bei unserer Neuentwicklung Pate."

Neuro wird ein viel größeres Business als das der Pharmaka, weil wir doch jetzt ALLE irgendwie „neuro" sind – so wird uns bald klargemacht werden. Jeder, der ein Hirn hat, wird es erfolgreich behandeln wollen?! Neuro wird oder ist schon männlich wie „thinking", fürchte ich.

Davor möchte ich warnen! Nicht vor „Neuro" an sich – ich warne vor einer Geisteshaltung, die Macht ausüben will oder Geschäfte mit Erfolgssucht macht.

Kapitel 73
Phantomvibration und Phantomdenken
(DD172, August 2012)

Kennen Sie den Begriff des Phantomgliedes? Es gibt Menschen, denen ein Glied, Arm oder Bein, amputiert worden ist – aber sie haben immer noch Empfindungen, als wenn es noch da wäre. Das ICD-10 listet das Phänomen unter Code G54 als Krankheit von Nervenwuzeln oder des Nervenplexus. Jetzt passiert mir aber immer öfter so etwas Ähnliches mit dem Blackberry.

Da ich oft auf Tagungen und in Meetings bin, sollte ich höflicherweise den Klingelton des Blackberrys abschalten, dann vibriert es bei Anrufen – und ist still. Zusätzlich vibriert es aber bei Google-Mails immer, ich darf es daher im Hotel nachts nicht auf Holz legen, weil ich dann von fremdem Sägeton aufwache. Am Tag trage ich das Blackberry meist in der Hosentasche, sonst im Jackett. Ab und zu vibriert es, dann sind Ihre Mails gekommen, schön! Ach, meist sind es Standardmails von Twitter oder so.

Ich habe öfter folgendes Erlebnis: Ich lege das Blackberry oft neben mich auf den Beifahrersitz, dann vergesse ich es ab und zu im Auto – ja, oder ich fahre ganz zerstreut ganz ohne das Blackberry los. Ich will sagen: es ist nicht immer bei mir. Und dann – plötzlich, irgendwo, irgendwann – spüre ich wieder einmal, wie das Blackberry in meiner Hosentasche oder an meiner Brust vibriert: einmal, zweimal – eine Mail! Ich zähle mit, weil es beim dritten Vibrieren auch klingelt, wenn es ein Anruf ist. Und dann fasse ich nach dem Smartphone, aber es ist nicht da! Weg! Vergessen!

Das ist doch so etwas wie Code G54, oder? Eine Nervenwurzelkrankheit? Wie heißt die? Ich glaube, sie heißt Phantomvibration. Das Blackberry ist gerade von mir abgetrennt, aber ich fühle, dass es bei mir ist. Ich müsste jetzt eigentlich noch aufgeschrieben haben, wann es genau vibriert. Wenn das zusammenpasst – uih dann hätte ich ein Sheldrakesches morphogenetisches Feld entdeckt. Später! Jetzt ist es erst einmal eine Phantomnervenkrankheit.

Ich habe sofort gegoogelt, ob das andere auch haben. Blackberry ist Blackberry. Ja! Ganz viele! Und bei den iPhones scheint es auch Phantomklingeln zu geben – da hören Apple-Personen das iPhone, obwohl es gerade nicht da ist…

Wahrscheinlich haben Sie ja alle ebenfalls diese Krankheit, nur dass Sie keine Kolumnen darüber schreiben. Es kann ja sein, dass ich der letzte bin, der es gemerkt hat – dass etwas Abgetrenntes noch da ist. Gibt es nach Scheidungen dann auch Phantomschnarchen?

Etwas ist abgetrennt worden, fühlt sich aber so an, als sei es noch da.

Und dieses Prinzip des verlorenen Gliedes, das immer noch da ist, übertrage ich nun auf gedankliche Konstruktionen – die sitzen in uns, aber ihr einstiges Fundament ist gar nicht mehr da!

G. Dueck, *Cut & Paste-Management und 99 andere Neuronenstürme aus Daily Dueck,* 168
DOI 10.1007/978-3-662-43390-4_73, © Springer-Verlag Berlin Heidelberg 2014

Dazu fällt mir ein Essay von Albert Memmi ein, *Der Kolonisator und der Kolonisierte*, in dem Sätze stehen wie: „[Es reicht nicht aus], dass der Kolonisierte objektiv Sklave ist, er muss sich auch als solchen annehmen." Ich habe darüber eine Radiosendung gehört, es war die Sprache davon, warum sich die damals von Frankreich Entkolonialisierten nicht endlich wie Freie benahmen. Das Problem ist: Sie hatten immer noch die angenommene Rolle in sich selbst. Die Vergangenheit ist abgeschnitten, aber sie fühlt sich noch ganz real an. Alles fühlt sich noch so an! Nicht nur bei Kolonisierten und Kolonisatoren, auch bei Frauen- und Männerbildern ist das wohl so – wir sind gleichberechtigt, aber vieles fühlt sich noch wie früher an. Die Weltkriege sind schon lange her, aber ab und an glimmt wieder Hass auf. Es ist nicht einfach abgeschnitten oder ganz weg, es muss Phantomdenken sein.

Die Schüler-Lehrer-Beziehungen und die Relationen zwischen Chef und Mitarbeiter wandeln sich, wir sind im Prinzip frei!

Wir haben so viel verinnerlicht. Das Objektive ist ganz weitgehend verändert (nicht so ganz, aber weitgehend), wir sind nicht mehr Sklave, die Frau wird nicht unterdrückt, der Lehrer ist nicht Herrscher, der Chef kein Diktator, der Deutsche kein Fremdenhasser, kein Ossi oder Wessi. Objektiv ist das alles amputiert, aber wir haben alle diese überholten Bindungen und gar Hassgefühle früher einmal tief innen angenommen. Das Denken ist noch nicht vom Amputierten frei, es denkt und fühlt, als sei das Alte noch da. Wir sind noch Kolonisierte. Die Phantome sind noch da.

Wie verjagen wir sie?

Wir haben die Grenzen objektiv aufgehoben, schaut alle hin, sie sind weg! Nun müssen wir zur Grenze gehen, jeder und jede an diese seine oder ihre, und den anderen auf der anderen Seite die Hand reichen und uns mit ihnen im Kreise drehen, so dass man nicht mehr weiß, wer von hüben oder drüben war…

Sonst drehen uns die Phantome im Kreise… an der Nase… aufs Kreuz. Sonst ist das freie Denken selbst ein Phantom. Nach der Aufklärung, dem Enlightenment, und der objektiven Veränderung der Zustände muss auch die Emanzipation und die Entkolonialisierung des Selbst folgen.

Kapitel 74
Das Glück im Stacheldraht (DD173, September 2012)

Wir träumen davon, steinreich zu sein. Dann könnten wir alles tun, was Steinreiche gewöhnlich oder angeblich so treiben. Die sehen wir im Fernsehen Champus trinken, jagen, yachten, kiffen, modelgrapschen und vor allem Geld auf den Kopf hauen. Sie leben in mehreren Traumhäusern und fahren farblich passende Autos, befehligen die Armen und dürfen rein alles. Im Urlaub in Südafrika lernte ich eine neue Variante des Reichenglücks kennen – das Glücksgefühl des Stacheldrahtes.

Stacheldraht ist in Johannesburg allgegenwärtig, ich habe noch nie so viele verbarrikadierte Häuser Gutsituierter gesehen, die wie Bollwerke verschanzt waren und zu einem guten Teil abschreckende Werbeschilder trugen („Secured by Services and Technology of…"). Wundervolle Anwesen wie Gefängnisse von außen!

Nach einem Herumstreifen in den Reichenbezirken sollte die Rundreise zum Kontrast kurz in einem Slum haltmachen. Wir fühlten uns unwohl, ärmste Menschen so anzuschauen wie im Krüger-Nationalpark die Tiere. Wir wurden aber von Sozialarbeitern des Kiptown Youth Projects (KYP) in Johannesburg mit glänzenden Augen empfangen, sie führten uns ansteckend fröhlich durch das ganze Elend, zeigten uns Hütten von innen und dann stolz ein kleines, schmuckes Areal in der Mitte von Kiptown, wo das Project Kindern zu essen gibt, Schulgelder mitfinanziert und bei der Anschaffung der Schuluniformen hilft. Die Kinder hatten glückliche, liebe Gesichter, solche Kids hätte man gerne selbst! Sie führten für uns die Tänze auf, die sie gerade für eine Chinareise einübten (China hatte eine Gruppe von ihnen eingeladen – sie waren unendlich glücklich darüber). Und natürlich haben wir alle finanziell unterstützend viele KYP-T-Shirts gekauft.

Das wollte ich gar nicht im Kern erzählen, aber ich musste doch den Kontext erklären! Ich habe ein paar Fotos gemacht, zum Beispiel dieses (Abb. 74.1):

Wie diese Hütte hatten alle (echt alle) einen Zaun mit aufgesetzten Stacheldraht ringsum. Ich stand etwas ratlos davor, da lachte der Sozialarbeiter und erklärte, dass natürlich absolut nichts aus den Hütten zu stehlen sei und auch nie etwas gestohlen würde. „Aber der Stacheldraht gibt uns das wundervolle Gefühl und das Selbstbewusstsein, dass wir so ähnlich wie die Reichen leben."

Das schockte mich ein bisschen. Stacheldrahtglück?

Ist das nicht ein besonders krasser Fall von etwas, was in uns allen vorgeht? Dass wir nicht nachdenken, was uns selbst glücklich macht, sondern dass wir uns um Traumsymbole bemühen, die uns wie Steinreiche fühlen lassen? Wir ziehen nur Marken an, wollen nur abgerundete Smartphones, hungern uns dünn, quälfreuen uns mit Highheels und Nagel-

G. Dueck, *Cut & Paste-Management und 99 andere Neuronenstürme aus Daily Dueck,*
DOI 10.1007/978-3-662-43390-4_74, © Springer-Verlag Berlin Heidelberg 2014

Abb. 74.1 Aus Kiptown. (Foto:
Gunter Dueck)

studio und erstrahlen, wenn wir einen Star persönlich sehen. Die Symbolsucht ist immer
die gleiche, ob es nun um die Anzahl der Facebook-Friends geht oder um eben Zäune.

In all dem fühlen wir Glück, das nichts mit uns und nichts mit Glück an sich zu tun hat.
Wir trauen uns nicht, ganz selbst glücklich zu sein, das ist schwerer und leichter zugleich.
Es ist schwer, die Symbolsucht abzulegen, die uns Fremdglück gibt. Wer das Ablassen
schaffen würde, könnte vielleicht ganz leicht Eigenglück finden? Ist das so? Oder nur im
Wort zum Sonntag? Es fehlen die Erfahrungen in der Breite, denn wer wäre nicht süchtig
(gemacht worden) …

Kapitel 75
Digitale Potenz – ein Überspitzer gegen den Über-Spitzer (DD174, September 2012)

[Das Internet macht dumm! Spiele machen süchtig! Der Höhepunkt dieser Hexenjagd war durch das Buch „Digitale Demenz" von Manfred Spitzer gekennzeichnet, der bei seinen Reden darüber immer noch standing Ovations von Leuten in meinem Alter bekommt. Jetzt aber (2014) empfiehlt man den Älteren z. B. auf dem Spiegel-Cover, doch auf dem iPad zu spielen, weil das Gehirn dadurch tätig gehalten würde und eine Demenz ferngehalten werden könne. Das ist doch ein Neuro-Zirkus, der auch durch „Zukunftsforscher" am Leben erhalten wird…]

Alles hat zwei Seiten, besonders alles Neue. Die Antagonisten des Neuen verdammen es dadurch rhetorisch smart, indem sie seine vermutlichen oder zu befürchtenden Schattenseiten mit den Sonnenseiten des idealisierten Alten vergleichen. Die neuen Technologien unserer neuen Zeit verheißen dem Menschen „Digitale Potenz". Das schmeckt vielen nicht, weil sie diese ja erst durch Lernen erwerben sollen. Da kommt der Bannfluch der „Digitalen Demenz" von Manfred Spitzer gerade richtig.

Das Neue verheißt den Zugang zu allem Wissen der Welt, so wie die Bibliothek in Alexandria der alten Welt einen Kulturschub gab. Wer ein klein wenig wissen will, schlägt bei Google nach, was in zehn Sekunden ermöglicht, wozu früher der Gang zur Bibliothek nötig war (eine Stunde für eine winzige Info?). Fragen bleiben nie mehr ungestellt, nur weil der Gang zur Bibliothek zu lästig wäre. Bildung ist für jeden da, auch in den Slums, die wenigstens ein bisschen Strom haben. Das Beste der Welt ist überall da, es ist nicht den Reichen und Professoren vorbehalten. Bildung hat viel mit der Kenntnis und dem persönlichen Verstehen des Wertvollen zu tun, die kann nun jeder erlangen. Jeder kann sich bilden, wenn er nur will. Das Netz bringt Transparenz und engt das Böse ein, es bringt Bürgern neue Freiheiten gegenüber missbrauchter Macht … Das ist die Verheißung des Neuen! Das Neue begeistert den, der das Gute will. Er verspricht sich viel von der neuen Digitalen Potenz.

Es gibt aber auch Menschen, die sich nicht um das Gute wirklich scheren und eigentlich nur Lust, Ablenkung und Instinktbefriedigung suchen. Solche Menschen wollen nichts leisten und nicht lernen, sie lassen das Hirn lieber leer und schreiben die Hausaufgaben bei anderen ab. Sie wissen nichts selbst, sondern fragen andere. Sie täuschen erforderliche Leistungen vor. Sie verdaddeln mit Spielen die Zeit und befriedigen sich mit Horror und Sex. Sie sind oft süchtig, spielsüchtig, trunksüchtig, tablettenabhängig – was es alles so gibt. Sie konzentrieren sich nicht auf das Gute, sondern zerfließen impulsiv in vieles Zerstreuende. Von ihren eigenen Kindern fühlen sie sich gestört. Die stellen sie ruhig, zu-

G. Dueck, *Cut & Paste-Management und 99 andere Neuronenstürme aus Daily Dueck,*
DOI 10.1007/978-3-662-43390-4_75, © Springer-Verlag Berlin Heidelberg 2014

erst mit Zuckertee, später mit Fernsehen, Süßem oder Wegschicken („geh raus und spiel was"). So geben sie ihr Unwesen weiter.

Um diese Menschen kümmert sich nun endlich Manfred Spitzer. Er fragt sich, was sie wohl mit dem Internet anstellen könnten. Sie müssen nichts mehr wissen! Sie googlen. Sie müssen nichts mehr schreiben! Sie kopieren. Sie müssen nicht mehr planlos auf der Straße sitzen, sie daddeln auf dem Smartphone. Sie konzentrieren sich nicht, sie reagieren auf SMSe. Sie streiten sich nicht mehr mit realen Menschen, sie mobben im Web. Sie müssen nicht mehr bis in die Nacht warten, bis das TV mit Sex & Crime lockt, sie haben es jetzt rund um die Uhr. Wer nichts will, kann zum Beispiel auf der Straße nichts wollen oder eben vor einem Tablet auch nichts. Wer irgendwelche Süchte hat, kann sie nun um Internetsucht erweitern oder ersetzen.

Spitzer verlangt, dass diesen Menschen, die nichts wollen, zur Ursachenbehandlung das Netz weggenommen wird… Denn ihr Gehirn (so sagt der von ihm selbst unendlich oft betonte Hirnforscher, der Widerspruch unmöglich macht) nimmt beim Nichtswollen/Impulszerfließen Schaden. Das kann ja sein, sage ich, meinetwegen, sage ich, aber dieses immer wieder bejammerte „Verkommen" gab es doch als „Analoge Demenz" schon immer? Was hilft das Klagen einer nun technologiemöglichen neuen Form des Verkommenkönnens? Müssen wir uns nicht doch immer wieder nur auf den Menschen an sich besinnen?

Wie verhindere ich „Demenz" und wie fördere ich „Potenz"? Diese Aufgabe stellt sich immer neu, wenn sich unser Leben verändert, ja. Aber das Neue abzulehnen, weil nun jede analoge Demenz (an die wir uns gewöhnt haben) durch eine digitale ersetzbar ist? Warum?

Herr Spitzer: Digitale Impotenz ist behandelbar.

Kapitel 76
Das Unvertraute ist gefährlich und deshalb wohl auch böse (DD175, September 2012)

Es gibt immer Wesen und Dinge, die wirklich gefährlich sind. Ja, und dann ist bestimmt alles Unbekannte gefährlich, mindestens solange wir uns damit nicht auskennen. Wir könnten ja Fehler machen. Wenn wir aber Fehler machen, verklagen wir den, der uns hätte warnen müssen. Deshalb warnt uns jeder vor allem. Und folglich ist all das gefährlich, wobei man Fehler machen kann. Fehler kann ja jeder überall machen, oder? Aha, alles ist gefährlich.

Hunde sind total gefährlich! Sie beißen! Nein, das tun sie fast nie, wenn man sie wie nette Menschen und lieber nicht wie gefährliche Tiere behandelt … Ach, ich erkläre es mit Kühen. Stellen Sie sich einmal auf eine Kuhweide, wo in einigem Abstand eine Kuhherde grast. Rufen Sie bitte sehr heiter und gutgelaunt: „Hallo, Kühe!" Da bleiben sie stehen und schauen lange, wie Kühe eben, mit großen Augen. Nach einiger Zeit gehen sie einen sachten Schritt auf Sie zu, dann zögernd noch einen. Kühe können nicht so gut sehen, sind aber neugierig. Dann kommen sie alle heran, sie kommen in Trab – die ganze Herde auf sie zu. Bleiben Sie ruhig stehen, bleiben Sie freundlich, reden Sie nett. Dann stoppen die Kühe kurz vor Ihnen und schauen Sie an. Jetzt können Sie sie streicheln und ihnen Gras geben und die raue Zunge spüren. Kühe sind lieb. Richtig lieb und treu, sie haben tief treue Augen.

Die meisten Menschen aber bleiben NICHT stehen, wenn die Herde angestürmt kommt. Für Menschen ist so eine Menge einfach zu beeindruckend. Also weg! Weg! Da laufen die Kühe weiter, jetzt vielleicht sogar böse, weil sie jetzt möglicherweise keinen Menschen mehr besuchen wollen, sondern merken, dass sie „einen Leopard" verjagen müssen. Meine Mutter hat das einmal erlebt, als Bäuerin! Sie nahm im Alpensommerurlaub eine Abkürzung über eine Wiese, da kamen die Kühe heran. Meine Mutter bekam Herzflattern, sie sprang sich übel ritzend über den niedrigen Stacheldrahtzaun und landete in einem Kuhfladen der Nachbarwiese, der sie wärmstens landen ließ. Sie konnte das nie verwinden – dass sie als Bäuerin im Urlaub vergessen konnte, dass Kühe lieb sind. Auf dem Bauernhof wusste sie das doch allezeit, im Urlaub aber war's weg.

Haben Sie schon einmal gehört, dass Kühe jemanden umrennen – außer in der Arena, wo sie es nach endlosen Quälereien als ultima ratio versuchen? In dem Moment aber, in dem meine Mutter das für möglich hält und Angst bekommt, denkt sie, dass Kühe böse sind. Und sofort – genau jetzt – denken wohl auch die Kühe ihrerseits, dass meine Mutter böse ist …

G. Dueck, *Cut & Paste-Management und 99 andere Neuronenstürme aus Daily Dueck,*
DOI 10.1007/978-3-662-43390-4_76, © Springer-Verlag Berlin Heidelberg 2014

Damit so etwas wie mit meiner Mutter nicht passiert, wird einfach vor Hunden und Kühen, vor Pferden – überhaupt vor allem gewarnt. Im Urlaub in Südafrika haben sie uns vor den wilden Tieren gewarnt, ganz generell vor allen Menschen in der Nacht, vor der Benutzung von Geldautomaten in belebten Gegenden und vor Geldautomaten in einsamen Gegenden. Das Internet im Hotel ist gefährlich, das sagte mir auch Facebook sofort und sperrte meinen Account. Ich hab dann zu Hause eingetippt, dass ich das persönlich selbst in Kapstadt war, da durfte ich wieder rein.

Wir sind es gewöhnt, dass uns alle Risiken unter die Nase gerieben werden, damit wir niemanden verklagen können. Bei den Banken müssen wir unterschreiben, dass wir wissen, wie gefährlich die sicheren Papiere sind. Bei Versicherungen, die uns Sicherheit verkaufen, müssen wir erklären, über die Unsicherheiten informiert worden zu sein. Beim Arzt, der uns zuversichtlich stimmt, unterschreiben wir, dass wir wissen, dass es böse ausgehen kann. „Bevor Sie diesen Apfelsaft trinken, lassen Sie bitte feststellen, ob sie allergisch sind. Wir haften nicht." Sogar von echten Betrügern dürfen wir nichts mehr kaufen, bevor wir nicht aufgeklärt worden sind, dass sie Betrüger sein könnten, aber dass wir das nicht glauben, obwohl sie uns davor gewarnt haben, dass es so sein könnte.

Ich will sagen: Man zeigt uns überall die Risiken auf, dann scheint alles getan. Das ist es nicht. Wir müssen verstehen, wie es zu Problemen kommen kann. Wir müssen uns Fremdes und Fremde, alles Wilde, alle Ferne und Anderskulturelle, die fremden Gegenden, Maschinen, Medikamente, Urlaubsobst und überhaupt alles vertraut machen – wir dürfen es nicht einfach fremd sein lassen und als gefährlich meiden. Was vertraut oder mindestens verstanden ist, ist bei weitem nicht so gefährlich. Oft ist uns das Vertraute lieb. Wer aber nicht versteht und nicht vertraut macht, verwechselt die Warnungen vor Nichtvertrautsein und Nichtverstehen bald mit echter, realer, finsterer Gefährlichkeit.

Wer nicht mit dem Fremden vertraut ist und nur die Warnungen kennt, wird irgendwann sogar denken, dass das Gefährliche wohl auch böse sein muss. Dann sind Tiere, die man nicht einschätzen kann, böse. Hunde sind böse, Kühe sowieso, Pferde schlagen aus. Fremde Menschen erscheinen böse, andere Kulturen, unbekannte Pflanzen, Innovatoren, andere politische Parteien, Verhandlungspartner, Digital Natives, Andersdenkende, Langhaarige, Manager und Mitarbeiter. Alles Unbekannte ist generalverdächtig – im Faltblatt wird ja gewarnt, überall lauert etwas.

Wenn vor allem nur gewarnt wird, ohne es vertraut zu machen, kommt das Gefühl auf, das potentiell Drohende da draußen sei eigentlich vom Zweck her gegen uns gerichtet. Wir interpretieren das Fremde als Feind und grübeln bei allem, was geschieht, was das da draußen wohl mit uns vorhaben könnte. Die Warnungen ohne ein Vertrautmachen haben nun alles andere zum bösen Feind gemacht und uns zu einem armen paranoiden Würstchen.

Und wenn uns das da draußen nicht lieb ist, dann reagiert es oft auch nicht lieb … Der Stress im Angesicht des Unvertrauten macht uns finster. Und wir werden wie Finstere behandelt. Die Teufelsspirale erfasst alles in einem Strudel nach unten.

Amerika ist nicht vertraut mit der Welt – und behandelt auch uns Besuchstouristen wie Terrorverdächtige, uns alle – da sind wir böse auf Amerika. Der US-Präsidentschaftskandidat Romney scheint mit keinerlei Nichtreichen vertraut und ist auf die Nichtreichen „als Abhängige" böse, da sehen ihn diese nun selbst als böse an. Manche Hirnforscher sind mit dem Internet nicht vertraut und misstrauen – sofort schlägt Misstrauen zurück. Politiker sind mit den Gegenpositionen nicht mehr vertraut – sie feinden sich nur noch an. Ganz generell macht jede auch nur partielle Unbildung böse, wenn sie den Unvertrauten unter Stress setzt.

Hört auf, uns alles nur zu verbieten, das Fremde einzuzäunen und uns Warnhinweise nur per Unterschrift quittieren zu lassen. Macht uns vertraut. Bildet uns dazu in aller Ruhe. Lasst uns liebgewinnen. Das wäre wohl das, was Philosophen wirklich mit Aufklärung gemeint haben könnten. Es geht bei der Aufklärung darum, positiveres Karma zu erzeugen.

Kapitel 77
Digiphobe, hört! Surfen lässt mich geistig wachsen! (DD176, Oktober 2012)

Googeln gilt neuerdings als gefährlich, weil sich manche beim Surfen verlieren. Oh, das könnte passieren. Aber ich selbst finde, ich gewinne mich beim Surfen. Vielleicht hat das Ganze auch gar nichts mit dem Surfen zu tun, mehr damit, dass man sich nicht verlieren soll. Hier nicht und dort nicht. Ich muss das Ganze noch einmal sagen!

Googeln bildet enorm. Ich traue mich kaum, das zu erklären, weil ich bestimmt wieder Schelte bekomme, dass ich die Begriffe Information, Daten, Wissen oder vernetztes Wissen zu sorglos gebrauche und nicht so, wie die Theoretiker es gerade für ein paar Monate festgelegt haben. Die knabbern noch daran, was „implizites" Wissen ist, was „tacit knowledge" bedeutet, wie Bauchgefühl, Intuition, Sinnerkennung und dergleichen PowerPoint tauglich in Bullets niedergelegt werden können. Ist mir egal! Nehmen wir gleich das Komplizierteste, was noch nicht wissenschaftlich erforscht ist, vernetzte Gesamtbildung – was weiß ich!

Das alles bekommt man beim Surfen, wenn man will. Ich stelle Fragen, bekomme Antworten. Ich füttere mein neuronales Netz, das unentwegte Ströme von Selbstlernadaptionen verarbeitet. Bei den Antworten wird auf Naheliegendes und auch ganz fernes per Link verwiesen, dadurch hüpft der Gedankengang zwischen meinen Hirnzellen hin und her, so wie es ohne Surfen ja nie geschähe. Das Aufgenommene, das Wissen, die Daten, die Verbindungen erbauen etwas Ganzheitliches in mir. Das geht heute in der digitalen Welt so schnell! Ich muss nicht mehr 30 min Bibliotheksgang und Microfichefuzzelei für jede klitzekleine Frage verplanen. Ich habe Doktoranden gekannt, die damals für ihre Dissertation um die 2000 Artikel auf Abschreibbares/Auswertbares geistig scannen mussten – sie wohnten irgendwie in der Fernleihe der Uni-Bibliothek, die Monate und Jahre lang einen zähen Strom von Artikelkopien herausmüllerte.

Das Bilden, Mustererkennen, Zusammenfügen, Integrieren geht so viel leichter mit Google, das persönliche Formen zu einem harmonischen Hirnuniversum macht viel mehr Freude. Ich werde, ich entwickle mich, ich wachse, ich bin.

Aber natürlich – viele verlieren sich im Digitalen, verheddern sich, bleiben stecken, blicken süchtig auf Miniaspekte. Man sagt, sie haben nicht lernen gelernt, sie verstehen sich nicht auf multimedialen Umgang. Man sagt, sie können das Wichtige nicht vom Unwichtigen unterscheiden, weil sie nicht genügend gelernt hätten. Wie ein riesiger bunter Haufen von Nützlichem, bösen Versuchungen und Massenmüll präsentiere sich das Web dem Unkundigen.

G. Dueck, *Cut & Paste-Management und 99 andere Neuronenstürme aus Daily Dueck*,
DOI 10.1007/978-3-662-43390-4_77, © Springer-Verlag Berlin Heidelberg 2014

Dabei geht es um mehr als nur das Lernen, mit dem scheinbar Ungeordneten umzugehen. Man muss nicht nur das Lernen lernen, sondern doch vor allem lernen wollen, sich entwickeln wollen, werden zu wollen, interessiert zu sein, liebzugewinnen. Ja, und dann – dann! Dann müsste man eine sehnsuchtsvolle Vorstellung haben, was man werden will, was man dafür lernen und wie man sich entwickeln will. Ein entscheidender Punkt im Leben ist, an dem man freudig eine konkrete eigene Bestimmung annimmt. „Das wird mein Leben!"

Wer weiß, was sein Leben werden soll, verliert sich nicht irgendwo. Er geht seinen Weg. Und das geht mit dem Internet in fast allen Fällen besser als ohne, weil das Internet uns mit seinem Reichtum und seinem Hirndünger schneller aufblühen lässt.

Wer sich aber nicht selbst gefunden hat, findet sich im Internet wahrscheinlich auch nicht. Diese simple Beobachtung kann nicht Grundlage sein, digiphob zu werden – so als sei es eine wichtige Maßnahme, den Menschen an sich (neuerlich) zu sich selbst zu führen. Nein, wir müssen Menschen auf ihren eigenen freudigen Weg bringen – und tun, was immer dazu hilft. Eltern, Lehrer und Vorgesetzte tragen die große Verantwortung dabei. Mit Hausordnungen, Verboten und „Ganztagsaufpassen" ist nichts gewonnen. Bitte keine Ablenkung mit digiphoben Hasstiraden. Die Aufgabe, den Menschen im Menschen zu befreien, damit er sich begeistert einer Bestimmung widmet – die bleibt. Sie wird durch das Digitale nicht schwerer.

Kapitel 78
Über Großgeistigkeit, Dialoge, Stellungen und Positionen (DD177, Oktober 2012)

In dieser Woche diskutiere ich in Dossenheim („Kreidezeit" – kommt im Internet!) mit Pädagogen und Didaktikern über die Bildungserfordernisse der neuen Zeit. Darauf freue ich mich. Das bringt mich weiter. Wir alle werden voneinander lernen. Hoffentlich ist kein stereotyper Amtsträger dabei, dann erläutert er nur vielmals eine Position, meist nicht einmal seine. Dialog ade! Über diesen Unterschied möchte ich jetzt einmal wettern.

Dialoge dienen dem Zweck, einer Wahrheit, einem gemeinsamen Verständnis oder dem besseren Erkennen des jeweils anderen vertiefend näherzukommen. Wertungen, Kulturverständnisse, Gefühle, latente Grundannahmen aller Seiten werden intensiv betrachtet. Solche Dialoge, wenn sie „gelingen", werden „fruchtbar" genannt.

Talkshows, in denen die Standpunkte aufeinanderprallen, sind nicht fruchtbar, nur bestenfalls kontrovers-emotional quotentreibend. Warum?

Meist wird kein fruchtbarer Dialog angestrebt, es werden Standpunkte erläutert. Die Mehrheit der Teilnehmer hat schon lange vor einem „Dialog" eine Stellung eingenommen oder eine Position bezogen, die verteidigt werden soll oder mit deren Hilfe eine fremde Stellung oder Position angegriffen werden soll. Man fordert den DiskussionsGEGNER heraus und zieht sich bei drohender Niederlage auf Rückzugspositionen oder Minimalstandpunkte zurück. Das ganze Vokabular à la Stellungsbezug, Position, Provokation etc. passt ganz gut zu Infanteriekämpfen von verschanzten Truppen. Man „positioniert" sich, lässt argumentative Bomben platzen, attackiert die andere Seite. Man blufft, irritiert den Feind und stärkt Koalitionären den Rücken.

Das ist wie Krieg! Vertreter der Kriegsparteien kämpfen auf Positionen, die sie die ihrigen nennen, die aber von den Oberen jeweils sorgsam erarbeitet werden. Amtsträger verteidigen grundsätzlich ihre Amtsführung, Interessenvertreter ihr Geld oder ihre Macht, IT-Firmen ihre Patente. Floskeln entwerten alles. „Lassen sie uns doch nicht alles schlechtreden. Das deutsche Bildungssystem war lange Zeit Vorbild für die Welt." – „Bei aller Kritik dürfen wir nicht vergessen, wo wir gestartet sind, nämlich fast von Null, weil uns erst neulich die Macht übertragen wurde. Seitdem sind die kleinen Fortschritte im vorgefundenen Saustall kaum noch zu zählen. Haben Sie Geduld bis nach unserer nächsten Wiederwahl." – „Oh, da sprechen Sie ein wichtiges Problem an, das macht uns schon lange Sorge. Wir planen schon seit einiger Zeit eine Kommissionsgründung dafür, so wie wir es bei jedem Problem als beste Lösung handhaben. Leider sind wir alle gerade in vielen Kommissionen vollkommen verplant. Wir alle sind verplant, total! Wäre ja auch schlecht, wenn wir nicht verplant wären, dann würden wir ja nur herumsitzen. Gegen herumsitzen

G. Dueck, *Cut & Paste-Management und 99 andere Neuronenstürme aus Daily Dueck*, DOI 10.1007/978-3-662-43390-4_78, © Springer-Verlag Berlin Heidelberg 2014

ist nichts zu sagen, aber bitte geordnet in Kommissionen und Meetings." – „Auch dieses Problem werden wir angehen, sehr energisch, aber es gibt natürlich Prioritäten und Abhängigkeiten."

Wenn nun eine „gegnerische" Seite absolut nur ihre schon lange bezogene und sorgsam befestigte Stellung verteidigen will, die andere „Seite" aber einen fruchtbaren konstruktiven Dialog führen möchte – was dann? In einer solchen Lage habe ich mich in den ersten TV-Sendungen gefühlt. Ja, was dann? Im Grunde muss ich dann wohl den Wunsch nach Dialog („kooperative Welt") fallenlassen und mitkämpfen („kompetitive Welt")? Wozu? Wofür, wenn sich der Gegner gar nicht bewegen will? Will ich so etwas mitmachen?

Da fällt mir Brecht ein. Dem wird mental zugeschrieben: „Stell Dir vor es kommt Krieg und keiner geht hin – dann kommt der Krieg zu euch! Wer zu Hause bleibt, wenn der Kampf beginnt, und läßt andere kämpfen für seine Sache, der muß sich vorsehen: Denn wer den Kampf nicht geteilt hat, der wird teilen die Niederlage. Nicht einmal Kampf vermeidet, wer den Kampf vermeiden will: Denn es wird kämpfen für die Sache des Feindes, wer für seine eigene Sache nicht gekämpft hat."

Also zieh' ich auch immer ein bisschen mit in den Krieg, ja. Ich soll derzeit immer „gegen Spitzer" und gegen den wie einen Kriegsruf wahrgenommenen Ausdruck der „Digitalen Demenz" eine „Position" beziehen. Und ich winde mich, der ich gerne einen fruchtbaren Dialog hätte. Ich will keine Position haben, in der ich mich verschanze. Ich will gemeinsam weiter …

Im Krieg, mindestens aber in den Heldenliedern, gibt es auch manchmal so etwas wie Großmütigkeit oder Großherzigkeit. Etwas, was mitten im Kampf noch die Prinzipien heilig lässt. So müsste es bei den Auseinandersetzungen dieser Tage auch Großgeistigkeit geben. Ja, die, obwohl sie nicht im Duden steht. Hiermit sei sie in die Welt gesetzt.

Kapitel 79
Mein Neuron vom Dienst oder „Neurons in Charge" (DD178, November 2012)

Das Problem an meinem Finger fasziniert mich, es erinnert mich an meine Omnisophie-Trilogie, in der ich ein Sensorsystem in unseren Körpern postuliert habe, inspiriert durch eigene Forschungen in der Informationstheorie („identification theory") und durch den Begriff des somatischen Markers in den Werken von António Damásio („Descartes' Irrtum"). Mein Finger tut mir öfter einmalig weh, weil ich ihm das irgendwie befohlen haben muss. Wahrscheinlich müssen jetzt die Hirnforscher eine Massenstudie an mir treiben.

Die Geschichte fing vor ein paar Monaten an, als sich eine harmlose Hornhautschwiele an meinem rechten Ringfinger ausweitete. Das will ich nicht! Die Ärztin aus unserer Familie riet zum Einreiben mit Urea-Lotion, was auch hilft. Na gut, dann eben Urea. Leider ist die Stelle an meinem rechten Ringfinger ziemlich nötig zum Schreiben auf dem Computer. Das gibt so lange ein schmieriges Problem beim Arbeiten, bis die Lotion, Creme oder Salbe gut eingezogen ist. Auch beim Eincremen vor dem Einschlafen halte ich den Finger ein bisschen aus dem Bett heraus…

Bis hierher ist alles normal. Aber: Oft schlafe ich sofort ein – ganz ohne bewusst zu registrieren, dass jetzt die Creme eingezogen ist und dass ich jetzt normal einschlafen kann. Der Finger hält sich jetzt draußen und hat noch keinen militärischen Befehl vom Gehirn: „Rührt euch!" Er hält sich ohne weiteren Befehl immer noch in der Haltung „Stillgestanden!" Er wartet. Da wache ich irgendwann auf und stelle fest, das etwas mit meiner Hand ist. Aha, die wartet! Sie ist vorsichtig gespannt. Ich krümme den eingecremten Ringfinger. Er tut weh! Er tut richtig weh, als wolle er sagen, dass er noch keinen neuen Befehl bekommen habe. Ich sage dem Finger, dass er jetzt nichts mehr zu tun brauche, er sei entlastet, seine Aufgabe erfüllt. Da tut er nicht mehr weh und schläft nun mit, wo er vorher offenbar noch wach war. Ist der einmalige Schmerz nun einer, weil der Finger länger steif gehalten wurde? Oder setzt mein Finger den Schmerz fest, damit ich im Schlaf nichts falsch mache und nicht daran rühre? Das wird die Studie ergeben…

Trotzdem: Da ist etwas im Körper, was die Befehle auch im Schlaf noch ausführt und was sofort ruhig wird, wenn ich wieder Ruhe erlaube.

Bei dem ganzen Rummel um Spiegelneuronen, wo alle fast fanatisch eine emotionale neuronale Grundlage im Menschen erkennen wollen, glaube ich ja, dass wir im erweiterten Sinn einfach „Neuronen vom Dienst" oder „Neurons in Charge" haben. Die sind auf eine einzige Aktion hin ausgerichtet und agieren dann in ihrem Mikrokosmos automatisch.

Ich muss noch mehr davon im Körper haben, bestimmt! Da muss es zum Beispiel ein Neuron vom Dienst geben, das „es ist zu heiß" im Körper feststellt, das dem Gehirn

G. Dueck, *Cut & Paste-Management und 99 andere Neuronenstürme aus Daily Dueck,*
DOI 10.1007/978-3-662-43390-4_79, © Springer-Verlag Berlin Heidelberg 2014

„Schwitzgefahr" meldet und Nachdenken über die Bekleidung auslöst. Das Problem bei diesem Neuron ist, dass wir seine Einstellung nicht mehr gut verändern können, wenn wir etwa im Afrika-Urlaub sind. Die Einheimischen finden Hitze ganz normal und ihr Körper mault gar nicht herum, während meiner schon Amok läuft. Mein Hitzealarmneuron kann sich bestimmt erst nach Monaten oder Jahren in den Tropen umstellen – und bis dahin fühle ich mich ständig unwohl, weil ich dauernd gewarnt werde. Das Hitzealarmneuron hat sich irgendwie verselbstständigt. Meinem Fingerneuron kann ich noch sagen, es soll jetzt nichts mehr tun – und es gehorcht. Das Hitzealarmneuron hört aber in Afrika nicht auf! Es ist nun schon so lange mit demselben Arbeitsmuster erfolgreich tätig, dass es nur noch unter größten Anstrengungen umerzogen werden kann. Es hat eben wegen seines Erfolgs nie mehr einen Dialog mit dem Gehirn stattgefunden, es arbeitet schon so lange ganz losgelöst vom Gehirn! (Es ist all das im Gehirn, ich weiß, auch „der Körper", ich schreibe aber hier einmal nicht von Gehirnteilen, sondern „normal").

Oh, da stöhne ich nun wieder über das allgemeine Problem eines Alarmneurons oder Sensors in unserem Körper, der plötzlich eine andere Funktion haben soll und zu dem wir keinen bewussten Kontakt mehr haben!

Dabei sehen wir doch: Afrika ist überall!

Wir werden als Kind mit Warnungen zugetextet. „Pass auf! Achtung! Nie so! Tabu! Verflucht seist du, wenn…" Da bilden unsere Eltern ein Über-Ich aus Alarmsensoren in unserem Körper aus. Diese Sensoren steuern uns so, wie die Autoritäten wollten. Und dann – ach und weh – dann werden wir erwachsen in einer neuen Zeit und man erwartet von uns „Veränderung", „Wandel", „Change" und „Umdenken". Das aber geht nicht mehr, weil das alte „Denken" gar nicht im vorgestellten „Denkgehirn" stattfindet und hier einfach geändert werden könnte. Das „alte Denken" ist in Sensoren betonsicher eingeprägt oder eingebläut. Es ist vom normalen Denken nicht mehr „erreichbar", weil es schon zu lange autonom gearbeitet hat.

Deshalb ändert sich nichts mehr gut, was zu hart eingetrichtert wurde, was durch Prügel, Liebesentzug, Hohn und Schmähung, durch Erniedrigung und Strafe im Körper fest als System von Alarmneuronen etabliert wurde. Und noch schlimmer: Man prügelte ohne Plan auf uns ein, der Vater hier, die Lehrerin dort, der Chef an anderer Stelle – alle getrennt! Sie alle setzten unabhängig voneinander „somatische Marker", die nun gemeinsam chaotisch durcheinanderwirken. Das kann so schlimm sein, dass ein Mensch ganz „verhunzt" wurde und kaum noch änderbar ist.

Wenn meine Theorie aus der „Omnisophie" stimmt, muss uns Menschen wirklich zum Weinen zumute sein, weil wir falsch mit unserem Körper umgehen, der nach der christlichen Lehre und vielen anderen als Sitz des dunklen Impulse, der Sünde, der Hyperaktivität oder der Sucht nach Lust angesehen wird und am besten im Willenssinne ausgelöscht werden soll (gereinigt, nagelgebrettet, erlöst, ritalinisiert). Und ich sage: Wir brauchen eine neue Vorstellung vom Körper als ein HILFREICHES Sensorsystem, dass uns zu Diensten stehen kann und nur eben durch Früherziehung gut ausgebildet werden muss.

Lassen Sie mich mit dieser Idee oder Erkenntnis nicht so allein.

Kapitel 80
Psychozid oder die Kränkungen rund um Bewerbungen (DD179, November 2012)

Absagen schmerzen ungemein. Das weiß jeder, aber warum nimmt man so wenig Rücksicht auf die drohenden Seelenverletzungen? Warum verletzt man in Bewerbungsgesprächen fast noch absichtlich und begeht damit einen Psychozid (bewusst schadende psychologische Einflussnahme), um mehr aus dem Bewerber herauszubekommen?

Ich habe viele Jahre in der Bundesjury der Studienstiftung des deutschen Volkes mitgewirkt. Ich habe außerdem selbst Assessments und langwierige Ernennungsprozeduren als Bewerber hinter mir, da waren auch herbe Enttäuschungen dabei, sage ich Ihnen! Viele andere Manageranwärter und Begabtenstiftungsanwärter haben mir Feedback gegeben, wie sie sich nach Absagen fühlen. Ich habe oft Studenten getröstet, die einfach vollkommen verzweifelten (meist habe ich ihnen dann mit einer Kritik Ihrer Unterlagen helfen können).

Im letzten Monat geschah in meiner Umgebung zweimal dies: Eine Frau (in beiden Fällen) gefiel dem neuen Arbeitgeber offenbar ganz gut, es deutete sich eine Einstellung an. Daraufhin gab es noch ein letztes entscheidendes Gespräch mit einem Höhergestellten. Der lehnte lässig im dunklen Anzug fast liegend im Ledersessel zurück, kaute ein bisschen an der Brille und stellte Fragen der Art: „Na, Sie wollen hier arbeiten? Was qualifiziert Sie denn Ihrer Meinung nach dazu besonders? Verstehen Sie eigentlich, dass wir mit Ihnen ein ganz schönes Risiko eingehen? Sie wissen, dass Sie unser Vertrauen rechtfertigen müssen, wenn wir in Sie investieren? Warum meinen Sie, die beste aller Bewerberinnen zu sein?"

Beide Frauen fühlten sich so sehr erniedrigt, dass sie glatt und entschieden absagten. Sie waren hochempört. Ich versuchte, ihnen zu sagen, dass da ein Boss den Willkommensgruß mit einem Stressinterview verwechselt haben könnte. Damit sei er nicht entschuldigt, aber die Situation sei vielleicht besser erklärt. „Nein, Arroganz ist es! Nie werde ich in der Nähe eines solchen A….loches arbeiten!"

Viele Personalgespräche haben Stressintervielewelemente. Drei wichtig dreinblickende Personen mit Notizblöcken prüfen biertiefernst, sie starren auf den Bewerber, lassen lange Pausen, um ihn zu zermürben. Dann kommen wieder schnelle Fragen im Stakkato. Persönliche Fragen können darunter sein, ganz unverschämte oder solche, die in Verlegenheit bringen. „Wie viele Kinder wünschen Sie sich? Wann denn? Sie müssen das nicht beantworten. Sie können einfach sagen, dass Sie sich dazu nicht äußern. Wir nehmen das hin." – „Was war im letzten Monat Ihr größter Erfolg, und warum glauben Sie, dass das so toll war?" – „Haben Sie sich auf andere Stellen beworben? Auf wie viele?" – „Wenn wir Ihnen befehlen, eine für Sie niedrige Arbeit auszuführen, wie reagieren Sie?" – „Als Manager

G. Dueck, *Cut & Paste-Management und 99 andere Neuronenstürme aus Daily Dueck,*
DOI 10.1007/978-3-662-43390-4_80, © Springer-Verlag Berlin Heidelberg 2014

müssen Sie bereit sein, jede beliebige (unangenehme) Position auszufüllen, die wir Ihnen geben, egal welche! Führungskräfte zucken nicht zurück. Niemals. Sind Sie bereit?"

Uiih, die letztere Frage ist mir einmal gestellt worden. Ich sagte tapfer, dass ich ganz sicher nur Positionen ausfüllen würde, die ich mit Begeisterung annehmen könnte. Und ich betonte, dass ich wüsste, dass ich jetzt vielleicht gleich gehen müsste, aber ich hätte dazu meine eigene Meinung. Ich könnte ja gegebenenfalls meinen Managerstatus wieder aufgeben oder auch kündigen. Das gab eine lebhafte Diskussion rund um Loyalität und Disziplin! Ich blieb standhaft… Aber danach war ich total erschöpft, sehr irritiert und auch gekränkt. Immerhin bin ich nach dem Stressinterview zu einem Assessment geschickt worden, das war dann noch viel härter zu ertragen – auch das habe ich bestanden, aber im Innern habe ich mich lange danach seelisch gekrümmt. Nur ein Bruchteil der Leute in einem solchen Stress-Assessment wird eingestellt oder zum Manager befördert, die anderen gehen seelisch lange am Stock. Ich kenne viele schwach gebrochene Seelen, die etwa das Stipendium nicht bekamen und von seltsamen unfairen Fragen der Interviewer berichten. Ich kenne viele Managementaspiranten, die mit der Ablehnung nicht fertig werden konnten.

Ich war in so vielen Jurys! Ich habe dabei das Gefühl, dass die Entscheidungen an sich in der Regel gut waren. Die Entscheidungen waren *nicht* ungerecht – gar nicht! Aber die Abgelehnten, oft auch die Akzeptierten bekommen einen Seelenschaden durch die Art ihrer Behandlung.

Die Abgelehnten quälen sich nach der Absage so: „Ich bin froh, dass ich nicht in diesem arroganten Sch…verein bin." – „Ich ärgere mich überhaupt nicht. Ganz und gar nicht. Ich will mich nicht ärgern, das sage ich mir so oft. Ich hätte da nicht hingepasst." – „Seitdem hasse ich die Manager. Alle. Weil ich nicht dazugehören darf." – „Sie waren alle gegen mich. Sie mochten mich nicht." – „Die Begründungen für die Ablehnung waren lächerlich und beleidigend, ich frage mich, warum Sie mich überhaupt durchgemangelt haben."

Bei Beförderungen, Assessments, Stipendien oder dergleichen sind so über den Daumen ein Drittel der Bewerber erfolgreich. Und ich rechne nach: Man schickt drei Prozent der besten Studenten oder vielleicht zwanzig Prozent der besten Mitarbeiter zu solchen Prozeduren – und anschließend haben zwei Drittel der Allerbesten dann so erhebliches Seelenweh, dass sie die innere Bindung zu ihrer Organisation verlieren und immer wieder „hier möchte ich nicht mehr sein" denken? Können wir es uns als Gemeinschaft leisten, zwei Drittel der jeweils Besten durch ein zu hartes Verfahren seelisch teilzuvernichten?

Man kümmert sich viel zu wenig oder gar nicht um Abgelehnte – die waren eben nicht gut genug! Ich kenne die Argumente: „Wir haben nur zwei Stunden Zeit, da müssen wir alles aus dem Bewerber herauskitzeln. So eine Lebensstelle ist ein Investment von mehreren hunderttausend Euro. Da müssen wir schon hart nachfragen." Ich wundere mich… bei Investitionen nahe der Millionengrenze will man mit einem zweistündigen Interview auskommen? Wo doch sonst ebenso lange über eine Taxirechnung gezetert wird? Andere Personaler sagen: „Das harte Anfassen ist doch nicht persönlich gemeint. Es muss auch dem Bewerber klar sein, dass es Teil eines Spiels ist." Der Personaler spielt aber nur mit dem Bewerber, aber der um sein Leben! Und es gehört zum Spiel eisern dazu, dass der Bewerber jeden Dreck schlucken und heiter-gelassen-souverän „spielen" muss. Der Bewerber, so raten Personaler, soll unbedingt authentisch sein – der Personaler aber darf manipulieren und aus einer Machtposition heraus schalten und walten, wie er will. Ach Leute, das ist kein Spiel und sicher kein faires. Die Spielregeln harten Anfassens lassen uns fast zwingend unter Arroganzeindrücken aufheulen. Und last, but not least, ist das ganze Spiel wieder eines, bei dem Frauen mehr zu leiden haben als Männer – glaube ich wenigstens.

Können wir es uns leisten, immerfort zu kränken und tief zu irritieren, bloß weil wir „nur zwei Stunden für den Bewerber Zeit haben wollen"? Wird überhaupt verstanden, was in den Seelen geschieht? Sollten die Personaler und Prüfer nicht irgendwie emotional intelligent sein müssen? Warum können wir uns nicht zu Begründungen der Absagen verpflichten, die die Abgelehnten als halbwegs fair und verständlich akzeptieren können – sodass sie noch genauso hart sind, aber nicht seelisch versenken? Können wir Absagen nicht auch zu einem Moment konstruktiven Feedbacks und neuen Aufbruchs machen?

$$***$$

(Anmerkung: Es ist ja nicht überall so hart, ich weiß. Es gibt auch viele nette Personaler. Und es ist schwer jemanden abzulehnen, das gibt oft Eruptionen! Das kenne ich, ich habe mich immer bemüht, meine Absagen so nett es geht zu begründen – aber dann drohen oft wieder „juristische Schritte" und dergleichen … Es ist das eine oder andere Mal eine Beschwerde gefolgt, weil ich meine Ablehnung begründet hatte (die Briefe kamen von Eltern oder Professoren). Das alles ist nicht so einfach! Aber alles in allem ist da im Durchschnitt ein Missstand, eine Misswirtschaft mit dem Seelischen. Ich glaube, diese Misswirtschaft ist schlimmer als alles rund um Burnout etc., deshalb hier mein Protest!)

Kapitel 81
„Age of first interest" – Bringt bei, was interessiert, nützt oder fesselt! Über Schwarze Löcher, Dinos, Ritter und Smartphones (DD180, Dezember 2012)

Das deutsche Kind soll alles von Erwachsenen Gewünschte zum ersten möglichen Zeitpunkt können: Krabbeln, Laufen, Zahnen, Sprechen, Erfolgstopfsetzen, Dankesagen, Zimmeraufräumen, Zähneputzen. Das wird ihm beigebracht, ob es will oder nicht. „Zahn endlich! Andere Babys sind schon im Vorteil!" Was das Kind selbst interessiert, nervt eher. „Das kannst/verstehst du noch nicht." Wieder anderes soll nicht interessieren. Besser nie: Sex. Diese erwachsene Haltung programmiert die Kinder, wo man sie doch entfalten könnte.

Vielleicht kann ich heute nicht gut googlen. Ich habe nach dem „Alter ersten Interesses" für irgendetwas im Internet gesucht. „Earliest age" oder „erstes Interesse". Es kommen Treffer der Art „first age of intercourse" oder „Alter beim ersten Mal". Gibt es eine Liste, wann Dinos, Planeten, Atommodelle, Ritter, Hexen oder Computer interessieren? Könnten wir nicht immer gerade all das, was wirklich brennend interessiert, im Unterricht behandeln, wenigstens zu einem guten Teil?

Wenn Kinder etwas interessiert, fragen sie uns Löcher in den Bauch. Warum nutzen wir das nicht aus? Sie lernen dann zehn Mal schneller und viel, viel mehr. Wenn es nützlich ist, lernen Kids auch höchst langweiligen Kram, so wie etwa bei der theoretischen Führerscheinprüfung, die JEDER besteht, auch ohne Hauptschulabschluss und Alphabetentum. Was meckern wir über unsachkundigen Gebrauch des Internets durch Kids? Wir könnten verlangen, dass sie einen Internetführerschein machen, in Stufen wie beim Freischwimmen. Machen sie! Gerne! Freisurfen!

Jeder lernt gern, wenn eines oder mehreres vom Folgenden zutrifft:

- Das Gelernte nützt und hilft weiter
- Das Gelernte fesselt die Aufmerksamkeit oder macht Freude oder Spaß
- Das Gelernte eröffnet eine neue Welt des Interesses

Fahrschule nützt, Erste Hilfe nützt. Hexen, Zootiere und Smartphones fesseln. Oft eröffnet Gelerntes einen neuen Blick und erzeugt ein Interesse, das lebenslang anhält. Baukästen können Ingenieure „erzeugen", Bücher den Geisteswissenschaftler, ein Altenpflegepraktikum einen Menschenberuf. Vorbilder helfen, große Erlebnisse, Siege im Sport, Musik, Reiseerfahrungen – Begegnungen, die haften bleiben und zum Teil ungeheure Energien freisetzen: Lust, Schaffensfreude, Unternehmertum, Pflichtbewusstsein oder Selbstdisziplin.

Das Problem scheint zu sein, dass „da kein System dahinter steckt", sonst könnten wir danach vorgehen. Unsere Erziehungssysteme tendieren aber immer mehr dazu, den Er-

G. Dueck, *Cut & Paste-Management und 99 andere Neuronenstürme aus Daily Dueck,*
DOI 10.1007/978-3-662-43390-4_81, © Springer-Verlag Berlin Heidelberg 2014

ziehungsprozess zu systematisieren und letztlich zu industrialisieren. Sie stellen sich taub gegen alle Vorwürfe dieser Art:

- „Tödlich langweilig und nervig, viel zu abstrakt."
- „Nutzlos. Niemand braucht's im Leben, außer wer's studieren will."
- „Keine Beispiele, es steht neben dem Leben."

Immer wieder werden Leute im TV gefragt: „Was davon konnten Sie anwenden?" Die Antwort ist stets sehr ernüchternd, auch weil man im echten Leben Wirtschaft, Psychologie, Kommunikation, Management, Jura, Geschäftsprozesse oder Medizin gut gebrauchen könnte, die aber nie in der Schule vorkommen. Warum dafür Latein? Warum gerade so die ganze Organisation der naturwissenschaftlichen Fächer? Sie ist doch wohl wahrscheinlich insgesamt (Mathematik der Differential- und Integralrechnung, Chemie mit den Atommodellen) von einer Physiklobby aus dem frühen 20. Jahrhundert so zeitlich koordiniert in den Schulplan gepresst worden, dass ein Abitur gut auf ein Physikstudium vorbereitet? Sind einfach nur Horaz, Faust II und die Quantenmechanik die Ziele unseres Seins, das leider damit sehr wenig während und nach der Schule zu tun hat? Haben Physiker, Goetherianer und Altphilologen für immer unser Leben bestimmt?

Ich versuche zu verstehen, wie wohl diese Bildungsvorstellung entstanden ist… Weiß das jemand? Ich fühle folgende Prinzipien:

- Das amtlich historisch kulturell Wertvolle wird gelehrt, ohne Rücksicht auf die Zeit. Beispiel: Latein ist wertvoll, Englisch ist nützlich.
- Neues wird erst gelehrt, wenn es amtlich anerkannt ist, also Patina ansetzte. Nützlich ist, was sich schon Jahrzehnte bewährte.
- Alles wird abstrakt und systematisch gelehrt – im Sinne der Wissenschaft
- Alles wird so früh wie möglich und, wenn nötig, in mehreren Abstraktionsrunden gelehrt.
- Alle Erziehung wird nach Altersstufen betrieben, um die Logistik des Systems zu entlasten und große uniforme Klassen zu ermöglichen.
- Die treibenden Kräfte im Menschen, sich alles anzueignen, sind Disziplin, Fleiß, Ordnungsliebe, Pflichtgefühl und Unterdrückung von widerstrebendem Gefühl, von Lust und divergierendem Interesse.
- Selbstverleugnendes Pflichtgefühl ist nicht Ziel der Erziehung, sondern eine Voraussetzung für den Erfolg der Erziehung, die mitgebracht werden muss (von den Eltern erzeugt werden muss oder bei Glück angeboren sein könnte).

Diese Prinzipien sind ein absolutes Anti-Energie-Paket im Menschen. Selbst Kant fand, dass ein Leben leichter fällt, wenn Neigung und Pflicht zusammenfallen – aber die Pflicht stand natürlich am höchsten! Das Beste, was man tun kann, ist nach Kant und damit wohl wirklich, mit Spaß all das zu tun, was man tun muss. Das implizieren unsere Erziehungsprinzipien.

Alle anderen Energien im Leben werden nicht genutzt, weil sie die Prinzipien aufweichen oder beschädigen. Wer die vollen Energien der Kinder mitnehmen will, muss Nachteile hinnehmen und Kröten schlucken – also Kompromisse machen. Warum lesen wir denn alle Faust („Grau, teurer Freund, ist alle Theorie, und grün des Lebens goldner Baum."), lernen ihn auswendig und verstehen mit Absicht nicht, was er uns sagen will?

Kinder könnten zehn Mal mehr lernen, aber sie müssten viel individueller nach ihren langsam zum Vorschein kommenden Talenten, Begabungen, Kräften und Neigungen gebildet werden. Es sind Abstriche an der Wissenschaftlichkeit der Bildungsinhalte nötig – zugunsten von Einzelinhalten und Einzelproblemstellungen, die mehr Symbol- oder Beispielcharakter haben und so einfach wirklich Freude machen können, wo Wissenschaft so trocken („grau") wäre. Es sind Abstriche in der Systematik und der Prüfungslogistik notwendig! Ja! Kröten schlucken! Wir alle lamentieren doch schon heute gegen zu systematisches Wissen, was gegen das als besser empfundene vernetzte, assoziative und kreative Denken steht? Pflicht muss vom heiligen Sockel gestoßen werden, es ist die Haupttugend des alternativlos ohnmächtigen Untertanen aus der Sicht des Herrschers aus der früheren Zeit und des Paukers aus der jetzigen.

Wollen wir nicht einmal das Logistik-Herrscher-Wissenschaftler-Systematik-Pflicht-Paket infrage stellen? Das ist zu GRAU!

Es gibt so viel Grünes und Goldenes. Jedes beliebige Kind würde einen Bachelor in Dinosauriern, vergleichender Smartphonekunde, in Schwarzen Löchern und belebten Planeten, Pop-Hit-Lyrics, Hexensprüchen oder in Jediritterkunde hinbekommen. Jedes! Dann, wenn es sich in seinem Alter gerade dafür interessiert. Ohne Pflicht – einfach aus Neigung. Lassen Sie uns nicht den größten Teil der Menschenenergie wegwerfen und auch nicht all die Menschen, die nur alternative Energien in sich tragen, also sehr viel Neigung und nicht so viel Pflicht.

Kapitel 82
Digital Natives schützen Eltern vor Digitaler Demenz – „Parent Monitoring & Care" (DD181, Dezember 2012)

„Hilfe, unsere Eltern sind jetzt auch im Internet. Papa hat sich wohl ein unbeabsichtigtes Abo eingehandelt, er versucht, eine Webseite anzurufen. Er wälzt das Telefonbuch und weiß nicht, wo er suchen soll. Mutti bekommt immer mehr Pakete, die beiden werden sich verschulden. Das Internet ist für Erwachsene zu gefährlich, weil sie eine Digitale Demenz davon bekommen. Wir müssen auf unsere Eltern achtgeben, es droht Gefahr."

„Mein kleiner Bruder und ich wussten erst nicht, wie wir unsere Eltern unter Kontrolle bringen können. Das Internet macht sie hemmungslos. Wir haben uns an ihre Geräte geschlichen und wenigstens Virenscanner und Firewalls eingerichtet. Wir selber dürfen eigentlich nicht ins Internet, weil wir zu klein sind, aber wir sind schon Experten. Es gibt ja überall Internet, unsere Eltern haben keine Ahnung. Schlimm. Sie wollen mit uns nicht darüber reden. Sie sagen, sie würden sich erst einmal selbst mit dem Internet vertraut machen und uns dann nach und nach einführen. Es ist ein Witz!

Wir machten uns Sorgen. Wir fanden dann in der New York Times einen Artikel, den haben wir maschinell übersetzen lassen können, aber eigentlich reichte unser Englisch schon ganz gut. Ihr könnt den noch im Internet finden, wenn es ihn noch gibt. Er ist total gut für Kinder. Er heißt:

‚Big Brother'? No, it's Parents!

Auf dem Bild sind so eine Art Standardeltern, der Mann hat eine etwas rote Nase. Solche haben wir auch. Sie machen sich dauernd Sorgen, aber nicht um sich selbst. Diese Sorgen haben nun wir. In dem Artikel haben wir eine Menge Hinweise gefunden, wie Eltern ihre Kinder mit Apps ausspionieren können, zum Beispiel, wie sie merken, dass große Kids beim Autofahren telefonieren, was ja streng verboten ist. Hallo? Ist doch klar, dass machen unsere Eltern auch – sie telefonieren und rauchen dabei! Da sind wir auf die Idee gekommen, uns alle diese Apps zu installieren – überall, auf allen Geräten unserer Eltern. „Papa, darf ich einmal kurz Eva eine SMS schicken?", haben wir gefragt und so die Smartphones kurz kassiert. Inzwischen haben wir alle Accounts unserer Eltern gehackt und können alles auswerten.

Mama surft nach lauter Krempel, ganz ungeschickt. Sie weiß nicht, wonach sie surfen soll. Sie hat sich bei Diätgruppen angemeldet und irgendwelche Abos auf Minusperlen, vor denen biochemisch und finanziell gewarnt wird. Papa schaut sich kostenpflichtig Bilder an, die es in der Schule absolut umsonst bei allen Notgeilos gibt. Wir haben ihm anonym entsprechende Links geschickt, darauf ist er eingegangen, jetzt wirft er wenigstens kein Geld mehr aus dem Fenster.

G. Dueck, *Cut & Paste-Management und 99 andere Neuronenstürme aus Daily Dueck,*
DOI 10.1007/978-3-662-43390-4_82, © Springer-Verlag Berlin Heidelberg 2014

Wir haben ihnen von Fake-Accounts aus gesimst, wenn sie am Steuer telefoniert haben. „Lassen Sie das, demnächst kostet es!" Das hat sie erschreckt! Sie haben zuerst das Navi nicht mehr benutzt, weil sie dachten, es käme vom GPS. Haha, sie suchen noch immer!

Wenn man ihre Chats und Posts scannt, lernt man die eigenen Eltern erst einmal so richtig kennen. Papa scheint gut gebaute Frauen zu mögen und fürchtet sich wahrscheinlich vor den ganzen Diäten von Mama. Da ist ein furchtbares Missverständnis, oder? Wir überlegen, wie wir die beiden wieder besser zusammenbringen.

Papa sucht außerdem neue Arbeitsstellen. Das passt uns nicht, wir wollen absolut nicht umziehen. Er schaut oft nach Stellen in Bundesländern, die wir Kinder ablehnen. Wir wollen hierbleiben, auch wenn es angeblich bessere Länder gibt. Wir versuchen jetzt, ihm Werbung für leichtverständliche Weiterbildungen für seine Karriere zu schicken. Wenn er drauf anspringt, dauert es, bis wir groß sind. Wir klicken in seinem Browser heimlich lauter solche Links an. Ganz viele! Das merkt die Google Suchmaschine natürlich. Jetzt bekommt er automatisch von Google alles das als endlose Werbewiederholung eingestreut, was wir ihm vorgeklickt haben. Google hilft uns in dieser Weise genial, ihn zu manipulieren.

Mama ist einfach nur beschränkt, digital gesehen, und tappt in alles rein. Sie ist sonst ganz okay, im wirklichen Leben. Aber im Internet verliert sie irgendwie den Kopf. Sie hockt auch schon viel zu oft vor dem Tablet, man merkt das schon länger am Essen. Sie kocht nur noch schnelle Sachen, Tiefkühlpommes und Mikrowellen-Currywurst. Das mögen wir total viel lieber als das liebevoll fettige Fleisch sonst, aber es zeigt doch, dass sie dement zu werden droht.

Wir wissen nicht genau, ob wir mit ihnen drüber reden sollen. Wir könnten ihnen doch sagen, dass wir uns Sorgen machen. Leider steht im Internet, dass Eltern sagenhaft beleidigt reagieren, wenn sie merken, dass man sie beschützt. Sie sind absolut nicht dankbar, sondern sie poltern herum, dass man dann angeblich ihr Vertrauen missbraucht hat, obwohl es klar ist, dass man sie nur aus dem Dreck zieht. Wir haben gelesen, dass es den digital Dementen an einer Krankheitseinsicht fehlt. Es muss so wie bei einem aus unserer Klasse sein, dem wir schon oft gesagt haben, dass er doof ist, aber er glaubt uns das nicht. Er ist beleidigt! Wenn er es uns glauben würde, müssten wir es doch nicht noch einmal sagen, so zwingt er uns dazu. Wahrscheinlich läuft es bei unseren Eltern genauso.

Dabei wollen wir nur ihr Bestes.

Vieles von den Tools ist echt nur für Eltern, schade. Man kann die Facebookverweilzeit messen, okay, aber wir können unseren Eltern doch ihr Dauergesülze dort nicht verbieten – und dann die saublöden Fakenamen! Mama ist Schneeeeeelfe in einem Flirtportal! Da fällt uns nur Schnelllllhilfe ein. Man müsste bei den App-Produzenten mehr an die Interessen von Kindern denken, die ihre Eltern überwachen. So müssen wir alles selbst programmieren, zum Beispiel schreiben wir mit amtlichen Mailadressen, dass das Internet findet, sie surfen, kaufen und glotzen zu viel. Wir schicken ihnen dann auch, wie lange sie im Netz waren, das haben sie ernst geprüft, für richtig und angsteinflößend befunden! Für eine Zeit lang hilft es, aber dann verlieren sie sich wieder, wenn keine Strafe folgt.

Eltern vom Internet abhalten ist wie Flöhe hüten, weil sie sich wie Kinder benehmen. Kinder müssten frühzeitig mehr Macht über die Eltern haben. Diese Macht bekommen sie viel später natürlich auch, aber dann ist es ja schon passiert, dann sind sie digital dement, und auch so."

Kapitel 83
Cliffing – jede Entscheidung ist gut! (DD182, Januar 2013)

[Die Republikaner und Demokraten kämpfen nur noch um die Macht. Das Gezerre um neue Verschuldungsgrenzen legt den Unternehmen nahe, Investitionsentscheidungen nach der Entscheidung in den USA zu treffen, es wird deshalb mindestens eine Wachstumsdelle in der Weltwirtschaft geben. Oder anders gesagt: Das Streiten kostet viele Milliarden. Uns – nicht nur die Amerikaner. Sollten wie Demokratiebotschafter entsenden?]

Silvester 2012. Die Streithähne der Republikaner und der Demokraten in den USA können sich nicht leiden. Sie ringen um – ja, worum? Zum Jahresbeginn 2013 treten Gesetze in Kraft, die keiner will. Es wäre deshalb gut, sie durch neue zu ersetzen. Aber durch welche? Darum wird extrem gerungen. Die Welt schaut zu. Börsianer zittern empört: „Es ist unverantwortlich!"

Es ist seit Jahren bekannt, dass bis heute eine Entscheidung getroffen werden muss. Es hat viele sachliche Auseinandersetzungen gegeben. Viele kluge Leute haben nachgedacht.

Leider liegen die Positionen oder auch Ideologien so sehr weit auseinander, dass jeder Kompromiss beiden Parteien absolut missfällt. Sie würden sich beide als Verlierer fühlen, auch wenn sie zusammen vor der Kamera freudestrahlend verkünden könnten, die Sache oder vielleicht sogar das Volk habe gewonnen. Nein, beide Parteien wollen sich immer als Sieger in einer Machtprobe präsentieren. Sie glauben, dass sie dadurch Wähler gewinnen! Sie glauben wirklich, für das Gute zu stehen, um vielleicht nicht zugeben zu müssen, dass es einfach auch um Kitzel und Triumph geht.

Bei weit auseinanderliegenden Anfangspositionen gibt es aber nichts in der Mitte, was einer Partei den Sieg zusprechen könnte. Deshalb wird weitergekämpft, obwohl es klar ist, dass sich diese logische Grundsituation nicht verändert. Es muss unbedingt bis zur letzten Minute gekämpft werden. Das Volk wird unruhig, die Börse wird böse. Die Wirtschaft der USA und auch der Welt nimmt schon seit Monaten Schaden. Seit Monaten! Merkt das keiner? Käufe werden aufgeschoben, Lagerbestände abgebaut. Die Unternehmer warten ab, die Konsumenten zum Teil auch. Wir sind schon in einer Weltwirtschaftsdelle. Die Prognosen für 2013 werden doch dauernd gesenkt – weil wir Angst bekommen, dass bei Amerikanern nicht nur mit Pistolen gefuchtelt wird.

Wir fürchten den Absturz der Wirtschaft, wenn die Parteien sich nicht einigen. Wir sagen, da sei ein Cliff. Einen Schritt weiter – und es kommt zum Absturz.

In dieser furchtbaren Situation, in der alles aufschreit und wütend eine Entscheidung fordert, ringen die beiden Parteien bis 5 vor 12, Silvester 2012.

G. Dueck, *Cut & Paste-Management und 99 andere Neuronenstürme aus Daily Dueck,* DOI 10.1007/978-3-662-43390-4_83, © Springer-Verlag Berlin Heidelberg 2014

Es ist jetzt so irre, irre wichtig geworden, überhaupt irgendeine Entscheidung zu treffen, ja, irgendeine, sodass es schon sch…ön egal ist, welche. Es ist GANZ egal! Zehntausende Seiten Studien und Sachargumente können ignoriert werden. Ohne jeden Sachverstand wird irgendeine „Mitte" gewählt.

Dann treten sie vor die Presse und verkünden, dass sie gesiegt haben, aber eigentlich unzufrieden sind. Sie konnten nicht noch „höher" siegen, weil der Gegner böse war und weil es letztlich ums Volk ging. Wieder ist ein Akt der unendlichen Seifenoper zu Ende. Wenn demnächst die nächste Schuldenbillion genehmigt werden muss, also in zwei Monaten, wird wieder dasselbe Stück aufgeführt. Sie werden morgen sagen, dass sie die zwei Monate auch brauchen, um detaillierte Sachfragen zu diskutieren. Dann aber streiten sie weiter und weiter und haben wieder nur einen Tag Zeit, eben mal wieder über eine Billion Schulden zu zocken.

Wir sehen das nächste Cliff also schon! Die nächste Konjunkturdelle, den nächsten grauen Ärger. Hauptsache, die Parteien können feindlich sein! Hauptsache, sie können kämpfen! Hauptsache, sie müssen nicht über echte Lösungen nachdenken!

Cliffing! Wir sollten diese Technik studieren, Situationen heraufzubeschwören, in denen alles egal ist.

Gleich kommt der Zug. Mutter, Vater und Kind stehen am Bahnhofskiosk. Das Kind will ein Eis, der Vater will das partout nicht. „Ich will ein Eis!" – „Zu teuer, außerdem will ich es nicht, das muss respektiert werden. Ich bin der Reiche hier, du aber lebst auf meine Kosten." Mutter: „Du kleckerst im Zug, später, Kind,… äh, vielleicht." Das Kind klammert sich an einen Kioskpfosten und will nicht mit dem Zug mitfahren, wenn es kein Eis bekommt. Der Vater droht immer lauter, zerrt das Kind. Viele Menschen versammeln sich und ziehen die Brauen empor. Der Vater schreit. Das Kind klammert stumm und verbissen. Der Zug kommt. Die Mutter zittert. Vater brüllt, Kind schließt verzweifelt die Augen und hält fest. Der Zug hält.

Die Mutter greift irgendein Eis, hat nur einen Fünf-Euro-Schein, wirft ihn Wechselgeld verzichtend hin, läuft mit dem Eis in den Zug, die beiden anderen ihr nach. Sie schnaufen erschöpft im Abteil, das Kind leckt am Eis. „Es ist ein billiges Eis," freut sich der Vater. „Ich mag Erdbeer eigentlich nicht," schaut das Kind die Mutter vorwurfsvoll an. Die aber ist glücklich. Es herrscht wieder Harmonie.

Neujahr 2013.

Friede!

Ich wünsche Ihnen allen ein gutes Jahr 2013, mit nur wenigen Klippen.

Ich habe es nicht mehr geschafft, das vorstehende Werk im Jahre 2012 auf meine Webseite zu laden. Wir sind gestern Abend nach dem Stomp-Event im Mannheimer Rosengarten aufs Heidelberger Schloss gezogen, wo ich Fotos gemacht, Sekt getrunken und meine paar REWE-Sonderangebots-Raketen abgefeuert habe. Jetzt ist 2013. Es geht turbulent los. Stomp! Stomp! Geschichte ist unerbittlich, nicht wahr? Sie geht nämlich immer weiter.

Die Bahn fährt los, die Bahn fährt weiter, das Kind leckt nicht wirklich zufrieden am Eis. Erdbeer! Das ist ein schaler Kompromiss, ganz zufällig entstanden durch den Panikgriff der Mutter in die Kühltruhe. Der Vater sitzt voller Grimm da und bebt. Plötzlich beugt er sich blitzschnell nach vorne und beißt die obere Hälfte vom Eis ab und schluckt sie in einem Stück. Das Kind brüllt gellend, weint vor Zorn, würgt aber das Eis unter

Schluchzen schnell hinunter. Danach: Bitteres Schweigen, rollende Augen in verschiedene Richtungen. Die Luft raucht.

Als die Bahn anhält, klammert sich das Kind verbissen an eine Haltestange und will nicht aussteigen. Der Vater will zuschlagen, aber der Zugbegleiter mahnt, während sich die Mutter auflöst. „Sie MÜSSEN jetzt aussteigen!", dringt der Zugbegleiter. „Ich mag mich nicht schon wieder entschuldigen!" – „Ich will eine Tüte Capri Sonne!" – „Du, Kind, das musst du mit deinen draußen Eltern ausmachen, die Bahn ist kein Saftladen!"

Sie steigen überstürzt aus. Das Kind bekommt irgendetwas, es ist nicht zufrieden. Der Vater ist böse, dass er für alles aufkommen soll, bloß weil er Geld hat. Aber jetzt herrscht wenigstens wieder Harmonie. Friede!

Heute Abend stimmt der Kongress ab. Morgen ist niemand zufrieden. Aber wir sind alle erleichtert. Es ist Friede – bis ungefähr März, vielleicht aber auch nicht. Friede ist heutzutage ein Geschenk, so wird wohl defätistisch geglaubt. Man darf ihn dankbar annehmen. Man kann ihn leider nicht selbst fabrizieren, denkt man. Friede ergibt sich.

Jedem.

Ach, Friede ist heute wie Ruhe, Ruhe wie Frieden.

Wir müssen uns um Wiederauferstehung des heiteren lebendigen schaffenden Friedens bemühen. Schlaflose Ruhe sollte uns nicht genug sein.

Kapitel 84
Über die typische Freiwahrheits-Piraten-Psyche oder über „INTP" (DD183, Januar 2013)

Viele Berufe haben einen speziellen „Charakter", auch Unternehmen haben so etwas. Man nennt es dort „Kultur". Man kennt archetypische Mathematiker, DEN Beamten, DEN Oberlehrer, DEN Grünen. Ich glaube ja, der typische Pirat ist ein INTP (ein Testergebnis des MBTI), so ein brillanter Geist, etwas schizoid – äh, ich meine, er hat eine Haltung, die so hirngetrieben ist, dass das Herz als App simuliert werden muss oder auch nicht. Wenn das alles so ist – was bedeutet das? Das will ich hier für Sie erahnen.

Ich habe ja schon über die „Bloggerpsyche INFP" geschrieben. Blogger haben oft ein weltbekümmertes und menschbesorgtes Herz, was wahrscheinlich zu Zorn über die Welt und deren Sinnlosigkeit führt, wenn man zu genau hinschaut. Blogger lieben den kleinen Prinzen von Saint-Exupéry, deshalb sehen sie mit dem Herzen gut, wenigstens versuchen sie, mit dem Herzen zu sehen oder sehen zu lernen.

Piraten aber diskutieren alles aus. Der archetypische Pirat scheint zu denken: „Der Mensch sieht nur mit dem Gehirne gut."

Im Jahre 2005 habe ich einmal einen Aufruf gestartet, mir die Ergebnisse vom psychologischen MBTI Test zu schicken (den Link zu einer Gratis-Variante finden Sie zu Ihrer Selbsterfahrung auf meiner Homepage). Da haben massenweise Informatiker ihre Ergebnisse geschickt. Gut die Hälfte der Einsender waren „NT", was „intuitive thinking" bedeutet und auf „Rationalist" hinausläuft. Ich schildere hier einmal ganz kurz, was INTP bedeutet, Sie können das überall im Netz nachlesen, in der Wikipedia nachschlagen oder eben hier:

http://www.themindbehind.net/mbti/types/INTP.html

INTP leben einen Großteil ihrer Zeit im Kopf. In ihrem Kopf sind Ideen, Optionen, Theorien, Neuigkeiten, technologische Visionen, nicht aber ein siebter Himmel mit Frauen und Festmählern. INTP lieben das Problemlösen im Kopf. Sie wissen (sichtlich!) selbst, dass sie brillant sind, so wie schöne Frauen sichtlich wissen, dass sie schön sind. INTP sind überaus sicher, alles mit ihrem Verstand lösen zu können. Während andere noch unsicher sind, haben sie die Lösung der Probleme längst als Theorie im Kopf.

Und jetzt kommt der heikle Punkt: INTP sind mit der Vorstellung der richtigen Welt im Kopf schon ganz zufrieden. Sie können sich „die Durchführung" oder „den Rest" schon gut vorstellen. Sie zeigen deshalb oft die Wesensschwäche, an der Realisierung ihrer Ideen nicht wirklich zu arbeiten. Die Vorstellung reicht! Sie arbeiten dann nicht in der Realität weiter, sondern wollen mehr – mehr – mehr Neues im Gehirn! Neue Theorien, neue Technologien!

G. Dueck, *Cut & Paste-Management und 99 andere Neuronenstürme aus Daily Dueck*,
DOI 10.1007/978-3-662-43390-4_84, © Springer-Verlag Berlin Heidelberg 2014

Und sonst? Sie sind oft „goofy", sehen Kleidung als bloße Körperbedeckung an (langes T-Shirt reicht), verstehen Menschen nicht, die nicht logisch wie sie selbst sind. Sie haben Probleme mit den Gefühlen anderer und ganz bestimmt mit den eigenen, die sie lieber nicht benutzen, die sie sich nicht leisten wollen oder deren bloße Existenz sie eher leugnen. Sie versuchen die Gefühlsseite zu intellektualisieren …

Wenn sie etwas Neues erfahren, wird es unbedingt auf Wahrheit abgeklopft. Es wird bezweifelt, hinterfragt, kritisiert, widersprüchlichkeitssuchend weichgeschossen, herausgefordert, aus allen Perspektiven beäugt, nach dem Haar in der Suppe gesucht.

Andere Charaktere mögen Nörgler, Korinthenkacker oder Erbsenzähler sein – INTP sind in ihrer Wahrheitssuchestrategie für andere oft wie Haarspalter. Das treibt die anderen zur hellen Verzweiflung, denn sie wollen nicht dauerdebattieren und alles weichschießen. Sie wollen etwas tun, endlich handeln, umsetzen, hinaustragen! Da sagen die anderen, sie wollen es nicht weiter bereden. Stop. Aufhören. Tun. Das macht die INTP misstrauisch, dass ein anderer nicht weiterdiskutieren will. Hat der etwas zu verheimlichen? Ist da eine Leiche im Keller? Der INTP vermutet Intransparenz, Lüge, Seilschaft… Er will, dass alles geklärt wird, bis es klar ist, ohne Gefühle und ohne Gefühl für Gefühle.

Und ich frage mich: Was, wenn der typische Pirat ein INTP wäre?

Ich meine, so ein einzelner Haarspalter im Team ist ja ganz okay. Manche andere Leute haben Ideen, andere handeln, wieder welche rechnen und verkaufen – ja und einige müssen auf Wahrheit und Konsistenz schauen. Aber wenn bei den Piraten nun so – sagen wir – zu 30 % oder nur 10 % INTP wären (statt 2 bis 3 % oder so in der Bevölkerung), was dann?

Dann wäre die Haarspalterei definitiv nicht auszuhalten, weil nun nicht einfach der Haarspalter alle anderen normalen Menschen glattbügelt, sondern auf Haufen anderer Haarspalter trifft, die ja alle einzeln intellektuell brillant sind und jeweils in ihrem Kopf eine schon lange vorgedachte beste Welt in sich herumtragen, die bitteschön andere verwirklichen sollen oder auch nicht.

Stellen Sie sich vor, eine große Masse von Kopfmenschen trifft sich zum Wahrheitssuchen, also zu einem Parteitag wie damals die Ritter zu Turnieren?

Wenn die typischen oder wenigstens maßgeblichen Piraten INTP wären, würde immer nur verbal auseinandergesetzt und überall da Transparenz gefordert, wo der Verstand allein nicht durchdringt. Gefühle würden ignoriert und deshalb überall dort ignorant verletzt, wo sie eine Rolle spielen – also wo? Im „typisch Weiblichen", im Psychologischen, bei Angelegenheiten der Herzenswärme und bei der Zuneigung zum Wähler. (Etwa drei Prozent der Männer sind INTP, aber weniger als 1 (!!) Prozent der Frauen, weshalb eine repräsentative INTP-Community überaus männerlastig sein muss – auch das noch!)

Gefühlsorientierte würden die Piraten kalt finden, Feminine nicht der Partei beitreten, Parteiführer, die in ihrer Rolle Einheit herstellen und präsentieren müssen, an den Diskussionsmultiduellen zerschellen. Dann würde die Piratenpartei von den Frauen oder den emotional intelligenten Herzmenschen verlassen, die Redeweise würde ruppiger und allen außen würde es mehr und mehr chaotisch vorkommen… Dann aber dreht sich die Todesspirale: Denn nun finden alle Menschen, die selbst nur chaotisch sind und in anderen Parteien ihre seltsamen Ideen nicht äußern können, die neue Möglichkeit sympathisch, dass sich überhaupt jeder zu allem bei den Piraten melden kann und alles als Antrag stellen darf.

Wenn sich Superintelligenzen zu sehr zerdiskutieren, werden davon alle Superseltsamen der Welt wie Motten vom Lichte angezogen, weil die Seltsamen ihre Partikularitäten,

Weltverbesserungsschrullen und überhaupt alles Außerirdische mit Superintelligenz verwechseln … Nun wird der schon ruppige Ton ungeduldig, denn bei den Piraten darf jeder etwas sagen, aber natürlich nur etwas Großartiges im Sinne des INTP … Bei normalen Parteien gewinnt bei den Abwärtsspiralen das Mittelmaß, hier aber das bloß Skurrile, das auffallend und unangemessen Unkonventionelle.

Ich will sagen: Piraten, ich trage Kummer.

Was kann man tun? Sascha Lobo hat zum Jahresanfang auf SPON geschrieben: „Die Piratenpartei hätte für das Internet sein können, was die CSU für Bayern ist. Ihre Allergie gegen das eigene Führungspersonal hat jedoch dazu geführt, dass sie Themen nicht setzt, sondern verwaltet. Aber Wähler werden nicht durch Themen überzeugt, sondern durch Haltungen – und dafür braucht man Köpfe." Sascho Lobo ist ENTJ, glaube ich. Kennen Sie ihn besser als ich? Trifft dies?

http//www.themindbehind.net/mbti/types/ENTJ.html

Personen können ein Ganzes zusammenhalten und Richtung geben. Eine Vision kann das auch, das habe ich zum Beispiel lieber, weil ich INTJ bin. Welches Prinzip auch immer: Eine klare Richtung und ein Ziel muss her, und eine fühlbare mitreißende Leidenschaft in sichtbaren Personen, dorthin zu gelangen. Das wird gewählt! Und kein endlos ausdiskutierter Themenpark(platz).

Überspringen die Piraten die INTP-Hürde bei den nächsten Landtagswahlen? Merkt man, dass allein das Herz von Marina Weisband das vielleicht gekonnt hätte?

Kapitel 85
„Ist besser, was teurer ist? Oder nur blöd?"
(DD184, Februar 2013)

„Nimm lieber das Teure, das muss mehr Qualität haben", so sprachen meine Eltern. „Mit Billigem fällt man in der Regel herein. Es ist sinnlos, billiger davon kommen zu wollen. Was nichts kostet, ist nichts wert." Meine Eltern mussten von einer kargen Rente leben, aber sie kauften immer die höhere Qualität, die sie im Preis angezeigt fanden. „Da weiß man, was man hat!" [Persil, VW] Heute braucht man fast das ganze Internet, um zu wissen, ob drin ist, was draufsteht.

Im ersten Semester Betriebswirtschaftslehrestudium hatte ich ein ganz, ganz großes Aha-Erlebnis. Das gebe ich ja zu. Wir mussten eine Frage beantworten.

Ein kleiner deutscher Betrieb stellt im Monat 10.000 Einheiten X her. Die Herstellung einer Einheit X kostet 4 €, sie wird für 5 € verkauft. Nun kommt eine Großanfrage aus Italien. Jemand möchte 40.000 X kaufen, er bietet 3,50 € (!) pro Einheit – nicht etwa 5 €. Frage: Was antworten wir denen aus Italien?

Unsere erste Reaktion war: ***Blöd, geht ja nicht***, wenn die Herstellungskosten 4 € sind und der italienische Kunde nur 3,50 € bezahlen will. Wo bliebe da ein Gewinn? Einfach, oder? Das wusste ich intuitiv sofort und auf der Stelle. Und später dann mein roter Kopf – huiih, war ich aber dumm. Wir mussten nämlich nachrechnen.

Der Betrieb machte bei 10.000 Einheiten im Monat 50.000 € Umsatz, davon waren die meisten Kosten fix, nämlich die Maschinen, das Gehalt des Geschäftsführers und der Verwaltungskraft, die Miete für die Fertigungshalle, Licht, Heizung usw. Sie machten allein 25.000 € aus. Das reine Herstellen von 10.000 Einheiten X (Materialeinsatz, Geld für die Facharbeiter) kostete 15.000 € – das sind 1,50 € pro Einheit X.

Wir lernten, dass es fixe Kosten und variable Kosten gibt. Die „fixen Kosten" sind „eh weg", die variablen Kosten fallen nur bei der Produktion an.

Merken Sie es jetzt auch? Wenn man einfach mehr Material einkauft und einen Monat Nachtschichten fährt und damit die Maschinen voll auslastet, dann ergibt das Angebot aus Italien ein Bombengeschäft. Man hat 1,50 als Kosten pro Einheit – ach, etwas mehr, weil man doch die Maschinen häufiger warten muss und Nachtzuschläge an die Fachkräfte zahlt. Sagen wir: Man hat 2 € Kosten pro Einheit und bekommt 3,50 € zurück, auch nicht ganz, weil mehr Fracht anfällt – ich will hier nicht zu detailliert werden. Sie sehen aber: Es ist ein glänzender Deal!

Und ich habe mich damals für meine erste Antwort „doof, oder?" furchtbar geschämt.

Wussten Sie das? Na, heute versteht man das wohl besser: Wenn die Auslastung der Produktionseinheiten steigt, kann man viel billiger produzieren. Klar. Jetzt kommt aber

G. Dueck, *Cut & Paste-Management und 99 andere Neuronenstürme aus Daily Dueck*,
DOI 10.1007/978-3-662-43390-4_85, © Springer-Verlag Berlin Heidelberg 2014

noch ein feiner Punkt, den wir damals wiederum allesamt übersahen. Dieser feine Punkt ist heikler. Der Auftrag kam aus Italien! Nicht aus Deutschland! Was wäre, wenn er aus Deutschland gekommen wäre? Da lernten wir, dass wir auf einen solchen Deal auf keinen Fall eingehen sollten, denn „das macht die Preise kaputt“. Italien ist okay, weil das weit weg ist (oder damals war). Verstehen Sie jetzt, warum deutsche Autos im Ausland oft billiger sind? Man lastet besser aus, und die billigen Autos sind weit weg.

Jetzt kommt die nächste Idee der Betriebswirtschaft. Sie heißt: „Italien ist überall.“ Wenn ein Betrieb zum Beispiel Supersuperlebkuchenherzen herstellt, die allerleckersten, die in Italien leider nicht nachgefragt werden, dann kann er die Lebkuchenherzen trotzdem in großen Stückzahlen herstellen und die Produktionsstückkosten senken, indem er nur die „echten“ Herzen zu 5 € pro Kilo verkauft und die anderen zu 3,50 € unter einem ALDI- oder LIDL-Namen, unter JA! oder „Gut und Günstig“, unter „unblöd“ oder „geizgeil“. Dadurch steigt der Gewinn des Lebkuchenherzenbetriebes unermesslich! Die echten und die billigen Herzen sind durch die Verpackung unterschieden, der Kunde muss denken, dass die Herzen für 3,50 € auch nur 3,50 € wert sind – und der Kunde zu 5 € muss fühlen, dass er Herzen zu 5 € isst. In dieser Weise ist alles gut. Statt „nach Italien“ ist das Produkt unerkannt ins Billigsegment exportiert.

Leider ist das Internet so global geworden, dass man mit dieser Masche nicht mehr bei allen Kunden durchkommt. Es sickert langsam durch, dass die Herzen und Zimtsterne bei ALDI & Co. baugleich sind. Jetzt beginnen wir Kunden, nur noch Lebkuchenherzen für 3,50 das Kilo zu kaufen und patsch! bricht der „Markenhersteller“ voll ein – und nicht nur dieser! Er zieht alle anderen Markenhersteller mit. Es geschieht genau das, was uns im ersten Semester beigebracht wurde: Man darf den Markt nicht „versauen“.

Im Internet war von Bahlsens Produktionsstopp zu lesen: „Der Markt für Herbstgebäck wachse kaum und werde von Handelsmarken dominiert, teilte Bahlsen zur Begründung mit. ‚Dies führt zu einem starken Preisdruck und zu einer nicht zufriedenstellenden Ertragssituation.‘“

Und weiter hieß es: „Unangefochtener Spitzenreiter ist der Aachener Printenspezialist Lambertz, der Saisonware sowohl unter eigenen Marken wie auch unter denen der Handelskonzerne verkauft.“

Sehen Sie? Einer der Hersteller geht auf „Italienstrategie“ und hat Erfolg, dann kaufen wir alle nur noch „Handelsmarken“ und alles geht seinen betriebswirtschaftlich klar berechenbaren Niedergang.

Wir Kunden sehen das jetzt überall – überall! Markenware wird unter Zweitlabels unter Umständen viel billiger verkauft. Wir fühlen uns übers Ohr gehauen. Wir werden misstrauisch. Was ist noch wahrhaft gute unimitierte Markenware? Nutella, Hermès oder Apple? Überall wimmelt es von Geklontem, selbst bei Persil schauen wir skeptisch, ob nicht Spee dasselbe ist (ist es nicht, aber glauben wir das?). Wir kommen uns blöd vor. Wir wissen nicht mehr, ob wir als Markenkäufer für dumm verkauft werden. Der Preis war für meine Eltern ein Indiz für Qualität. Heute ist das Bezahlen eines hohen Preises unter Umständen ein Maß für – na, für Blödheit oder eben Uninformiertheit. Und wir werden noch viel misstrauischer, wenn uns der Elektromarkt, bei dem man ja gemäß seiner Werbung gefühlt nie blöd war, jetzt in der neuen Werbung klarmachen muss, dass er nun wirklich tatsächlich und „idealo.de“-faktisch zu bestimmten Sonderangebotsmomenten echt billiger ist! Hey, war das denn nicht früher immer so?

Die Marken implodieren nun langsam alle, indem sie dem Weg der Massenproduktion für Zweitmarken erliegen. Die armen Hersteller! Und wir bekommen am Ende, weil ja sonst die Wirtschaft stirbt, wirklich nur 3,50 € für das, wofür wir 3,50 bezahlen – also schlechtere Qualität. Die Todesspirale dreht sich. Die Welt trudelt in ein neues Gleichgewicht. Immer schlechtere Produkte werden zu einem billigeren Preis hergestellt. Immer mehr wird gefaket und vermischt. Im Gleichgewicht bekommen wir nicht mehr die feinen Produkte, die wir eigentlich wollen, und die Hersteller machen nicht das Geschäft, womit sie gut leben können. Alle werden wir unzufrieden, Kunden und Wirtschaft. Dieser Zustand ist heute schon gut erreicht. Wir haben keine Inflation, weil es ja nur noch 3,50 € kostet, aber wir sind alle unzufrieden.

Haha, ich habe in meinem Studium in Volkswirtschaftslehre gelernt, dass im Gleichgewicht alle Marktteilnehmer zufrieden sind! Das erledigt nämlich angeblich die „Unsichtbare Hand des Marktes" für uns, die Adam Smith vor so 250 Jahren gesehen haben will! „Wenn alle das Beste für sich selbst tun, kommt insgesamt das Beste für alle heraus!" Hab' ich echt gelernt! Kann auch stimmen, aber wenn nun alle Hersteller gegen das verstoßen, was in BWL für Anfänger gelehrt wird, nämlich Sonderangebote nur sehr weit weg zu erlauben? Was, Ihr VWLer, kommt heraus, wenn alle etwas Dummes tun?

Ach, Adam Smith! Euer Gnaden haben wahrscheinlich mit einem Schreibfehler die Menschheit versaut! Ich glaube, es muss heißen (und so wird es Adam Smith auch gemeint haben):

„Wenn alle das Vernünftigste für sich selbst tun, kommt für alle etwas Vernünftiges heraus."

So könnte es stimmen. Lasst uns das dem Management und der Politik erklären. Bisher glaubt man irgendwie, dass es MÖGLICH ist, dass alle Marktteilnehmer egoistisch handeln. Kann sein. Dass aber alle das Vernünftigste tun, ist ein nicht so ohne weiteres möglicher Zustand. Weil dieser feine Unterschied nicht erkannt wird, krankt die Welt. Ist es ein MÖGLICHER Zustand der Welt, in dem dieser Unterschied erkannt wird? Schiller fällt mir ein:

„Es kann der Frömmste nicht in Frieden leben, wenn es dem bösen Nachbarn nicht gefällt."

Oder nach Goethe:

„Dass ein großes Werk misslinge, genügt ein dummes Stück auf tausend gute Dinge."

Wird die Welt von Leuten bedroht, die „Einführung in die Betriebswirtschaftslehre" nur mit halber Punktzahl bestanden haben?

Kapitel 86
Who morphed my cheese? Über Leute, die nur Käse machen (DD185, Februar 2013)

Bei Keynotes in großen Unternehmen frage ich öfter, ob das dortige Management nicht auch ab 1998 gezwungen wurde, die berühmte Business-Parabel von Spencer Johnson zu verinnerlichen. Sie heißt: „Who moved my cheese?" Ich habe so ein Buch damals sehr offensichtlich absichtlich geschenkt bekommen und es gleich voller Zorn in den Shredder geworfen. Ich ahnte immer, dass es dazu verführt, die Dinge zu einfach zu sehen. Es erfüllt aber eine oft erhobene Forderung des Managements: „Keep it simple and stupid." – Das tut das Buch auch. „Well done."

Sie können eine Kurzfassung des Buches in der Wikipedia finden. Ganz kurz hier: Zwei Mäuse leben in einem Labyrinth und fressen darin an einer lieben, immer gewohnten Stelle ihren Käse, von dem es einen ganzen Berg voll gibt. Eines Tages ist der Käse alle. „Alle, alle!" Da jammern sie und weinen, besonders die eine Maus! Die andere aber zeigt sich couragierter und schlägt vor, im (gefahrvollen) Labyrinth nach neuem Käse zu suchen. Es entspinnt sich ein lehrreicher Dialog zwischen der angstvollen Maus, die nur rumweint, und der unternehmerischen Maus, die Mut hat, aus der „Komfortzone auszubrechen" und „nach neuen Wegen" zu suchen. Parallel dazu läuft eine zweite Geschichte zwischen zwei Menschen, die ihre Arbeit verlieren … Na, die Mäuse finden am Ende der Parabel einen neuen Berg Käse und alles ist gut.

Seitdem alle das Buch gelesen haben, wird allgemein „Verlasst endlich eure Komfortzone, ihr Faulpelze!" gepredigt. „Sucht neuen Käse! Und wenn ihr welchen gefunden habt, ruft nur kurz an. Fresst ihn nicht, sondern sucht gleich wieder neuen. Keine Komfortzone! Nie mehr!"

Warum hatte ich so ein unangenehmes Gefühl beim Lesen? Weil es dazu führte, dass nun jede Telekom in jedem Land der Welt eine neue Tochter gründete oder kaufte, also mehr Käse auftrieb. Autofirmen bauten viel mehr Modelle. Banken eröffneten Zweigstellen überall, Schlecker-Drogerien verbreiteten sich über Osteuropa, Produktion wurde nach China verlagert, Verlage schluckten die kleineren, Buchhandelsketten breiteten sich aus. Das Käsesuchen wurde zu einer Strategie des übertriebenen „Mehr vom Gleichen", ach, das ist oft ein normaler Ausbruch der Neurose in der Psychologie … Watzlawick …

Heute lesen wir oft, dass Banken ihre ausländischen Tochtergesellschaften verkaufen, dass der Media-Markt in China aufgibt, dass Telekoms ihre Schulden senken, indem sie ihre Weltpläne begraben. Sie haben eben überall im Weltlabyrinth nach Käse gesucht und gesucht, am besten auf Kredit und mehr, als sie verdauen konnten.

Können wir uns nicht bitte-bitte eine Stufe subtiler dies fragen? „Who morphed my cheese?"

G. Dueck, *Cut & Paste-Management und 99 andere Neuronenstürme aus Daily Dueck,*
DOI 10.1007/978-3-662-43390-4_86, © Springer-Verlag Berlin Heidelberg 2014

Irgendwie, um in der Parabel zu bleiben, ist der Käse, den man früher machte, nicht mehr das, was die Welt will. Sie will gar keine Papierbücher mehr, sondern eBooks, keine Festnetzleitungen mehr, sondern Glasfaser und LTE, keine Bankfilialen, sondern Finanzportale, keine Handys, sondern Smartphones, keine Desktops, sondern Tablets, keine Kodak-Filme, sondern Digicams, keine komplexe Software, sondern Apps etc. etc.

Ich setze die Mäuseparabel fort: Die Mäuse sausen durch das Labyrinth und suchen Käse. Sie finden und finden und finden keinen Käse mehr und erlahmen deprimiert. Sie fühlen sich gleichzeitig mehr und mehr durch den penetranten Geruch von gebratenem Frühstücksbacon gestört, der überall herumliegt. Den Mäusen wird übel – überall Bacon, kein Cheese. „Bacon stinkt ganz entsetzlich, außerdem ist er warm – pfui, warm! Er ist sehr salzig, man muss hinterher den ganzen Amazon austrinken und hinterher noch mit Heilwasser goorgeln. Ach, wäre hier doch ein Zauberberg von Höhlenkäse, und wir könnten einfach ‚Samsung, Samsung öffne dich!‘ rufen, aber so muss man vor dem Gestank dieses Neuen die Windows schließen."

Ab und zu bleiben sie schaudernd vor den überhand nehmenden Baconbergen stehen. Da sehen sie einige fremde Mäuse Speck fressen, ohne dass denen übel würde. Die Fremden rufen ihnen zu:

Bacon, das neue Manna der Erde!

Bacon kam über die Welt!

Alles Gute zu Bacon werde,

Genug mit Käse gequält!

„Käse wird siegen! Bacon ist eine Eintagsfliege!", rufen die Käsemäuse, aber die Speckmäuse erwidern, dass Bacon die Long Term Evolution von Käse sei …

„Who has morphed my cheese?"

Diese Frage wird nicht gestellt. Darunter werden wir alle leiden. Da machen viel zu viele noch Analogkäse, während sich andere schon auf den virtuellen Schinken klopfen.

Kapitel 87
Akute Notbehandlung des Chronischen unter Motivationsmangel (DD186, Februar 2013)

In einem Medizinbuch hieß es: „Viele Patienten kommen mit akuten Problemen, auf die der Arzt augenblicklich reagieren muss und kann. Wenn diese Sofortrezepte aber dauerhaft nicht helfen, kann etwas Chronisches oder Problematisches vorliegen, wozu der Arzt tiefer in die Leidenshistorie des Patienten eintauchen muss." Klar, oder? Wer sich den Magen verdorben hat, nimmt Tabletten – fertig und gut. Wenn die Beschwerden aber nach Wochen nicht abklingen? Was tun wir dann? Aber besten suchen wir uns einen neuen Arzt.

Hat jemand unter dem Druck des Tagesgeschäftes noch Zeit, in eine Problemhistorie einzutauchen? Politiker bekommen üblicherweise eine rituelle Frist von hundert Tagen, sich in die Komplexität eines neuen Amtes einzuarbeiten. Bei Bundesligatrainern muss der Erfolg ja schon nach – sagen wir – dem übernächsten Spiel zählbar vorliegen, im Management wird kein Quartal gewartet, das wäre ja mehr als neunzig Tage!

Es ist üblich geworden, sofortige Resultate sehen zu wollen. Wer unmittelbare Erfolge zeigen muss, mag unter diesem Diktat stöhnen, aber er muss nun nicht lange nachdenken, was zu tun ist, weil es augenblickliche Erfolge nur mit ganz wenigen Methoden geben kann. Draufhauen! Schwermedikamente verschreiben! Die bisherige Behandlungsmethode radikal verändern! Alle Leute austauschen – Trainer, Ärzte, Manager. Die Schule wechseln, sich woanders bewerben, ein anderes Fach studieren.

Der Vorteil von diesem ganzen wilden und energischen Trubel ist es, dass dauernd etwas Dramatisches geschieht. Das gibt Hoffnung. Wer das Studium abbricht und ein neues beginnt, wer die Arbeit hinschmeißt, hat an neuer Stelle wieder neue Lust. Wer einen neuen Chef bekommt, kann heimlich erwarten, mit diesem Chef nun endlich gut klarzukommen. Neue Lehrer, neues Glück – das Glück besteht darin, wieder mit einem unbeschriebenen Blatt anfangen zu können. Der neue Arzt hat eine andere Meinung als der alte, da ist klar, dass sich die neue Behandlung gut anfühlt, weil ja die alte nicht gelingen konnte. Da war es gut, sich „eine zweite oder dritte Meinung einzuholen", wozu heute immer geraten wird.

Unsere Erwartung sofortiger Wirkung scheint darauf hinauszulaufen, dass wir alle Probleme wie akute Probleme anschauen und mit Sofortmaßnahmen traktieren. Schlechte Noten? Schulwechsel. Schlechte Zahlen? Managerwechsel. Noch Beschwerden? Andere Pillen. Niemand mag noch nachschauen, ob nicht eine chronische Beschwerde vorliegt. Wie oft habe ich schon auf „hundert Bewerbungen geschrieben und die schuftigen Arbeitgeber laden mich nicht ein" entgegnet: „Kann ich die Bewerbung einmal sehen?" Wie oft habe ich nach neuen akut-kraftvollen Managementmaßnahmen gefragt, warum dieses Problem (meist ein inhärent kulturelles) sich gerade jetzt mit dieser Maßnahme dauerhaft

G. Dueck, *Cut & Paste-Management und 99 andere Neuronenstürme aus Daily Dueck,*
DOI 10.1007/978-3-662-43390-4_87, © Springer-Verlag Berlin Heidelberg 2014

bekämpfen lasse, wo es doch mit ähnlichen Maßnahmen seit nun schon 20 Jahren nicht geklappt hätte – wieder und wieder nicht?

Die Antwort ist immer: „Dieser Arzt, dieser neue Manager, dieses neue Studienfach, diese neue Bewerbung, diese neue Medizin ist der schon so lange erhoffte radikale Neubeginn."

Kann es sein, dass der Bewerber seltsame Bewerbungen schreibt, oder noch schlimmer, dass er vielleicht selbst seltsam ist? Liegt es daran, dass nicht beharrlich genug studiert wurde? Dass das Unternehmen schon immer zu Innovationen keine Lust hatte?

Wieso traut sich niemand, diese Frage zu stellen: „Liegt ein chronisches Problem vor?" Sie alle zittern vor den möglichen Antworten. Die hören sich so an: „Eine Lösung ist nur unter nachhaltiger Veränderung der Lebensumstände möglich, die nur unter erheblichen Anstrengungen erzielt werden kann." – „Es ist nichts mehr zu machen, der Markt ist schon zu weit weg und die Krankheit zu weit fortgeschritten. Es tut mir leid." – „Die Fähigkeiten des Unternehmens reichen gar nicht aus, es aus eigener Kraft (‚selbstbehandelnder Patient') zu schaffen." – „Es fehlt hier an der nötigen Motivation."

Die letzte Antwort stimmt fast immer – irgendwie. Dann aber besteht das Problem darin, eine Lösung zu finden, die keine Motivation braucht, die also mit akuter Angst, Verzweiflung, Druck von oben oder mit sinnloser Hoffnung auskommt.

Und dann tun wir am besten immer so, als sei das Problem, vor dem wir stehen, total neu und bestürzend dringlich. „Schnell! Wer hat eine Sofortmaßnahme? Wir haben nur für zehn Minuten Brainstorming Zeit! Die Uhr tickt. Das Quartal endet, wir haben es mit Absicht so kurz gemacht, damit nicht wieder und wieder über Gott und die Welt nachgedacht werden kann."

Das universelle Diktat des stückweisen Versagens klingt so: „Dieses Quartal ist entscheidend für unser Unternehmen. Es ist diesmal absolut entscheidend. Ich weiß, dass ich das schon oft gesagt habe, eigentlich immer. Aber es hat auch immer gestimmt. Es hat keinen Sinn, nach langfristigen Lösungen zu suchen, dann sind wir längst tot. Wir haben diesen Fehler nie begangen, wir leben ja noch. Das ist unsere Stärke, die wir nicht verlieren dürfen. Wir können einfach nicht konzentriert arbeiten – außer wenn das Quartalsende droht. Wir haben jetzt noch drei volle Tage Zeit, das ist viel. Lasst uns tun, was jetzt unmittelbar ergebniswirksam ist, in diesem Moment. Es ist ein wundervolles Gefühl, sich kurz vorher zu retten. Mich hat dieser Kitzel schon fast süchtig gemacht. Es ist ein bisschen wie russisches Roulette. Kennen Sie den Film ‚Die durch die Hölle gehen'?"

Kapitel 88
Studien enthüllen Millionärsdemenz – Geld macht dumm! (DD187, März 2013)

[Satire! Internet macht ja dement, warum nicht auch Reichtum? Wer zu viel googelt, weiß ja fast nichts mehr selbst – aber die Reichen wissen auch nichts!]

Jetzt ist es heraus, was wir alle ahnten: Geld macht nicht nur nicht glücklich, sondern führt zu empfindlichen Störungen in der Gehirnentwicklung. Das beweisen neuere Studien, die jetzt möglich wurden, weil es erst seit einigen Jahren genügend viele untersuchungsfähige Superreiche gibt. In der Boulevardpresse wird bestimmt demnächst „Geld macht dumm!" posaunt – die derzeit noch geheimen Ergebnisse sind absolut signifikant, aber natürlich nicht so überdramatisch.

Ich habe zwei dieser Studien kurz sehen dürfen. Na, eigentlich nicht, sie lagen unbeobachtet herum. Dabei ist die Sachlage immer schon klar gewesen: Manfred Spitzer beweist in seinen Vorträgen und Büchern hirnwissenschaftlich attestiert, dass Londoner Taxifahrer mit einem Navi schwache Anomalitäten am Gehirn aufweisen, weil sie sich ja keine Straßennamen mehr merken müssen und bald auch nicht mehr können. Es endet wahrscheinlich (das erlebe ich selbst in Deutschland), dass sie nicht einmal mehr die Namen der Straßen ins Navi eingeben können. Diese schlimme Deformation des Hirns durch seine Nichtbenutzung wird heute gewöhnlich Digitale Demenz genannt.

Es gibt aber eine ganz andere Gruppe von Menschen, die das Gehirn nicht mit Straßennamen belastet. Das sind die Reichen! Die fahren doch Taxi und lesen dem Taxifahrer ihre Destination vom Blackberry vor, der sie wie gewünscht dorthin verfrachtet. Millionäre haben keine Ahnung von Kopfrechnen, weil sie einfach mit großen Scheinen bezahlen und statt Hirnnutzung immer „stimmt so" sagen. Dafür sind wir anderen ihnen total dankbar, aber es schadet ihrem Gehirn. Unser Nutzen ist ihr Schaden. Wenn wir also Trinkgeld bekommen, bekommt das Wort Schadenfreude eine zweite Bedeutung.

Eine der noch geheimen Studien testet Millionäre auf Gehirnareale, in denen Arme die Fußballtabellen und Reiche die Börsenkurse speichern – witzig, dass es am gleichen Ort ist, oder? Reiche haben deshalb keine Ahnung von Fußball und kaufen gleich die Vereine anstatt Eintrittskarten. Das Bedenkliche an den Reichenhirnen wird aber wieder von Google und Yahoo ausgelöst. Man hat die Börsenkurse jetzt im Handy immer dabei, es gibt Apps, die einem den Stream der Kurse über Kopfhörer dauernd vorlesen. Deshalb müssen sich Millionäre immer weniger merken und zeigen folglich ähnlich Hirnschadensverläufe wie Londoner Taxifahrer.

Millionäre wissen nicht, wie viel zum Beispiel Fertiglasagne kostet, sie kennen praktisch keine Preise, sondern sie bekommen immer nur welche. Sie merken sich keine Ter-

G. Dueck, *Cut & Paste-Management und 99 andere Neuronenstürme aus Daily Dueck*,
DOI 10.1007/978-3-662-43390-4_88, © Springer-Verlag Berlin Heidelberg 2014

mine, weil sie dafür eine Armada von Assistenten um sich scharen. Sie werden von diesen wie ein unwissender Klotz von Termin zu Termin abgeführt, bekommen Redetexte in die Hand gedrückt, die andere geschrieben haben. Die lesen sie vor. Sie sprechen kaum noch mit der Familie, wofür sie keine Zeit haben. Viele haben neben ihrer Hauptadresse noch einen BungaBungalow in Italien, wo sie das Hirn einmal vollkommen abschalten können, nicht nur partiell.

Das alles verstehen Sie doch gleich? Trotzdem ist es gut, diese wie alle anderen selbstverständlichen Fragen in Studien aufzuarbeiten. Studien, die etwas Bekanntes zutage fördern, können nicht in Doktor-Aberkennungsverfahren enden, weil es nicht abgekupfert ist, sondern schon vorher normal klar war. Trotzdem ist es gut, dass alles wissenschaftlich festgestellt wird. Wer jetzt reich wird, weiß nun, was ihm blüht: Millionärsdemenz.

Schauen Sie sich um! Sie werden überall erstes Sprießen von Millionärsdemenz erkennen, die ja schon ganz ohne Studien zum Untergang des Römischen Reiches geführt hat: Das Wohlleben war es, schreiben die Geschichtsbücher, das Lotterleben, die Hurerei! Diese Entwicklung des Verfalls der Hirne und Werte erleben wir heute wieder. Nur die Armen haben noch so viel Hirn, dass sie das Problem sehen können. Gehen Sie doch einmal zu einem Millionär und stellen Sie ihm die dramatischen Schwierigkeiten des Lebens dar. Er wird wahrscheinlich antworten: „Ich verstehe nicht, wo das Problem ist." Das sind Floskeln schon einigermaßen schwer Geschädigter.

Wie gehen wir nun gegen Millionärsdemenz vor? Wie verhindern wir „degeneriert adliges Verhalten"? Wie den Lebensüberflussüberdruss der dementen Reichen? Sie müssen sich wieder kümmern müssen. Aber worum? Lassen wir sie nun selbst Taxi fahren? Zwingen wir sie zum Studieren von Börsenkursen in Printmedien? Lassen wir sie auf alle Annehmlichkeiten verzichten? Entfernen wir ihre Dienerkorona, damit sie wieder selbst den Gürtel enger schnallen können? Suchen sie sich jetzt ihre BunganossInnen selbst aus? Diese Antworten sind in den Studien nicht zu finden. Die Wissenschaftler suchen noch nach Superreichen, die als Probanden dienen könnten …

Kapitel 89
Diagnose DumbDown – der unterforderte Schüler (DD188, März 2013)

Kennen Sie die „Diagnose Boreout"? So heißt ein Buch von Rothlin/Werder aus dem Jahre 2007, das sich mit unterforderten Arbeitsnehmern befasst, die sich zunehmend bei der Arbeit langweilen – ihre Arbeit ist ihnen viel zu simpel. Viele von diesen Mitarbeitern verrichten ihre Arbeit trotz oder eben wegen deren Einfachheit eher schlecht, weil sie so irre lustlos sind. Da hält sie ihr Chef für unfähig und dumm. Todesspirale.

Der Chef sieht jetzt nämlich, dass die gelangweilten Mitarbeiter selbst einfachste Aufgaben nicht gut erledigen können. Deshalb gibt er ihnen noch Blöderes zu tun. Das frustriert sie weiter und läutet die nächste Runde ein. In diesem Sinne kann zu viel Routinearbeit im tatsächlichen Sinne geisttötend sein.

Dieses Phänomen sieht man doch auch in der Schule! Ich habe gleich bei Google unter „Boreout Schule" gesurft und praktisch nichts gefunden.

Hallo? Warum wird nur über den Arbeitsplatz berichtet? Kann nicht auch der unterforderte Schüler in die Lage kommen, einen zu langsamen Unterricht zu hassen, so dass er jedes Interesse verliert, immer müde ist und durch frustrierte Zwischenbemerkungen den Unterricht stört?

So könnte es zu dem „Drama des hochbegabten Kindes" kommen. Es findet alles zu simpel, es fühlt sich fehl am Platze, weil die Eltern ihm schon viel beigebracht haben. Es stöhnt: „Das kann ich doch schon." – „Ich habe es doch schon bei der ersten Erklärung verstanden." Solch ein Kind haut dann die Hausaufgaben aus Frust viel zu lässig hin und fängt sich die Kritik des Lehrers ein, dass es die einfachen Aufgaben nicht richtig löst, obwohl es immer im Unterricht herumtönt, alles sei klar. Der Lehrer gibt dem Kind also einfache Aufgaben oder noch einfachere und besteht auf einer exakten Abarbeitung. Irgendwann kommt es zur „Diagnose DumbDown".

Bei Hochbegabten oder richtig guten Mitarbeitern gibt es noch eine höhere Variante dieser Todesspirale. Ich habe dieses Argument schon in meinem Buch *Professionelle Intelligenz* angemerkt. Stellen Sie sich einen Gymnasiallehrer mit einem IQ von 110 vor, dessen Schüler nur auf einen IQ von 80 kommt. Da wirkt der Schüler auf den Lehrer so etwas wie „unterbelichtet". Wenn ich dem Lehrer nun die Aufgabe erteile, diesen Schüler zum Abitur zu führen, so wird er sich weigern, weil der Schüler von seiner Begabung her das Niveau des Abiturs einfach nie erreichen wird, auch nicht nach hundert Jahren Lernanstrengung. Der Lehrer versteht, dass ein so niedriger IQ einfach QUALITATIV nicht ausreicht, um Abituraufgaben jemals zu meistern. Diesen qualitativen Unterschied habe ich mit Lehrern öfter diskutiert. Sie stimmen zu – wie jeder andere und Sie auch.

G. Dueck, *Cut & Paste-Management und 99 andere Neuronenstürme aus Daily Dueck,*
DOI 10.1007/978-3-662-43390-4_89, © Springer-Verlag Berlin Heidelberg 2014

Dann fragte ich die Gymnasiallehrer („einen mit IQ 110"), wie sie sich nun die Zusammenarbeit mit einem hochbegabten Schüler vorstellen, der zum Beispiel einen IQ von 140 hat. Ist es dann nicht so, dass jemand mit IQ 140 einen anderen mit IQ 110 für entsprechend „unterbelichtet" hält? Huuh, da bäumen sich die Lehrer auf! Sie behaupten nun, dass eine höhere Intelligenz als ihre eigene nur QUANTITATIV besser ist – Schüler mit IQ 140 lernen schneller und auch mehr Stoff. Die Lehrer bestreiten aber, dass es geistige Höhen gibt, die der Hochbegabte erklimmen kann, die ihnen selbst aber selbst nach hundert Jahren des Lernens prinzipiell verschlossen bleiben müssen.

So kommt es zum Drama des Hochbegabten: Er stellt im Unterricht Fragen, die für den Lehrer irgendwie zu weit gehen. „Das schweift ab", sagt er oder er gibt falsche Antworten, die der Hochbegabte irgendwie unbefriedigend findet – er fragt weiter nach und bohrt. Der Lehrer kann die Fragen wegen des Intelligenzunterschiedes nicht wirklich verstehen und windet sich heraus. Der Schüler ist enttäuscht und auch heimlich ärgerlich. Er denkt nach und findet immer mehr Ungereimtheiten, die aber nie zufriedenstellend aufgelöst werden. Leider ist der Lehrer für ihn eine große Autorität. Er nimmt an, dass der Lehrer klüger ist als er. Lehrer wissen alles! Warum antwortet dann der Lehrer nicht besser? Der Lehrer selbst denkt auch, dass er mindestens so intelligent ist wie der Schüler und versteht das Problem nicht. Nach und nach geraten sie in argumentative Kämpfe, die sich nie auflösen. Da reagiert der Lehrer mit Mahnungen und der Schüler mit Protest. Zum Schluss wird der Schüler (auch von anderen Schülern) als störend empfunden und „in die Ecke gestellt", er ist ja nun sozial auffällig geworden.

Wie gesagt – diese Todesspirale des Dumbdown habe ich mit Lehrern im Zusammenhang mit Hochintelligenten besprochen. Sie entgegnen im Durchschnitt etwa so: „Wer hochintelligent ist, wird doch zuerst gute Noten haben, oder? Wozu ist er denn hochintelligent? Zugleich wird der Hochintelligente sich gut benehmen! Er wird doch nicht dumm sein! Erst dann, wenn er glänzend dasteht, wird er zu mir kommen und von mir besondere Förderung erbitten, die ich dann gerne gebe. Aber dieser Widerling da, für den Sie sich unberechtigt stark machen, benimmt sich absolut schlecht und stört ständig den geordneten Ablauf des Unterrichtsprozesses. So etwas macht ein Hochintelligenter nicht!" Fazit des Systems: Erst muss man sich als Ziegelstein einpassen, dann besonders bewähren und Lob einheimsen und dann erst darf man erhoffen, eine kleine Extrawurst zu bekommen.

Dieses Drama gibt es auch mit Hochleistungsmitarbeitern, die einen relativ schlechteren Chef haben. Sie wollen zum Beispiel mit diesem Chef über tolle Ideen, über Innovationen und neue Arbeitsprozesse sprechen. Er aber versteht die Ideen nicht und wird ärgerlich über die lästigen Besserwisser in seiner Abteilung, die immerzu mit unausgegorenen Vorschlägen kommen, die er allesamt (weil er niederintelligent ist) für unrealisierbar hält. Da werden seine Höchstleister aggressiv, er stuft sie bei Leistungsbeurteilungen tiefer. Todesspirale – na nicht ganz. Die Top-Performer können sich ja versetzen lassen oder kündigen. Das hochbegabte Kind nicht. Es kann seine Eltern um Hilfe bitten – die aber sind meist selbst nicht hochbegabt …

Vielleicht haben Sie (das sehe ich bei vielen) einen heimlichen, ganz grundsätzlichen Hass auf Intelligenzquotienten und trauen so abstrakten Argumenten nicht. Auch damit habe ich schon Erfahrungen gesammelt. Lassen wir deshalb einmal den IQ sein und wechseln wir zum EQ, zur emotionalen Intelligenz, durch die sich nun auch viele Lehrer und besonders Chefs nicht gerade auszeichnen. Solche wenig emotional Begabten beleidigen und dissen, informieren ungeschickt bis gar nicht, kehren den Vorgesetzten heraus und meinen explizit nicht, dass sie „nett" sein müssten, weil sie dadurch an Autorität verlieren. „Man muss die Untergebenen auf Distanz halten", sagen sie oft. Sie ersetzen gelungene symmetrische Kommunikation durch hierarchisch autoritäre.

Verstehen Sie jetzt in diesem Kontext, wie sehr das Betriebsklima stirbt oder die Klassengemeinschaft schwindet, wenn der Vorgesetzte nur wenig emotional intelligent ist? Haben Sie je versucht, ihn dahin zu bringen, die Seelen unter ihm bei froher Stimmung zu halten? Sind Sie vielleicht Meeting für Meeting und Elternversammlung für Elternversammlung an emotional Unterbelichteten gescheitert? Sehen Sie denn nicht die vielen emotional nicht intelligenten Politiker, die mit emotionalen Dummheiten ihre Karriere beenden?

Ich will sagen: Beim EQ ist das Problem fast jedem klar, beim IQ drücken sich alle vor einer nüchternen Sicht. Gelöst wird auch das erkannte Problem kaum. Emotional schwache Vorgesetzte lässt man aus Angst gewähren und legt sich lieber eine Depression oder wenigstens Rückenschmerzen zu. Die Todesspiralen drehen sich hier bei vollem Bewusstsein der emotionalen intelligenteren Mitarbeiter. Die Schüler aber wissen das ja nicht, sie glauben ja an ihren Lehrer …

Wir reden lieber über Burnout, wenn sich also jemand überfordert oder überfordern lässt und ausbrennt. Der „hat selbst Schuld" und muss in die Klinik. Diagnose DumbDown aber wird übersehen, man müsste ja etwas an einer schwierigen Obrigkeit tun. Da kneifen wir alle am besten und werden dann selbst schwierig – wie die, die uns das täglich einbrocken.

Kapitel 90
Irrationalisierung (DD189, April 2013)

Rationalisierung heißt eigentlich „vernünftig machen", „wirtschaftlich durchführen" oder „sinnvoll gestalten". Wir alle sind so sehr rationale Wesen, dass wir unsere Handlungsweisen stets rational begründen können oder wenigstens „rationalisieren", also im Nachhinein unseren Handlungen Vernunft einzuhauchen vermögen. Wenn sich aber nur Misserfolge einstellen? Da werden die das Ego schonenden Erklärungen für unsere Taten immer „unwahrscheinlicher". Es muss etwas „Irrationales" hinter allem stecken. Zuhörer sagen dann immer öfter: „Glaubst du das selbst?"

Frust-Mitarbeiter „Da ist eine Verschwörung von oben im Gange, sie haben alle den Plan, mich zu mobben, sie lachen hinter meinem Rücken – ich weiß nicht, warum. Das Management würdigt meine Leistungen nicht, sie wollen mich absägen, weil ich vielleicht das eine oder andere Mal zu ehrlich gewesen bin. Die da oben haben keine Ahnung, sie hatten noch nie Ahnung. Die Beförderungen in der Firma sind vollkommen schleierhaft, da wäre ich fast in jedem Falle besser. Nur gierige und scheinheilige Schleicher kommen hoch, Babbelköpfe und Angeber."

Frust-Manager „Ich habe nun wirklich alles getan, es mit Zuckerbrot und Peitsche versucht. Ich habe mit Engelszungen auf alle meine Mitarbeiter eingeredet und die Konsequenzen angedroht, wenn die Leistungen so schlecht bleiben. Nichts. Sie bekommen den Hintern nicht hoch. Sie sind nicht begeistert. Ich bekomme so langsam einen Hass auf sie, aber ich lasse es mir nicht anmerken. Ich verstehe einfach nicht, warum wir nicht mehr verkaufen. Es fehlt an Einsatz und Verantwortlichkeitsgefühl. Manche von ihnen haben sogar noch Hobbys und mehr als zwei Kinder. Das Schlimme ist, dass ich wegen der de facto Arbeitsverweigerung in meiner Abteilung meine Karrieresegel streichen muss. Wahrscheinlich ist es das. Sie wollen mich absägen. Dabei kenne ich keinen besseren Manager. Worauf hoffen die denn?"

Das alles kann endlos fortgesetzt werden. Schüler werden oft „fertiggemacht", etliche Lehrer ergrimmen, weil ihre Schüler „gar nicht mehr erreichbar" sind. Viele Eheleute erzählen voneinander nur das ätzend Böseste. Was sie alle sagen, kann im Einzelfall durchaus zutreffen, ja! Ganz klar! Kann es! Aber sehr viele von ihnen irrationalisieren – und das ist ein ganz großes Problem für Leute, die wirklich und wahrhaftig gemobbt und abgesägt werden. Da die Irrationalisierer in der Anzahl massiv überwiegen, glaubt man auch denen nicht, die im Recht bzw. in tatsächlich aussichtsloser Lage sind. So sehr viele Irrationalisierer spielen so echt den Ertrinkenden, dass man die wirklich Wasserschluckenden oft untergehen lässt. Schwalbe oder Elfmeter?

G. Dueck, *Cut & Paste-Management und 99 andere Neuronenstürme aus Daily Dueck,*
DOI 10.1007/978-3-662-43390-4_90, © Springer-Verlag Berlin Heidelberg 2014

In Bewerbungsgesprächen blubbern aus Stellensuchenden häufig ganze Hasstiraden gegen den früheren Arbeitgeber heraus. Als Interviewer müssen Sie nur einmal fragen: „Was liebten Sie an Ihrer vorigen Stelle am meisten?" Und gleich anschließend: „Warum bewerben Sie sich dann hier?" Die Bewerber schimpfen manchmal absolut rüde über frühere Chefs! Wie gesagt – damit sägen sie sich natürlich selbst ab. Man bekommt leider den Eindruck, dass sie das eigentliche Problem, das sie haben, an die neue Arbeitsstelle mitbringen werden. Man spürt an den Irrationalisierern, dass sie einfach an der früheren Stelle nicht klarkamen. Man nimmt besonders Managern, die eine „neue Herausforderung suchen", nicht ab, dass ihr Misserfolg nur dem mangelnden Einsatz der Mitarbeiter zuzuschreiben ist. Man nimmt Eltern, die wüst über ihre ungeratenen Kinder herziehen, nicht ab, dass alles an den Kindern liegt. Diese irrationalisierenden Kanonaden sagen eigentlich: „Ich selbst war ohnmächtig. Ich konnte und kann nichts tun. Ich bin Opfer. Es hat keinen Zweck. Mit rationalen Mitteln kann nichts mehr erreicht werden. Hier ist keine Veränderung möglich. Auch energisches Aufbegehren nützt nichts." Überforderte reden so.

Wenn man Freunde, Chefs, Mitarbeiter, Ehehälften, Bewerber oder Patienten so stark irrationalisieren hört, kann man versuchen, die Diskussion zu „versachlichen". Sind nicht auch sie selbst ein bisschen verantwortlich für ihre als schmerzlich empfundene Lage? „Mann, liegt es vielleicht nicht nur an der Frau?" – „Mitarbeiter, hast du echt alles richtig gemacht?" – „Chef, warum wirst du denn kollektiv nicht gemocht?"

Ducken Sie sich bei einer solchen Frage lieber ein bisschen. Glatteis! Wenn es daraufhin wirklich zu einer „versachlichten" Auseinandersetzung kommen sollte, beginnt jetzt in der zweiten Phase die wirkliche psychologische Rationalisierung, also eine saubere einseitig-parteiische Begründung, warum alles so schlimm werden musste. Die logischen Gründe werden manchmal unterbrochen durch Seufzer wie: „Gut, da war ich aufgebracht und vielleicht ungerecht, aber muss man denn in meiner Lage nicht auch einmal aufbrüllen?" Hinter diesen halb versteckten „ja, gut, da war ich vielleicht etwas…" schimmert die Tragik hervor.

Im Augenblick ist vieles von Hass getränkt. Die Banken, die Manager und die Politiker haben uns – so steht es überall – in einen Sumpf von Rücksichtslosigkeit, Macht, Gier und Arroganz getrieben. Die Armut nimmt zu. Das ganze Geld haben die da oben verzockt. Der kleine Mann muss bezahlen, in Zypern und bald auch anderswo.

Warum aber wählen wir die, die immer nur neue Schulden machen wollen? Warum kaufen wir Zertifikate, die wir nicht verstehen? Warum lassen wir untätig die Banken davonkommen? Warum treten wir aus Kirchen und Gewerkschaften aus? Warum engagieren wir uns nicht? Warum boykottieren wir nicht als Käufer solche Unternehmen, die nicht ethisch handeln – da hätten die doch kaum noch etwas zu schleckern! Warum werden Diskussionen im TV nur zu unserem emotionalen Mitwüten aufgeputscht? Warum dient Politik nur noch der Zerstörung des Gegners im Parlament? Warum überlassen wir das Feld den Irrationalisierern? Der passiven, bloß laut geäußerten Wut?

Da sagen so viele: „Wir sind Opfer, der Einzelne KANN nichts tun. Wir sind ohnmächtig. Wir haben Angst um unseren Arbeitsplatz. Wer etwas tut, ist raus, das ist sicher, ganz bestimmt." Und dann, dazwischen: „Ja, stimmt schon, wir sind feige. Wir wissen schon, dass eigentlich wir Bürger Deutschlands sind. Aber was sollen wir tun? In einer Demokratie ist der Bürger nun einmal ohnmächtig, aber sie ist immerhin die beste Staatsform – wir können also nichts zum Besseren verändern."

Da sagen zu viele unserer Bosse: „Wir werden von Google, Amazon, dem Internet, von Samsung, und anderen überrannt. Wir bekommen Angst. Man müsste etwas tun. Wir sind aber ohnmächtig gegen solche Kolosse. Ja stimmt, das waren immer nur zehn Angestellte vor fünfzehn Jahren, ja stimmt, wir haben gelacht und danach gut geschlafen. Ja, stimmt, wir haben unsere Hausaufgaben nicht gemacht. Wir haben so viel versäumt! Kann man nun fordern, dass wir echt alles wieder aufholen? Ist das nicht zu viel verlangt? Was sollen wir tun?"

Mit dem Irrationalisieren aufhören, dann uns nüchtern im Spiegel anschauen. Und das Richtige anpacken. Hellhörig werden, wenn die da oben sagen: „Die Lage ist zwar schlimm, aber wir sind auf dem richtigen Weg." Sie suggerieren, dass wir nicht nur den richtigen Weg kennen, sondern ihn auch gehen. Gehen wir schon, oder stehen wir noch? Wer viel schimpft, steht im Mist. Auch, wenn der Mist in Deutschland ein höheres Niveau hat.

Kapitel 91
Sie führten immer Befehle aus, aber jetzt befiehlt keiner mehr (DD190, April 2013)

Das bekannte Peter-Prinzip besagt, dass alle tüchtigen Menschen immerfort befördert werden. Irgendwann sind sie so hoch befördert, dass sie für diese „Job-Höhe" nicht mehr tüchtig genug sind – ja, und dann ist ihre Karriere zu Ende. Deshalb, so die satirische Peter-Schlussfolgerung, werden wir von Unfähigen beherrscht… Warum wird man irgendwann „unfähig"?

Ich erinnere mich dunkel an eine Formulierung über die Unfähigkeiten nach dem Tsunami-Reaktorunglück in Japan: „Sie sind es nur gewohnt, Befehle auszuführen, aber es befiehlt niemand mehr." Es war alles im Chaos versunken. In Sondersituationen gibt es keine Regeln und Zuständigkeiten, keine Strategien und keinen schnellen Rat. Jeder ist nun wie ein Segelschiffkapitän im Sturm. Plötzlich zählen Instinkt und Erfahrung, Fortune und Führungscharisma! Die so genannten „Veteranen" sind hier den Neulingen hochüberlegen.

Deshalb scheitern neu gewählte Politiker so oft. Sie waren lange in der Opposition und konnten nach der Regel reflexhafter Gegenrede vorgehen: Sie machten jeden Tag schlecht, was die Regierung wollte. Plötzlich aber sind sie selbst im Amt, da heißt es: „Tu etwas!" Ja, was?

Deshalb enden Traumkarrieren von Managern so abrupt. Als Gruppenleiter tun sie, was der Chef sagt. Sie werden Abteilungs-, Hauptabteilungs- und Bereichsleiter, sie tun, was der jeweilige Chef ihnen sagt. Dann – irgendwann – heißt es: „Nun tu etwas!" Ja, was? Weiter oben bekommt man keine Befehle mehr, man muss (sich) selbst welche geben – ganz eigene, die sich eben nicht mehr aus Befehlen von weiter oben ergeben. Jetzt ist man „allein", ich meine: alleinverantwortlich für sich und andere.

Na, werden Sie sagen, wer gelangt denn nach oben, wer kommt schon in diese Verlegenheit? Meine Antwort: Wahrscheinlich Sie! Mein Hauptargument: Die Führenden dieser Welt sind ganz davon abgekommen, Ihnen genau zu sagen, was Sie tun sollen. Sie befehlen immer weniger Handlungen oder Handgriffe. Sie regieren nicht mehr nach Anordnungen und Anweisungen. Nein, sie VERLANGEN einfach ein bestimmtes NIVEAU von Resultaten! Sie müssen (alles in Zahlen diktiert) so und so viel verkaufen, erforschen, vermitteln, einsparen, entlassen, einsammeln oder ernten. Wie Sie das machen? Darauf bekommen Sie die moderne Manager-Antwort: „It's up to you." Oder: „Dein Problem."

Unser Problem in dieser neuen Führungsauffassung ist es, selbst klarzukommen.

Die Lehrer verlangen, dass wir selbst gebildet werden wollen. Wir sind aber nur gewöhnt, das Abitur nach Befehl zu bestehen. Die Professoren erwarten, dass wir selbst

G. Dueck, *Cut & Paste-Management und 99 andere Neuronenstürme aus Daily Dueck*,
DOI 10.1007/978-3-662-43390-4_91, © Springer-Verlag Berlin Heidelberg 2014

Wissenschaftler oder Experten werden. Sie stellen genau wie die Lehrer die nötigen Mittel bereit, aber unsere Vollendung wird in unserer eigenen Verantwortung gesehen. Das geht in einer industrialisierten Bildungs- und Arbeitslandschaft kaum anders. Wer als Berater, Experte, Entwickler, Forscher, Manager oder gar Selbstständiger arbeitet, ist mehr und mehr sein eigener Boss.

Wo und wann aber lernen wir, unser eigener selbstverantwortlicher Boss zu sein? Die Lehrer wundern sich, dass wir uns nicht von selbst bilden wollen, die Professoren beklagen Mangel an brennendem Interesse, die Manager sind erschüttert von fehlender Eigenverantwortlichkeit und Eigeninitiative.

Und ich selbst sehe ein bisschen ratlos und schwach verzweifelt:

1. Nirgendwo lernt man, Boss zu sein, aber alle erwarten, dass wir es können.
2. Alle merken, dass wir das Selbst-Boss-Sein noch nicht lernten, also erwarten sie es (zunehmend ärgerlich) stärker und stärker.

Sie erwarten nur die schieren Resultate. Wenn wir die nicht bringen, erwarten sie dasselbe lauter und härter. Da ducken wir uns und bestehen immerhin die Mittlere Reife, das Abitur, die Bachelorprüfung, den Masterabschluss, die Verteidigung der Dissertation und so weiter, wie es eben geht. Im Beruf bringen wir unsere Umsätze, unsere Kundenzahlen oder Beraterstunden. Wir orientieren uns an den harten Vorgaben und Erwartungen, ALS SEIEN ES KEINE VORGABEN, SONDERN BEFEHLE. Wir bestehen und liefern Zahlen, das war befohlen – so DENKEN wir. Im Grunde aber sollen wir kreative Unternehmer sein, Verantwortliche, Kapitäne unseres Lebens.

In einer Gesellschaft der reinen Zielvorgaben müssen wir selbst als Kapitän das Ziel ansteuern! Wir werden nicht mehr darauf gedrillt, Handgriff auf Handgriff exakt zu erledigen – das ist nur noch in den schlecht bezahlten Berufen in der Nähe des Prekären so. Für reines Abarbeiten wird gerade so viel bezahlt, dass ein Überleben möglich ist…

Aber bis zum letzten Bildungsabschluss durchlaufen wir ein verschultes System des Abarbeitens. Unsere Persönlichkeit als Lebenskapitän kommt nur am Rande vor. Da tun alle, was ihnen die Klausuren und Vorgaben zu befehlen scheinen. Sie tun, als würden sie gehorchen. Und irgendwann im Leben ist dann das Befehl-Heraushören und Abarbeiten vorbei, da fordert uns das Leben auf: „Nun tu was!"

Fragen Sie bloß nicht: „Ja, was?" In diesem Augenblick müssen Ihre Augen hell aufleuchten, vor Vorfreude und einschießender Energie.

Kapitel 92
Immer noch kein bisschen „meta"? Aufruf zum Diskurs! (DD191, Mai 2013)

[Das ist das DD zu meiner zweiten Rede auf der re:publica, diesmal im Mai 2013. Ich habe in der Folge ein eBook über Kommunikation geschrieben, „Verständigung im Turm zu Babel", das gibt es nicht auf Papier – dafür kostet es auch viel weniger; erschienen im Dezember 2013.]

Sie schreien sich an, sie positionieren und verkaufen sich, sie diskutieren und zerfetzen die Argumente der Gegner, sie leiden im Grunde an wahrscheinlich schon unbewussten, internalisierten Glaubenssätzen. Was nicht stattfindet – kaum noch jemals – ist ein Diskurs, ein Miteinanderreden über die Glaubenssätze und Grundüberzeugungen der/des jeweils Anderen und der konstruktive Versuch, etwas Gemeinsames daraus für ein gemeinsames Leben zu finden.

Dieser Unterschied zwischen bloßer Diskussion von A gegen B und dem konstruktiven Diskurs, um etwas Ganzes zu errichten, wird kaum noch gesehen. Ja, wir sind damals in der gymnasialen Oberstufe gezwungen worden, die Erörterung von A gegen B mit einer Synthese zu beenden, aber unsere Aufsätze endeten doch meist einfach mit einer begründeten Entscheidung für A oder B. „Ich bin eigentlich für A, ich weiß aber, dass B erwartet wird, deshalb bin ich unter Berücksichtigung aller Prioritäten für B." Diese fatale Haltung, das freie Denken dann doch sehr irdischen Prioritäten unterzuordnen, hat sich in uns in der Regel stark verfestigt. „Ich bin für die Frauenquote, aber die Fraktionsdisziplin verlangt, dass ich anders darüber denke. Na, ich denke immer noch, dass ich eine Frauenquote will, aber ich muss fast durchweg anders handeln, als ich es von mir aus wollte. Mein eigenes Denken beginnt zu stören. Mein Denken ist noch nicht ganz weg, es agiert noch heimlich wie ein Gewissen, es ist aber ab 0,3 Promille weg – in Anwesenheit von Chefs oder Kanzlerinnen auch. Das Teamen ist wichtiger als die Überzeugung."

Können wir nicht einmal wirklich miteinander reden? Kommunikationswissenschaftler träumen von einer allgemein geübten Metakommunikation, bei der man nicht aus den eigenen Denksilos heraus argumentiert, sondern sich einmal über die jeweiligen Grundüberzeugungen klar wird. Das üben wir nämlich nicht, ÜBER unsere Kommunikation zu reden, über unsere gegenseitigen Verhältnisse und Eingebundenheiten. Ich habe die Gelegenheit gehabt, bei der re:publica 2013 darüber zu „predigen" (beim größten Bloggerfamilientreffen Europas, das jedes Jahr in Berlin stattfindet). Ich habe zu dem Thema hier unter dem Titel „Aufruf zum metakulturellen Diskurs" geredet. Dazu musste ich einige Redezeit verwenden, um erst einmal ein paar Beispiele für spezielle Denk(be)reiche in unserem Leben zu geben, in denen viele von uns leben und mit ihren Gedanken darin

G. Dueck, *Cut & Paste-Management und 99 andere Neuronenstürme aus Daily Dueck,*
DOI 10.1007/978-3-662-43390-4_92, © Springer-Verlag Berlin Heidelberg 2014

wohnen. Hey, Leute, es gibt mehr als euren eigenen Denkbezirk! Die anderen wohnen in anderen! Können wir nicht einmal mit „Kulturempathie" beginnen?

Ich fürchte, Sie müssen sich jetzt das Video dazu anschauen, das ist jetzt besser, oder? http://www.youtube.com/watch?v=uPU1y9V3jL4

Tja, und in der Rede ist mir gleich ein Unglück passiert. Das kommt vor! Bedauerlich! Aber immerhin, diese Pleite ist ein gutes Lehrstück für das Thema hier geworden. Das kam so: Ich habe am Morgen vor der Rede noch die Folien überarbeitet und um aktuelle Beispiele bereichert (Uli Hoeneß Steuerbetrug aus der Sachdenkweltbrille: „Ins Gefängnis!", aus der Gefühlswelt: „Barmherzigkeit!"). Da habe ich wegen der augenblicklich tobenden Wirren um die neuen Telekomtarife auch das Wort „Telekomempathie" genannt, also das interessierte Aufnehmen der Telekom-Argumente durch die Gegenseite, die ja in Berlin in großer Masse vertreten war.

Viele Anwesende mutmaßten sofort, es würde sofort einen Shitstorm gegen mich geben. Na, ein bisschen davon bekam ich ab.

Es ist so: Ich habe mich hingestellt und über Meta-Standpunkte, Meta-Diskussionen und Kulturempathie geredet. Ich gab ein paar Beispiele, wo es einfach nur um Krieg von A gegen B gibt und wo einfach absolut keine Empathie herrscht. Was passiert? Und zwar auf der Stelle? Weil auf der re:publica nur Gegner der Telekom sind, gehen sie nicht darauf ein, einmal friedlich meta-denken zu wollen, sondern sie sehen in mir augenblicklich einen Vasallen oder Büttel der anderen Seite. Da überschütten sie mich mit Argumenten, warum die Telekom die Freiheit des Internets und die Menschenrechte bekämpft – sie erklären mir, dass die Weltgrundordnung in Gefahr ist, nicht mehr und nicht weniger.

Dann, ausgeredet, triumphierend zurückgelehnt: „Was kannst Du nun noch zur Verteidigung der Telekom sagen?" Ich will doch dazu nichts sagen, ich will nur zum Diskurs auffordern, wo einer notwendig wäre. Ich habe nur gesagt, dass ich genau gegen diese Grundsätzlichkeit der kriegerischen Argumentation bin. Das hilft mir nun leider nicht mehr: jetzt fragen mich alle, was ich denn an der Telekom gut finde – auch alle Journalisten, die eigentlich nur Empörungspotential suchen und bestimmt kein Meta…

Und irgendwann stehe ich dann allein da, eine weiße Flagge schwenkend, aber als Gesandter des Bösen stigmatisiert …

Na, so schlimm ist es nicht geworden, aber das Unaufgeregte hat einen schweren Stand – das will ich sagen. Warum? Stellen Sie sich vor, einer der Gegner oder Eheleute möchte metakommunizieren, aber der andere nicht (wobei der andere vielleicht gar nicht weiß, was Metakommunikation oder wenigstens Empathie ist). Dann versucht sich der eine Mensch am Ausgleichenden, der andere aber spürt in ihm sofort den Gegner. Wer finster für A ist, ist finster auch gegen alle, die nur ein bisschen für B sind! Und es erhebt sich die Frage: Wie also kann man EINSEITIG mit der Metakommunikation oder mit einem Diskurs beginnen?

Ich weiß keine gute Lösung. Ich bin darüber betroffen. Ist nicht alles um uns herum bestürzend un-meta? Beharken wir uns nicht unaufhörlich aus verschiedenen Denkwelten heraus? Oben, unten, Frau, Mann, Gewinn jetzt, Nachhaltigkeit, schwarzweiß. Nach jeder kriegerischen Diskussion von Schwarz gegen Weiß weiß der Schwarze besser, warum er schwarzsehen muss, weil er wieder neue Argumentationsnuancen beim Krieg gefunden hat, der Weiße ebenso. Die Teufelsspiralen des „Un-Meta" sperren unser Denken immer mehr ein.

Raus! Raus! möchte ich rufen wie Bayern-Torwart-Titan Kahn.

Kapitel 93
Mensch kommt von innen! (DD192, Mai 2013)

Wettbewerb ist das Zauberwort der neueren Zeit. Alles muss dem „harten" Wettbewerb
„ausgesetzt" werden, der natürlichen Darwin-Auslese – dadurch wird überhaupt alles „da
draußen" besser. Statt im eigenen Saft zu schmoren, soll man im freien Spiel der Markt-
kräfte kämpfen und tüchtig werden. Durchsetzung im Verdrängungswettbewerb ist die
Methode der Wahl. Irgendwie stimmt das alles ja auch, aber ich werfe ein: Hallo? Es gibt
doch auch Wetteifer?

Den Begriff des Wettbewerbs kennen Sie wahrscheinlich ganz gut – er wird Ihnen ja
täglich um die Ohren gehauen. Wir werden immerfort bewusst psychologisch invasiv verglichen und gemessen. Sind wir besser oder schlechter als andere? Es soll uns aufregen
und Stress machen. Liegen wir gar unter dem Durchschnitt und müssen gegen den Abstieg
kämpfen? Wie im Fußball muss uns das System der „Incentives" so sehr unter Druck setzen, dass es jede Minute in unserem Arbeitsleben „um etwas geht" – nichts darf so sein
wie ein Bundesligaspiel am letzten Spieltag, an dem der Tabellenzehnte und der Elfte
gegeneinander „um nichts mehr spielen". Wir sollen immerfort brennen müssen – bis wir
ausgebrannt sind. Wettbewerb ist wie *Leistungszwang!*

Was meine ich mit Wetteifer? Ich verbinde damit innere *Leistungsfreude.* Verwirkli-
chungseifer, oder Selbstwirksamkeitseifer. Im Duden wird unter Wetteifer das Bestreben
verstanden, andere zu übertreffen. Kann ja auch sein, aber es geht hauptsächlich darum,
sich selbst zu übertreffen, denke ich, und dafür Eifer zu zeigen. 10.000 h soll man gerne
üben wollen, um freudig Meister zu werden! In der Wikipedia gibt es keinen Haupteintrag
für „Wetteifer", ich habe „wetteifer wiki" gegoogelt und fand sofort den entsprechenden
Eintrag im Yoga-Wiki, speziell die Worte von Swami Sivananda zu „Wetteifer":
http://wiki.yoga-vidya.de/Wetteifer
Genauso meine ich das! Ich möchte in dem Begriff Wetteifer das Bestreben sehen, sich
selbst zu erhöhen, selbst herausragen zu wollen, großen Ideenentwürfen und Vorbildern zu
folgen, das Beste zu tun, was von mir getan werden kann. „Der Mensch erhöhe sich selbst
zu Lobenswertem." Es geht dabei nicht um Konkurrenzkampf und Rivalität, nicht um Ver-
gleichsneid, triumphalen Narzissmus oder destruktive Loser-Verhöhnung.

Wetteifer speist sich aus innerer Herzblutenergie, Wettbewerb aber vom Druck aus
allen Richtungen – da schielen wir auf andere, fühlen den Schmerz des Getretenen und
fürchten das Ausgestoßenwerden. Viele zitieren meinen Spruch „Innovation ist wie Wollen, Wandel wie Müssen" im Internet – der ist auch hier analog richtig: „Wetteifer ist wie
freudiges Wollen, Wettkampf wie getriebenes Müssen." Besonders in großen Firmen hö-

G. Dueck, *Cut & Paste-Management und 99 andere Neuronenstürme aus Daily Dueck,*
DOI 10.1007/978-3-662-43390-4_93, © Springer-Verlag Berlin Heidelberg 2014

ren wir oft: „Wir sind Getriebene der Geschäftsprozesse, wir arbeiten Event getrieben, um zu bestimmten Zeitpunkten die geforderten Zahlen präsentieren zu können. Es herrscht Zahlenunterschreitungsangst."

Wir lesen Bücher über Burnout (nach Leistungszwang) und Boreout (Leiden unter der grundsätzlichen Unmöglichkeit, etwas Wirkliches zu leisten). Wir zanken um den stressenden Zwang zur ständigen Erreichbarkeit, wir fluchen über die Beschleunigung der Welt im Arbeitsleben. Wir sind zerfressen von Vergleichssucht, von Rankings und eigenen erlebten Erniedrigungen. Wir schauen uns Demütigungen in den Castingshows an, die viel schlimmer sind als die selbst erfahrenen. Wir weiden uns am noch stärkeren Leiden anderer – so lange sind wir nicht der schlimmste Loser, wenn es noch unfassbar Unfähige gibt.

Warum tun wir das?

Menschen zu lehren, sich aus sich heraus zu Lobenswertem zu erhöhen, ist schwer, braucht Liebe und Nachsicht, braucht Geduld, die Begabungen und damit die energetischen Goldadern in den uns anvertrauten Menschen finden und erschließen zu helfen.

Draufhauen, mit Drohgebärde das Lehrernotenbuch zu zücken oder mild sadistisch Arbeitsplatzverschiebungen anzudeuten können viel mehr Menschen, es ist leichter! Und wir stehen vor dem fast unlösbaren Problem, dass es viel weniger Menschen mit Gefühl für intrinsischen Wetteifer gibt als wir Führungspositionen zu besetzen haben. Die Managementtalente unserer Zeit studieren von Menschen ganz abstrahierende BWL, also dann doch fast nur das Antreiben und Zahlendiktat. Das Management als Ganzes hat uns fast alle dadurch vergiftet, indem es damit Erfolg hatte, dass wir die Kampfvorstellung des Wettbewerbs im Markt internalisiert haben.

Nun bauen wir die Universitäten zu Credit-Point-Erringungsarenen um, die Schulen werden zum Kampfplatz um die Zehntel hinter der Eins, Komma. Es geht, so sagt man heute, um die besten Startplätze wie bei der Formel Eins. Wer in hinteren Startreihen losfahren muss, hat kaum noch Chancen.

Unsere Welt wird von überwiegend sehr durchschnittlichen Führungskräften über Leistungszwang organisiert, auch wenn jeder weiß, dass die großen Meister immer Leistungsfreude ausstrahlen. Lehrer hoffen inständig, ein paar leistungsfreudige Schüler zu haben. Professoren beten, dass wenigstens einige Studenten sich leidenschaftlich interessieren. „Der Wetteifer folgt der Sehnsucht wie ein Schatten." [umformuliert von mir aus dem zitieren Yoga-Wiki] Aber die Gesamtorganisation oder die Massenlogistik der leistungszwingenden Durchschnittlichkeit arbeitet vor allem über Druck und nochmals Druck. Keine Sehnsucht.

Management lässt das Hinterteil glühen, nicht das Herz.

Saint-Exupéry: „Der Mensch sieht nur mit dem Herzen gut." Fein, aber:

Leistungssystem: „Der Mensch…"

Das ist die Ursache, die unsere Welt aushöhlt. „Schneller, billiger, mehr!" Daher haben wir die große Beschleunigung, den Kampf, die oft würdelose Arbeit und die Erniedrigung. Daher haben wir Bologna und G8, Impact Points und Rankings. Das Management ist dabei, uns um den Menschen an sich zu bringen.

Wie konnte das so kommen? Wir konnten Manager das schaffen? Wie konnte man uns von der inneren Leistungsfreude zu Leistungszwang, also auf die dunkle Außenseite des Menschen bringen?

Ich persönlich glaube ja, dass es die im Amerikanischen beherrschende Idee des Behaviorismus war, die uns zu zerstören begann. Diese von Watson begründete psychologische

Anschauung des Menschen behauptet, Menschen mit geeigneten Incentive-Methoden nach Belieben zu beliebigen Talenten (!) und Verhaltensweisen führen zu können. Mit Stimulus-Response-Modellen könne jedes Baby zu jedem vorgegebenen Menschen (!) erzogen werden. Alles ist Methode von außen. Der Erfolg ist sicher. Die Methoden dürfen nicht durch Liebe, Mütter, Vertrauen und dergleichen „Innerliches" gestört und in ihrer Wirksamkeit verfälscht werden… Watson selbst schreibt (zitiert in der Wikipedia):

> Give me a dozen healthy infants, well-formed, and my own specified world to bring them up in and I'll guarantee to take any one at random and train him to become any type of specialist I might select – doctor, lawyer, artist, merchant-chief and, yes, even beggar-man and thief, regardless of his talents, penchants, tendencies, abilities, vocations, and race of his ancestors. I am going beyond my facts and I admit it, but so have the advocates of the contrary and they have been doing it for many thousands of years.

Das Zitat habe ich jetzt in Englisch gelassen, es ist ja ein Dokument der Psychologie-Geschichte. Wenn Sie noch mehr Frösteln brauchen (und auch sonst), bitte ich Sie den halbseitigen Wikipedia-Eintrag zu Watson zu lesen:

http://de.wikipedia.org/wiki/John_B._Watson

Wussten Sie das alles? Sie selbst sind wahrschein kein Behaviorist, aber sie merken doch, wie Worte wie Anreize, Anreizsysteme, Incentives, Verkaufsquoten etc. durch unser Leben wirbeln. Wenn Manager oder Politiker etwas wollen, „setzen sie Anreize" oder entwerfen „Belohnungsschemata". Sie definieren ein Ziel und organisieren das Leistungs-messern und anhand der Messzahlen die Anreize und Incentives sowie die Kontrollen und Strafen. Dieses Vorgehen (Ziel, Messen, Anreize, Kontrolle) heißt heute „Etablieren eines Managementsystems" oder oben im Zitat „my own specified world". Das Management und die Politik glauben, uns damit zu allem zwingen oder manipulieren zu können, was immer sie wollen. Bingo! Das hat Watson bei Babys behauptet, und da wurde es (noch) voll Abscheu von uns Menschen zurückgewiesen.

Aber in Politik und Management ist diese Denkweise und Methodik des Behaviorismus inzwischen „method of choice." Und über Bologna, Gymnasium-G8 und Vokabeltests im Kindergarten kommt es jetzt überall so? Die Regeln des Marktes und der Anreizsysteme bilden die Leistungszwangshamsterräder.

Rette uns, wer kann.

Hören Sie:

Mensch kommt von innen.

Kapitel 94
Der Höherwertigkeitskomplex und Postzenitis (DD193, Juni 2013)

Alfred Adler, der Urvater der Individualpsychologie, hat uns den Begriff Minderwertigkeitskomplex als Fachwort geschenkt. Menschen empfinden bei Unvollkommenheiten und Fehlern dieses nagende Gefühl, nichts wert zu sein: nicht schön, nicht klug, nicht witzig, nicht befördert. Alleweil zucken sie bei einem neuen Anzeichen von eigenem Minderwert und werden dann in verschiedensten Formen zum sozialen Ekel. Insbesondere hassen sie die Höherwertigen und kritteln lustvoll an ihnen herum. Kein Zureden hilft: „Nobody is perfect!", wird ihnen oft erfolglos zur Beruhigung eingetrichtert.

Das Wort Höherwertigkeitskomplex gibt es gar nicht wirklich. Es kam in jüngster Zeit als italienische Übersetzung ins Deutsche, weil Silvio Berlusconi sich selbst einen Höherwertigkeitskomplex attestierte. Er wird zitiert: „Wenn ich mich umblicke, sehe ich keine bessere Regierung als meine eigene. Ich habe einen Höherwertigkeitskomplex, den ich nur schwer im Zaum halten kann."

Es gibt unvollkommene Menschen und auch ziemlich vollkommene. Sie können im Prinzip ihre Schwächen und Stärken einschätzen lernen und damit vernünftig leben. Oft aber leiden sie eben darunter. Es ist klar, dass man unter Minderwertigkeit leiden kann – fast jeder hat diese schreckliche Krankheit zum Seelentode schon mitgemacht.

Ganz genauso stelle ich mir aber auch ein Leiden an einem Höherwertigkeitskomplex vor. Sehen wir das nicht an den mindestens zeitweise als vollkommen wahrgenommenen Stars? Die werden als „perfekt" verehrt, umjubelt und gefeiert. Insbesondere werden Menschen als perfekt angesehen, die sich ständig verbessern (!). Wenn sie nicht mehr besser werden oder sogar abfallen, beginnen wir, an ihnen herumzukritteln. „Er hat seine beste Zeit gesehen." – „Der Lack ist ab." – „Jede Madonna wird alt." – „Ist gut, immer noch, aber out." Das tut weh!

Schauen Sie um sich herum: Die Unternehmen erklären sich wie die Stars für perfekt. Eltern sind Sonne und Sterne der Kinder. Kleine blicken zu Großen auf, zu Kindergärtnern und Lehrerinnen. Neueingestellte nehmen sich in vollem Saft stehende Koryphäen zum Vorbild, Studenten staunen ihre Professoren an. In allen diesen Lebenslagen kommen leicht Momente im Leben, an denen der Lack abblättert. Kinder werden (z. B. 1965 als Pop-Fans und heute als Digital Native) groß und sehen die Eltern und Lehrer mit anderen Augen. Unternehmen, die einst Marktführer waren, werden von technischen Revolutionen und neuen Marktmoden düpiert. Manager werden irgendwann einmal nicht mehr befördert – also nicht mehr vollkommen! Spitzensportler erringen keine neuen Rekorde mehr … Ja, und wir alle werden ganz einfach wirklich alt – auch Madonna, und wir erleben den Abschwung.

G. Dueck, *Cut & Paste-Management und 99 andere Neuronenstürme aus Daily Dueck,*
DOI 10.1007/978-3-662-43390-4_94, © Springer-Verlag Berlin Heidelberg 2014

Wer damit nicht umgehen kann, leidet daran. Das ist der Höherwertigkeitskomplex. Der einst Vollkommene wird krank, weil er „es" nicht wahrhaben will. Jede realistische Einschätzung von außen wirkt auf ihn wie ätzende Kritik. Der nun Kranke zuckt nun bei jeder Äußerung, die seine Vollkommenheit in Frage stellt. Er wehrt sich, verliert alle Kritikfähigkeit und nutzt alle Restmacht der Vollkommenheitszeit aus, sich rächend zu behaupten.

Eltern stellen sich den Heranwachsenden nicht mehr und attestieren ihnen lieber „Pubertät". Einst führende Unternehmen höhnen über das Neue. Verlage lachen über unhaptische Elektronik, Banken über die fehlende Beratung im Internet, alt gewordene Unternehmer über die neuen Gedanken der neuen Generation – sie trauen den Töchtern und Söhnen nicht über den Weg, wenn die etwas ändern wollen. Professoren hadern mit den jungen Forschern, die sich in absurde Modefächer verlieben. Apple schießt in den Himmel und ein paar Monate später kommt Samsung – und man merkt, dass Apple beginnende Anzeichen eines Höherwertigkeitskomplexes zeigt – den Sony oder Microsoft schon vor geraumer Zeit an den Tag legten…

Schauen Sie sich um – noch einmal: Wir sind vom Höherwertigkeitskomplex geradezu überschwemmt! Merkt das keiner? Warum erst Berlusconi – ganz unbewusst? Leiden denn nicht alle Erwachsenen, Alten, Eltern, Manager, Höheren, Marktführer, Ambestenwisser, Schönen, Stars, Sportler irgendwann daran? Früher wurde das mit dem Wort „Vergänglichkeit allen Seins" bezeichnet – ich muss dabei immer an Andreas Gryphius denken, dessen Namen mein damaliges Gymnasium neben das Wort Vergänglichkeit gepflanzt hat. Vertragen Sie vier Zeilen aus „Alles ist eitel"?

Was itzund prächtig blüht, soll bald zertreten werden.
Was itzt so pocht und trotzt ist morgen Asch und Bein
Nichts ist, das ewig sei, kein Erz, kein Marmorstein.
Itzt lacht das Glück uns an, bald donnern die Beschwerden.

Damals klagten die Dichter und litten so tränenreich. Sie hatten die Vergänglichkeit erkannt! Aber die „Eitlen" litten unberührt unter dem Höherwertigkeitskomplex, vor dem die Dichter sie bewahren wollten und Demut vor dem Ewigen predigten.

Heute redet niemand von Vergänglichkeit mehr, wir betreiben Lebensverlängerung. Wir überqueren trotzdem unseren Zenit und werden davon krank. Wir versuchen, uns an die einstige Vollkommenheit zu klammern, wir schminken uns, verlachen das Kommende, bekämpfen es bald und beißen für lange Zeit schon vor dem Tode grimm ins Gras.

Warum gibt es den Höherwertigkeitskomplex noch nicht als heilbare Krankheit? Postzenitis? Brauchen wir nicht eine Behandlung für den Moment, an dem hoher Mut in Hochmut umschlägt?

Höherwertige aller Farbschattierungen: Es gibt Frühling, Sommer, Herbst und Winter. Und Ewiges gibt es auch – außerhalb des eingebildet Vollkommenen.

Kapitel 95
„Das Ideale seh' ich wohl, allein wie komm' ich aus dem Mist heraus?" (DD194, Juni 2013)

Katharina Saalfrank, unsere Bundes-Super-Nanny, hat in Heidelberg ihr neues Buch über Erziehung vorgestellt, wie die Rhein-Neckar-Zeitung am 21. Juni 2013 berichtet. Köstlich! Das Buch beschreibt, wie eine ideale Erziehung aussehen könnte – natürlich anhand wundervoller Beispiele von Eltern-Kind-Beziehungen. Solche kamen aber in ihren TV-Sendungen niemals vor – nicht einmal annähernd. Und vor ihr sitzt ein Publikum, das konkrete Ratschläge gegen schreckliche Kinder erwartet.

Auf der einen Seite das Ideal – aber auf der anderen eine Welt in Trümmern, die kraftlos nach einem Rettungsanker sucht, und zwar am besten nach einem, der ohne großen Aufwand die gröbsten Probleme verschwinden lässt. Sebastian Riemer kommentiert: „Am Ende ist es schlicht ein Plädoyer für den gesunden Menschenverstand, für Verantwortung, Liebe, Authentizität und Respekt…" Und er fragt sich: „Viele Worte, wenig Erkenntnis?" und „Warum man es [das Buch] nach eineinhalb Stunden Metaebene noch lesen sollte, bleibt offen."

Da versuchen Eltern erfolglos zu beherrschen, verlieren die Kontrolle und sind überfordert. Kinder versuchen gegenzuhalten und entwickeln Tyrannenqualitäten. Das ist die Lage. Und Katharina Saalfrank fordert nun eine echte Eltern-Kind-Beziehung, die absolut nicht Interessenterror bedeutet – von keiner Seite.

Ach, ich kann mir so richtig vorstellen, welches Gesicht unterlegen-geschundene Eltern dazu ziehen, die bestimmt gekommen sind, viele neue Techniken der „Stille-Treppe-Pädagogik" zu erlernen und so der Erziehung endlich Herr zu werden.

Die Probleme entstanden, weil sie Erziehung als Machtausübung und Kontrolle verstanden hatten und damit keine Beziehung schaffen konnten. Das vorgetragene Ideal der Beziehung aber halten sie bloß für gesunden Menschenverstand und tun den als solchen ab. Und sie fragen hartnäckig, wie sie denn die Kontrolle wiedererlangen könnten, damit sie DANN und DAMIT eine gute Beziehung herbefehlen könnten. Da seufzt der Idealist und weiß, dass es zumindest heute keine wirkliche Brücke gibt. Die Grundannahmen der Erfolglosen über das Wurzelübel (z. B. „das Kind ist eklig") sind falsch. Die Wurzel liegt sehr oft in ihnen selbst.

Ach, ich erlebe so etwas häufig. Ich beschreibe in meinen Keynotes, wie es gehen kann. Und dann bestätigen mir Zuhörer zwar eine „scharfe Analyse" und „ja, es ist so", bemängeln aber, dass ich bei den konkreten Vorschlägen quasi kneife und sehr vage bleibe, sodass sie von meinem Vortrag sehr wenig profitieren könnten. Lehrer: „Die Schüler haben aber kein Interesse! Was tun Sie dann?" – Manager: „Wir haben aber kein Geld für

Innovationen. Wie sollen wir vorgehen?" – Oder: „Die Arbeit hier ist naturgemäß stumpfsinnig, wie sollen wir denn die Mitarbeiter begeistern?" Oder: „Die Wähler wollen nun einmal Versprechungen. Wie können wir da regieren?" Oder: „Die Terroristen hassen eben unser Land. Sie respektieren uns nicht. Da müssen wir uns alle bewaffnen." Oder: „Unsere Kinder hassen uns. Dagegen müssen wir hart vorgehen. Eltern haben Anspruch auf Respekt." Oder generell: „So ist die Realität vor uns nicht."

Die Super-Nanny versuchte, Todesspiralen in solchen Beziehungen zu unterbrechen, denen die Abwärtskatastrophe gar nicht bewusst war. Die, die im Mist stecken, laufen in einem Hamsterrad und versuchen, schneller zu laufen, damit sie hinauskommen. Stehen bleiben und sich ruhig umschauen? Nie.

Die, die im Mist stecken, sehen das Ideal durchaus klar. Sie rennen aber in eine falsche Richtung, um es möglichst schnell zu erreichen. Da entfernt sich das Ideal in der Todesspirale, und sie rufen von weitem: „Was sollen wir tun?" Und darauf antwortet jedes Ideal, wirklich jedes: „Kehre um." Die, die die schreckliche Realität vor sich sehen, haben sie nämlich irgendwann hinter sich gelassen.

Kapitel 96
World Project „ClickSpy": Hilf den USA beim Spähen! (DD195, Juli 2103)

[Satire! Die NSA der USA spioniert uns ja aus – so sehr, dass Geheimhaltung einfach ignoriert werden kann. Gott sieht schon längere Zeit alles. Daran haben wir uns auch gewöhnt, obwohl es alles beim Jüngsten Gericht hochgekocht werden wird.]

„Hilf mit! Lass' die USA nicht allein! Jeder kann helfen, E-Mails zu klassifizieren!" – so spricht demnächst eine große Werbekampagne die Weltbevölkerung an. Das Project ClickSpy soll nach dem erfolgreichen ClickWorkers-Projekt der NASA modelliert werden. Schon seit Jahren helfen da viele Freiwillige in Heimarbeit, für die NASA Marskrater zu katalogisieren und Asteroiden zu finden. Jeder dieser „Volunteers" wertet seinen kleinen Teil der ungeheuren Bildmenge aus, die von den Satelliten her einströmt.

Seit diesem ersten „Crowd-Project" sind viele andere nach seinem Vorbild entstanden und haben sich bewährt. Jeder kann seine Arbeitskraft spenden! Es kann doch nicht sein, dass hoch bezahlte Wissenschaftler vor Satelliten-Aufnahmen sitzen und sie auswerten, das kann jeder Unterbezahlte auch, am besten ehrenamtlich. Das haben Unternehmen spitzbekommen und lassen sich jetzt von ihren Kunden neue Produkte erfinden. Das ist viel billiger als es die Unternehmensingenieure könnten, außerdem ist die Gefahr nicht so groß, wieder mal nach der typischen Art der Akademiker am Markt vorbei zu erfinden.

Hier setzt das geplante ClickSpy Project an. Die amerikanische NSA erntet zurzeit mehr Daten als die NASA und steht deshalb noch stärker vor dem gigantischen Problem, die gesammelten Daten auszuwerten. Dabei sollen jetzt große Massen von Freiwilligen helfen. Wenn man es optimistisch sieht – dazu besteht nach den bisher ausspionierten Daten aller Grund – sind über 90 % der Weltbevölkerung amerikafreundlich und auch strafrechtlich unbelastet. Sie verfügen über Sprachkenntnisse in allen Weltsprachen und können sich in die Diktion fremdartiger E-Mails einfühlen. Aus dieser immensen Masse der potentiellen Freiwilligenarmee soll nun eine exklusive, feine, aber doch sehr große Spy Army rekrutiert werden.

Eingeweihte formulierten es so: „Wir müssen sorgfältig prüfen, ob die Bewerber für die Proud Crowd, äh, sorry, das ist ein interner Name, vergessen sie ihn bitte…äh, ja. Wir müssen darauf achten, wie einfühlsam und empathisch die Bewerber sind, und ob sie den Belastungen gewachsen sind, sensible Mails zu verkraften. Die meisten Mails sind ja Spam, sexistisch, verführend, politisch extrem – oder sie enthalten radikale Ideen, die vom Konsum ablenken. Wir können auf der anderen Seite nicht erwarten, dass uns viele freiwillige Führungskräfte oder höhere Beamte helfen können. Das wäre ideal, aber die sind schon oft damit überlastet, die E-Mails aus ihrem eigenen Umfeld auszuwerten. Wir

G. Dueck, *Cut & Paste-Management und 99 andere Neuronenstürme aus Daily Dueck,*
DOI 10.1007/978-3-662-43390-4_96, © Springer-Verlag Berlin Heidelberg 2014

werden das Projekt ClickSpy nicht sofort in voller Größe hochfahren, sondern erst einmal mit ein paar Millionen Amerikanern starten. Danach werden wir ältere Deutsche dazu nehmen, die alte Hinter-Mauer-Erfahrungen einbringen können. Für die ist das alles kein Internet-Neuland."

Weiter hieß es: „Die meisten Mails werden statistisch gesehen niemals gelesen und sofort gelöscht. Das ist nicht hinnehmbar. ClickSpy setzt sich zum Ziel, erstmals alle Mails auszuwerten. Wir können die Besitzer der Mails dann auch belehren, dass sie Wichtiges versäumt haben. Erfahrene Freiwillige der Proud Cloud können dadurch Ehen retten, überall außerhalb der USA die Demokratie einführen helfen und auf mehr Response bei Werbung dringen. Das Projekt finanziert sich über diesen Service von selbst, die Freiwilligen erhalten Proud Crowd Ehrungen, dazu werden wir ein Internet-Punkteportal „Prout" etablieren, das die Errungenschaften hervorstechender Individuen würdigt."

Auch der Nutzen des Projektes scheint klar: „Alle Mail werden endlich gelesen. Es muss ein furchtbares Gefühl für Menschen sein, wenn ihre Mails nur von Computern der NSA erfasst werden und ungewürdigt sinnlos Festplatten füllen. Die Mitarbeiter der Proud Crowd lernen das Denken vieler Menschen kennen. Sie können es behutsam eingreifend korrigieren, so wie sie es von den Bundesbehörden in Härtetrainings lernen. Wenn viele Menschen sich kulturübergreifend kennen lernen, besteht die Chance, dass sie sich im Mailschreiben und Klicken so vermischen, dass sie auf einen gemeinsamen Punkt hin konvergieren und alle denselben Typ annehmen, den Corporate Collaborative Cooperative Consumer Citizen (FiveC), der die Grundlage der Weltdemokratie bildet. Ich kann nur jedem empfehlen, sich einzubringen und darin persönlich weiterzuentwickeln."

Ein Menge Arbeit und viel Raum zur Menschwerdung – da merkt man den Offiziellen das Entzücken an. Was aber hat das mit Terroristen zu tun? Wir fragten nach.

„Wir werden diejenigen sorgfältig beobachten, die nicht mitmachen oder Ad-Blocker installiert haben."

Kapitel 97
Aus kontrolliert humaner Produktion
(DD196, August 2013)

Alles soll doch heute Bio sein, und wir behandeln unsere Haustiere oft besser als Kinder! Es sind unsere lieben Pflanzen, die unter natürlichen Bedingungen wachsen sollen! Es sind unsere Tiere, die ganz gewiss eine Seele wie wir selbst haben und daher human geschlachtet werden müssen! Schaut doch in ihre Augen! Ja, und da frage ich: Wo bleibt der Mensch? Der ist für sich selbst verantwortlich. Der hat das verfassungsgemäße Recht, nach seinem eigenen Glück zu streben. Es wird unterstellt, dass er das natürlich auch tut – und unsere Gesellschaft ist so fabelhaft, dass es auch jeder zu seinem Glück bringen kann, wenn er es nur wirklich versucht.

Mir fallen dazu zwei Begebenheiten in meinem Leben ein. Mein Vater wurde vor Jahren von einem Tag auf den anderen zu einem absoluten Schwerstpflegefall und starb einige Tage später. Ich suchte sofort aufgewühlt und hektisch nach einem Platz in einem Pflegeheim, sprach in einigen Häusern vor. Eine Leiterin, mit akademischem Grad in Management, versicherte mir, dass die Kosten in ihrem Hause wegen der hohen Zahl ausländischer Pflegekräfte sehr niedrig seien. Ich zuckte: „Die arbeiten also fast umsonst?" – „Das auch, aber das ist nicht der eigentliche Punkt. Sie verstehen kein Deutsch und können nicht so viel Zeit damit verbringen, sich mit den Alten zu unterhalten."

Die andere: Bei meinen ersten Taxifahrten in der Schweiz staunte ich mit großen Augen über die Höhe der Kosten. Sind Schweizer Taxis Einrichtungen von Raubrittern? Ich bat den Fahrer ungläubig um eine Erklärung für den hohen Betrag. Er aber sprach: „In jeder Gesellschaft gibt es Arbeiten, die erledigt werden müssen, auch das Müllentsorgen und Schweineschlachten, in Deutschland das Spargelstechen oder das Frisieren. Diese Arbeiten wollen wir von Menschen erledigt sehen. Wir in der Schweiz haben uns entschlossen, allen Menschen, die eine für die Gesellschaft notwendige Arbeit erledigen müssen, menschenwürdig zu bezahlen, so dass sie in Ehren davon leben können. Taxifahrten gehören zu solchen Notwendigkeiten."

Ich weiß ja nicht, ob das so genau stimmt, aber ich war selten so beeindruckt – es klang nach Weisheit, wie man sie nicht oft antrifft.

Ja, wir müssen uns entschließen, notwendige Arbeit menschenwürdig zu bezahlen und dazu noch die Arbeitsbedingungen menschenwürdig zu gestalten.

Wenn jemand in Deutschland unter einem Job mit 5 € pro Stunde stöhnt, dann sagen wir ihm, er solle sich weiterbilden und einen neuen Beruf erlernen, der für ihn auskömmlich sein könnte. „Der Tüchtige schmiedet sein Glück." Wir sehen immer auf den Einzelnen hinab, der sich wohl nicht genug selbst um sein Glück kümmert und deshalb zu

G. Dueck, *Cut & Paste-Management und 99 andere Neuronenstürme aus Daily Dueck,*
DOI 10.1007/978-3-662-43390-4_97, © Springer-Verlag Berlin Heidelberg 2014

Recht unten in der Gesellschaft bleiben muss. Wir sehen aber nicht, dass Spargelstechen, Müllfahren oder Bücherversenden notwendige Arbeiten sind, die wir in der Gesellschaft brauchen. Wir sagen daher zwar jedem Einzelnen, dass er chancengleich bestimmt sogar Doktor werden könnte, wir akzeptieren gleichzeitig aber, dass vielleicht zwanzig Prozent der Jobs in Deutschland eben nicht auskömmlich sind und/oder schlechteste Arbeitsbedingungen bieten. Wir übersehen folglich, dass zwar jeder Einzelne zum Glück streben kann, dass aber zwanzig Prozent ständig unglücklich sein MÜSSEN. Tendenz steigend! Es werden bald wohl auch dreißig Prozent, wenn wir ungerührt so „voranschreiten" wie in den zurückliegenden Jahren.

Wir zählen immer nur Arbeitslose. Wir sollten zählen, wie viele würdige Lebensplätze wir in unserer Gesellschaft haben. Was soll das Gerede über Chancengleichheit, wenn es nicht genug würdige Plätze gibt? Wenn eben ein Drittel im Elend leben muss? Was soll das Gerede von der steigenden Armut, über die wir weinen? Es ist der gesellschaftliche Unwille, jeden notwendigen Arbeitsplatz würdig zu gestalten. Denn wir glauben zu wissen:

Würde ist nicht wettbewerbsfähig.

Wenn wir aber schon Bio und erneuerbare Energien akzeptieren, warum nicht Würde? Warum führen wir nicht eine Plakette wie „Bio" ein? „Aus kontrolliert humaner Produktion." „Kontrolliert humaner Service." Okay? Und schauen Sie auf Ihr Smartphone. Ist da eine solche Plakette drauf?

Kapitel 98
Mollath oder: Späte Gerechtigkeit ist keine Gerechtigkeit (DD197, August 2013)

[Gustl Mollath saß in der Psychiatrie, weil er Phantastereien von schwarzen Bankgeschäften herumerzählte. Die stellten sich nach der Finanzkrise als wahr heraus. Und nun? Könnte man ihn vielleicht freilassen? Die Bayrische Justiz ist wohl nur durch einen Sturm auf die Bastille zu überzeugen – und auch nur, weil in Bayern gewählt wird. Es gibt noch Werte über der Gerechtigkeit, auch für die Justiz. Heute ist Mollath „frei" in dem Sinne, dass sein Prozess neu aufgerollt werden muss, was natürlich bestimmt Jahre dauert. Für manche Dinge wäre es besser, es würde öfter gewählt.]

Nun ist er vorerst frei, und sein Prozess wird neu aufgerollt: Gustl Mollath. An diesem Fall macht mich etwas exemplarisch wütend. Da ist ein Mensch verurteilt worden, sagen wir: zu Recht, und alles war in voller Ordnung. (Das soll hier nicht der Punkt sein. Gerecht mag alles zugehen – nur so sehr laaaaangsam, dass es wie widerwillig aussieht!) Einige Zeit nach dem Urteil stellt sich ein für die Psychiatriedauerunterbringung wesentliches „Wahngebilde" gigantischer schwarzen Kassen als im Kern real heraus. Darf man Mollath dann noch in der Psychiatrie behalten? Das bezweifelten viele seit langen Jahren, mit der Zeit wurde daraus durch immer wieder nachbohrende Artikel der SZ eine Art Lawine: „Mollath sitzt zu Unrecht lebenslang in der Anstalt!"

Was mich immer wieder wütend macht, ist der Umgang eines Systems mit etwas, wo der normale Mensch mit normalem Sinn eine Korrektur nötig findet. Es ist nicht einzusehen, dass Mollath einfach so weggesperrt bleibt – ohne Neuuntersuchung. Was aber passiert im Justizsystem? Nichts Sichtbares. Natürlich kann die Justiz nicht bei jedem Zweifel immer gleich alles ändern, aber die Berichte in der SZ sind nicht einfach „wenig". Was passiert? Nichts, bzw: die Mühlen der Justiz mahlen vor sich hin. Wiederaufnahmeanträge werden von Schreibtisch zu Schreibtisch geschoben, Kritik zurückgewiesen, dass Mollath oft nur nach Akten beurteilt wurde – das ist wahrscheinlich so üblich?!

Ich stelle mir die Psychiatrie vor. Da sind vielleicht 20 bis 30 Ärzte, viele Pfleger und Aufseher, die die Patienten betreuen und zum Teil eben bewachen. Sie alle lesen monatelang in der Zeitung, dass sie da jemanden eingesperrt halten, der wahrscheinlich nur straffällig und nicht gemeingefährlich war und eine Haftstrafe in der Sache längst verbüßt hätte. Mit der Zeit hatte daran in Deutschland kaum noch jemand irgendwelche Zweifel. Naiv gesehen könnte die Psychiatrie Gustl Mollath doch noch einmal untersuchen? Berücksichtigen, dass seine Wahngebilde kein reiner Wahn sein konnten? Es ist nicht der juristische Lauf der Dinge, das ohne Anordnung zu tun – ich weiß. Aber wie denken die Ärzte dort als Menschen, die den Eid des Hippokrates abgelegt haben? Was denken sich

G. Dueck, *Cut & Paste-Management und 99 andere Neuronenstürme aus Daily Dueck,*
DOI 10.1007/978-3-662-43390-4_98, © Springer-Verlag Berlin Heidelberg 2014

die Juristen als Menschen, als die sie sich der Gerechtigkeit verschrieben haben? Was geht in ihnen vor? Als Mensch? Darf ich das einmal bohrend fragen?

Es ist der Umgang mit solchen Einzelfällen, wo sich fast Abgründe auftun. Ich weiß, dass Mollath „ein Einzelfall" ist, aber es werden gerade schon andere ans Licht gezogen. Immer wird zuerst gesagt, es seien Einzelfälle, bei der NSA und der Kirche ja auch.

Und wie behandelt man diesen Einzelfall? Durch langes, langes Abarbeiten. Die Verfahrensmühlen laufen, an den Einsitzenden denkt keiner. Beeilung? Nicht zu sehen. Sieht die Justiz nicht, dass das kein Bürger verstehen kann? Lebt der Respekt vor ihr nicht davon, dass wir alles rund um die Justiz ehrend achten? Merkt sie nicht, dass es auch Justizverdrossenheit geben kann?

Es ist Wahl in Bayern und Deutschland, da kommt es gut, wenn sogar ein Ministerpräsident einmal so einen naiven Einfall hat wie ich eben: man könnte sich den Fall noch vor der Wahl anschauen. Diesen Einfall ihres Chefs hört eine Ministerin ein paar Mal unwillig an und tut ihn als naiv und nicht prozesskonform ab. Bald jedoch, weil sie wegen der Wahl das Gewissen drückt, gestattet sie sich die naive Frage, ob es(im Sinne ihrer Wiederwahl) alles so richtig zugeht im Fall Mollath. Ach, und dann gibt es zeitnah einen Gerichtsbeschluss, der aus einem ganz irre fadenscheinigen Grund eine Wiederaufrollung anordnet. DIESEN Grund zur Wiederaufnahme hätte man sich all die Jahre aus den Fingern saugen können. Gut, nun ist Mollath erst einmal aus der Psychiatrie und bekommt ein neues Verfahren. Jahre zu spät, einfach so viel zu spät.

Was steht in der Presse? So etwa das: „Der Rechtsstaat hat obsiegt." – „Der Gerechtigkeit ist Genüge getan." – „Man sieht, dass unser Rechtssystem letztlich doch richtig entscheiden kann." – „Wir als Juristen haben unabhängig entschieden. Frech, dass man uns Einknicken vor der Politik zutraut. Wer das sagt, schadet dem großen Ansehen der Justiz."

Ja, schämt sich keiner? Warum machen wir keinen Sturm? Derzeit ist nur Sturm, weil im Raum Mainz die Züge nicht fahren können – der Bahn fehlt dauerhaft (!) Personal. Wir haben derzeit fast eine veritable Mainz-Staatsaffäre, „nur" weil so viele entrüstete Menschen eine Stunde zu spät zur Arbeit kommen. Aber im Justizwesen fehlt doch wohl auch Personal? Nachhaltig und immer? Und da kommt alles Monate und Jahre zu spät? Kümmert das jemanden?

Die Mühlen mahlen so langsam… Immer wieder so quälend, oft liest man es so: Nach Monaten eine Anklage. Der Anwalt ist krank. Vertagung. Eine Akte kam neu hinzu. Vertagung. Ein Gutachten fehlt. Vertagung. Alle reisen immer brav zum Termin an – wieder eine Kleinigkeit: Vertagung.

Dazu fällt mir ein, dass das bei großen IT-Projekten bis in die 90er Jahre auch so war. Schritt für Schritt wurde alles erledigt, jeder kleine Mist zwischendurch erzeugte Wartezeiten, Kosten und Ärger. Dann begann man, mit Projektleitern zu arbeiten, die die Projektleitung wirklich als Leistungsberuf gelernt hatten. Da begann alles schneller zu gehen. Brauchen wir vielleicht wirklich VERANTWORTLICHE Justizprojektleiter (nicht nur best-can-do-Kümmerer auf Sachbearbeiterebene), die sicherstellen, dass alles im Gerichtssaal ist, wenn alle anreisen? Kann man vielleicht unwichtigere Zeugen per Skype vernehmen? Etc.

Dazu müssen natürlich wieder Gesetze geändert werden, was nach den Zeitvorstellungen der Wahlkämpfer geschehen müsste. Liebe Beamte: In der Automobilproduktion, im Maschinenbau und in den Banken, Verlagen und anderswo haben die Arbeiter und Angestellten die Prozesse um ein Vielfaches beschleunigen können. Sie haben dadurch große Mehrwerte geschaffen und ihre Lohnerhöhungen sauer verdient.

Und dann sind da andere, die nach sündhaft teuren Zeit- und Effizienzvorstellungen alter Zeiten arbeiten – und jedes Mal, wenn die Produktionsarbeiter unter Stelleneinsparungen und persönlichen Opfern die Wirtschaft nach vorne gebracht haben, „den Anschluss an die Lohnentwicklung der Industrie" verlangen.

Ach, ich bin wütend. Nicht auf die Richter, die Sachbearbeiter und schon gar nicht auf die Fahrdienstleiter der Bahn bei Mainz. Sie sind ja alle überlastet und krank von Bergen aus Arbeit. Sie sind gezwungen, aus der Sicht heutiger Projektleitungskunst ineffizient zu arbeiten. Das Schlimme ist eben, dass sich niemand um diese alten Systeme kümmert: um die auch noch heute manuell zu bedienenden Bahnweichen aus der Kaiserzeit und die Ewigkeit im Justizwesen.

Späte Gerechtigkeit ist keine Gerechtigkeit. „Gerechtigkeit Genüge getan"? Ich spucke Hohn. Die Gerechtigkeit dieses Einzelfalls ist vielleicht irgendwie wiederhergestellt oder das geschieht vielleicht im neuen Verfahren, was bestimmt wieder bis 2015 dauert – aber die Makrolage ist doch immer ganz finster! Und wir als Volk sind ganz finster: Wir sind jedes Mal mit einem System versöhnt, wenn dieses nach langem Hickhack dann doch wieder einmal kurz einen Knicks vor uns macht. Und ich frage ratlos: Dann kann alles so weiter gehen? Sind wir immer schon mit Entschuldigungen zufrieden? „Entschuldigung, dass die Banken uns das alles antaten." – „Verständnis bitte, dass es mehrere Jahre keine Zinsen für uns und deshalb kaum Lebensversicherungsauszahlungen gibt, damit die Banken wieder Eigenkapital sammeln können." – „Entschuldigung, dass Priester so etwas taten." – „Entschuldigung wegen der Störung im Betriebsablauf." Ja sind wir immer schon zufrieden, wenn sich jemand entschuldigt?

Im Justizwesen sind wir noch nicht einmal so mini-weit gekommen. Hat schon einmal ein Jurist gesagt: „Entschuldigung, dass es immer so grässlich lange dauert?"

Kapitel 99
Das Ziel der Menschenpotentialentfaltung
oder „Jedem Einzelnen gerecht werden"
(DD198, September 2013)

Noch ganz erfüllt von den Gesprächen auf dem Vision Summit 2013 in der Urania in Berlin sitze ich im Flieger nach Hause. So viel Seele, Herz, Engagement, Aufbruch und Idealismus! Der Philosoph Richard David Precht hat es verschiedentlich oft so gesagt: „Nicht eine Bildungsreform ist nötig, wir brauchen eine Bildungsrevolution!" (Precht hat die Gabe, die Schlusssilben „-re-vo-lu-ti-on" unnachahmlich nachdrücklich in uns hineinzubrennen.)

Da kam sofort das Fernsehen vorbei. Revolution? Echt? Stimmt das? Heiße Herzen stimmen bei.

Wir sehen überall, dass „Bildung" (in diesem Zusammenhang ist damit professionelles Können gemeint) und damit Berufschancen ungleich verteilt sind. Das waren sie schon immer, aber es fällt zunehmend auf. Warum? Ich sage es immer wieder: Die Industrialisierung nun auch der Dienstleistungen und einfachen Services und Auskunfts- und Büroberufe verlangt von allen (ALLEN) mehr (MEHR) „Bildung" (professionelles Können) als früher. Immer mehr. Heute mehr, übermorgen noch mehr. Wir müssen dem Computer überlegen bleiben, sonst frisst er unseren Job. Aus diesen Gründen wird nun arm, wer nur etwas kann, was der Computer oder „das Internet" von selbst können. Kurz: Das Internet fordert seine Opfer, so wie der Trecker die Landarbeiter wegfegte. Dieses relativ schnelle Wegfressen vieler Jobs treibt vor allem Menschen mit weniger professionellem Können in prekäre Lagen.

Die Schere zwischen Arm und Reich wird immer mehr zu einer Schere zwischen „Hochgebildeten" und „heute nur Normalgebildeten" (was morgen zu wenig sein wird).

Plötzlich, weil professionelles Können nun eng mit dem neuen Reichtum oder dem Besserverdienst zusammenhängt, kommt Verteilungsneid auf. Da ist eine „gebildete" und auch „digitale" Elite – die verdient gut und besser und bald noch besser. Da sind Menschen ohne viele Abschlüsse, die bald um Mindestlöhne betteln müssen.

Persönliche Fähigkeiten sind der Schlüssel für Erfolg in der kommenden Wissensgesellschaft, das ist seit langem bekannt. Niemand hat die Schulen daraufhin reformiert, die Universitäten ebenfalls nicht, bestimmt nicht mit „Bologna". Man hat eher die Schulzeit verkürzt und die Unis bachelorisiert! Die Industrie hat die Trainee-Ausbildungen gestrichen und durch „training on the job" ersetzt! War es nicht früher so, dass man bei dem Eintritt in ein großes Unternehmen ein Jahr durch alle Abteilungen wanderte und lernte und lernte – und dann erst wirklich produktiv arbeitete? Die Unternehmen gehen zum Prinzip der „Employability" über: „Jeder soll sich so weiterbilden und immer up-to-date

G. Dueck, *Cut & Paste-Management und 99 andere Neuronenstürme aus Daily Dueck,*
DOI 10.1007/978-3-662-43390-4_99, © Springer-Verlag Berlin Heidelberg 2014

halten, dass bei einer Neuausschreibung seiner jetzigen Arbeitsstelle er selbst unter allen Bewerbern der absolute Wunschkandidat wäre." Das ist jedermanns Bringschuld gegenüber dem Arbeitgeber. „Up-to-date is up to you." Oder eben anders ausgedrückt: „Wir selbst kümmern uns nicht mehr um dich."

Professionelles Können wird jetzt zum Engpass nach oben. Mangel an Bildung ist das Zwangsticket nach unten. Wir schreien: „Mehr Bildung!" Getan wird nichts. Darf es eine Milliarde mehr für Bildung sein? Die versickert, weil vieles durch das Sparen schon marode geworden ist und eine Milliarde mehr für Bildung nur den Niedergang lindert (die meisten Unis, die in der 70er Jahren in Betrieb gingen, müssten saniert werden, da kann alles Geld hingehen – ohne Bildungszuwachs).

Noch schlimmer – wir müssten jetzt schreien: „Mehr solche Bildung, die morgen ernährt!" Das ist allerdings eine ANDERE als die heutige, also müssen wir die Bildungs-INHALTE revolutionieren, nicht so sehr die Bildung beschleunigen oder effizienter verabreichen. Inhalte werden nicht mit Gelddiskussionen und Exzellenzunistress verändert!

Bevor wir aber die Bildung in den Inhalten zu neuem professionellen Können revolutionieren (was Arbeit ist, viel Arbeit – und Ringen um neuen Konsens – wir müssen die Zukunft gemeinsam verstehen, bevor sie da ist), können wir uns schon einmal auf das Ziel einigen. Das ist auf dem Vision Summit 2013 eindeutig und unwidersprochen dies:

„Wir entwickeln das volle Zukunftspotential jedes einzelnen Menschen."

Wie geht das? Da scheiden sich die Geister. Manche asiatische Schulsysteme drillen unbarmherzig und übrigens erfolgreich (das wird hier in Berlin natürlich ausgeblendet). Wir schauen ganz klar auf „Skandinavien" oder eigene mitgebrachte Ideen. Dort schafft man es, den jungen Menschen als Menschen zu begegnen, sie liebender als bisher in ihrer eigenen Persönlichkeit „abzuholen" und für die Bildung zu „öffnen". „Lernlust" sollen sie haben, sie alle sollen möglichst das Abitur machen. „Kein Mensch soll verloren gegeben werden."

Es herrscht unausgesprochene Einigkeit, dass wir den jungen Menschen als Vorbild dienen sollen, wir sollen sie wertschätzend zu Persönlichkeiten reifen lassen.

Wie macht man das? Wie stellen wir es an, Vorbilder für Digital Natives zu sein, wo doch für viele von uns Internet noch „Neuland" ist? Wie coachen wir Kinder und begegnen ihnen als Menschen? Wie begegnen Chefs den Mitarbeitern als Menschen?

Davon sind wir ziemlich weit entfernt, wir müssen uns auf den Weg machen. Wir selbst. Alle. Zuerst die Lehrer, Eltern, Vorgesetzten, Pfarrer und Politiker.

Und wie das so ist: Statt dass jeder für sich zur Potentialentfaltung beiträgt, schon einmal seine Persönlichkeit noch weiter entfaltet und entwickelt und eine Quelle der Entfaltung anderer wird, diskutieren Kongresse, was „man" machen „muss". Leider werden auf Kongressen fast nie die Ziele in Angriff genommen, sondern man starrt auf die nächsten Barrieren, die vor uns stehen und die jetzt gerade als die höchsten erscheinen. Man starrt auf Probleme, die jetzt ins Auge springen und an der Seele nagen: Mangelnde Inklusion. Benachteiligung bildungsferner Schichten. Ungleichheit der Geschlechter. Aufschrei. Die simple Traum-Lösung heißt: Gerechtigkeit, die man modisch Chancengleichheit nennt und sofort im nächsten Zug in gewisser Weise Gleichheit verwechselt.

Ich denke so bei mir: Wenn wir es schaffen könnten, schnurstracks an die Potentialentfaltung als Ziel zu gehen, dann wird ALLES besser, dann schaffen wir den Übergang in die Wissensgesellschaft, dann gelangen wir wieder zu allgemeiner Prosperität und können die Unterschiede in der menschlichen Gesellschaft relativ entspannt einebnen. Reden wir also, so wie ich es gerne hätte, über Potentialentfaltung, Vorbild sein, Kinder- oder Mitarbeiterbeziehungen? Ja, aber nur als Proklamation. Die wirkliche Arbeit findet wieder an den Symptomen statt. Vor der wahren Potentialentfaltung (ein weiter Weg!) ebnen wir die Unterschiede ein, weil sie als größtes Leid vor uns liegen. Wir arbeiten zuerst an der Beseitigung der Unterschiede. Wir verbieten die Noten und alles Beurteilen, erzwingen Inklusion ohne Bereitstellung erforderlicher Mittel und Ausbildungen, wir achten überall auf Gerechtigkeit.

Das Ziel war und ist aber doch: liebende Potentialentfaltung jedes Einzelnen, oder? Was, wenn nun die Menschen verschiedene Potentiale haben, „schlimmer" noch: verschieden hohe? In einer Gesellschaft, in der jeder Einzelne voll erblüht ist, wird es wieder Unterschiede geben, in Talenten, Einkommen und Ansehen. Man bedenke aber, dass ein voll erblühter Mensch unter voll erblühten Menschen kein so großes Problem mehr mit den Unterschieden hat!

Wenn wir die Potentiale entfalten wollen, beseitigen wir keineswegs die Ungleichheit, aber wir haben sie nicht mehr als gravierendes Problem.

Ach, und da trauere ich ein bisschen, dass viele Idealisten zuerst und nur erst die Ungleichheit beseitigen wollen… Darum geht es doch nicht im Sinne des Endzieles! Es geht immer um diesen EINEN, diesen EINZELNEN, dieses eine Kind, diesen einen Mitarbeiter, diesen einen Schutzbefohlenen, der bestmöglich entfaltet werden muss. Diesem EINEN muss ich GERECHT werden, das bedeutet nicht „Gerechtigkeit" im Sinne von Gleichheit im Ganzen. Eine solche Gerechtigkeit vergleicht ja doch wieder! Versteht denn keiner den Unterschied? Zwischen dem menschlichen „vor dem Gesetz sind alle gleich" und dem göttlichen „Gott wird jedem Einzelnen liebend, gütig und gnädig gerecht"?

Potentialentfaltung ist ein Ziel für jeden Einzelnen, nicht ein allgemeines.

Jedem Einzelnen gerecht werden – das ist ein höheres Ziel als bloß allgemeine gesetzliche Gerechtigkeit. Oder: Wahre Gerechtigkeit ist es, jedem Einzelnen gerecht zu werden.

Kapitel 100
Die Realität ist alternativlos – Welche Überzeugung könnte ich haben? (DD199, September 2013)

„Hallo? Ist da diese Londoner Kanzlei?" – „Yes, ja, klar. Sie sind aus Deutschland? Brauchen Sie ein Gesetz?" – „Nein, nein, nicht vor der Bundestagswahl. Stimmt es, dass Sie alle Gesetze für alle Länder in der Welt als Auftragswerk schreiben?" – „Ja, schon. Wir leben davon. Wir beraten gründlich. Da wir alle Gesetze für alle Länder schreiben, können wir gut abkupfern. Da haben wir einen Vorteil. Eine Regierung kennt ja allenfalls die eigenen Landesgesetze, na, wahrscheinlich auch nicht. Die meisten Regierungen machen irgendetwas, dann schauen die Gerichte, ob es erlaubt ist. Ach, ich mache schon wieder Reklame für uns. Sind Sie von der Presse?" – „Nein, ich will eine Parteiabsplitterung ausgründen. Ich weiß noch nicht, ob nach rechts oder links. Haben Sie da auch etwas? Ich meine, verkaufen Sie auch Visionen?"

„Hmmh, es kommt auf den Fall an, eigentlich machen wir das nicht, oder es ist geheim." – „Ja, natürlich soll es geheim sein. Ich zahle auch gut. Haben Sie auch die Parteiprogramme der jetzigen Parteien geschrieben?" – „Das ist doch immer geheim!" – „Ich meine es nur, weil die Programme alle so ähnlich aussehen, da können Sie doch auch abkupfern und verdienen sich eine goldene Nase?" – „Ja, also, wissen Sie, es ist geheim. Wir arbeiten also für keine Partei, Sie verstehen mich?" – „Ich möchte eine Vision, ist egal welche, ich will nur gewählt werden, geht das?" – „Hmmh, es sind nur noch wenige mögliche Visionen im Angebot, die noch keiner hat. Wir empfehlen Visionen nicht mehr so stark. Sie sollten einfach vage auf die Mitte zielen, weil da die meisten Stimmen zu holen sind. Die Mitte jedes Volkes hat ganz schwammige Ansichten, die müssen Sie bedienen. Das empf… es ist geheim."

„Wenn ich jetzt eine schwammige Vision haben möchte, wie gehe ich konkret vor?" – „Sehen Sie, die Mitte ist heute in Deutschland gut attackiert. Ich erkläre es Ihnen. Deutschland ist christlich geprägt und leidet unter einem harten Arbeitsethos, das als himmelsöffnend gilt. Sie können also „christlich" direkt als Vision nehmen oder in etwas weltlicherer Form als „sozial". Ja, oder Sie betonen die „Freiheit", aber die erwartet keiner mehr so arg, das ist schon dritte Wahl, da bekommen Sie kaum fünf Prozent, das empfehlen wir nicht. Die Christen kennen ja den Freitag als Fastentag, an dem man vorrangig fastet (genau das ist die Idee daran) – als erste Grundregel isst man kein Fleisch. Wer es pervers sieht, frisst sich am Freitag mit Pflanzen voll – es ist aber eigentlich das Fasten gemeint. Diese christliche Sitte kann man zum Beispiel als Veggie-Day ummodeln, das ist dann eine Art Wahlversprechen, dass man nur noch Pflanzen essen soll, aber nicht mehr fasten muss. Wir könnten etwas in dieser Art für Sie als neuartige Überzeugung designen." – „Haben

G. Dueck, *Cut & Paste-Management und 99 andere Neuronenstürme aus Daily Dueck,*
DOI 10.1007/978-3-662-43390-4_100, © Springer-Verlag Berlin Heidelberg 2014

Sie denn den Veggie-Day auch designt?" – „Nein. Klares Dementi. Es ist geheim, alles ist geheim. Haben Sie selbst eine Idee? Die könnten wir Ihnen doch auch verkaufen, so wie bei den Gesetzen?"

„Ja, nein, ich weiß nicht. Vielleicht selbstfahrende Autos, die computergesteuert immer Vorfahrt haben, wenn ein Besserverdiener drinsitzt?" – „Uiih, danke! Das ist eine gute Idee. Kaufen Sie die?" – „Das ist doch meine eigene!" – „Aber sie hat etwas mit ‚Leistung muss sich lohnen' zu tun, da kommen Sie anderen Parteien ins Gehege, da müssen wir noch hart dran arbeiten, wer jetzt welche Zielgruppe haben darf." – „Wieso?" – „Na, Sie kämpfen dann um eine gleiche Zielgruppe, die ist schon verkau… das ist geheim."

„Und wie viel kostet das?" – „Wir bekomm… das ist geheim, äh, wir verlangen einen Anteil an den Staatsgeldern pro Stimme. Moment, da fällt mir ein: Wir haben noch eine Vision ‚rettet die kleinen Fische', wie wäre das?"

„Hmmh nein. Kleine Fische, Anwalt der Armen, die gehen dann nicht wählen, weil sie an Versprechungen nicht mehr glauben. Wie wäre es mit NSA? Ich könnte eine Partei gegen das Ausspionieren durch die NSA gründen, da komme ich möglicherweise locker über die 5-Prozent-Hürde." – „NEIN! LASSEN SIE DAS!" – „Oh, sie echauffieren sich ja! Ist diese Überzeugung denn schon verkauft?" – „Oh, dafür ist unsere Kanzlei zu klein. Da kann ich wütend werden, da kommen jetzt Leute ins Business, ich sage Ihnen, wo bleibt der Anstand! – Das bleibt nicht geheim, sagen ich Ihnen… Entschuldigung, ich zittere ein bisschen, Sie hätten nicht NSA sagen dürfen, da sind ja alle verwickelt und wir bekomm… Das ist geheim. Die Altparteien, ich meine… Ach…

Was wollte ich sagen? Genau, zur Hauptsache! Wollen Sie eine Farbe kaufen? Die Farbe ist bei einer Partei das Allerwichtigste. Daran erkennt man sie sofort und man muss nur halb so viel über Wahlplakate nachdenken, weil damit schon das meiste ausgefüllt werden kann. Schauen Sie, alle Parteien gehen den Weg, sich Teile der christlichen Grundüberzeugung zum Leitbild zu machen. Deshalb unterscheiden sie sich kaum, auch deshalb nicht, weil sie sich im Alltag dann nicht so genau daran halten. Aus diesen Gründen kommt der Farbe der Partei eine ganz überragende Rolle zu. Durch sie allein differenzieren sich die Parteien vollkommen eindeutig. Wenn die Wähler auf ein Plakat schauen, sehen sie meist schwarz oder rot, da ist gleich vollkommen klar, was es geschlagen hat. Es gibt noch Blau im Angebot, wollen Sie Blau?"

„Die blaue Partei ist doch beim Karneval in Köln!" – „Düsseldorf, Mist, Sie wissen da etwas. Mist, Blau wird einfach nicht gekauft. Kommen Sie, nehmen Sie Blau. Nur Blau-Weiß geht nicht, Blau-Weiß ist derzeit top." – „Das liegt an der Maut! Die sind da im Süden vollkommen verrückt, sie glauben, sie können Maut für Fremde einführen und gewinnen die Wahl! Man könnte glauben, die sind echt überzeugt, dass das überhaupt geht. Oder kaufen die ein Gesetz bei Ihnen? Geht das? Ist diese Überzeugung einer Maut auch von Ihnen?" – „Nein, bitte, Hilfe, nein, das ist geheim. Unter uns: So eine doofe Überzeugung würde uns Juristen hier im Traum nicht einfallen, das wird uns jetzt zum Vorwurf gemacht. Da ist jetzt eine Wahl mit einer unabgestimmten unbezahlten Amateurüberzeugung und mit eigenem Brustton gewonnen worden! Das gibt Ärger, weil das ganze Gewerbe darunter leidet, wenn es jemand ohne jede Beratung schaffen kann. Es ist ein Desaster. Ich meine, wir hier operieren international, da trifft es uns nicht so hart. Aber für normale Visionen wird es jetzt schwer. Ich denke, wegen dieses Wahlsieg-Gaus mit Eigenunsinn wird es wieder eine Hinwendung zu speziellen eigenen Überzeugungen kommen – wenigstens für ein paar Monate, bis sie damit scheitern. Es war eine Ausnahme!!"

„Kann ich denn nicht eine ganz kleine eigene Vision kaufen, wovon ich echt überzeugt bin?" – „Warum wollen Sie so etwas?" – „Sie ist viel billiger, oder?" – „Hilfe, es ist dann doch eine Sonderanfertigung! Eine eigene Meinung! Einzelanfertigung! Kein Abkupfern! Eine eigene Meinung ist im Gegenteil ungeheuer viel teurer – was denken Sie denn! Sie müssen die Realität anerkennen!"

„Aber ich will als Marktlücke die Realität nicht anerkennen! Ich meine, das tun doch die jetzigen Parteien auch nicht. Sie zeigen sich Stinkefinger, dementieren bewiesene Alt-lasten oder fordern Ausländer-Maut. Ich nehme dann die NSA-Affäre, die erkennt ja auch nicht die Realität an." – „Hilfe, das wird zu teuer, das… das ist geheim! Verstehen Sie doch: Die Realität ist alternativlos. Wenn Sie davon fest überzeugt sind, gewinnen Sie."

„Ich will doch zuerst nicht gewinnen, nur eine eigene Überzeugung haben – eine kleine ganz eigene, nur für den Anfang, es ist auch ein bisschen Eitelkeit dabei!" – „Okay, da gibt es aber keine Staatszuschüsse. Dann sind Sie auch kein Kassenkunde. Dürfen wir Sie als Selbstzahler annehmen oder haben Sie eine Psycho-Versicherung?"

Kapitel 101
„Ich habe nichts zu verbergen!" Doch, denk nach – und empöre dich! (DD200, Oktober 2013)

[Heute (Februar 2014), also ein paar Wochen später, spitzt sich der Fall des angesehenen SPD-Politikers Sebastian Edathy zu, der sich per Internet ganze Bilderladungen von Fotos „junger nackter Knaben" bestellte. In dem nachfolgenden DD habe ich lauter politisch unkorrekte Dinge erwähnt, die man demnächst über Sie im Internet oder auf Steuer-CDs finden könnte. Das Internet ist transparenter als Sie denken!]

„Die amerikanische Spähaktivität der NSA ist für mich persönlich nicht gefährlich. Ich habe nichts zu verbergen. Bei mir können sie ruhig suchen. Ich schlafe ruhig. Da meckern jetzt nur diese Piraten ganz aus Prinzip, die anderen Parteien haben ja auch nicht viel dabei gefunden, wenn sie wissen, wie oft ich telefoniere oder so. Ich sehe nicht, dass es eine Gefahr für mich ist. Ich bin nur enttäuscht von der Regierung, weil sie nicht einmal mit der Faust auf den Tisch haut. Man darf den Amis gegenüber nicht so schwach gegenübertreten. Ich wünsche mir ein starkes Deutschland."

So etwas habe ich oft gehört, ich fühle mich mit meiner eigenen Empörung allein. Ich habe ja auch nichts zu verbergen …

Ich will Sie jetzt einfach einmal anstubsen, damit Sie doch besorgt sind. Ich zähle Ihnen auf, was die NSA über uns wissen könnte.

- Steuerbetrug – Zinsen im Ausland, kleine Einnahmen schwarz ohne Sozialversicherung nebenher, sie bezahlen Handwerker schwarz – da müssten doch schon bald die Hälfte von uns etwas zu verbergen haben?
- Krankfeiern – sie gehen vielleicht zu etlichen verschiedenen Ärzten und lassen sich unberechtigt Hustensaft verschreiben bis hin zu einer Kur mit Schatten. Die Ärzte dazu kennt die NSA natürlich auch.
- Überziehen der Pausen am Arbeitsplatz (bei Bildschirmarbeitsplätzen ist die NSA perfekt informiert – wegen der Tastaturaktivität)
- Ehebruch – Sie haben einen anderen Lebensabschnittspartner, mit dem Sie auch mal telefonieren (weiß die NSA) und mit dem es Momente gibt, bei denen zwei Handys auf einem Nachtiscubsenh liegen (per GPS, daraus schließt die NSA etwas)
- Prostitution – in der Wikipedia heißt es „Nach Schätzungen könnte es 400.000 oder auch weniger Prostituierte in Deutschland geben." Wenn eine Prostituierte 200 Tage im Jahr arbeitet und an jedem Tag fünf Freier hat, dann ergibt es pro Prostituierter 1000 bezahlte Beischläfe im Jahr, also insgesamt 400 Mio. In Deutschland gibt es 40 Mio. Männer, davon sind fast die Hälfte zu jung oder zu alt. Es kommen dann vielleicht nur

G. Dueck, *Cut & Paste-Management und 99 andere Neuronenstürme aus Daily Dueck*,
DOI 10.1007/978-3-662-43390-4_101, © Springer-Verlag Berlin Heidelberg 2014

25 Mio. Männer „infrage", das ergibt pro Mann 16 bezahlte Beischläfe pro Jahr im Durchschnitt. Da ich selbst dafür kein Geld ausgebe, sind es noch mehr.

- Missbrauch von Kindern – in der Wikipedia heißt es (ich surfe jetzt nicht ausufernd, steht alles im Netz): „In den USA wird davon ausgegangen, dass jede vierte Frau und 3 bis 9 % der Männer in ihrer Kindheit sexuelle Gewalt erfahren haben. Der Missbrauch findet im Mittel in einem Alter zwischen sieben und elf Jahren statt. Der Missbrauch dauert durchschnittlich drei bis fünf Jahre an, ist also als Wiederholungstat zu werten." Zu den 25 % missbrauchten Frauen müssen ja wohl so ungefähr 25 % missbrauchende Männer gehören, weil die meisten Missbrauchsfälle unter sich bekannten Personen ereignen.
- Besuch von Pornowebseiten, besondere von bezahlten mit wahnwitzigen Inhalten. 41 % der Internetnutzer schauen da rein (mehr auf nacktetatsachen.at)
- Schulschwänzer und Schummler
- Waffenbesitz
- Spielsüchtige – Millionen!
- Alkoholsüchtige – die Drogenbeauftrage: „9,5 Mio. Menschen in Deutschland konsumieren Alkohol in gesundheitlich riskanter Form. Etwa 1,3 Mio. Menschen gelten als alkoholabhängig."
- Fahren unter Alkohol
- Drogeneinwerfer
- Radikalwähler
- Mobber
- Unethisch hohe Rücksendungsquote bei Internetbestellungen
- Internettrolle und Spammer
- Falschparker, überhaupt Verkehrssünder, wenn der Satellit ein Fahrtenbuch aufzeichnet
- Versicherungsbetrug, beim Schadensfall oder wegen nicht angegebener Krankheiten
- Die Höhe Ihrer Schulden ist bei der NSA bekannt, auch die Guthaben auf allen Konten, die Sie verheimlichen
- Einnahme von Viagra
- Wegwerfen von Essen
- Alle Ihre Gesundheitsdaten
- Ihre Telefongespräche
- Ihre schlechten Äußerungen über derzeitige Politik (die sind gerade heute sehr berechtigt, aber sie stehen in einer Datenbank und werden in so zehn Jahren kontextfrei, wenn man sich nicht mehr an heute erinnert – dann steht da nur noch „Ketzer")
- Alle Ihre Zeugnisse, Abgeschriebenes
- Was Sie so im TV sehen, wie lange etc.
- Ihre Kriminaltaten, z. B. Ladendiebstähle – aus der Wikipedia: „Nach einer Studie aus dem Jahr 2008 bleiben in Deutschland pro Jahr etwa 30 Mio. Ladendiebstähle (…) unentdeckt." Die NSA kennt die!

Ich werde des Brainstormings müde. Ich kann die Liste ja verlängern, weil sich in den Kommentaren sicher weitere Sichten eröffnen. Haben Sie immer noch nichts zu verbergen? Liebe Leute, es werden heute nicht nur Linke oder Leute mit hoher Intelligenz in Listen geführt, weil sie der Regierung gefährlich sein könnten. Es wird einfach alles gespeichert und irgendwann bei Bedarf gegen Sie verwendet.

Und Sie wissen für sich selbst, was gespeichert ist! Und Sie sind immer noch nicht empört?? Okay, Sie haben nichts zu verbergen, aber Sie könnten trotzdem empört sein.